北周田弘墓

宿白

题字：宿　白（北京大学）

执笔：○雷润泽（宁夏回族自治区文化厅文物局）
○罗　丰（宁夏固原博物馆）
○苏　哲（北京大学）
○卫　忠（宁夏文物考古研究所）
郑克祥（宁夏固原博物馆）
赵永洪（中国社会科学院考古研究所）

○谷一　尚（共立女子大学）
○菅谷文则（滋贺县立大学）
茂木雅博（茨城大学）
桥本裕行（奈良县立橿原考古学研究所）
早乙女雅博（东京大学）
钟方正树（奈良市埋藏文化财センター）
三宅俊彦（驹泽大学）
高木清生（奈良女子大学大学院）

鉴定、分析：韩康信（中国社会科学院考古研究所）
谭婧泽（上海自然史博物馆）
安家瑗（中国历史博物馆）

平尾良光（东京国立文化财研究所）
榎本淳子
早川泰弘（东京国立文化财研究所）
成瀬正和（宫内厅正仓院事务所）
中川正人（财团法人 滋贺县文化财保护协会）
福田さょ子（奈良县立橿原考古学研究所）

翻译：朱岩石（中国社会科学院考古研究所）

菅谷文则
三宅俊彦
妹尾信子（共立女子大学大学院）
饭田史惠（滋贺县立大学大学院）
川上博子（滋贺县立大学大学院）

○：编辑委员

注：上述人员所属单位均系参加发掘时服务单位

原州联合考古队发掘调查报告之二

北周田弘墓

原州联合考古队　编著

文物出版社

北京·2009

封面设计：孙　玲
责任印制：梁秋卉
责任编辑：郑　彤

图书在版编目(CIP)数据

北周田弘墓/宁夏文物考古研究所著．—北京：文物出版社，2009.8

ISBN 978-7-5010-2798-9

Ⅰ．北…　Ⅱ．宁…　Ⅲ．墓葬(考古)-发掘报告-固原县-北周　Ⅳ．K878.85

中国版本图书馆 CIP 数据核字(2009)第 137797 号

北周田弘墓

原州联合考古队　编著

＊

文物出版社出版发行
北京东直门内北小街 2 号楼

http://www.wenwu.com
E-mail:web@wenwu.com

北京圣彩虹制版印刷技术有限公司制版印刷
新　华　书　店　经　销
889×1194 毫米　1/16　印张：22.5
2009 年 8 月第 1 版　2009 年 8 月第 1 次印制
ISBN 978-7-5010-2798-9　　定价：260.00 元

目 录

插图目录

彩 版 目 录

前　言

固原，汉唐时期称作“高平”、“原州”。丝绸之路的开通，北方游牧民族的大量涌入，中亚、西亚各地商人、僧侣、使者的大量东徙，促进了该地区农牧经济的发展和社会生活的繁荣。这里遂成为丝绸之路上东西文化交往聚汇点和中转站，各族人的活动遗迹非常丰富。除了地上保留下来的须弥山石窟这类遗迹之外，遍布地下的汉墓、隋唐墓，就是这一时期历史文化的主要遗留。

北朝隋唐墓葬考古既是汉唐文化研究的重要内容，也是丝绸之路考古研究的主要课题。在国家文物局的关怀指导下，在宁夏回族自治区文物管理部门的支持下，从1980年以来，宁夏的文物考古工作者抢救性发掘了北魏、北周、隋唐墓十余座，获得一系列重要发现，出土了一大批珍贵艺术品，在海内外产生了巨大影响。通过对这些重要发现的研究，初步揭示了原州的历史文化概貌，引起了考古学界、美术界的广泛关注。特别是日本同仁，提出运用科学的方法进行合作研究，得到了宁夏文物考古部门的积极响应。

为了实现中日考古学界对北朝、隋唐墓葬和丝绸之路的合作研究，东京共立女子大学申请到1995～1996年度日本国文部省科学研究基金，聘请北京大学的宿白教授为学术顾问，由固原博物馆、宁夏文物考古研究所、北京大学、共立女子大学、滋贺县立大学组成原州联合考古队，于1996年对宁夏固原县西郊乡大堡村的北周柱国大将军、原州刺史田弘墓进行了调查发掘。上述发掘为研究北朝至隋唐时期的丝绸之路以及原州文化提供了珍贵的资料。在有关方面的支持协助下，中日联合考古队将田弘墓的发掘资料整理出来，编成这部书稿，希望借此能促进两国学术研究的发展。为方便研究者参考，报告中刊载了较多的彩色图版。文中疏漏之处在所难免，敬请大家指正。

本报告曾在日本东京勉诚出版社出版，这次在国家文物局的大力支持下，报告的修订本由文物出版社出版。

出版说明

1. 本书是原州联合考古队宁夏回族自治区固原县大堡村北周田弘墓的发掘报告。发掘调查工作于1996年进行，后期整理工作持续到2000年。

2. 全部出土遗物暂藏于宁夏回族自治区固原博物馆。

3. 本书的编辑工作由原州联合考古队承担。

4. 关于本书的插图、登记表，特作如下说明：

（1）专业用语原则上采用中国名称，但也采用了一部分日本考古学专业用语。至于遗迹或遗物各部位名称，在插图四二、四五、五七中均有图示。

（2）设定封土堆最高点为0米（m），用从0点往下的负值表示各遗存的水平高度。例如，0点的海拔高度（黄海高程）为1814.102米（m）。

（3）通过设立东西南北坐标，各遗存的位置用0点出发的距离加方位表示。例如，从0点往南13米（m）表示为S13。

（4）试掘探方的名称如图三所示。

（5）上层遗迹的表示略称：G表示探方，H表示灰坑（见图七）。

5. 本报告由下列人员执笔，文末署名：

雷润泽、罗丰、苏哲、卫忠、郑克祥、赵永洪、谷一尚、菅谷文则、茂木雅博、桥本裕行、早乙女雅博、钟方正树、三宅俊彦、高木清生。

自然科学方面的报告得到了下列人员的帮助：

韩康信、谭婧泽、安家瑗、成濑正和、平尾良光、榎本淳子、早川泰弘、中川正人、福田さよ子。

6. 文物摄影边东冬，部分彩色照片由梅原章一拍摄。

7. 日文的中文翻译由朱岩石承担，中文的日文翻译由菅谷文则、三宅俊彦、妹尾信子、饭田史惠、川上博子承担。

8. 在发掘报告的编写过程中，我们得到了下列人士的帮助和指导：宿白、徐苹芳、杨泓、安家瑶、刘长宗、陈坤、袁靖、黄丽荣、李全福、向桃初、森浩一、伊达宗泰、秋山进午、高桥彻、相马秀广、安田顺惠、森内静子、铃木昭夫、后藤直、河上帮彦、前园实知雄、卜部行弘、津村真辉子、山内和也、安井宣也，在此谨致谢意！

第一章　地理位置与环境

关于固原地区的地理环境，罗丰曾进行过三次描述①。固原位于宁夏南部，在鄂尔多斯台地的南端，其自然环境与陕西、甘肃地区最接近（图一）。该地区的水系多源自六盘山，以及贯通南北的清水河。六盘山（海拔2840米）十分陡峭，它高达降雨云层，年降雨量为676.7毫米（据1971～1980年统计），因此，六盘山被称为“湿岛”②。固原县城的年平均降雨量为478.2毫米③，而田弘墓所在的南郊处于六盘山向北延展的舌形多雨线上，所以比县城多雨，大约为550～600毫米。清水河在宁夏中部的中宁汇入黄河。这里的降水量、气温等与中宁等地的灌区相比，有相当大的差异。在历史的长河中，这种环境也孕育了地域性的区别。

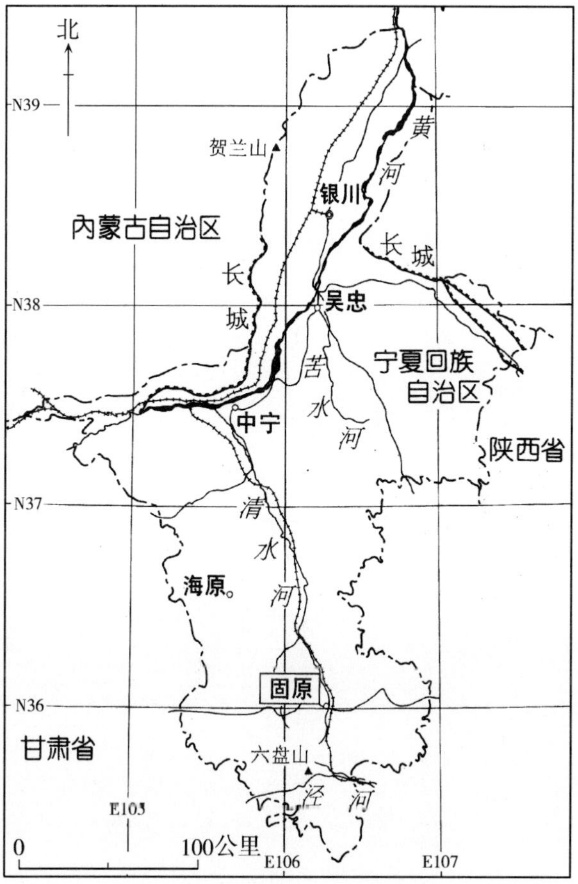

图一　固原位置示意图

固原地区的地理坐标为东经106.29°、北纬36°，海拔高度1500～2000米。属于大陆性气候，夏季凉爽，冬季寒冷。因地处六盘山以北，其降水量受到强烈的影响。

根据《固原县植被分布示意图》，固原南郊被划分为“草原化森林草原”④，这里为年干燥率121～154的半干旱区。已发表的还有对植物生长影响很大的积温资料。属于日平均气温0度以下日子的总和为负积温，固原县城负积温为-702.2度，

---

① 罗丰：《隋唐时期历史建置》，《固原南郊隋唐墓地》，文物出版社，1996年。

② 罗丰：《第一章　地理位置与环境》，引自《唐史道洛墓报告书——原州联合考古队发掘调查报告1》，（东京）勉诚出版，1999年。

③ 罗丰：《北周时期的原州墓葬》，《原州古墓集成》，文物出版社，1999年。

④ 中国科学院、宁夏回族自治区固原基地县综考队：《固原自然资源和农业区划》（上册），第161页，1982年。

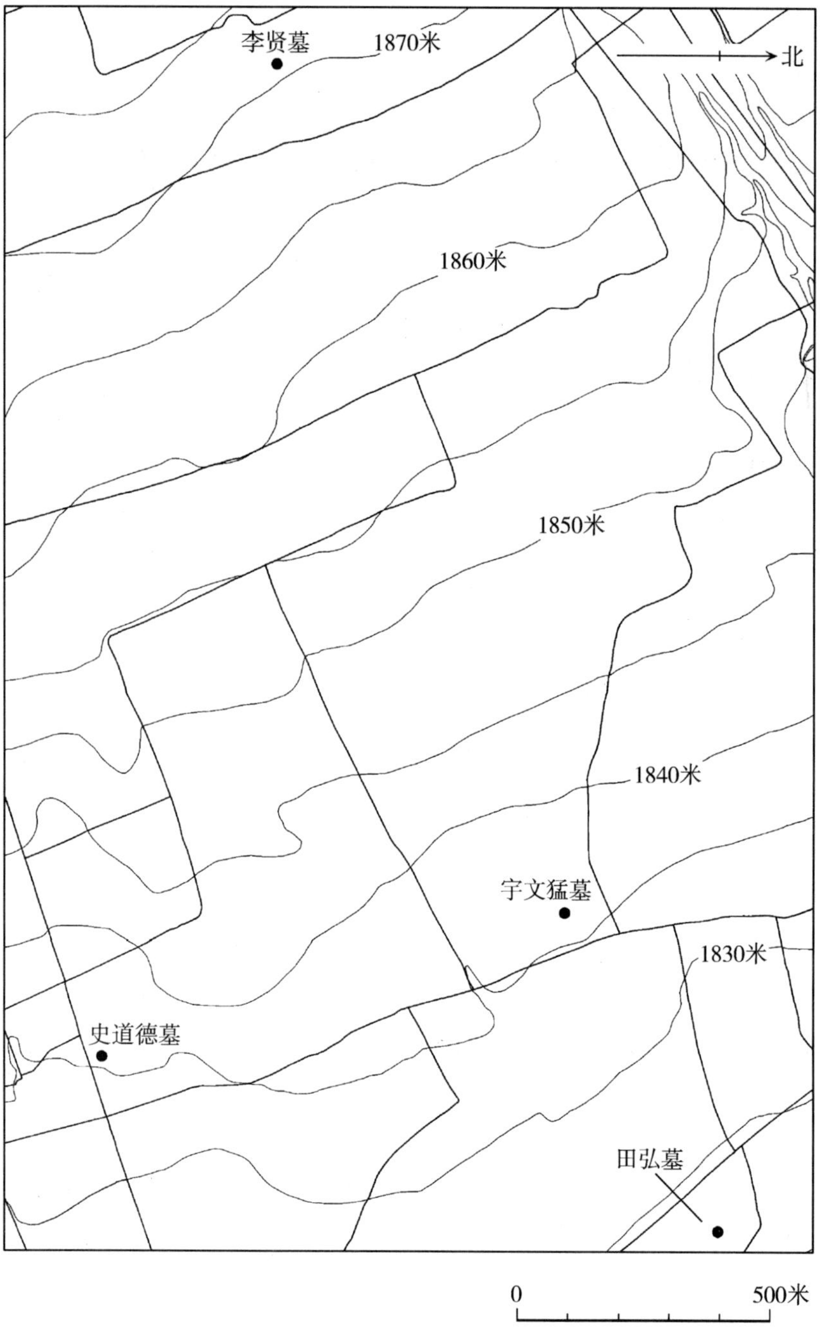

图二　北周墓群分布示意图

表明小麦越冬困难。11 月 6 日～次年 3 月 18 日的日平均气温为 0 度以下，达 4 个月以上；7 月 26 日～8 月 5 日的日平均气温超过 20 度，尚不足 10 天。该地区的积温为 219. 6 度，与中宁的 1883. 9 度相比还是很低的①。

以上资料表明，这里的自然条件不适宜农耕。根据《宁夏各地牧草生长季及枯黄季的

① 罗丰：《第一章　地理位置与环境》，引自《唐史道洛墓报告书——原州联合考古队发掘调查报告1》，第 166～167 页，（东京）勉诚出版，1999 年。

地区差》一表可知[①]，固原的牧草生长季节平均为4月14日～10月21日，超过了190天。而积温有很大差异、面临黄河的中宁则为212天，两者并无大的差别。有数据显示，1亩地产青率为157.8万斤[②]，则11.6亩即可饲养1头羊。

因固原不适合种植冬小麦，故种植很少。据1982年公布的数据，全部耕地中，31.2%种植冬小麦，以海拔较低的三营、七营为主。种植品种也很散乱，最多的为江南红，占12.1%。春小麦中以红芝麦为主，占播种面积的90.1%。这是固原的农家种类，属于传统品种，它有良好的耐寒性，是生长期仅为103天的短期品种。产量较少，千粒重为24～36克[③]。

在固原，主要的农作物有小麦、黑麦（洋麦）、燕麦、糜子、谷子、玉米、高粱、荞麦等谷物，豌豆、扁豆、蚕豆、大豆等豆类，油用亚麻、向日葵、油菜等油料作物，洋芋等薯类等。其他还有饲料作物以及大麻、亚麻、烟草（较少）等[④]。

以上介绍了固原的气候和农业。从气候和农业资料可知，固原的农业耕作是在几乎接近极限的条件下进行。当地农民就有"1年丰收，3年不收"的谚语。畜牧牲畜的头数并不多，但对于牧羊、牧马等，那里或许还是好条件，田弘墓中属于宋代的上部文化层出土的动物骨骼就是好的证明。

如图二所示，田弘墓位于史道洛墓以北1公里的台地上，这片向南缓缓倾斜的台地恰为分水岭所在。在该台地的中央线上，北周时代的高官墓葬呈一条直线排列，这应有某种意义。在李贤墓和宇文猛墓之间，我们推测还存在有墓葬。目前在这一直线上，有几处散布着砖、陶片等。葬地的选定与皇帝下赐葬地有很深的关系。但李贤和田弘的谱系类似，其后代均在隋代继续作官，所以，不在固原营造墓地的可能性是很高的。

北周李贤墓、田弘墓、宇文猛墓在东西一线并列，自李贤墓到宇文猛墓有1.72公里，宇文猛墓到田弘墓有0.67公里。关于下葬时间，宇文猛墓为公元565年[⑤]，李贤墓为公元569年[⑥]，田弘墓为公元575年。这表明，在10年的时间内，这里营建了3座北周高官的墓葬，且基本呈一条直线。

关于固原南郊乡的黄土台地以前是否覆盖有森林，还有必要进行花粉方面的调查，这有待于我们今后开展工作。

（卫　忠　菅谷文则）

---

① 罗丰：《第一章　地理位置与环境》，引自《唐史道洛墓报告书——原州联合考古队发掘调查报告1》，第173页，（东京）勉诚出版，1999年。

② 同①，第25页。

③ 董永禅、周仲显：《宁夏气候与农业》，第25～30页，宁夏人民出版社，1986年。

④ 同①，第136页。

⑤ 同①，第134～135页。

⑥ 同①，下册，第133～138页。

第二章　发掘经过

第一节　调查与发掘

考古工作者经过普查和钻探，发现在固原县城西南郊的塬地上，散布着近二十座古代墓葬。经过多年的抢救发掘得知，塬地东部属隋唐时期墓地，西部属北周时期墓地。为了深入研究这片北周隋唐墓，揭示原州在丝绸之路、民族迁徙交流史上的重要地位，依照国家文物局批准的合作研究计划，1996 年 5～7 月间，中日联合原州考古队在固原南郊发掘了北周田弘墓，取得了满意的合作成果。

固原县城郊北周大司空、少师、柱国大将军田弘墓的发掘，是宁夏考古部门与日本共立女子大学等科研单位合作项目的第二期内容。第一期（1995 年）合作发掘的固原县城南郊唐代史道洛墓，地表封土和墓道封土已受洪水侵害，而拟进行第二期合作发掘的墓地，地表遗存完好。为了系统收集资料，中日联合考古队宁夏方面又对该墓地进行了密集钻探，作好合作研究和发掘的准备。1996 年 5 月 24 日，中日联合考古队在墓道口的标记处开始发掘。发掘工作进展顺利，为此，宁夏回族自治区文化厅在固原县城举行新闻发布会，在向国家文物局汇报的同时，也向新闻单位介绍了发掘成果和中日合作考古的内容。7 月 26 日，宁夏回族自治区人民政府主席马启智等出席了在固原召开的考古汇报会，并在自治区文化厅厅长刘长宗、文物局局长雷润泽的陪同下视察发掘工地，慰问看望了以谷一尚、菅谷文则、罗丰、卫忠为首的中日考古队员。

中日联合原州考古队的发掘组织，仍然是 1995 年签订的《中日联合考古队固原北周至隋唐墓葬调查计划协议书》中的组织结构（均为当时所任职务）：

学术顾问　宿　白：北京大学考古系教授

中国队员　罗　丰：固原博物馆副馆长、副研究员（中方队长）

卫　忠：宁夏文物考古研究所助理研究员（中方副队长兼发掘队长）

苏　哲：北京大学考古系副教授

陈晓桦：宁夏文物考古研究所助理研究员

郑克祥：固原博物馆助理研究员

日本队员　谷一　尚：东京共立女子大学副教授（日方队长）

菅谷文则：滋贺县立大学教授（日方副队长兼发掘队长）

茂木雅博：茨城大学教授

前园实知雄：橿原考古学研究所室长

日高　薰：国立历史民俗学博物馆馆员

在国家文物局、宁夏回族自治区文化厅的关怀、支持下，中日联合考古队的队员们经过不懈努力，及时将出土文物进行清理、检测、修复，并将发掘记录进行整理，编写出报告稿，之后将出土文物在固原博物馆展示收藏。参加文物整理的有许多是日本的大学生。我们还聘请中国社会科学院考古研究所的韩康信研究员、袁靖博士进行骨骼鉴定。中日两国的一些著名考古学家先后视察了发掘现场，其中包括中国考古学会理事长徐苹芳教授、日本国同志社大学森浩一教授、花园大学伊达宗泰教授。1997 年 1 月 13 日，考古队中日双方队长罗丰、卫忠、谷一尚、菅谷文则来到国家文物局，向张文彬局长、张柏副局长、文物保护司副司长孟宪民、外事处处长王立梅、北京大学宿白教授汇报了两期合作考古的情况以及出版计划。宿白教授和张文彬局长听完汇报后，对合作考古的成绩予以肯定，对《唐史道洛墓》和《北周田弘墓》发掘报告、《原州古墓集成》大型图录的出版提出了严格要求。

（雷润泽）

第二节　发掘日记摘抄

1. 1996 年的当地调查（1996 年 3～9 月）

（中国方面）雷润泽、罗丰、卫忠、苏哲、赵永洪、陈晓桦、郑克祥、黄丽荣、李全福、陈安位、王建斌。

（日本方面）谷一尚、菅谷文则、茂木雅博、铃木昭夫、梅原章一、高桥美久二、滨崎一志、河上邦彦、前园实知雄、桥本裕行、钟方正树、三宅俊彦。

3 月中旬～4 月中旬　在田弘墓周围进行钻探调查，同时迁葬现代墓。

5 月上旬　在墓地附近搭建临时建筑，作为发掘基地。

5 月 16 日　日方先遣队携带器材从兵库县神户港出发。

5 月 18 日　日方先遣人员抵达北京。卫忠、菅谷文则、李全福、桥本汇合后，协商各种事宜，购买器材。

5 月 20 日　17 点离开北京，乘坐开往银川的火车赴宁夏。

5 月 22 日　在自治区文物局协商。

5 月 23 日　10 点从银川出发。15 点 15 分到达固原博物馆的发掘基地兼宿舍。

5 月 24 日　开始测量固原县西郊乡大堡村北周田弘墓的地形，比例尺为 1∶100。推测墓道的主轴线与磁北基本无偏差，故以磁北方向设定了发掘区

5 月 26 日　开始发掘封土南侧发掘区的表土。清理出宋代的窑址和灰坑。

5 月 27 日　确认墓道，同时进行封土的钻探调查。

6 月 11 日　确认第一天井，绘制其南北剖面地层图。开始用滑轮从天井和墓道中出土。

6 月 15 日　确认第四天井、第五天井。

6 月 19 日　了解到第三天井、北侧过洞和第四天井连为一体。

6 月 30 日　在第五天井北侧的盗洞中出土墓志，判明墓主人为田弘。

7 月 3 日　绘制完成第三、四天井出土遗物平面图。

7 月 7 日　连续三天下雨，发掘区浸水。

7 月 10 日　观察发掘区南壁地层后，确认了墓道继续向南延伸。

7 月 11 日　午后下雨加冰雹，冰雹击地有声。因发掘区全面浸水，随后进行了排水作业。

7 月 12 日　发掘区向南扩方，清理出墓道。

7 月 14 日　进行对墓室盗洞上层、甬道出土遗物的摄影及实测，对由于下雨而延期的第三、四天井遗物分布层进行实测。

7 月 15 日　重点进行主室盗洞以东部分的发掘，清理出墓室地面，并确认其上附着有颜料。

7 月 16 日　在后室出土金币。后室木棺的清理状况摄影之后准备进行实测，因下雨而收工。

7 月 17 日　进行后室、夫人棺的摄影和实测。

7 月 19 日　绘制在封土东西设立的探访的地层剖面图，清理墓门。

7 月 21 日　绘制从第五天井至盗洞、甬道的遗物出土状况图。

7 月 23 日　清理在第五天井附着的云母涂漆木柄。

7 月 24 日　举行记者招待会，宁夏回族自治区文化厅厅长刘长宗一行到工地视察。清理出田弘墓内棺底板下的两根枕木。

7 月 25 日　清理出后室门板遗痕。除在西北大学留学的桥本裕行外，其余日方考古队员因签证到期均回国。

8 月 1 日　部分日方队员回到固原。

8 月 12 日　进行第五天井遗物出土状况图的实测，并提出遗物。虎西山开始对墓室壁画的临摹。

8 月 14 日　绘制完成自墓室横剖面向北侧的透视图。

8 月 15 日　绘制完成墓室纵剖面图及向东西侧的透视图，壁画临摹完成。

8 月下旬　进行墓室西南部和侧室中遗物出土状况的实测，工地发掘暂告完成。

2. 为了整理线图和照片，陈坤、陈晓桦、郑克祥访日（1996 年 11 月 1 日～11 月 11 日）。

3. 第一次遗物整理（1996 年 12 月 22 日～1997 年 1 月 4 日）。

4. 卫忠为了发掘的整理和研究而出访日本（1997 年 12 月 4 日～1998 年 2 月 8 日）。

5. 第二次遗物整理（1997 年 12 月 25 日～1998 年 1 月 4 日）。

6. 第三次遗物整理（1998 年 9 月 27 日～10 月 6 日）。

7. 卫忠为了发掘的整理和研究而再次访日（1999 年 1 月 12 日～6 月 28 日）。

8. 第四次遗物整理（1999 年 7 月 14 日～9 月 28 日）。

9. 绘制印刷用图，并进行编辑作业（1999年10月1日～2000年2月11日）。

10. 为印刷校正，雷润泽、罗丰、卫忠访日（2000年2月15日～2月25日）。

参加以上各项工作的人员如下，姓名后的数字，指参加上述诸项调查的项目序号（所属单位以参加最终调查时为准）。

滋贺县立大学	川上博子（1、3、5、6、8、9）、饭田史惠（3、5、6、8、9）、平郡达哉（3、5、8、9）、高木优子（1、3、6）、山口典子（1、3、5）、藤田加奈子（3、5）、生方美菜子（8、9）、宇都寿幸（1）、才本佳孝（3）、吉田一子（1）、大薮由美子（6、8）、早川圭（5、8）、福田由里子（5、6）、山本郁子（6）、老文子（6、8、9）、小原さと子（6、8、9）、永坂朋子（6、8、9）、林依美（6、8、9）、榎本贵洋（8、9）、加藤正行（8、9）、原ふみ（8、9）、森垣直美（6）、安立尚子（8、9）、安达茧（8、9）、中川穗花（8、9）、野间弘子（8、9）、内田和典（9）
共立女子大学	妹尾信子（1、8）、大塚华子（8）、大桥久仁子（8）、小西直子（8）、重住真贵子（8）、都丸美纪（8）、宍见良子（8）、井川幸惠（8）、景山和生（8）、铃木希望（8）、濑户さゆら（8）、野见山佳惠（8）、土屋宽子（8）、中山真理子（8）、中村麻由（8）
花园大学	西泽志保（3）、高木公辅（3、5）、宫入文彦（3、5）、市元垒（5、6、8）、加贺屋央（6）、盐谷磨智子（6）
茨城大学	箕轮正和（6）、小川能史（6）、园都彩（6）
东京大学	石川岳彦（8）、小寺智津子（8）
奈良女子大学	高木清生（1、3、5、6、8、9）
帝塚山大学	宫崎雅充（3、5、8、9）
实践女子大学	三国博子（5、8）

（雷润泽　菅谷文则）

第三章　发掘方法和地层堆积

第一节　测量方法和试掘探方

田弘墓上堆积的文化层比固原南郊的隋唐墓地、西郊的北周墓地的堆积层复杂。在发掘以前，虽然根据已往的经验，在封土的东侧和南侧宽60米的范围内进行了考古钻探，但是从土质、土色难以明确判定天井和墓道的位置。这一部分耕作土层下的文化层比较厚，最深处可达1米，分布无规律，厚度也深浅不一，最浅处0.48米。上层文化层和墓道与天井的填土难以区别（彩版一、二）。

调查以前要先确定出测量用的坐标系。在此，沿着考古钻探事先预想的墓道主轴线确定测量主轴，再将位于主轴上的封土的最高点附近假设为0点。这条主轴由于与南北方位一致，0点作为起点，北测桩为N点，南测桩为S点。同样，以0点为起点，与主轴直交线设定西测桩为W点，东测桩为E点。由于墓道是由0点向南侧延伸，为了测量的方便，沿着主轴线向南设立S1、S2、S3、S4、S5各点。通过水平仪测定各点间的水平距离和高度，并用卷尺测量各点间的斜距离，根据勾股定理进行计算，标记于图上。封土的测量是以封土的最高点作为±0米，每隔-25厘米测定一条等高线，并按照1∶100的比例进行绘图。

为了明确文化堆积层的规律性并确定墓葬的位置和方向，我们采用了探方式发掘。具体方法如下：探方首先设定东西10米、南北10米的T1，并在封土南侧主轴线上留出宽1米的隔梁部分，还留出南北向宽1米的隔梁部分。在T1的北侧布置了同样规模的探方T2、T3之后，开始进行调查发掘。随着发掘的进行，由于判明了在T3的北侧有第三天井的延续，在那里布T4。同样，在T1的南侧由于墓道的延续，在那里布T5。为了确认墓室天井在T4北壁处的崩落情况，墓室部分的发掘由T4向北扩方大约6米。同样，T5沿着墓道的范围也向南进行了扩方（图三）。

由于隔梁剖面妨碍了对墓葬遗迹的判断，因此依次对隔梁地层进行了观察、记录之后，将隔梁除去。这时，隔梁上保存的主轴线上测桩基点S1点、S2点和T5向南侧扩方后，涉及的测桩基点S4点都将消失。为此，依据S2点和S4点与主轴线垂直相交线，在其东西各6米的位置处设立新测桩，作为可以复原的新测量基点（彩版三）。

（钟方正树）

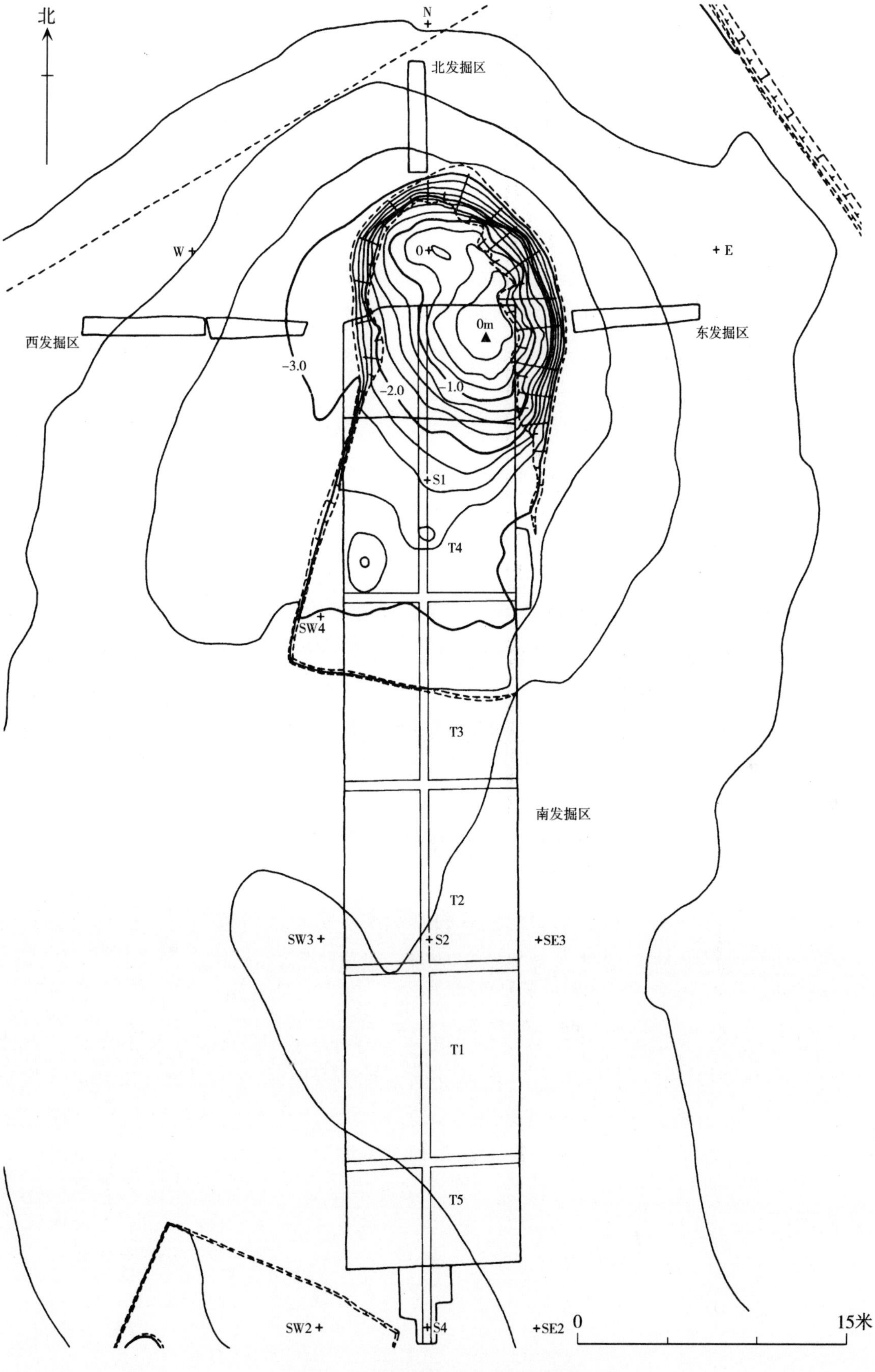

图三　田弘墓探方分布示意图

第二节　基本层位

田弘墓上的堆积层基本可以分为7层（图四～六；彩版六：1）。现将地层介绍如下：

第1层：表土层。封土周围的一部分可分为上下两层。其中上层呈红褐色，土质松软，颗粒较大。出土物有现代的砖、瓷器等，属于农耕土层。下层呈黄褐色，砂质，颗粒较小，土质较软。出土有陶器和明清时代的瓷器，属于近代文化层。

第2层：灰褐色土，砂质，颗粒相对较粗，土质松软。土中混有炭化物和烧土块等。出土较多的是宋代的砖、瓦和陶器，此外还有瓷器。陶器以灰陶居多，器形有罐、盆等；瓷器有青瓷、白瓷、黑瓷等，器形有碗、盘、壶、灯等。属于宋代文化层。

第3层：浅褐色土，砂质，颗粒相对较小，土质松软。土中混有炭化物和生土块。出土较多的是瓦和陶器，此外还有瓷器。瓷器以青瓷为主，也有少量黑瓷和白瓷，器形主要有盘和碗。属于宋代文化层。

第4层：灰褐色土，砂质，颗粒相对较小，土质松软。土中混有茶褐色土和生土块。属于宋代文化层的一部分。

第5层：深褐色土。是田弘墓建造以前的地表土，在封土之下和周围被大量地保存下来。颗粒相对较小，土中混有大量有机物。

第6层：黄褐色土。是旧表土（第5层）和黄土层（第7层）的中间层，没有出土遗物，主要是黄土层表面的风化层。砂质，颗粒相对较小。

第7层：黄土层（生土）。

如果排除封土这一部分，田弘墓在构筑以后的堆积层基本为1～3层。第4层仅在封土南侧部分被确认。没有第5层，直接在第6层之上堆积第3层的情况较多。虽然各天井和墓道原本应是开挖5层后建造的，但是在封土南侧，也有的没有第5层，这可能是因为封土南侧一带的地形稍高，建造墓葬平整土地时，旧表土层已被削平。

从现在的地表至田弘墓构筑面（第5层），有深约1米的堆积层。封土的附近地势稍高，在包含有近现代墓地处，并没有受到耕地开垦的影响，地貌没有发生变化。整体来看，耕土层和近现代文化层（第1层）有从北向南逐渐变厚的趋势。第2层和第3层有不同程度的扰乱，有的地方还分布有小堆积层，其土质、土色与上下的文化层有明显的不同。由于其分布范围较小，而且出土的遗物与上、下层的没有变化，所以一时难以区分。

（卫　忠）

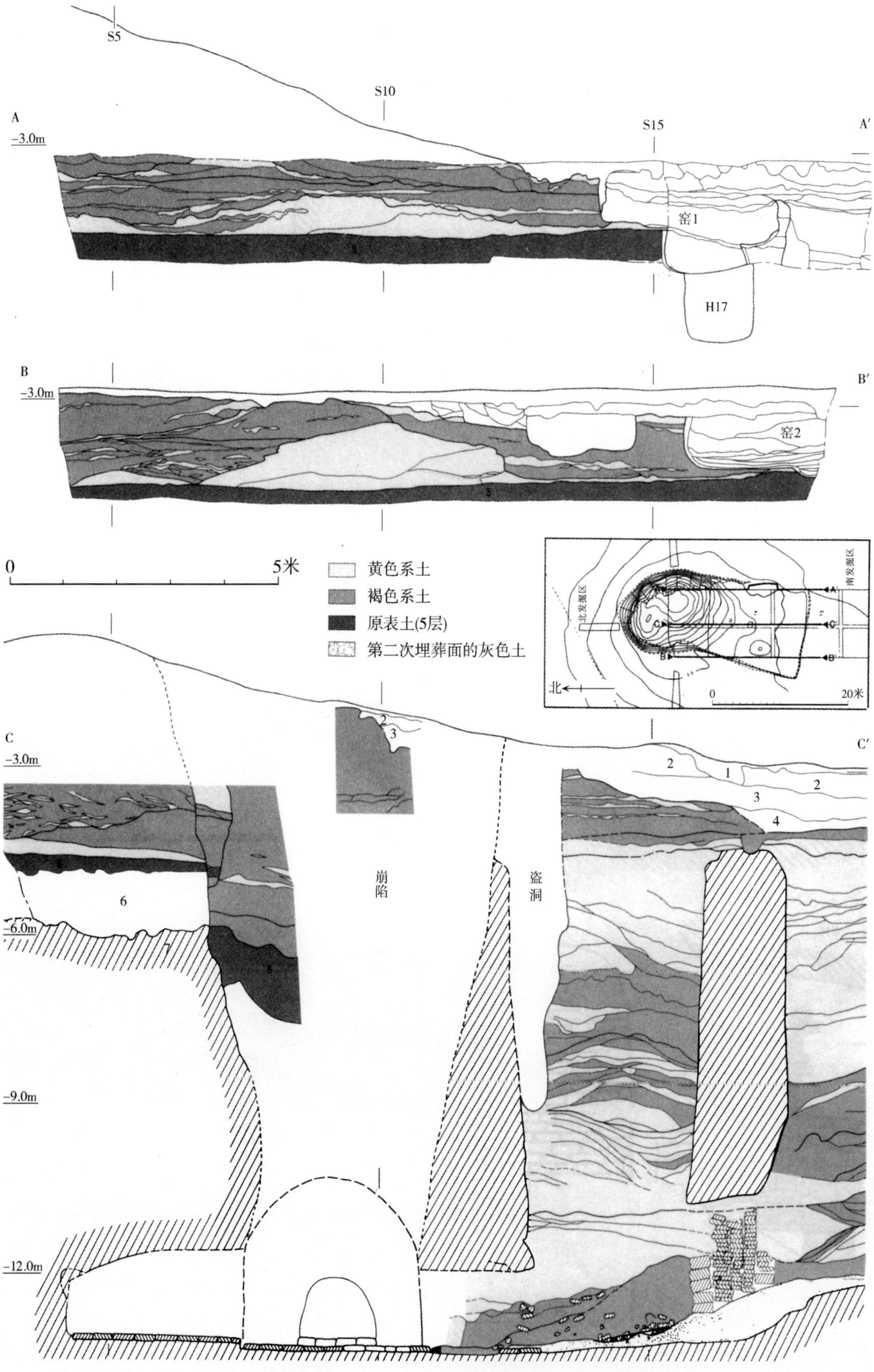

图四　南发掘区地层剖面图之一

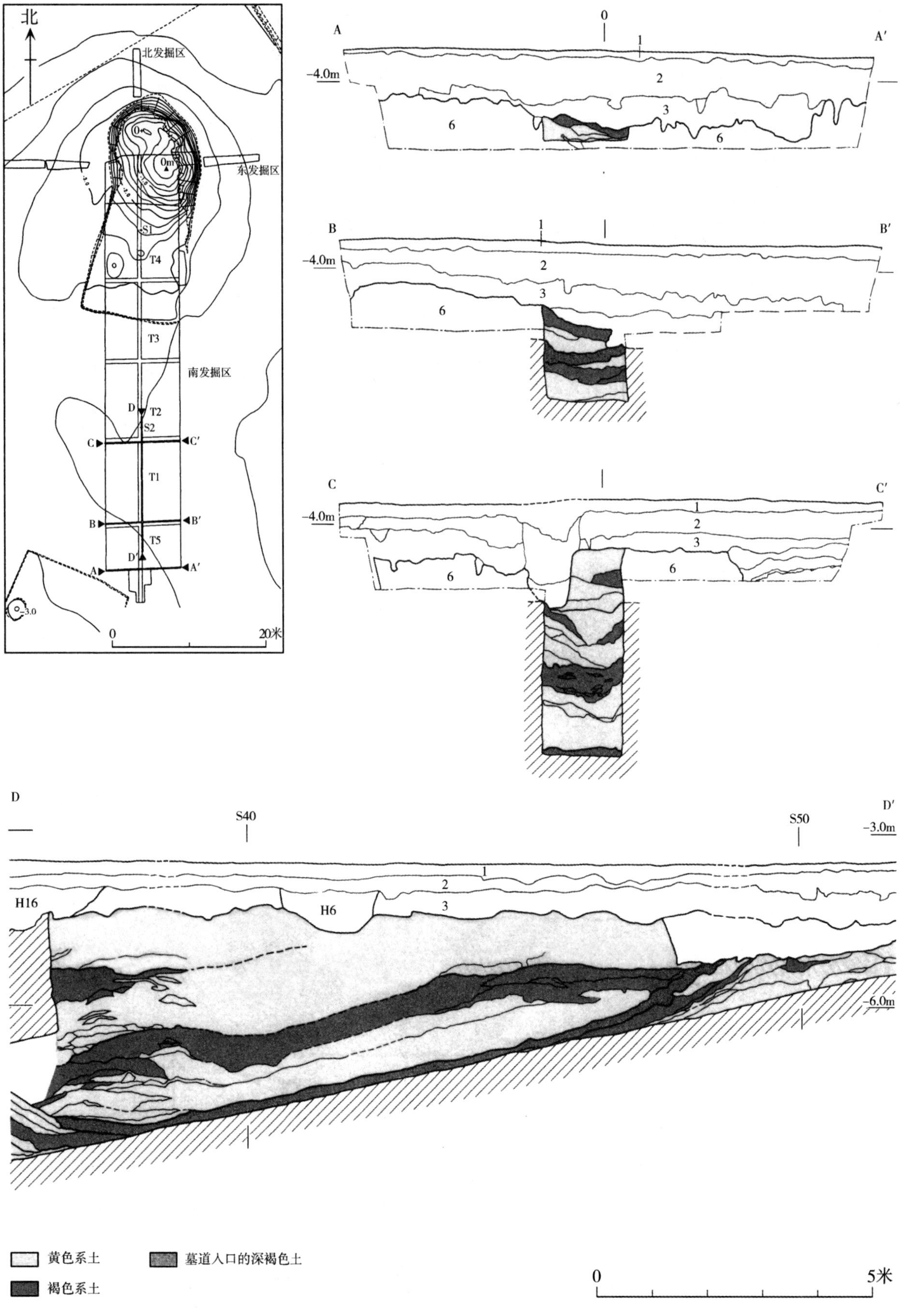

图五　南发掘区地层剖面图之二

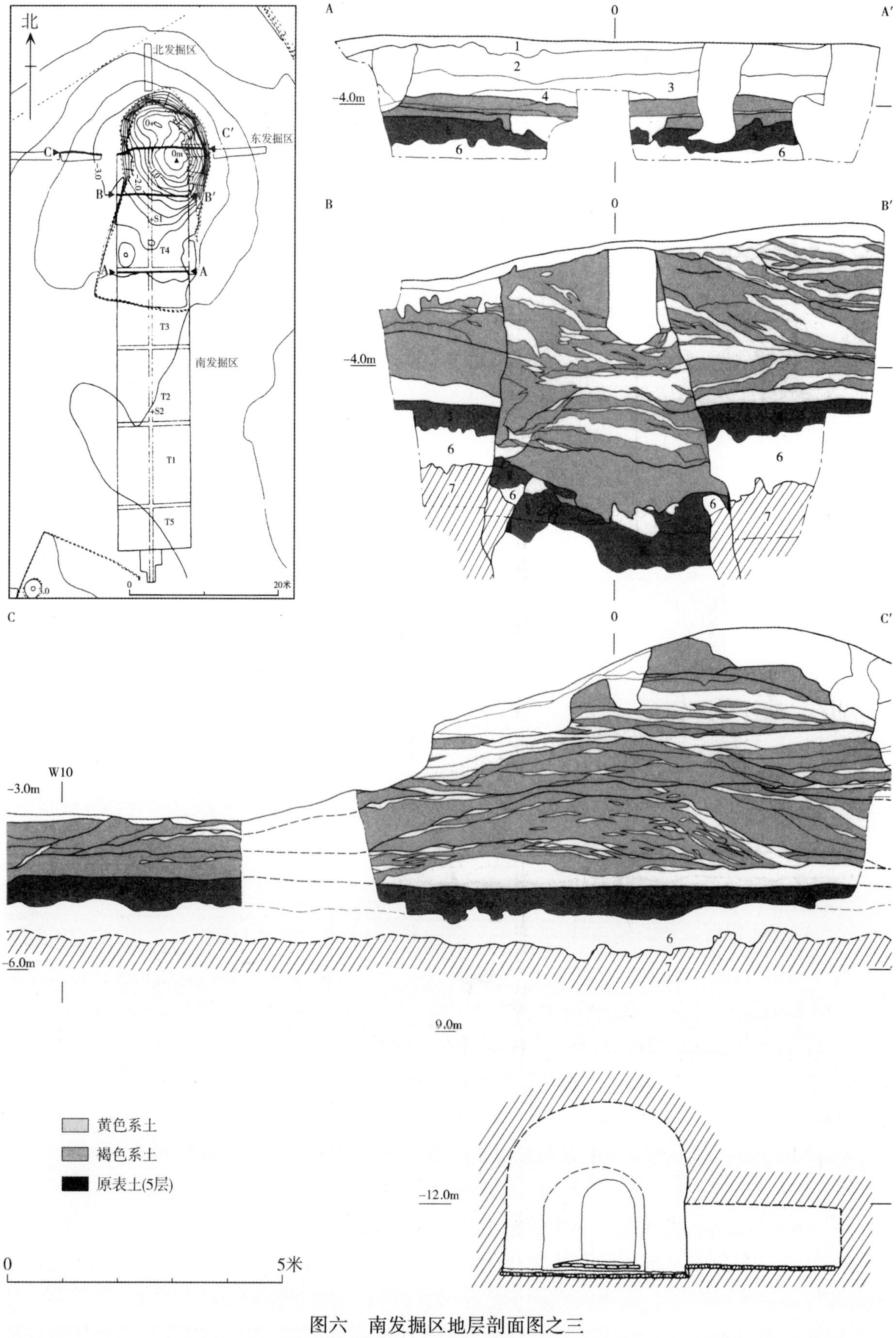

图六　南发掘区地层剖面图之三

第四章　上层遗迹和遗物

第一节　上层遗迹

田弘墓之上的地层中有较多的遗迹。我们发掘了17座灰坑中的12座，以及灰沟1条和冥钱坑，此外还有窑址2座、近现代墓5座（图七）。

1. H1　平面呈圆角方形。位于T3北侧中央，开口于第3层，田弘墓第三、四天井的正上方与之重叠。灰坑边长2.1、深1.28米，底部边长约1.3米。可分为上下两部分，下层含有大量的烧土和炭化物，并出土了陶器、瓷器、瓦片和动物骨骼（图一一）。

2. H2　平面呈不规则形状。位于从T2西北至T3西南的范围内，西端的一部分延伸至发掘区以外。开口于第4层之下，破坏了田弘墓第二天井，以及第三、四天井和G1的一部分。长6.8、宽4.2、深0.9米。出土了大量的陶器、瓷器、瓦片和动物骨骼，同时还出土陶纺轮2件、石锤1件（彩版四：1）。

3. H3　平面呈长方形。位于T2北侧，打破H2。边长约1.5，短边约0.9米。出土物有陶器。

4. H4　平面呈不规则形状。位于T2中央，在田弘墓第一天井的正上方。东西长1.33、南北宽1.37、深0.63米。出土物有陶器和瓷器（图八；彩版四：2）。

5. H5　平面呈不规则形状。位于T1北侧，其西半部被H6破坏。H5破坏了墓道东壁的一部分，其东侧的发掘没有进行。南北长1.6、东西宽0.75米。出土物有陶器和瓷器。

6. H6　平面为南北向圆角长方形。位于T1中央北侧，穿过H5与田弘墓墓道相重叠。开口于第3层，南北长1.81、东西宽0.98、深0.75米，坑内堆积分为上下两层，上层的一部分集中出土了瓦片（图一四）。

7. H7　平面呈圆角方形。从T1东壁开始一直向东延伸至发掘区以外，打破H8。南北长2.1、东西宽0.7、深0.5米，该灰坑没有被完全发掘。

8. H8　平面呈不规则形状。位于T1东侧，并向东延伸至发掘区以外，开口于第3层。南北长4.5、东西宽4.3、深1米以上，没有完全发掘。壁面和坑底均不规则。坑口散布着大量的被烧过的石头和砖块。坑内南北两侧堆积层的土质、土色和遗物有很大差别，呈交错堆积状。北侧上部的堆积层土色为黄褐色，颗粒稍粗，主要包含瓦片和烧土。下部的堆积层土色呈灰黄色，灰色的土中混有黄色的土块，土质松软，包含少量的瓦片、瓷器和烧土、木炭颗粒。坑内的堆积层从南向北倾斜。南侧的堆积层中含有大量遗物。上层有烧结的窑体残壁，还混有砖块、瓦片和数量稍多的陶器和瓷器。底部的堆积物中有大

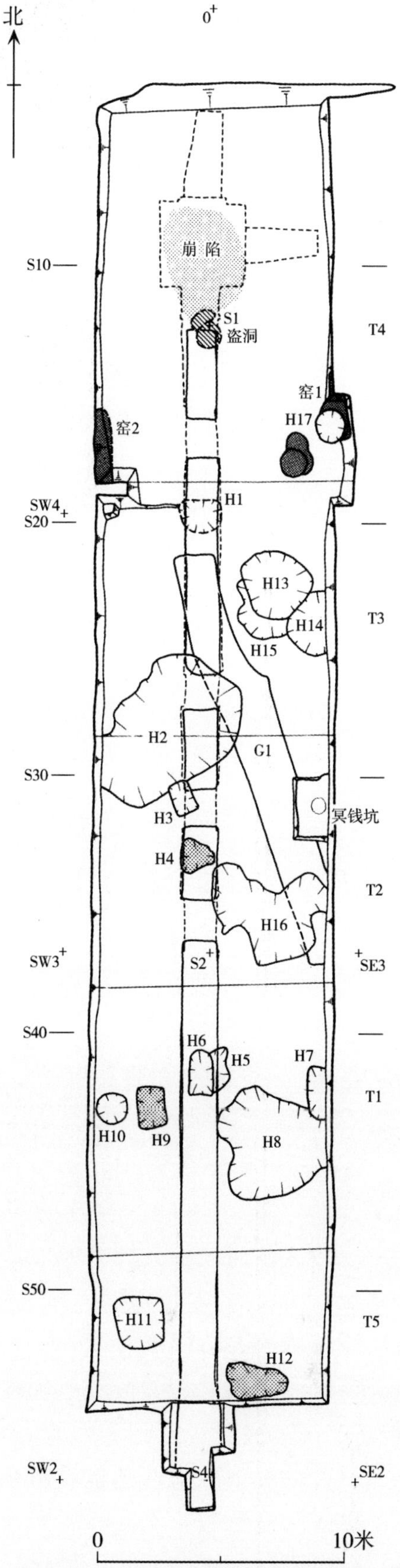

图七　田弘墓墓上遗迹分布图

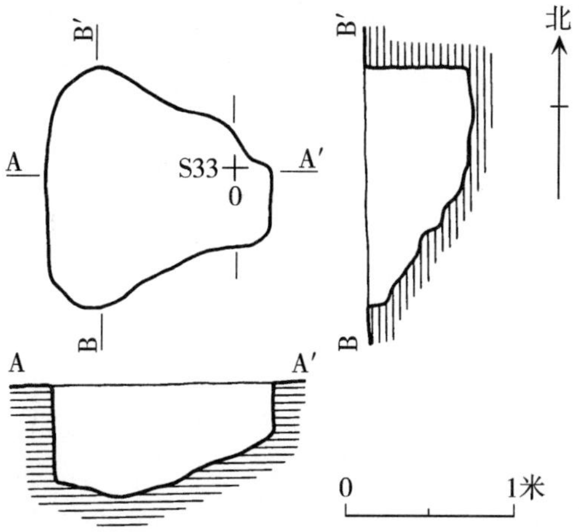

图八　H4 平、剖面图

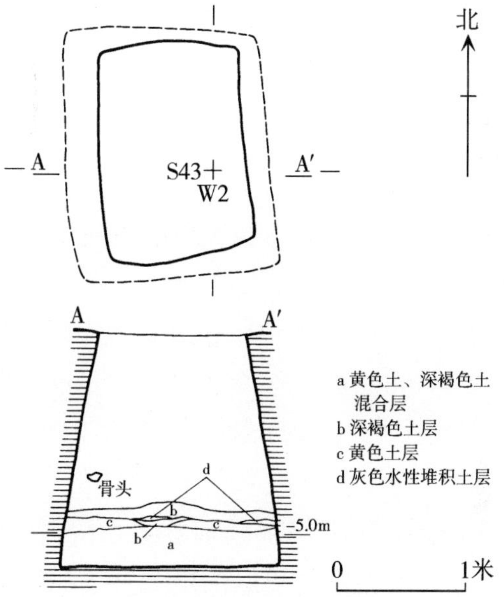

图九　H9 平、剖面图

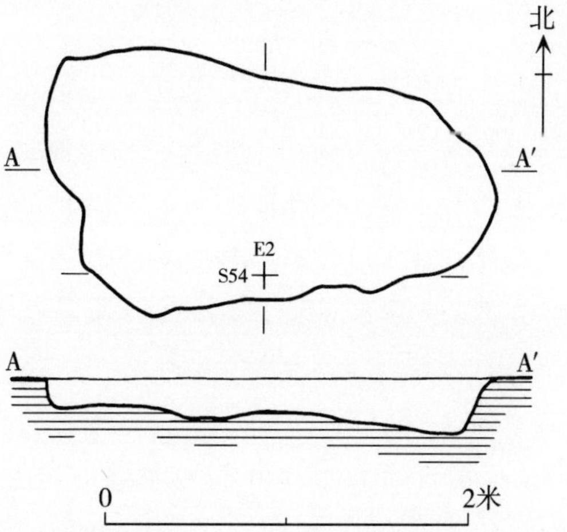

图一〇　H12 平、剖面图

量的瓦片、陶器和瓷器，还散布着动物骨骼。根据对坑内遗物的分析，我们认为，这里是周围窑场废弃品的丢弃场所（图一三；彩版四：3）。

9. H9　平面呈圆角长方形。位于T1西侧，口小底大，略呈袋状。口部南北长1.63、东西宽1.12、深1.71米，底部呈一南北长1.9、东西宽1.55米的方形。出土物有陶器和瓷器（图九）。

10. H10　平面呈圆形。位于T1西侧，直径1.2～1.3、深1.38米。壁直立，西南壁从上向下的0.85米处向内缩窄。平底，底径1.07米。灰坑内的堆积可分为上下两层。上层厚74～88厘米，土色呈深褐色，土质松软，颗粒较粗，包含少量的砖块、瓦片。下层厚62厘米，包含大量的砖块、瓦片和陶器、瓷器。器形为罐、盆、白瓷碗、白瓷盆等，此外还出土了漆碗和阴刻有横竖格子的棋盘，在其侧还出土了鸟类骨骼和啮齿类动物的头骨（图一二；彩版五：1）。

11. H11　平面呈圆角方形。位于T5西侧，南北长1.96、东西宽1.92、深1.96米。从上面向下的0.2米处，出土了陶器、瓷器和瓦片。在此以下，包含遗物的黄灰色土和没有遗物的黄色土混杂堆积（图一五）。

12. H12　平面呈不规则形状。位于T5南侧，南北长1.41、东西宽2.5、深0.3米。出土物有陶器和瓷器（图一〇）。

13. H13　平面略呈圆形。位于T3东侧，打破H14、H15，直径2.6～2.8米。没有进行发掘。

14. H14　平面大致呈圆形。位于T3东侧，并继续向东延伸至发掘区以外，直径约2.5米。没有进行发掘。

15. H15　平面呈不规则形状。位于T3东侧，被H13、H14打破，所以无法判断其大小。没有进行发掘。

16. H16　平面呈不规则形状。位于T2东侧。东西向长达4.5米以上，部分向东继续延伸至发掘区以外。开口于第3层，只发掘了其与墓道重叠的西侧部分。

17. H17　平面呈圆形。位于T4的东南侧，打破窑址1（Y1），并叠压其上。直径1.5、深1.3米，内部有大量的瓦片堆积。

18. G1　是一条贯通T2、T3的灰沟。开口于第4层，打破田弘墓第三、四天井，并叠压其上。全长16.9、宽1.7、深2.1米，平底。仅发掘了与第三、四天井叠压的部分。

19. 冥钱坑　位于T2东北侧。呈浅坑状，冥钱出土处的标高为-4.5厘米前后。冥钱分布于东西宽1.13、南北长1.56米的范围内，在犬骨、羊骨之上，呈环状分布。冥钱的一部分风化严重，只残留痕迹，但是也有保存良好的冥钱。从钱上的线痕可以判断，冥钱是被串连着埋藏的。坑内没有出土人骨，可以认为是将冥钱奉献给动物的遗迹，或者是将动物和冥钱奉献于人的遗迹（图一六；彩版五：2～4）。

由于黄土特殊的结构，若发掘其他没有编号的灰坑（特别是墓室附近和墓道两侧分布的灰坑），此后的墓葬发掘会有崩溃的危险，所以没有发掘这些灰坑。2座窑址均是在墓室上方向下发掘的过程中，在东、西两壁发现的，所以没有进行调查。

以上遗迹从层位来看，其形成经历了3个时期，现将其特征分述如下：

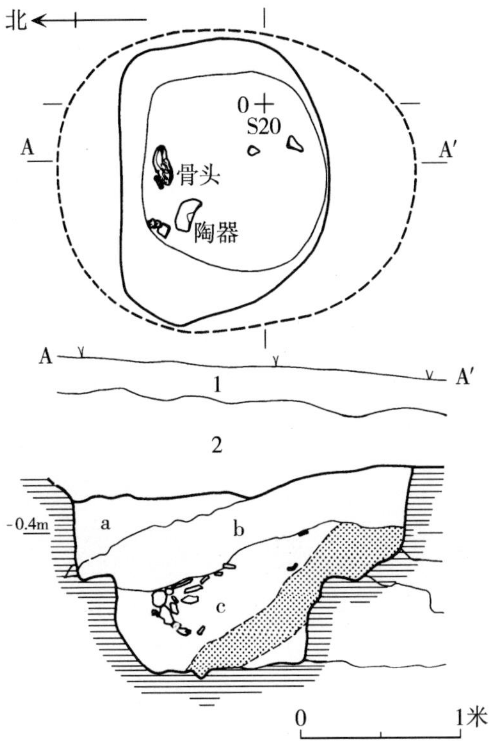

图一一　H1平、剖面图

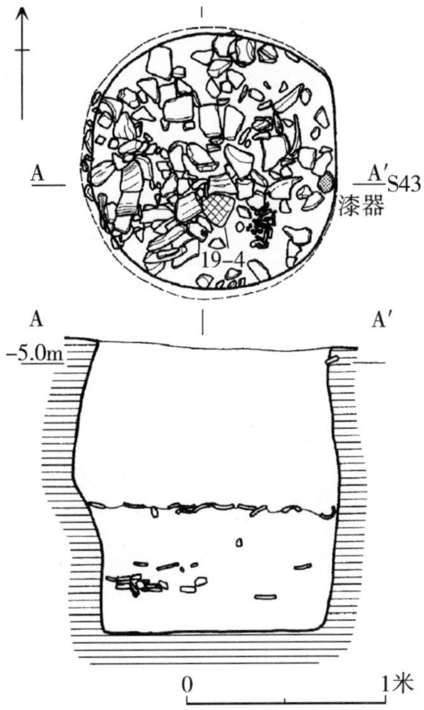

图一二　H10平、剖面图

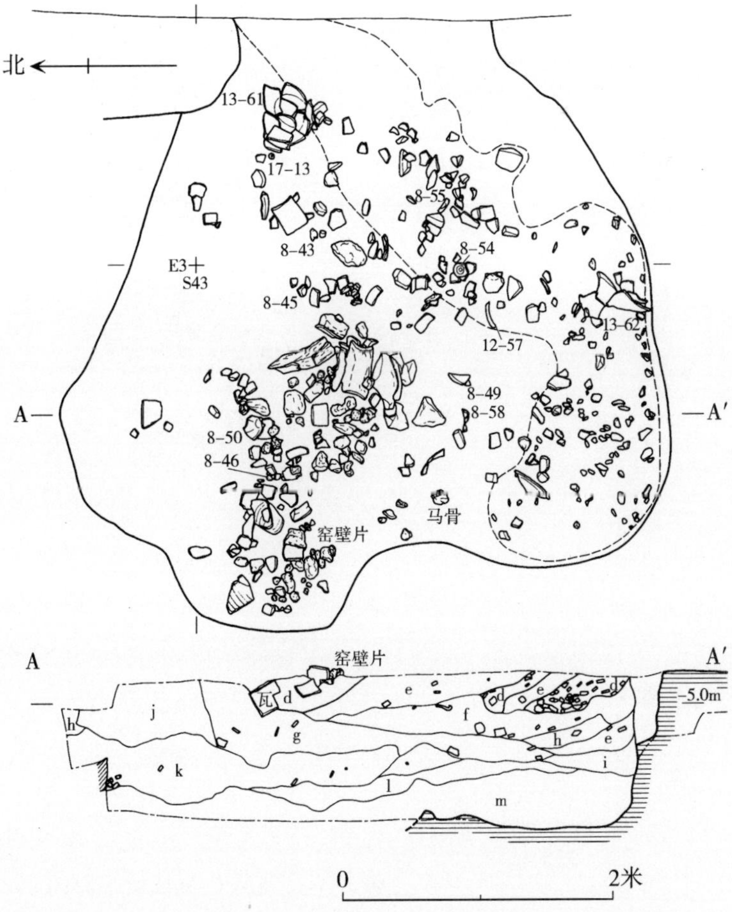

图一三　H8平、剖面图

a. 深褐色土层
b. 深灰褐色土层
c. 浅褐色土层（含烧土·炭化物）
d. 青灰色窑壁片废弃层
e. 黄茶灰色土层
f. 黄灰色土层
g. 灰褐色土层（含瓦片）
h. 灰褐色土层
i. 瓦砾堆积层
j. 黄褐色土层
k. 黄灰色土层（含黄土块）
l. 红褐色土层（含大量碎砖片）
m. 灰褐色土层

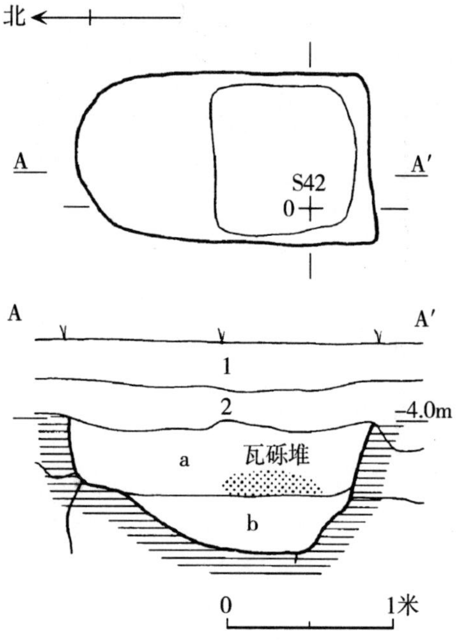

图一四　H6平、剖面图

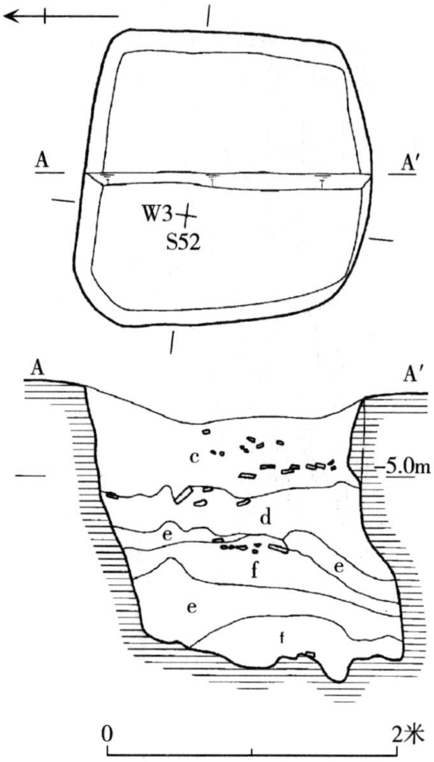

a. 深褐色土层　b. 褐色土层（含大量碎砖残瓦）

c. 黄灰褐色土层　d. 黄灰色土层（含炭化物、瓦片）

e. 黄色土层　f. 黄灰色土层（含烧土）

图一五　H11平、剖面图

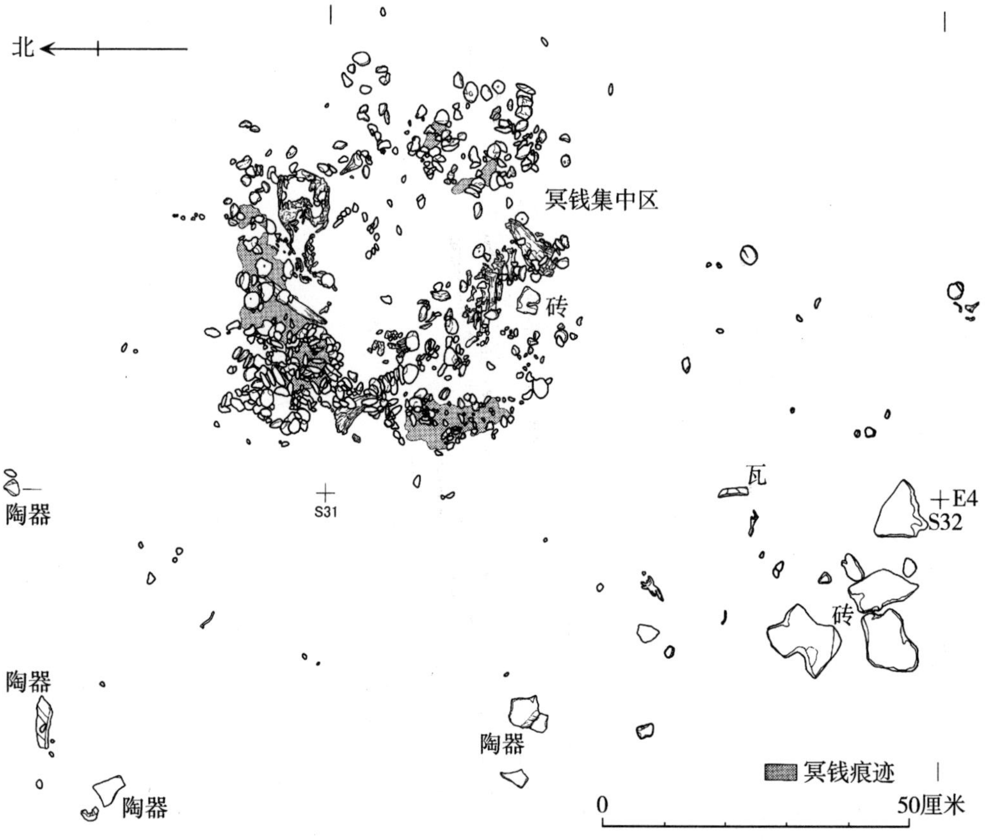

图一六　冥钱坑平面图

第 1 期　遗迹有 H2、G1，G1 被 H2 打破。其上方堆积有 4 个地层。从中出土有宋代遗物。

第 2 期　H1、H8、H6、等较多遗迹开口于第 3 层。这些遗迹内又出土了大量的宋代遗物。

第 3 期　开口于第 2 层的遗迹。有窑址（Y1）等为数不多的遗迹。

（卫　忠）

第二节　出土器物

一、瓷器

瓷器有 138 件，均为残片，分别出土于 H1（图一七）、H2（图一八）、H4（图一九：1～3）、H5（图一九：4～8）、H7（图一九：9～11）、H8（图二〇）、H9（图二一：1、2）、H10（图二一：3～8）、H11（图二二）、H12（图二三：1～9）。出土瓷器有青瓷、白瓷、褐瓷等，器形包括碗、碟、壶、灯、执壶等（彩版一六，一七，一八：1、3）。

青瓷中制成图的有 38 件，种类有碗、小碟等。标本 H8：20，内壁上用模子压出印花纹，绿色，釉厚而不透明。标本 H8：11、12 均为碗，装饰环状花纹。标本 H5：3、H8：4～8，外壁装饰莲花瓣纹。

白瓷也很多，绘制成图的有 35 件，种类以碗、碟、灯居多。标本 H11：17、18，陶灯，釉薄，胎色透明。

褐色瓷的种类有碗、碟、执壶、灯等。标本 H4：1，双耳罐，口沿已残（彩版一六：

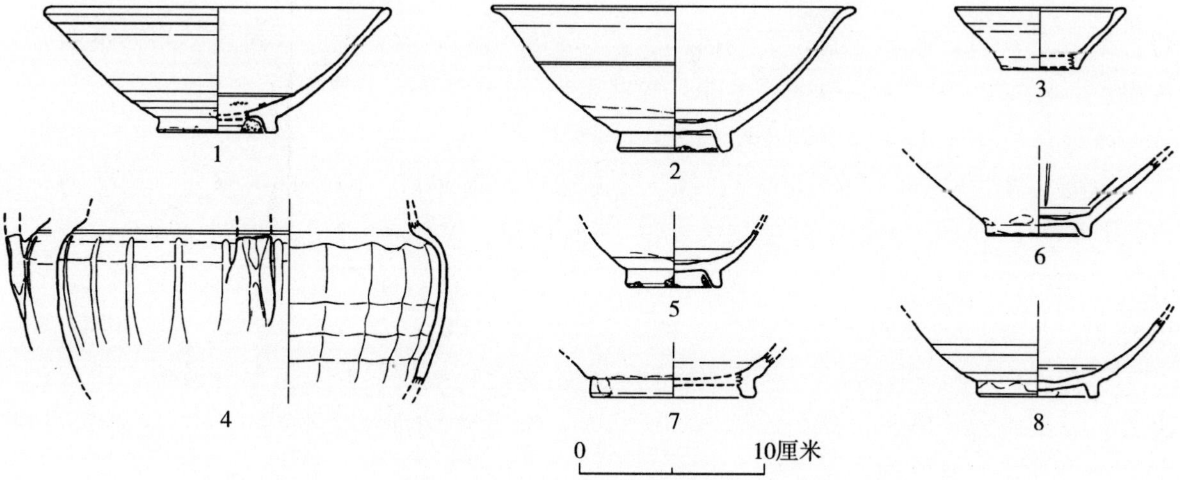

图一七　H1 出土瓷器

1. 白瓷碗（H1：1）　2. 褐釉碗（H1：2）　3. 褐釉碟（H1：3）　4. 褐釉罐（H1：4）
5. 褐釉碗（H1：5）　6. 青瓷碗（H1：6）　7. 褐釉瓶（H1：7）　8. 白瓷碗（H1：8）

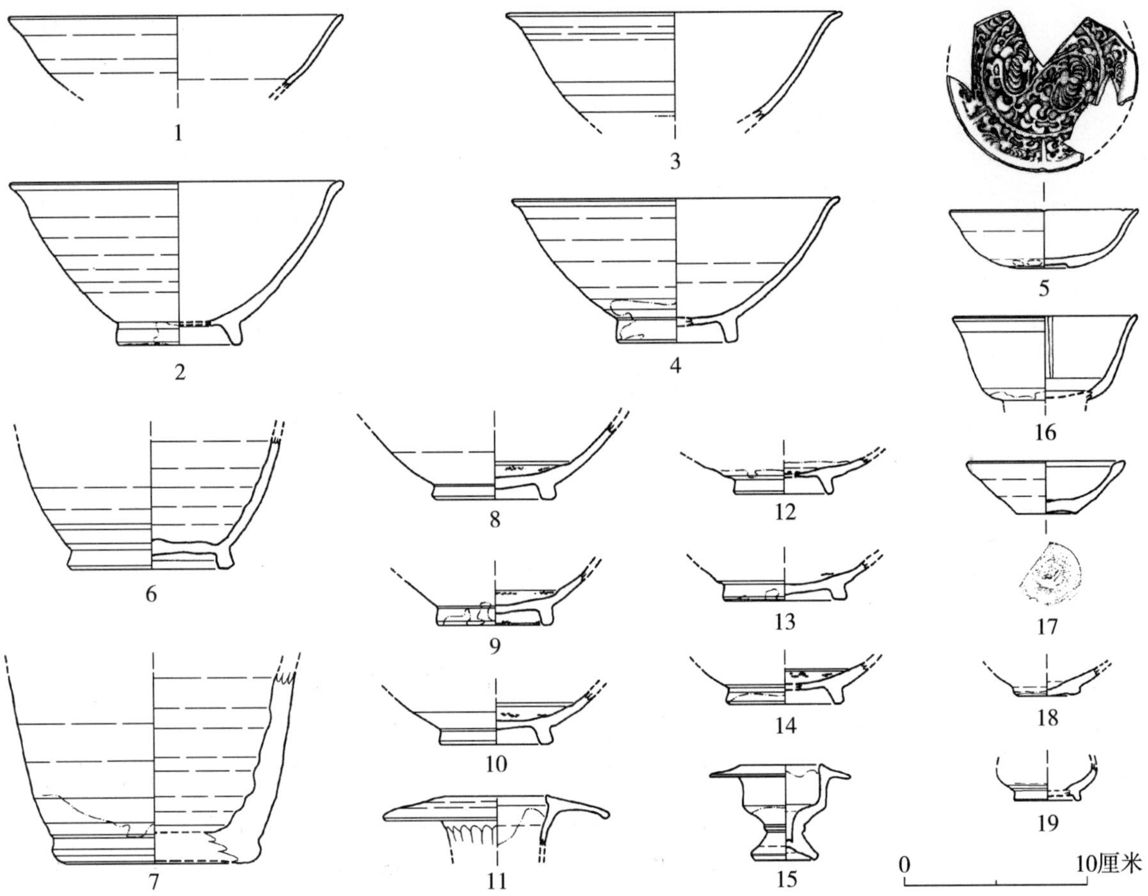

图一八　H2出土瓷器

1. 青瓷碗（H2：1）　2. 白瓷碗（H2：2）　3. 白瓷碗（H2：3）　4. 白瓷碗（H2：4）　5. 青瓷碟（H2：5）　6. 褐釉瓶（H2：6）　7. 褐釉瓶（H2：7）　8. 白瓷碗（H2：8）　9. 白瓷碗（H2：9）　10. 白瓷碗（H2：10）　11. 青瓷灯（H2：11）　12. 褐釉碗（H2：12）　13. 白瓷碗（H2：13）　14. 白瓷碗（H2：14）　15. 褐釉灯台（H2：15）　16. 褐釉碗（H2：16）　17. 褐釉灯盏（H2：17）　18. 青瓷碗（H2：18）　19. 白瓷杯（H2：19）

4）。标本H7：1，瓶，已残，只剩肩部。标本H5：1，灯盏，釉层较薄，胎壁略透明，呈灰褐色。标本H11：15，执壶，釉厚，光泽度好，已残。

现将灰坑出土的主要瓷器介绍如下：

青瓷刻花牡丹碗　1件（H8：20）。北宋后期，耀州窑，碎块拼接修复。胎壁薄，敞口，斜直壁，圈足。碗内、外壁均施青釉，釉色均匀。碗外壁口沿处刻划3周弦纹带，弦纹带下侧施不规则的乳钉纹带。碗内刻划对称两组开放的牡丹花纹，线条自然。高8.2、口径21.5、足径5.8厘米（图二〇：20；彩版一六：6）。

青瓷碗　1件（H12：5）。北宋后期，耀州窑，碎块拼接修复。胎壁较厚，敞口，口沿外折，斜直壁，圈足。碗内、外壁均施青釉，釉色均匀细腻，平整光亮。高8.7、口径20.2、足径6厘米（图二三：5）。

青瓷碗　1件（H12：4）。北宋后期，耀州窑，碎块拼接修复。胎壁较薄，敞口，口沿外折，斜直壁，圈足。碗内、外壁均施青釉，釉色均匀细腻，碗内底部刻划出圆圈。高9.2、口径19.3、足径5.7厘米（图二三：4）。

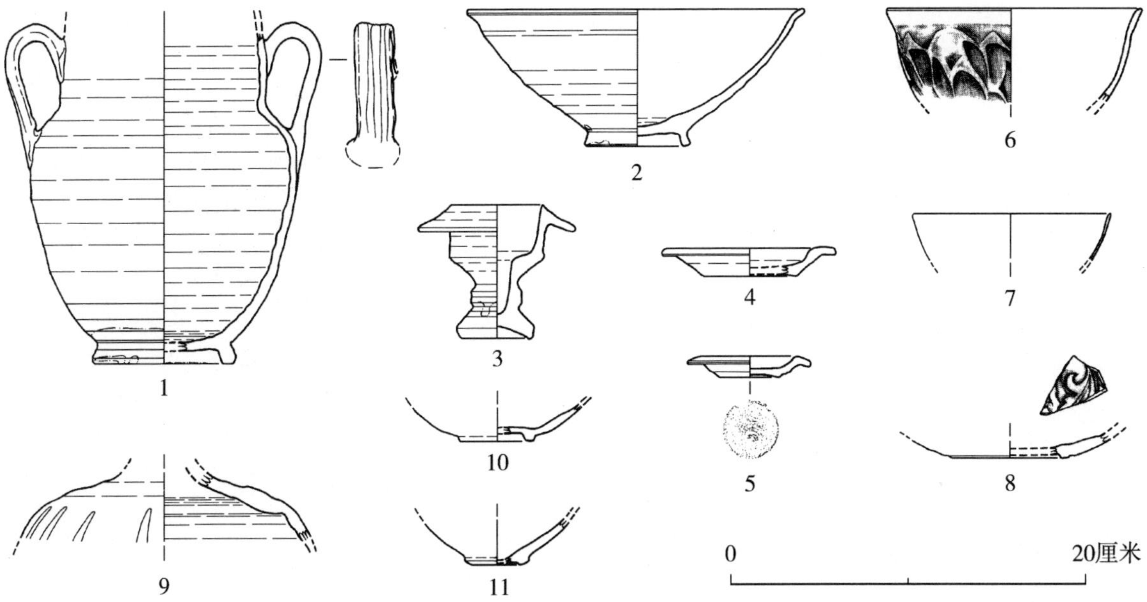

图一九　H4、H5、H7出土瓷器

1. 褐釉双耳罐（H4∶1）　2. 白瓷碗（H4∶2）　3. 白瓷灯台（H4∶3）　4. 灰釉灯盏（H5∶1）
5. 白瓷灯盏（H5∶2）　6. 青瓷碗（H5∶3）　7. 白瓷碗（H5∶4）　8. 白瓷碟（H5∶5）
9. 褐釉瓶（H7∶1）　10. 白瓷碗（H7∶2）　11. 青瓷碗（H7∶3）

白瓷碗　4件。金代，形制相同，碎块拼接修复。标本H10∶3，胎壁较薄，敞口，口沿稍有外翻，斜弧形壁，圈足。碗外壁口沿至圈足饰7周弦纹，碗内、外壁均施白釉，釉色不纯正，釉面较粗糙。施白釉至圈足，并有流釉现象。圈足施褐色釉，圈足底部不施釉。高7.4、口径18.9、足径5.9厘米（图二一∶5；彩版一七∶3）。

白瓷灯台　2件。已残。标本H4∶3，上部直，下部收成束腰，喇叭形底座。瓷胎残，呈红色，上部施极薄的白釉，部分胎外露，底座未施釉。轮制，制作粗糙。高7.2、口径5.2、底座4厘米（图一九∶3；彩版一七∶1）。

褐釉灯台　1件（H2∶15）。灯沿残。圆形，灯台口沿外折，上部直，下部收成束腰，喇叭形底座。灯沿及上部施褐色釉，釉色纯正，光洁度高，灯内及底座未施釉。轮制，制作细致规整。高4.9、口径4.4、底座3.2厘米（图一八∶15；彩版一六∶3）。

青瓷灯台　1件（H11∶19）。灯口沿残。圆形，灯台口沿外折，上部直，并饰2周凹弦纹，下部收成竹节状底座。灯上部及内施青釉，底座未施釉，釉色光洁度高。轮制，制作规整。高7.5、口径4.4、底座3.2厘米（图二二∶19；彩版一七∶6）。

二、陶器

灰坑出土的陶器碎片有很多，H1（图二四）、H2（图二五、二六∶1～6）、H3（图二六∶7～9）、H4（图二七）、H5（图二八∶1～4）、H7（图二八∶5～7）、H8（图二九）、H9（图三〇∶1）、H10（图三〇∶2～18）、H11（图三〇∶19、三一）、H12（图三二∶1～4、6）均有出土。器形以碗居多，盘也不少。还有俗称“缸”的厚大物品（彩版一八、一九）。

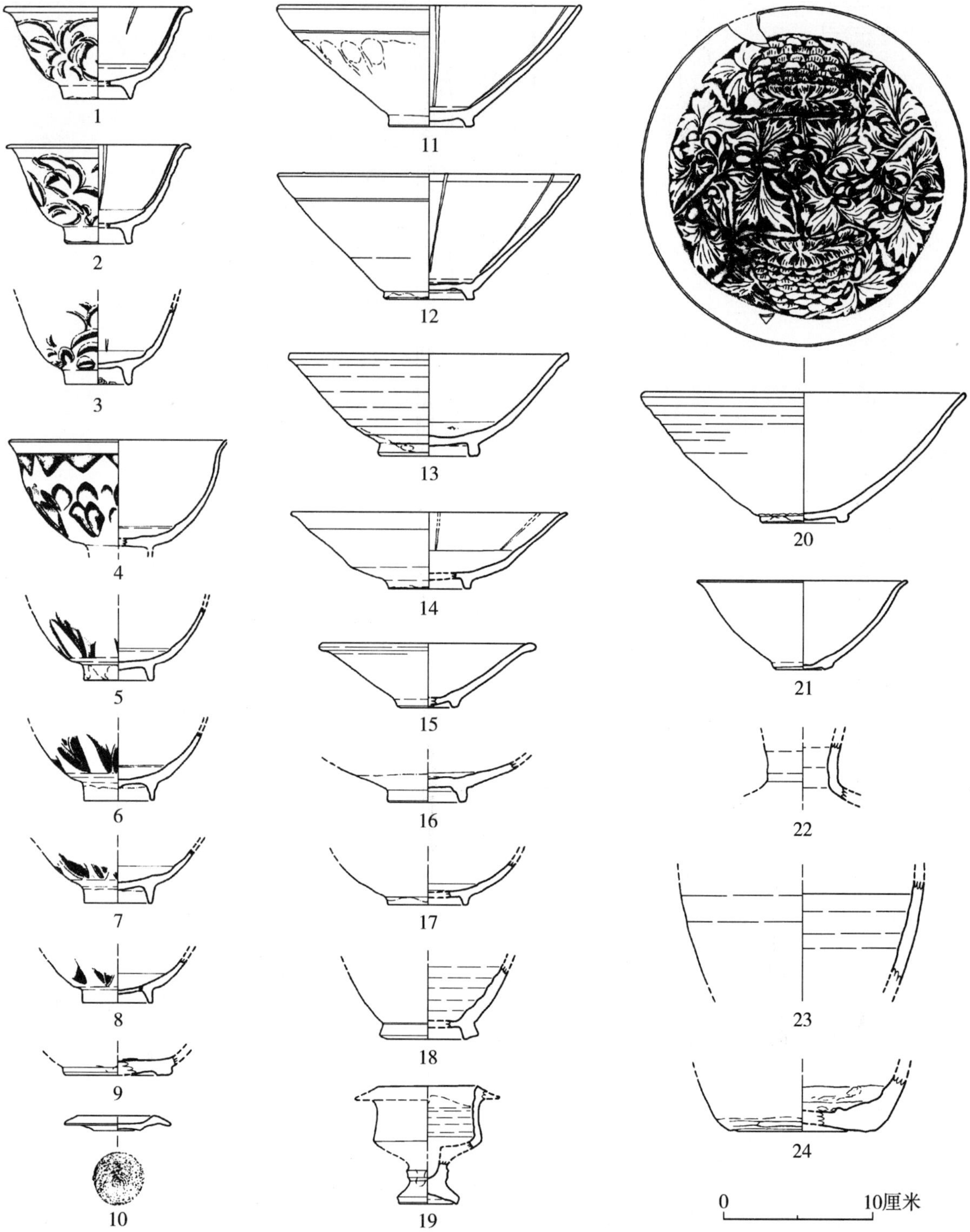

图二〇　H8出土瓷器

1. 青瓷碗（H8：1）　2. 青瓷碗（H8：2）　3. 青瓷碗（H8：3）　4. 青瓷碗（H8：4）　5. 青瓷碗（H8：5）　6. 青瓷碗（H8：6）　7. 青瓷碗（H8：7）　8. 青瓷碗（H8：8）　9. 白瓷碗（H8：9）　10. 白瓷灯盏（H8：10）　11. 青瓷碗（H8：11）　12. 青瓷碗（H8：12）　13. 白瓷碗（H8：13）　14. 青瓷碗（H8：14）　15. 青瓷碗（H8：15）　16. 褐釉碗（H8：16）　17. 青瓷碗（H8：17）　18. 灰釉瓶（H8：18）　19. 褐釉灯台（H8：19）　20. 青瓷碗（H8：20）　21. 青瓷碗（H8：21）　22. 褐釉瓶（H8：22）　23. 褐釉瓶（H8：23）　24. 绿釉瓶（H8：24）

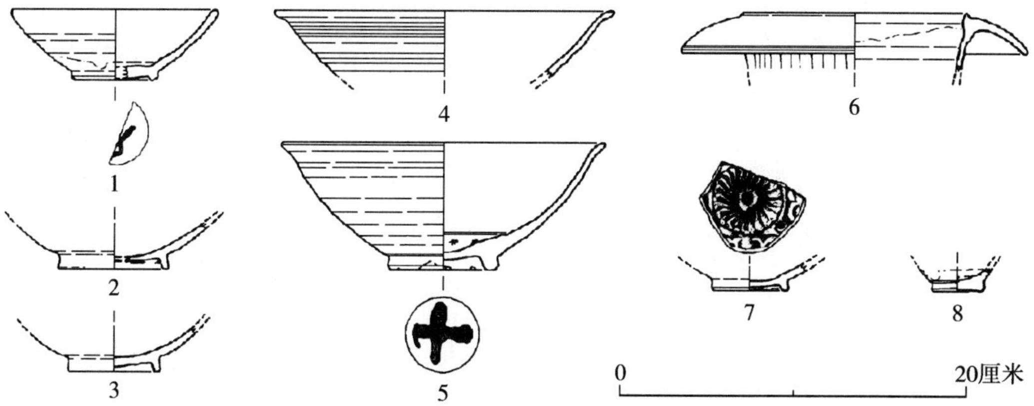

图二一　H9、H10出土瓷器

1. 白瓷碗（H9：1）　2. 青瓷碗（H9：2）　3. 青瓷碗（H10：1）　4. 白瓷碗（H10：2）　5. 白瓷碗（H10：3）　6. 青瓷灯（H10：4）　7. 青瓷碗（H10：5）　8. 褐釉碗（H10：6）

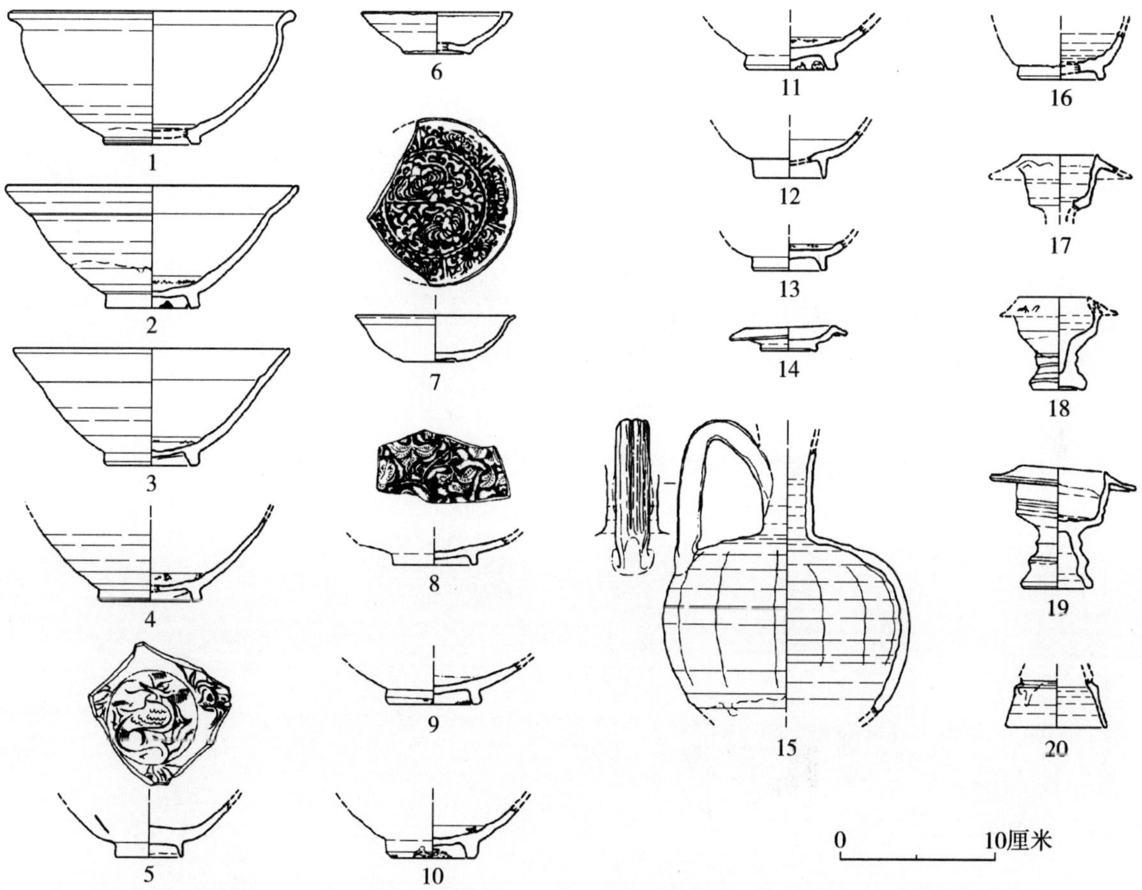

图二二　H11出土瓷器

1. 褐釉碗（H11：1）　2. 白瓷碗（H11：2）　3. 白瓷碗（H11：3）　4. 白瓷碗（H11：4）　5. 白瓷碗（H11：5）　6. 褐釉碟（H11：6）　7. 青瓷碟（H11：7）　8. 青瓷碗（H11：8）　9. 褐釉碗（H11：9）　10. 白瓷碗（H11：10）　11. 白瓷碗（H11：11）　12. 青瓷碗（H11：12）　13. 白瓷碗（H11：13）　14. 褐釉灯盏（H11：14）　15. 褐釉执壶（H11：15）　16. 褐釉杯（H11：16）　17. 白瓷灯台（H11：17）　18. 白瓷灯台（H11：18）　19. 青瓷灯台（H11：19）　20. 青瓷灯台（H11：20）

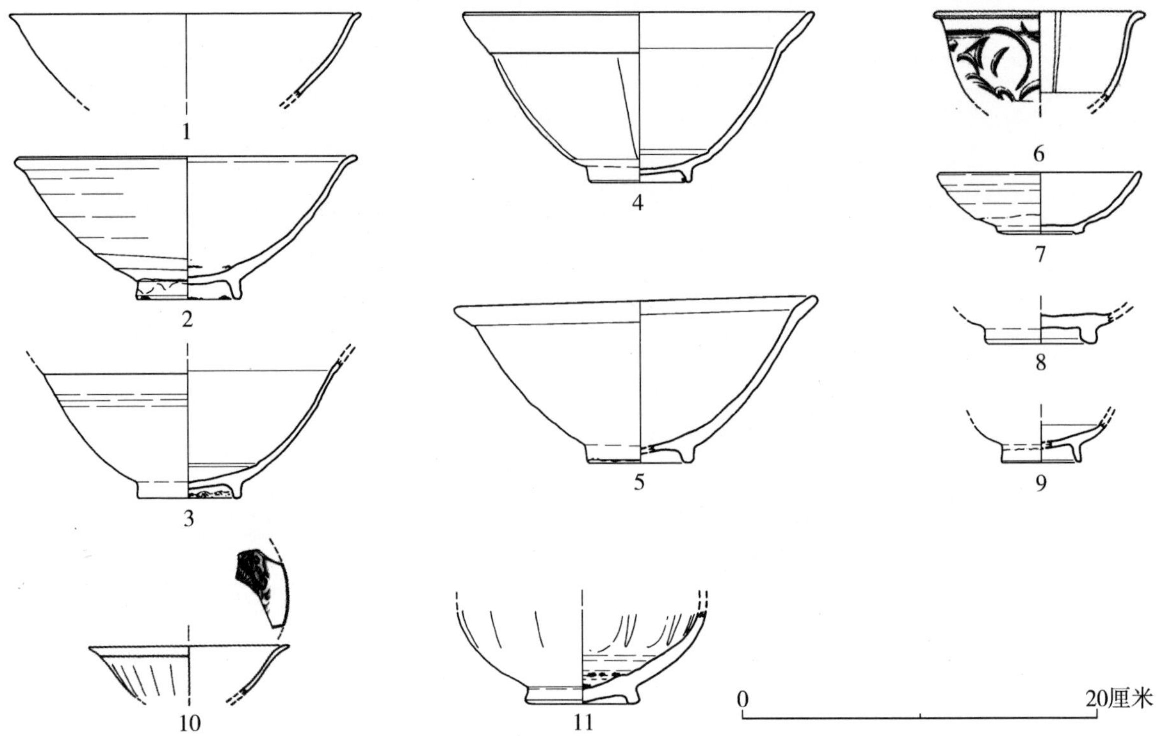

图二三　H12及第三、四天井上部扰乱层出土瓷器

1. 白瓷碗（H12：1）　2. 白瓷碗（H12：2）　3. 青瓷碗（H12：3）　4. 青瓷碗（H12：4）　5. 青瓷碗（H12：5）　6. 青瓷碗（H12：6）　7. 白瓷碟（H12：7）　8. 青瓷碗（H12：8）　9. 青瓷碗（H12：9）　10. 青瓷碗（采：1）　11. 白瓷瓶（采：2）

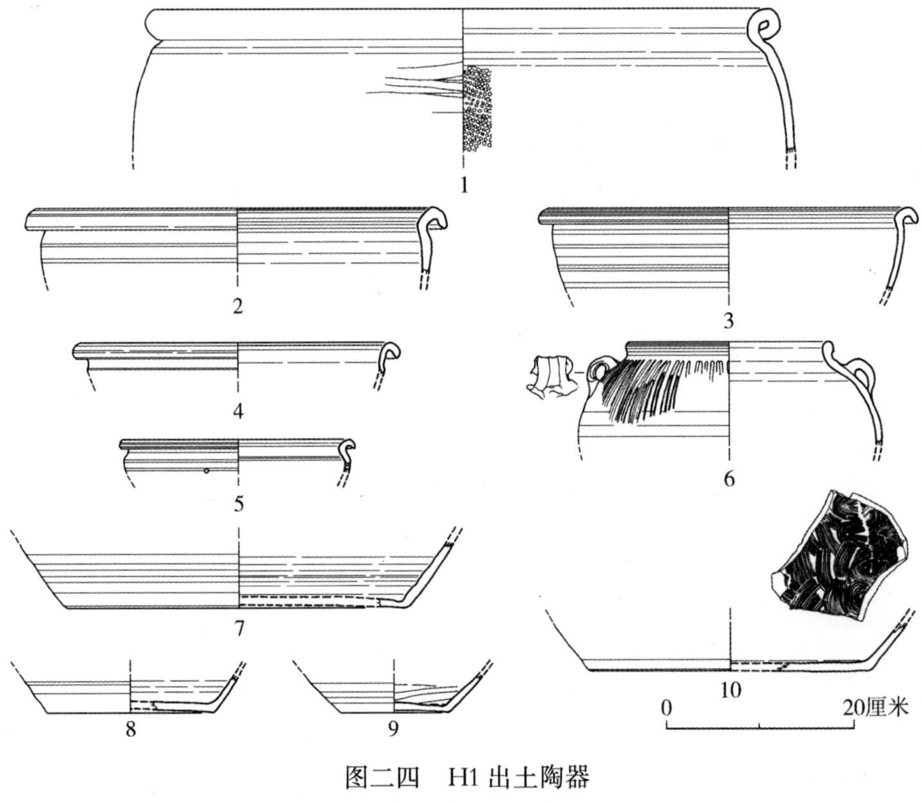

图二四　H1出土陶器

1. 缸（H1：9）　2. 盆（H1：10）　3. 盆（H1：11）　4. 盆（H1：12）　5. 盆（H1：13）　6. 双耳罐（H1：14）　7. 盆（H1：15）　8. 器底（H1：16）　9. 器底（H1：17）　10. 器底（H1：18）

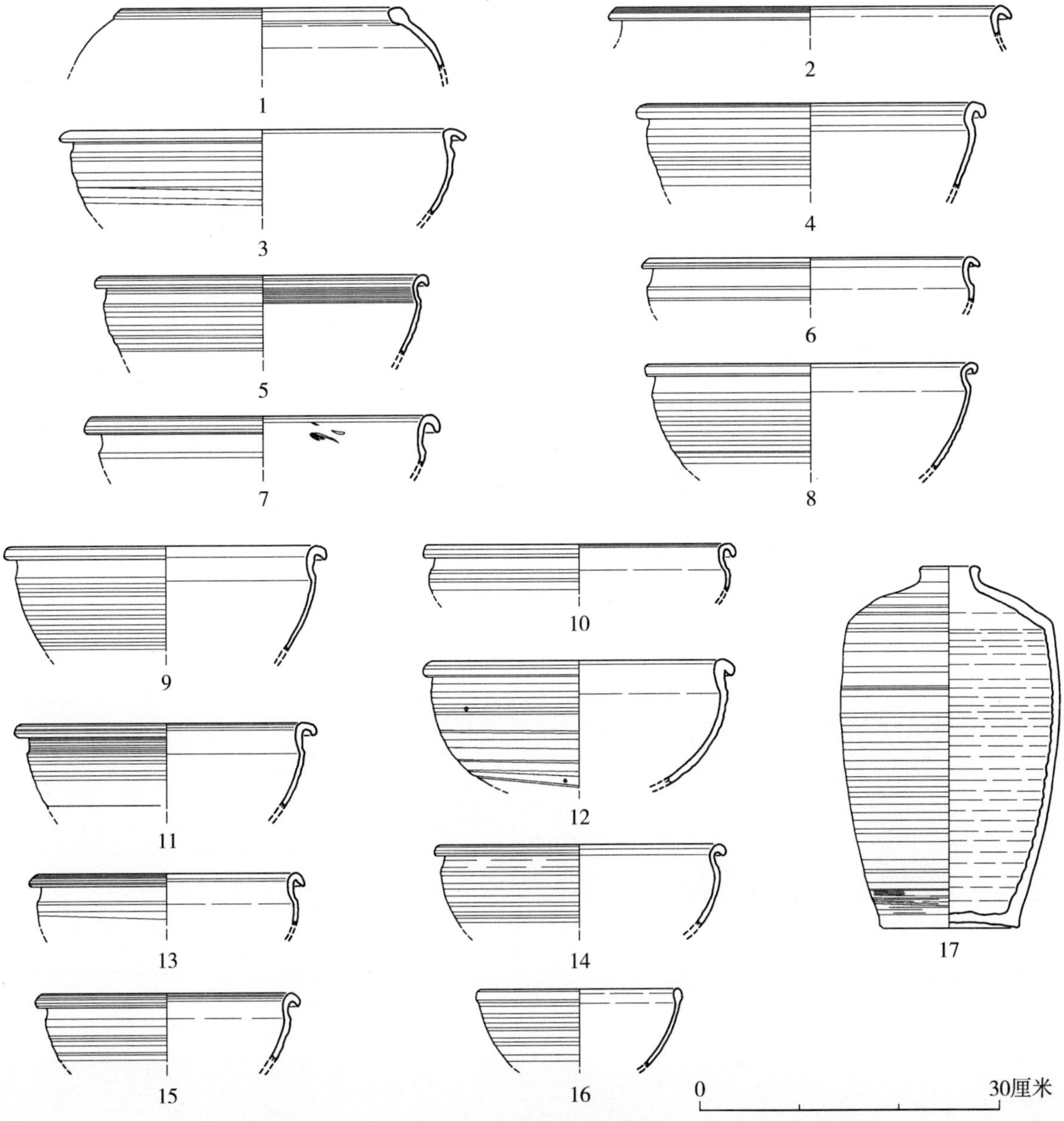

图二五　H2出土陶器

1. 罐（H2：20）　2. 盆（H2：21）　3. 盆（H2：22）　4. 盆（H2：23）　5. 盆（H2：24）　6. 盆（H2：25）　7. 盆（H2：26）　8. 盆（H2：27）　9. 盆（H2：28）　10. 盆（H2：29）　11. 盆（H2：30）　12. 盆（H2：31）　13. 盆（H2：32）　14. 盆（H2：33）　15. 盆（H2：34）　16. 盆（H2：35）　17. 瓶（H2：36）

大型缸只残留缸口，无法判明全貌。口沿有外翻的（H1：9），有内卷的（H5：6、7，H7：4、5，H11：21）。胎土中含有少量的砂砾，部分器物内侧有圆粒状痕迹。

钵的直径从20～50厘米不等。外表呈灰黑色，经过磨光。

双耳罐（H1：14，H2：39，H4：5、6）的口至肩部有从上至下的装饰性削痕，用模具制成，灰黑色，胎土为精选之土（彩版一九：4）。

执壶一件（H4：8），器壁极薄，呈黄色（彩版一九：3）。

盘的数量很多，完整的很少。灰色，烧制精良，直径从30厘米至58厘米不等。标本

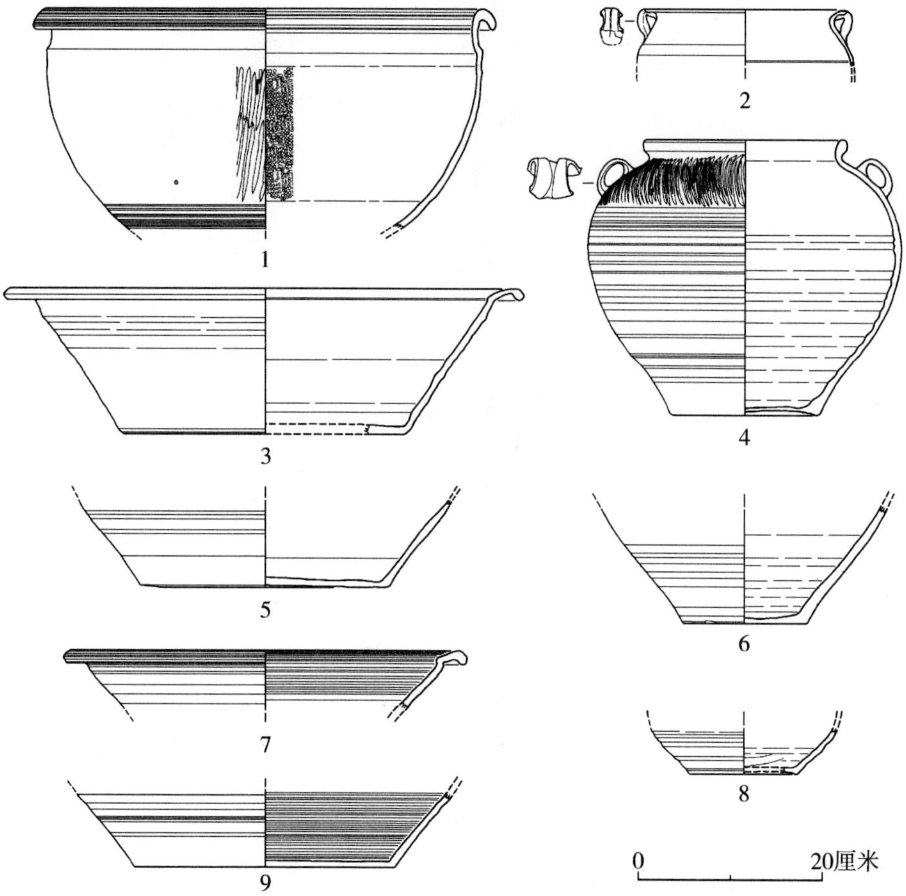

图二六
H2、H3 出土陶器
1. 钵（H2：37）
2. 双耳罐（H2：38）
3. 盆（H2：40）
4. 双耳罐（H2：39）
5. 盆（H2：41）
6. 器底（H2：42）
7. 盆（H3：1）
8. 器底（H3：2）
9. 盆（H3：3）

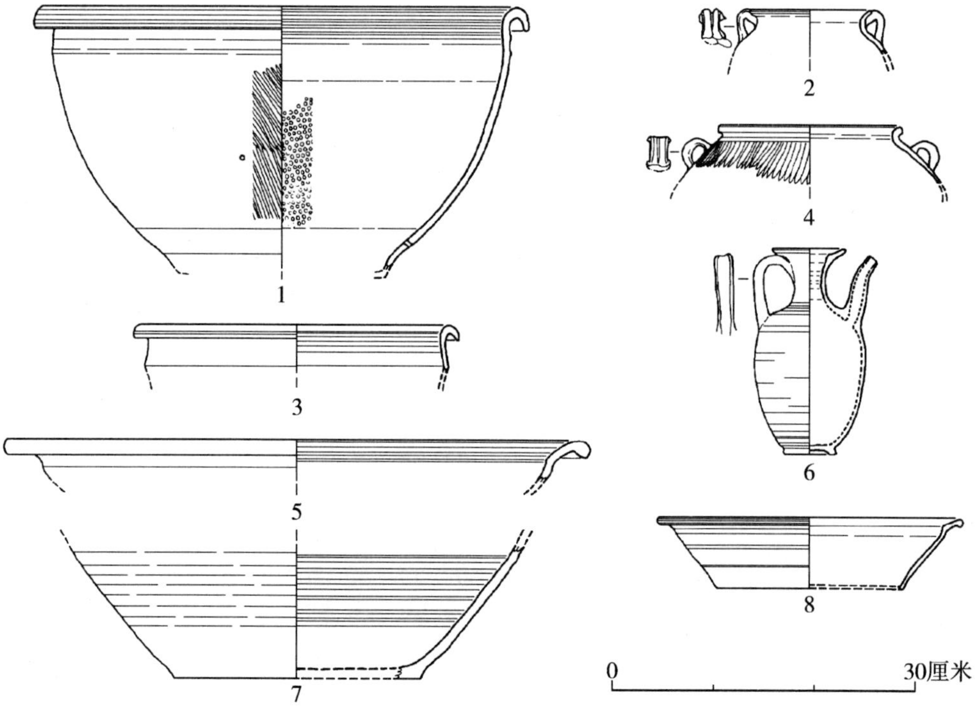

图二七　H4 出土陶器

1. 盆（H4：4）　2. 双耳罐（H4：5）　3. 盆（H4：7）　4. 双耳罐（H4：6）
5. 盆（H4：9）　6. 执壶（H4：8）　7. 器底（H4：10）　8. 盆（H4：11）

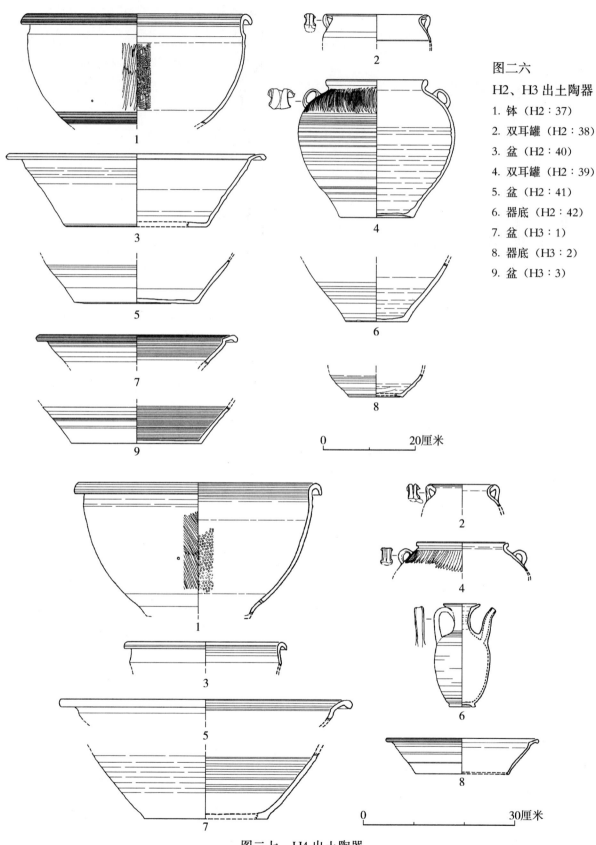

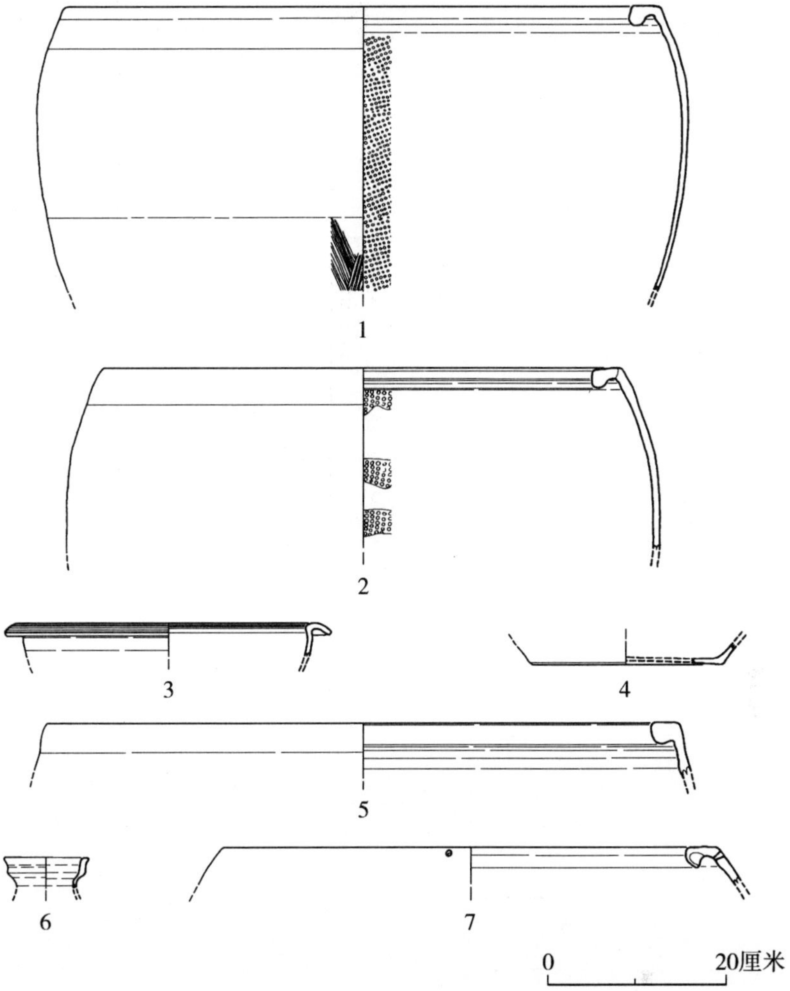

图二八
H5、H7出土陶器
1. 缸（H5∶6）
2. 缸（H5∶7）
3. 盆（H5∶8）
4. 盆（H5∶9）
5. 缸（H7∶4）
6. 器口（H7∶6）
7. 缸（H7∶5）

H8∶34，破损处的左、右侧穿孔，连缀后继续使用。除相当数量的盘之外，有3件钵也采用了这种穿孔连缀的方法。

宝珠状的器盖有一件（H8∶39）。

陶器的年代不详。从出土的瓷器、瓦类来看，推测这些陶器是宋朝的遗物。

现将灰坑出土的主要陶器介绍如下：

陶器盖　1件（H8∶39）。已残。泥质灰陶，轮制。圆形，上部饰2周凹弦纹，圆形顶。高6.5、直径5.1厘米（图二九∶15；彩版一九∶6）。

陶执壶　1件（H4∶8）。泥质黄褐色陶，已残。喇叭形口，细颈，圆肩，鼓腹，圈足。壶肩一侧附弯形手柄，另一侧有弧形流。壶的造型比例和谐，胎质细腻。高19.3、口径7.2厘米（图二七∶6；彩版一九∶3）。

陶瓶　1件(T1∶9)。泥质灰陶,轮制,碎块拼接修复。小口,矮颈,圆肩,弧形深腹,平底。腹部饰弦纹,制作规整。高33.6、口径6.4、底径13厘米(图三二∶5;彩版一九∶2)。

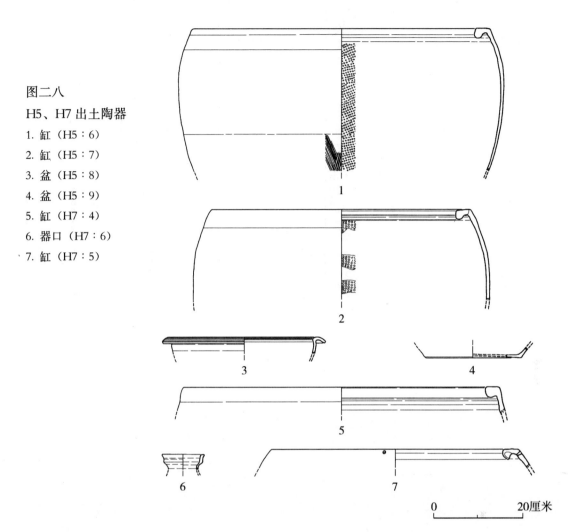

陶瓶　1件（H2∶36）。泥质灰陶，轮制，碎块拼接修复。小口，矮颈，斜折肩，弧形深腹，平底。高34.5、口径5.2、腹径、底径13.2厘米（图二五∶17；彩版一九∶1）。

陶罐　1件（H2∶39）。泥质灰陶，碎块拼接修复。敞口，圆唇，圆肩，鼓腹下收，平底。肩部两侧附耳，一侧失。高28.2、口径20.6、底径15.3厘米（图二六∶4；彩版

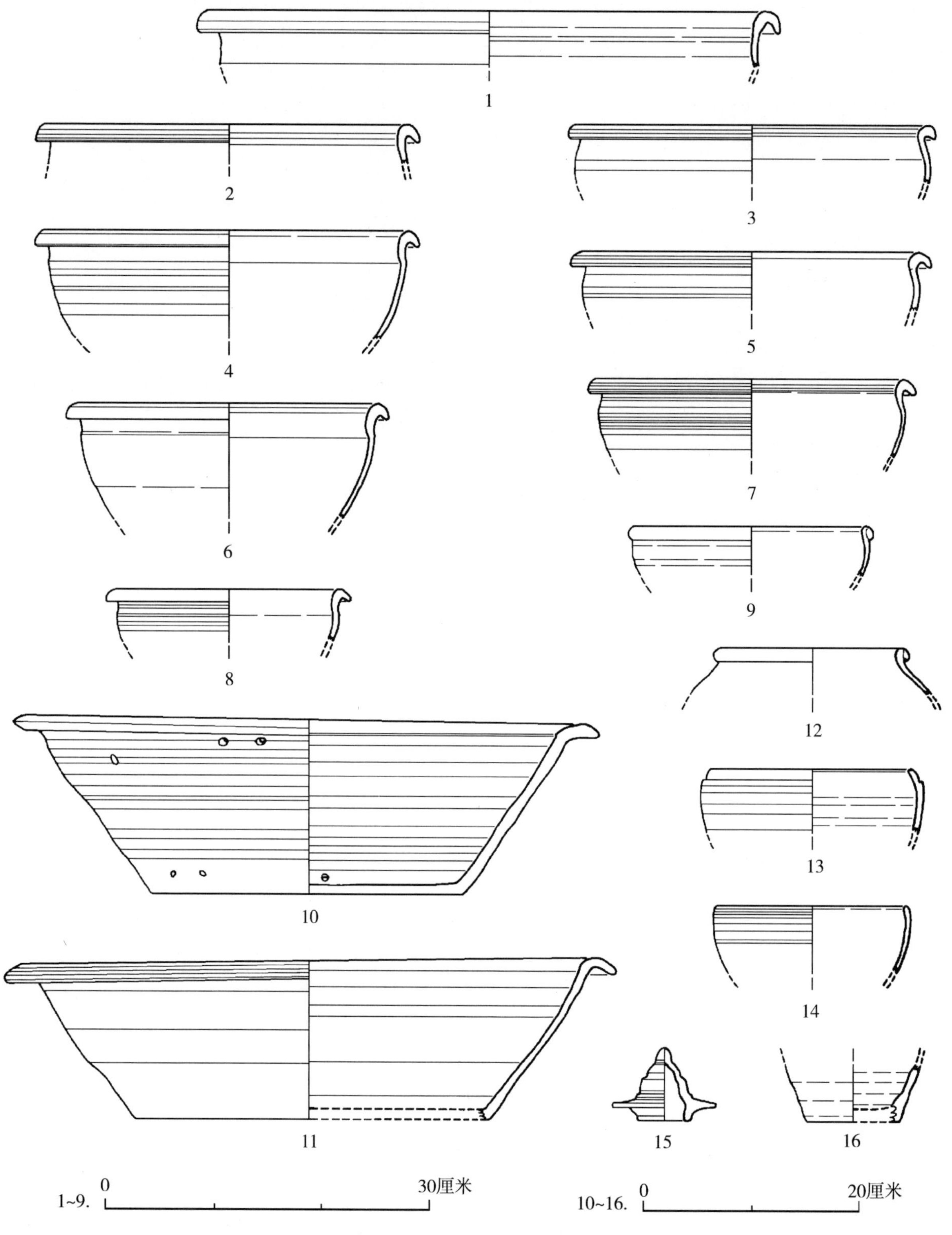

图二九　H8出土陶器

1. 盆（H8：25） 2. 盆（H8：26） 3. 盆（H8：27） 4. 盆（H8：28） 5. 盆（H8：29） 6. 盆（H8：30） 7. 盆（H8：31） 8. 盆（H8：32） 9. 盆（H8：33） 10. 盆（H8：34） 11. 盆（H8：35） 12. 罐（H8：36） 13. 钵（H8：37） 14. 钵（H8：38） 15. 器盖（H8：39） 16. 瓶（H8：40）

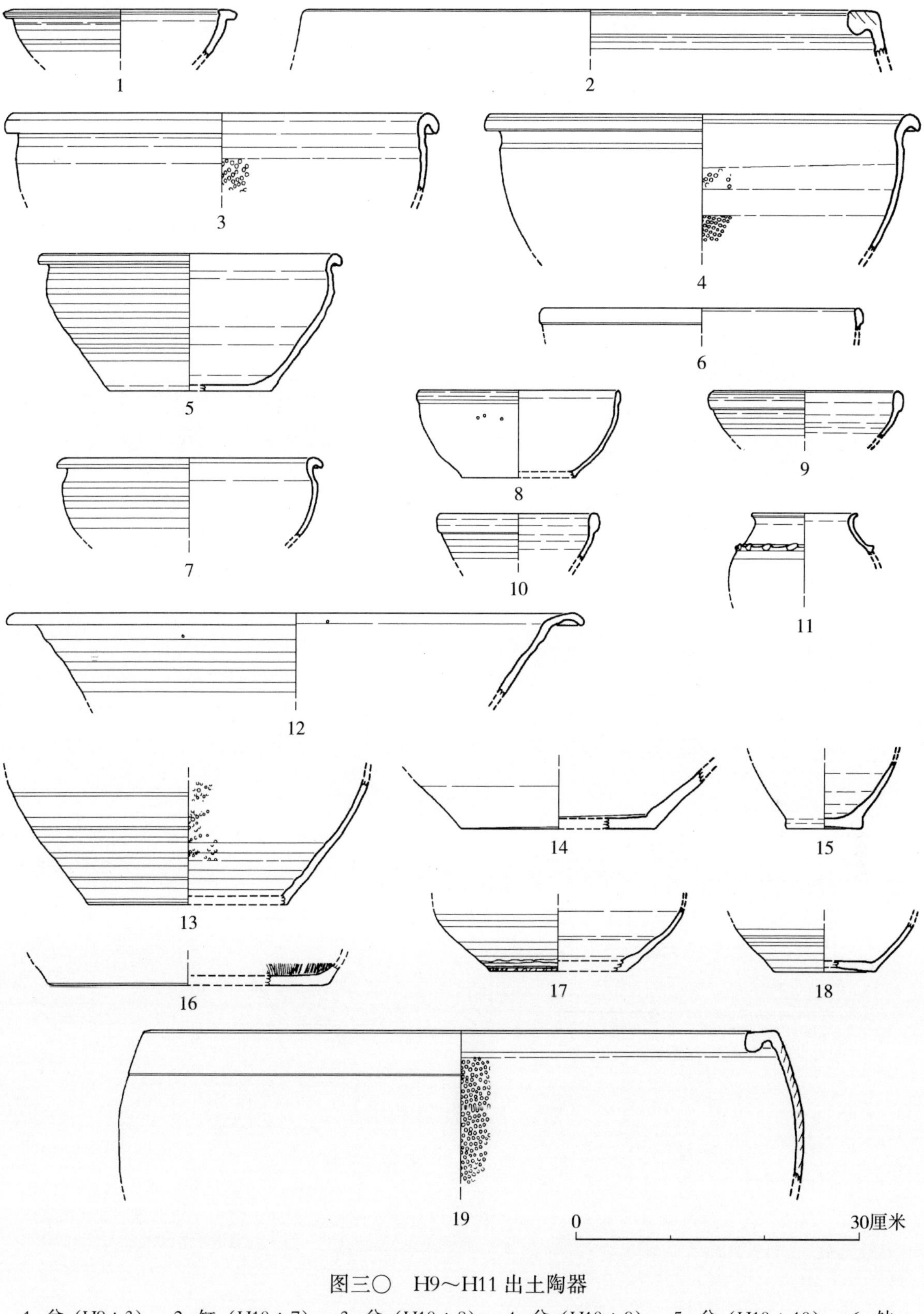

图三〇　H9～H11出土陶器

1. 盆（H9：3）　2. 缸（H10：7）　3. 盆（H10：8）　4. 盆（H10：9）　5. 盆（H10：10）　6. 钵（H10：11）　7. 盆（H10：12）　8. 钵（H10：13）　9. 钵（H10：14）　10. 钵（H10：15）　11. 缸（H10：16）　12. 盆（H10：17）　13. 器底（H10：18）　14. 器底（H10：19）　15. 瓶（H10：20）　16. 罐（H10：21）　17. 罐（H10：22）　18. 罐（H10：23）　19. 缸（H11：21）

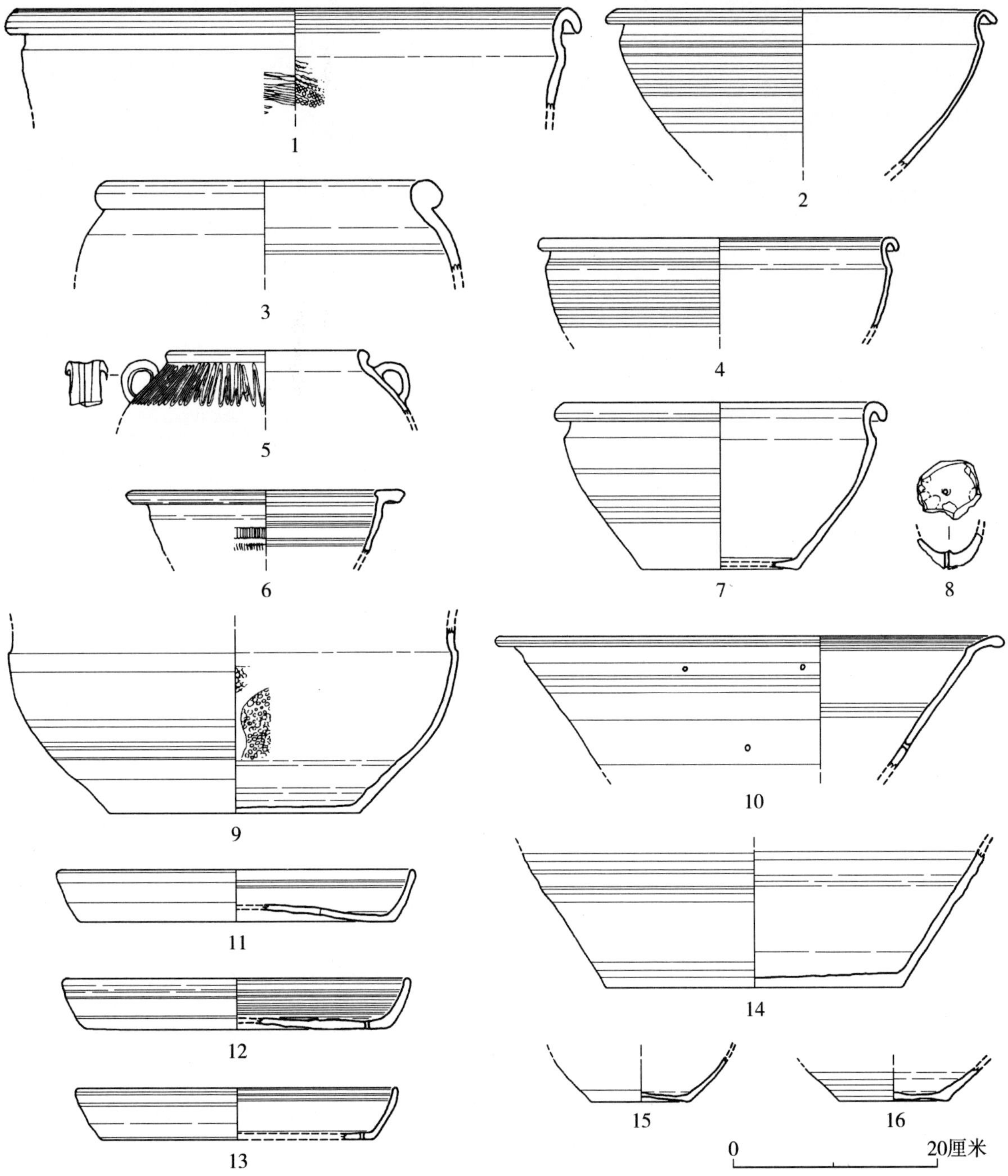

图三一　H11 出土陶器

1. 盆（H11∶22）　2. 盆（H11∶23）　3. 罐（H11∶24）　4. 盆（H11∶25）　5. 双耳罐（H11∶26）
6. 盆（H11∶27）　7. 盆（H11∶28）　8. 陶器（H11∶29）　9. 盆（H11∶30）　10. 盆（H11∶31）
11. 盘（H11∶32）　12. 盘（H11∶33）　13. 盘（H11∶34）　14. 盆（H11∶35）　15. 罐（H11∶36）
16. 器底（H11∶37）

一九∶4)。

陶盆　1件（H11∶28）。泥质灰陶，碎块拼接修复。圆唇，卷沿，外沿下内凹一周，弧形斜腹下收，平底。高15.5、口径30、底径15.2厘米（图三一∶7；彩版一八∶4)。

陶盆　2件。碎块拼接修复，形制相同。宽平沿，斜直腹下收，平底。高15.6、口径

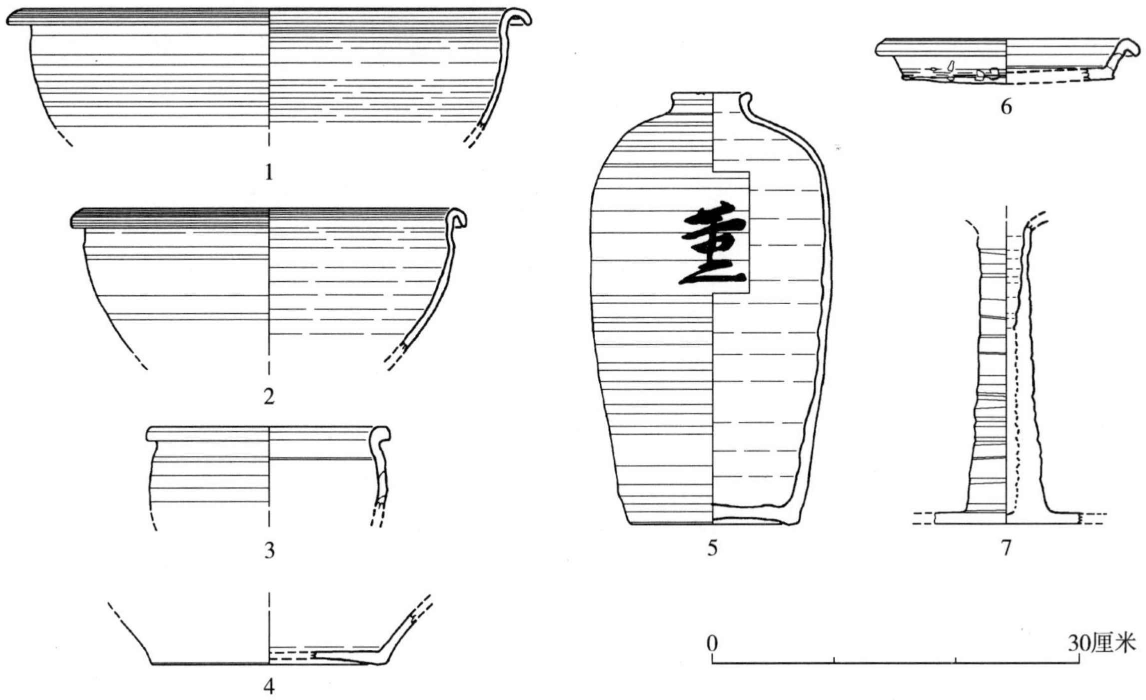

图三二　H2、T1、T3 出土陶器

1. 盆（H12：10）　2. 盆（H12：11）　3. 盆（H12：12）　4. 盆（H12：14）
5. 瓶（T1：9）　6. 盘（H12：13）　7. 灯台（T3：10）

51.2、底径 29.6 厘米。标本 H8：34，使用破碎后，又在破碎处钻孔，用绳结的痕迹明显（图二九：10）。

三、瓦

瓦分板瓦和瓦当两种。板瓦均以卷筒技法制成，长端面有分割的痕迹，凹面有粗大的布纹痕迹。从圆弧来看，是以 4 块为一组制造的（图三三、三四）。

标本 T3：21，板瓦。凹面上留有布纹，原布料约以 1 厘米为间隔，渐次缝缀。凸面处有用长板之类的模具加工成型的痕迹，还留有少许敲击板的痕迹。由此可知，敲击板为右手所执。瓦呈拱状，胎土中不含沙粒，烧制不十分坚固（图二四：2）。

瓦当的成形品有两件。均有兽面纹，由模具压制而成。标本 H8：43 的直径为 12.6 厘米（图三五：1）。标本 H8：44 的直径为 11.4 厘米（图三五：2）。兽面纹有不同之处，特别是眼球至耳部呈现出明显的差异。与筒瓦部的接合处，是将圆筒剖开后插入而成，很容易脱离（彩版二〇：4）。

标本 H2：49、50 是利用瓦片制成的纺轮（图三五：3、5；彩版二〇：1）。标本 T1：13 的板瓦凸面上，刻有身着衣冠、坐于椅上的人像（图三五：4）。标本 T1：14 为雕有花纹的瓦残片。只是从其下端看，不是瓦端，而像是一种装饰品（图三五：6）。

（菅谷文则）

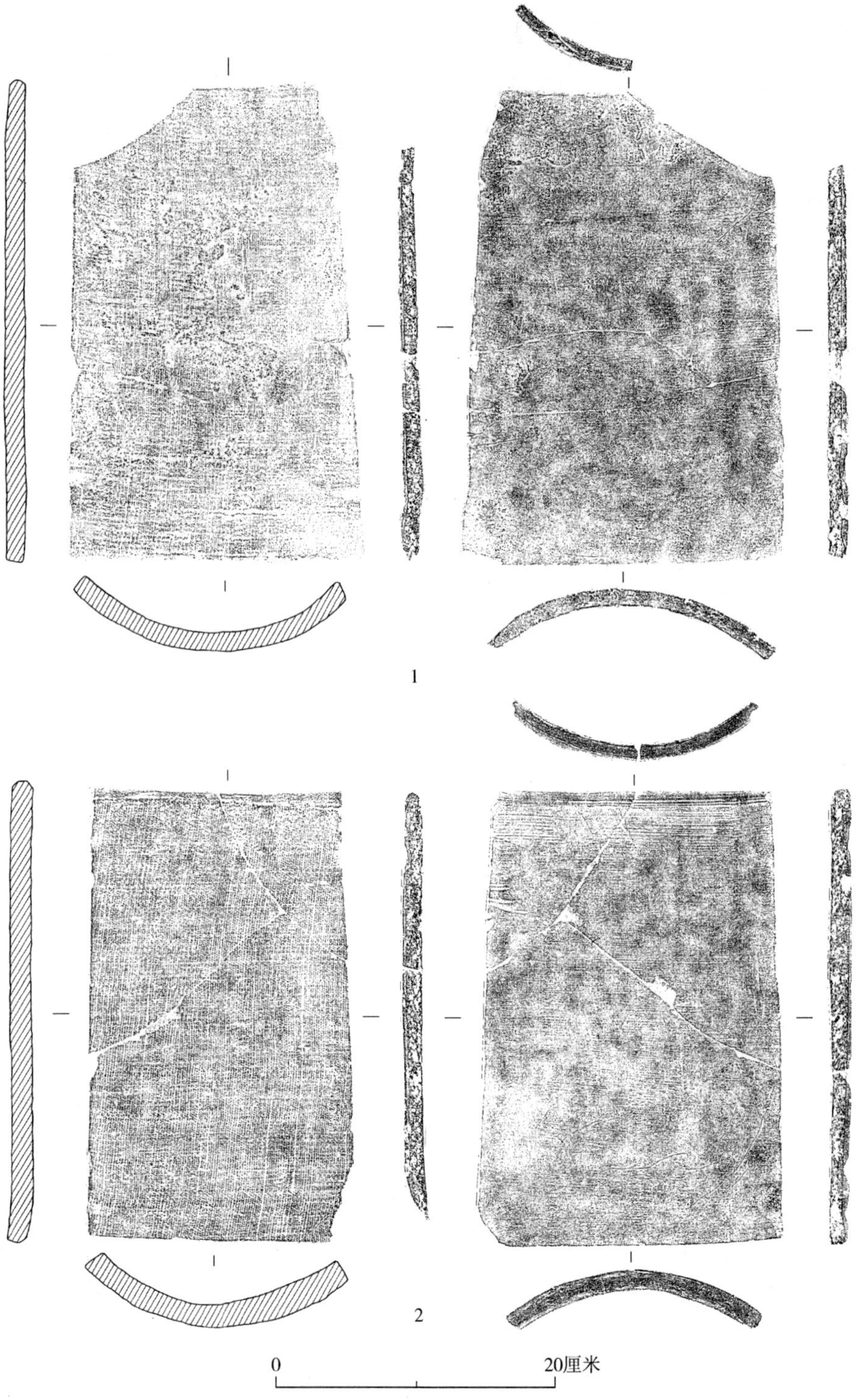

图三三　灰坑出土板瓦之一

1. H17：1　2. H17：2

四、冥钱

以红色黏土制成，圆盘状，中央有 1～2 个圆形穿孔，只有一件在边缘部分也有穿孔（冥：14）。均以手捏而成，表面留有指压及抚摩的痕迹。干燥成形，并非烧制。胎土厚

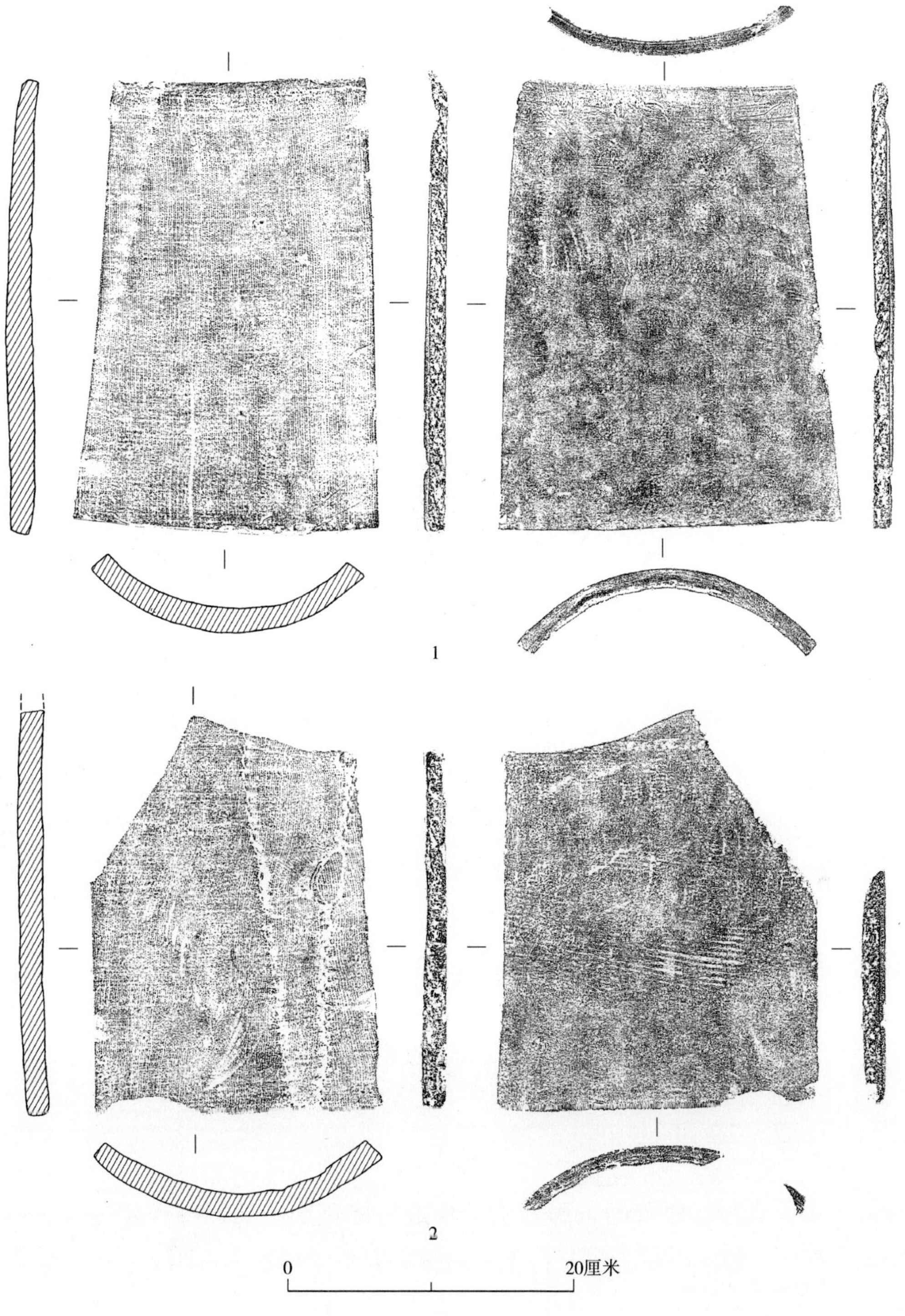

图三四　灰坑出土板瓦之二
1. H17∶3　2. T3∶21

密，不含沙粒。标本冥∶1 的体积最大，直径 3.2～3.5、厚 1.1 厘米，重 11.6 克。标本冥∶35 体积最小，直径 1.9、厚 0.7 厘米，重 1.9 克。其他冥钱的各项数据详见表五。

根据其形状的不同，冥钱可分 3 型。其中，断面呈椭圆形的分为 A 型（冥∶1～22），一面中央凹入的分为 B 型（冥∶23～27），扁平、边线较锋锐的分为 C 型（冥∶28～35）。

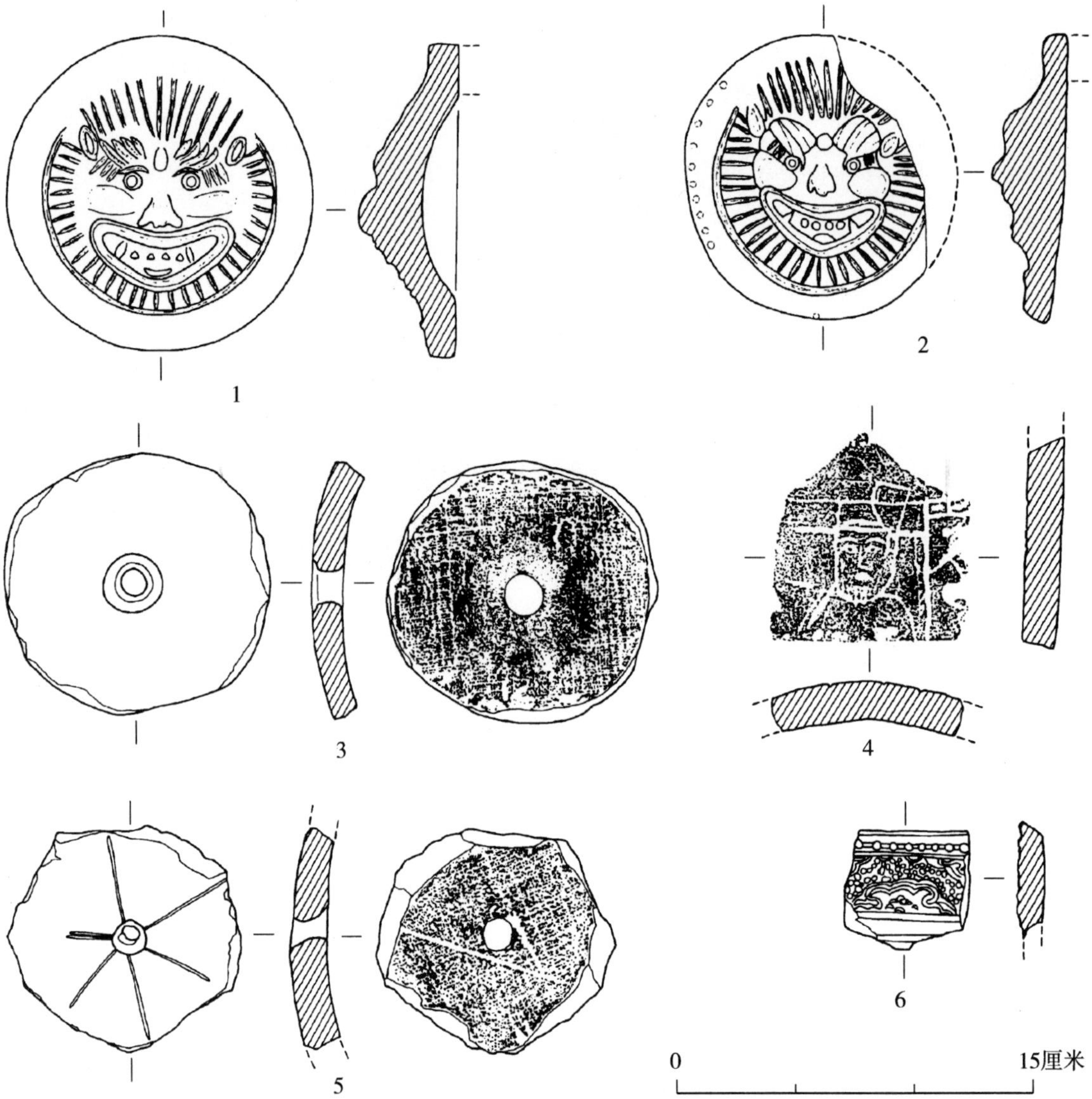

图三五　灰坑及探方出土的瓦当、纺轮、瓦片

1. 瓦当（H8：43）　2. 瓦当（H8：44）　3. 纺轮（H2：49）　4. 瓦片（T1：13）
5. 纺轮（H2：50）　6. 瓦片（T1：14）

A型的数量最多，直径、厚薄的差异较大。B型整体较小，没有直径超过2.9厘米以上的。C型大小参差，最大的直径3.2厘米，与最小的直径相差1.3厘米，以直径2.4～2.8厘米的居多（图三六；彩版二〇：3）。

冥钱上孔的大小约在0.2～0.3厘米之间，中央穿一孔的占大半。穿孔是从单侧进行的。穿有两孔的经确认有3件（冥：5、14、35），可能是单侧穿孔失败后再次穿孔的结果，当然，也不排除有意穿2孔的可能。这些圆盘状土制物体的用途前文已有推测，因其形态接近铜钱，结合出土情况，本报告暂称其为冥钱。

出土冥钱的总重量为2,540克。以完整单个重量5.8克来计算，冥钱的总数约在440个左右。

（高木清生）

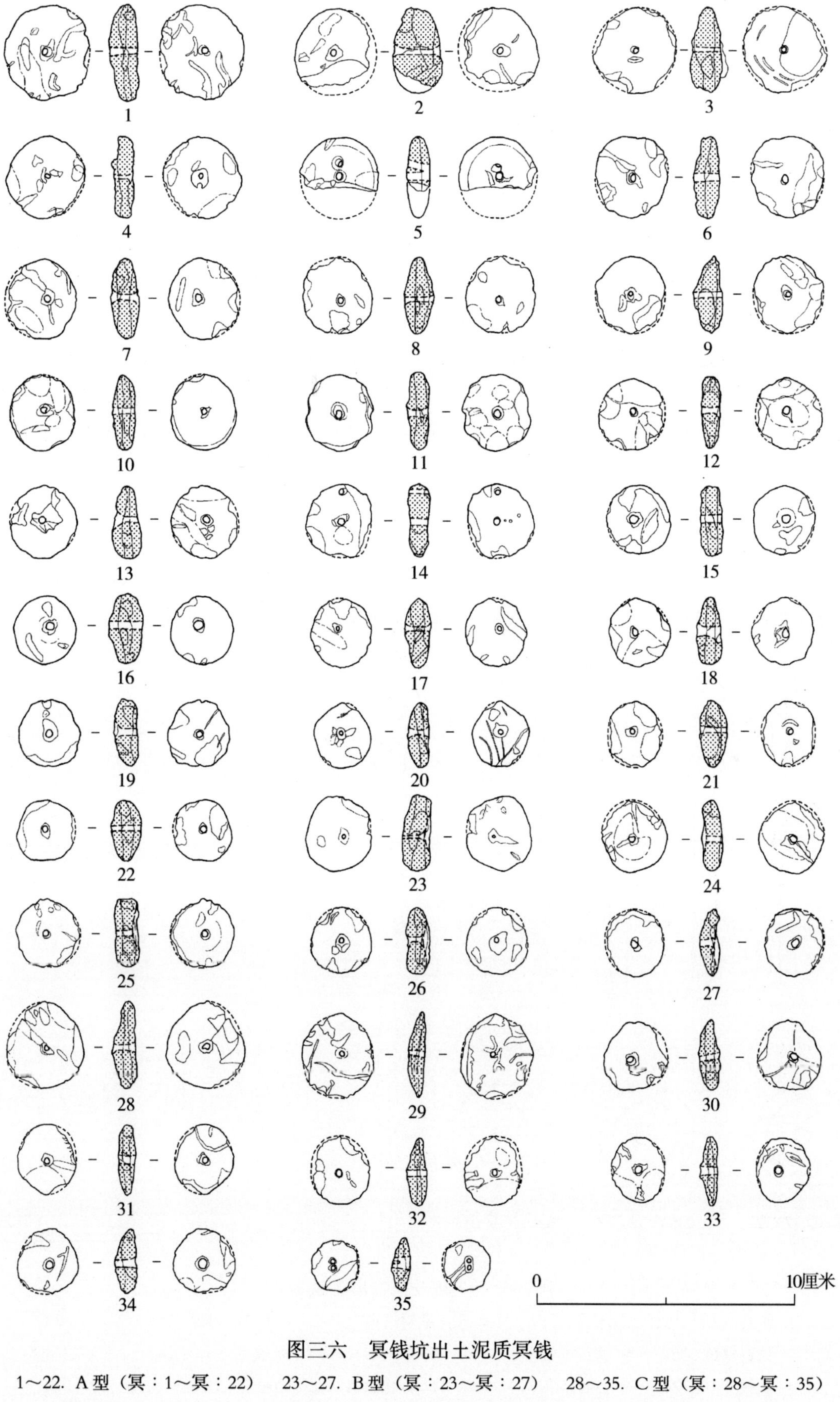

图三六　冥钱坑出土泥质冥钱

1～22. A型（冥：1～冥：22）　23～27. B型（冥：23～冥：27）　28～35. C型（冥：28～冥：35）

五、铁器（含铁钱）

铁制品包括铁钉 6 件、钩状铁器 2 件、铁镞 1 件（T3：25；彩版二一：1），这些是从灰坑和试掘探方中出土的。

铁钉按其长短分为大、中、小三类。标本 T1：15、16 是长 9.1～10.2 厘米的长钉，标本 T1：15 的顶部制成了半球状（图三七：1）。从标本 T1：16 钉入木材后弯曲的部分判断，推测其曾将厚度为 8 厘米（也许是两块）的木材固定（图三七：2）。标本 H7：8、T1：17 的长度为 4.5 厘米左右（图三七：5、6）。

2 件钩状铁器（T3：26、27）的头尾遗失，用途不明（图三七：11、12）。

3 枚铁钱（H8：45，T3：23、24）因钱文锈蚀，无法判读。该铁钱直径 3.5 厘米。结合陶器等的出土年代考虑，它们可能是金代或辽代铁币（图三七：7～9；彩版二〇：2）。

六、石器

石磨的残片有 3 件。标本 T3：29、H11：39 为下半扇，周宽直立（图三八：2、3）。标本 H5：10 为上半扇，直径 47 厘米，石材为红色砂岩（图三八：1；彩版二一：2）。三

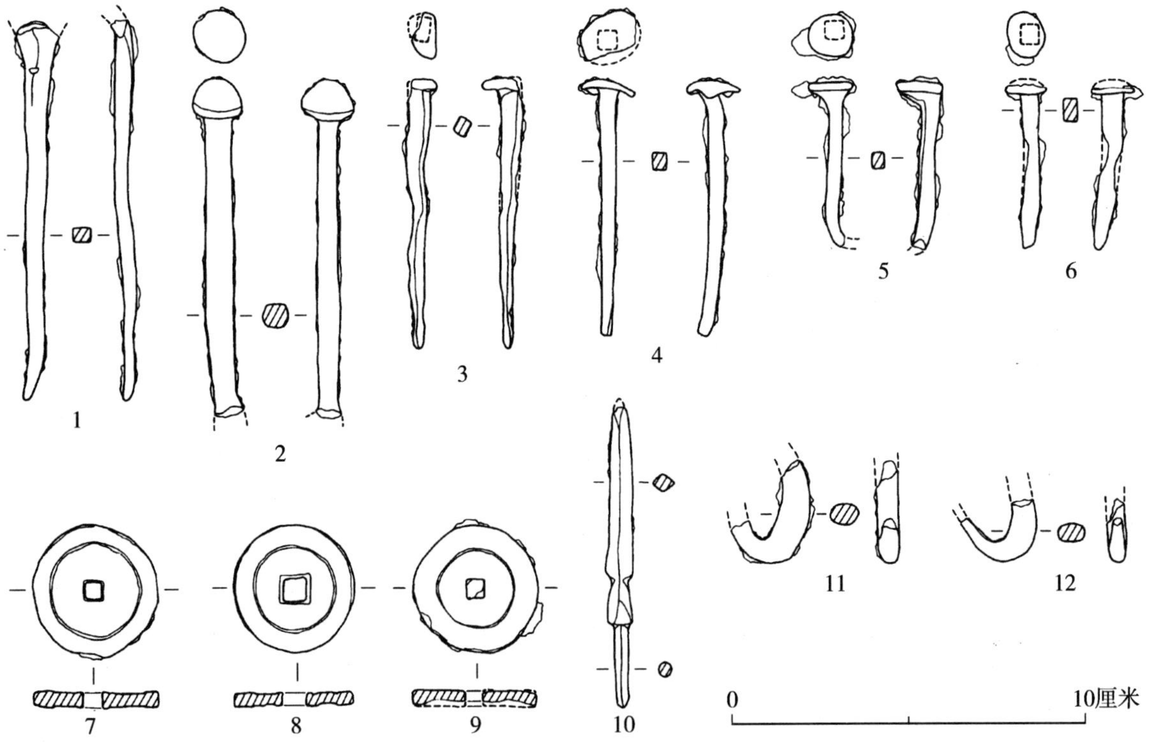

图三七　灰坑及探方出土铁器

1. 铁钉（T1：15）　2. 铁钉（T1：16）　3. 铁钉（H7：7）　4. 铁钉（T2：20）
5. 铁钉（H7：8）　6. 铁钉（T1：17）　7. 铁钱（H8：45）　8. 铁钱（T3：23）
9. 铁钱（T3：24）　10. 铁镞（T3：25）　11. 钩状铁器（T3：26）　12. 钩状铁器（T3：27）

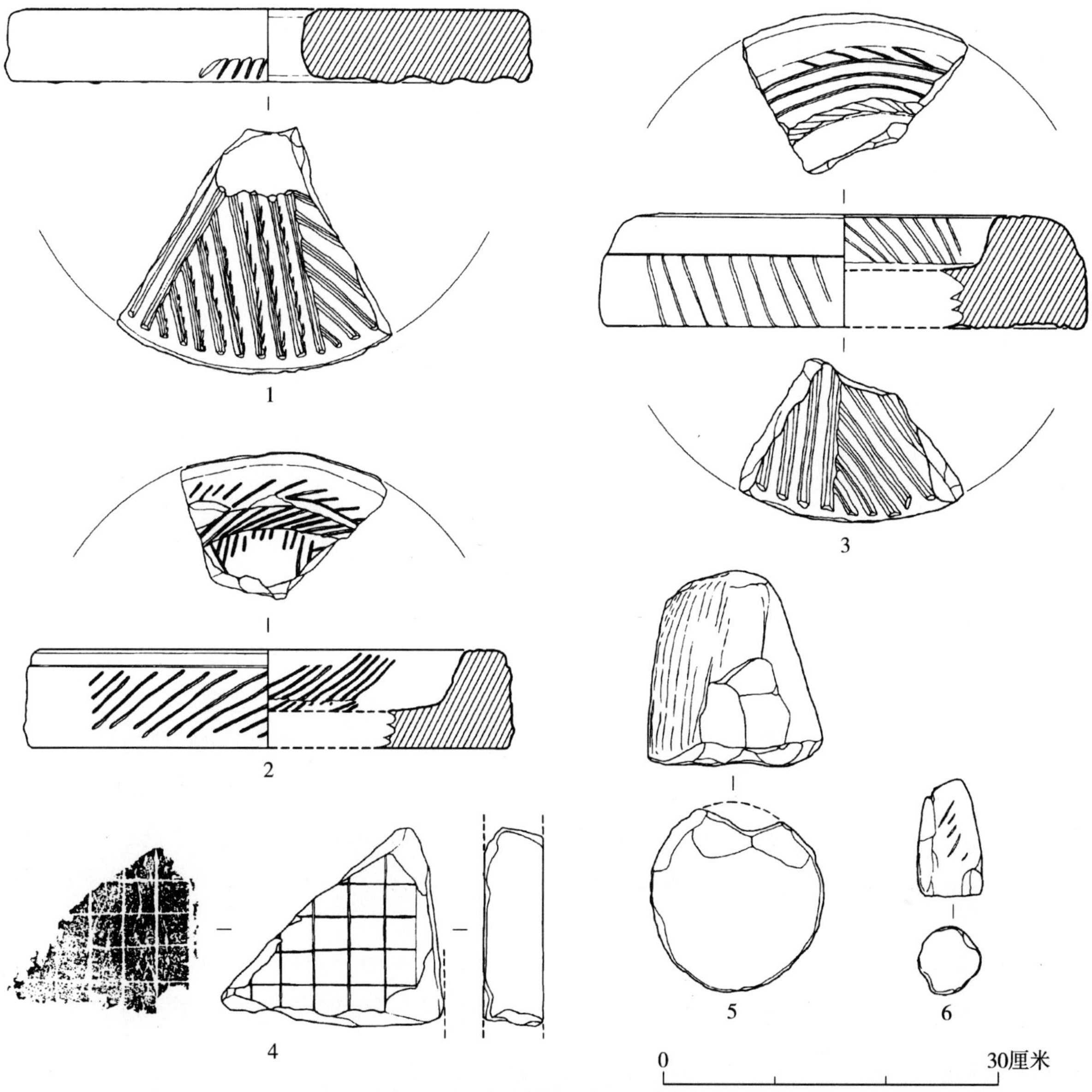

图三八　灰坑及探方出土石器

1. 磨盘（H5：10）　2. 磨盘（H11：39）　3. 磨盘（T3：29）　4. 围棋盘（H10：25）
5. 秤砣（H2：51）　6. 秤砣（T4：2）

者均凿有眼。3件出土的灰坑不同，不属于一套。

围棋盘（H10：25）是表面刻有3厘米方格的石灰岩。由纵横19行可以推测，应该是60厘米见方的石板（图三八：4；彩版二〇：5）。

标本H2：51、T4：2是圆锥状的石器，其用途不得而知，推测为秤砣（图三八：5、6）。

（菅谷文则）

第五章 墓葬形制

第一节 封 土

一、封土现状

墓葬封土的四周被削平，只有南侧的一部分保留原状。封土的顶部最高点的标高为海拔 1814.102 米。以此点作为 0 米，在东西约 95、南北约 120 米的范围内测定高差 25 厘米的等高线。基于此，以封土和墓葬为中心制作了东西 64、南北 95 米范围的插图（图三九、四〇）。

现在残存的封土东西长 12、南北宽 20、高 3.5 米。虽然从目前封土的现状难以推测其原有高度，但是在 -4 米处东侧可看到弧线地形，这以下的等高线在东西向上均为直线。而且封土南部底缘至 -3.25 米处不规整，等高线不闭合，在 -3.5 米处等高线亦不闭合。从南侧的等高线可以推测，封土为圆形。

如果稍加详细地观察一下，封土除去 -0.25米这一高度北侧的突出部分，其南侧为圆形，测定其东西长 3、南北宽 4 米。北侧虽然已经变形，南侧依然保留原状，以下的 -0.5 米也是同样。至 -0.75米处西北部，又呈现出一突出部分，且向下继续延伸。整体来看，这一部分至 -0.25米的标高呈现弧形，故推测，封土东北侧的很大一部分被削掉了。虽不能认为南侧的 -2.75米和 -3米处所通过的范围就是封土地面，至少可以推测，这里可能是当时封土的底缘。从测量图推测，筑造时封土的直径不超过 25 米。

从封土向南约 40 米附近为边界，南侧的地形逐渐升高。与此相反，从封土向北的地形缓缓下降。可见，将这样的缓斜面修整水平以后建造墓葬的可能性很高（彩版六：1）。

二、封土发掘

为了确认当初封土的构筑规模，除封土南侧的探方以外，我们还在东、西、北侧设立了发掘探方，对封土构筑的地层进行确认。由于发掘墓室的需要，南侧近一半的封土将被发掘清除。因此发掘时，我们对这一部分封土进行了观察，得到了关于封土构筑过程的复原资料。

1. 东发掘区 在南发掘区北壁向东延长线上东西长 6.35、宽 1 米的范围内，我们设

定为东发掘区。由于后期的扰乱，这里封土构筑土层的保存不好。虽然不甚明确，但还可大体推定，东发掘区从东端略向区外延伸的附近即是封土边缘。原地表土（第5层）上的高度为－4.5～－4.6米左右，在原地表土上直接堆积有褐色土层，现可以看到东西约5米、高度约0.6米的山状堆积地层。此外，原地表土及其上褐色土中，有部分黑色的炭层堆积。在西侧呈山状堆积的褐色土层中，位于－4.2～4米的高度处，有变硬的灰色土层，该土层在东侧的山状堆积边缘相叠压。虽然遗存保存不好难以明确判断，但可以推定，约－4米的高度曾一度是堆筑山状土的高度。

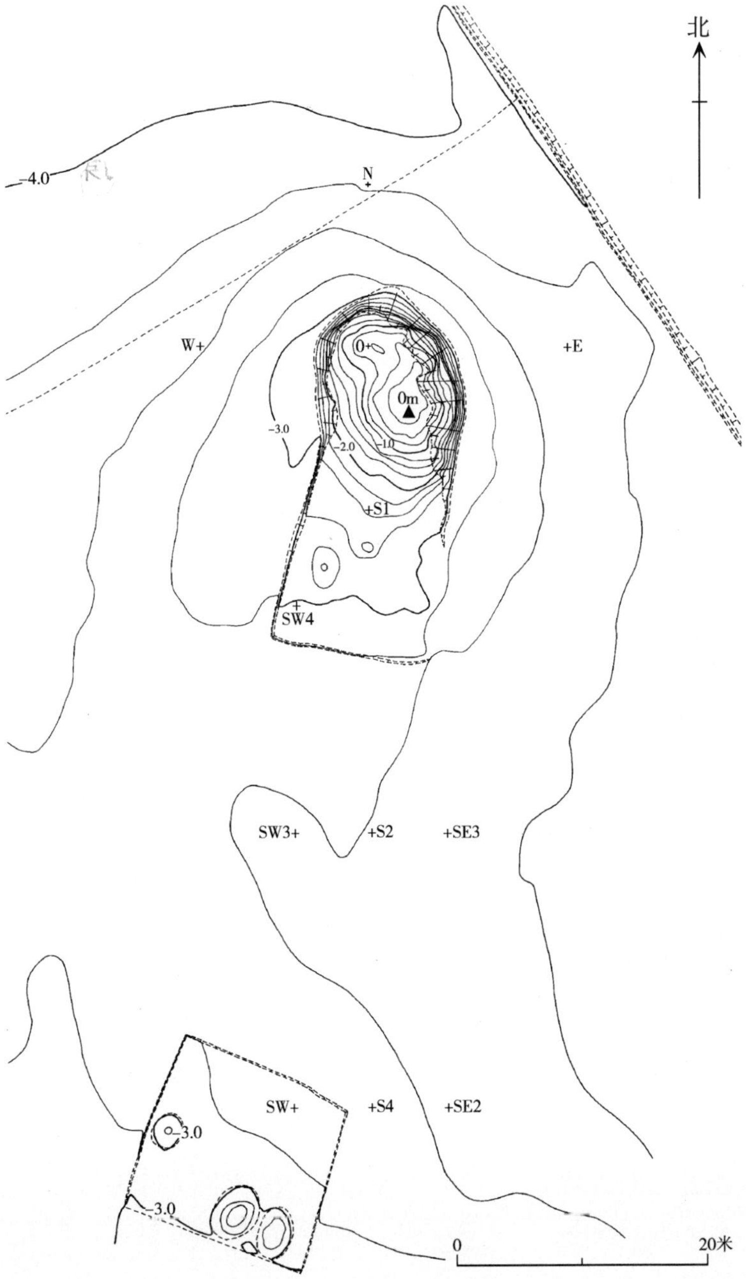

图四〇　田弘墓实测图

2. 西发掘区　最初，我们在南发掘区北壁向西的延长线上东西长5.55、宽1米的范围内，设定了西发掘区。但由于判明封土继续向西延续，所以，发掘区也向西延展了6.8米。这里的封土保存良好，距离主轴15.3米的地方确认了封土边缘。原地表的高度在封土边缘附近为－4.2厘米，在西发掘区东端为－4.4厘米，由此可见，原地表在西侧较高。原地表上堆积有黄色土和褐色土交织的土层，这是由于以地势偏低的东侧为主、在－4米的高度建造一水平面，并以此为基准面堆筑封土。基准面上从内侧向外侧有4个大的堆筑封土单元，表明封土在构筑时经历了4个阶段。特别是第三次的堆筑，黄土层（生土）与褐色土（表土）相互交织、夯打堆筑。与此相反，最后第4次的堆筑以较厚的褐色土层为主，可能起到装饰封土的作用。

3. 北发掘区　沿主轴线在封土北侧南北长5.8、宽1米的范围内，设定为北发掘区。这里封土的地层堆积保存良好，封土边缘被扰乱，但推测其位置在距墓室中心约15.4米的附近。

原地表的高度在封土边缘附近为 -4.4 厘米，在北发掘区南端为 -4.5 厘米，可知南侧稍低。与西侧封土相同的是，在这里从内向外分为 4 个大的堆筑单元，仍然说明封土的构筑经历了 4 个阶段。与西侧封土一样，最后的第 4 次堆筑也是由很厚的褐色土构成。此外，南端原地表上的各堆土单元是伴随着基准面的形成而产生的。

4. 南发掘区　伴随最后除去探方隔梁，在南发掘区主轴线和东壁、西壁观察了南北方向的封土土层，同时观察了 T4 的北壁和南壁上的东西方向封土层，取得了很大成果。

由于位于封土南侧的现代墓的扰乱和墓室上的陷落坑，我们对主轴线不能进行充分的观察，但还是获得了有关天井和封土层位关系的重要发现。第三、四天井是从原地表开始下挖，其上部斜向发生了崩落。原地表上面的高度大约在 -4.4 米左右。第三、四天井先以 0.3 米左右纯净黄土（生土）回填，其后再以褐色土填至 -4 米的高度，与当时地表形成一个水平面。再向上为黄色土层、褐色层相互交替、水平堆筑。由于从后室中心向南 15.4 米处，封土的堆积土层消失，所以我们认为，这里是封土边缘。

通过对南发掘区的东、西壁上南北方向封土堆积层的观察，可以补充主轴线上的观察的不足。由此可知，原地表上用黄色土平整地面之后，在南侧堆筑了一道南北长约 7 米、高 0.7～1.2 米的山状堆积。它与墓室、甬道处于大致相对应的南北位置上，所以推定，当初堆筑的是连接东西方向的堤状物，该堤状土堆的高度有基本呈水平的地层，其上进行了第一次中央山状的土堆，所以，堤状物土堆可能是在堆筑封土时的建造工序基准。在西壁，第二次的堤状土堆直接叠压在其下面，东、西壁之间有水平方向的地层，并延伸到封土南端。封土的南侧，不见在北、西发掘区所确认的 4 道堆筑工序，因此，封土可能是从南侧开始堆筑的。第二次的堤状土堆和第一次中央的山状土堆的高度基本一致，所以将这二者之间的填土平整好之后，即结束了第一工序。

通过对在北壁东西方向上的封土进行观察，我们初步复原了封土的构筑方法（图四一）。首先，在封土中央附近的原地表上，用黄色土（边缘用褐色土）平整土地，在 -4 厘米的高处建造一个水平面，作为构筑封土的基准面。接着，在基准面上堆筑高度为 1.3 米的山状土堆，并以此为中心，向外缘建造封土，堆土高度为 1.1～1.3 米。整理其表面，结束第一工序。然后，在其上面进行高度为 0.8 米的第二次中央山状堆积，并以此为中心向外缘堆土，至此封土的高度约为 2.7 米。整理其表面，结束第二工序。第二工序的堆土的高度为 0.9～1 米。在这以上又进行了高度为 1.1 米的第三次中央堆土，但在此之上由于没有遗迹，所以不能明确是否还有堆积。鉴于在北、西发掘区发现的封土外围的 4 个堆土单元与封土的构筑工序相对应的可能性很高，所以我们认为，封土也是经过了同样的 4 道工序。

三、封土和墓室的位置关系

根据以上的调查结果，可以将封土复原为一个直径约 30.8 米的圆形坟丘。封土的中心点刚好位于田弘棺的正中，这表明，封土是经过严密设计的。封土的现存高度只有 4.5

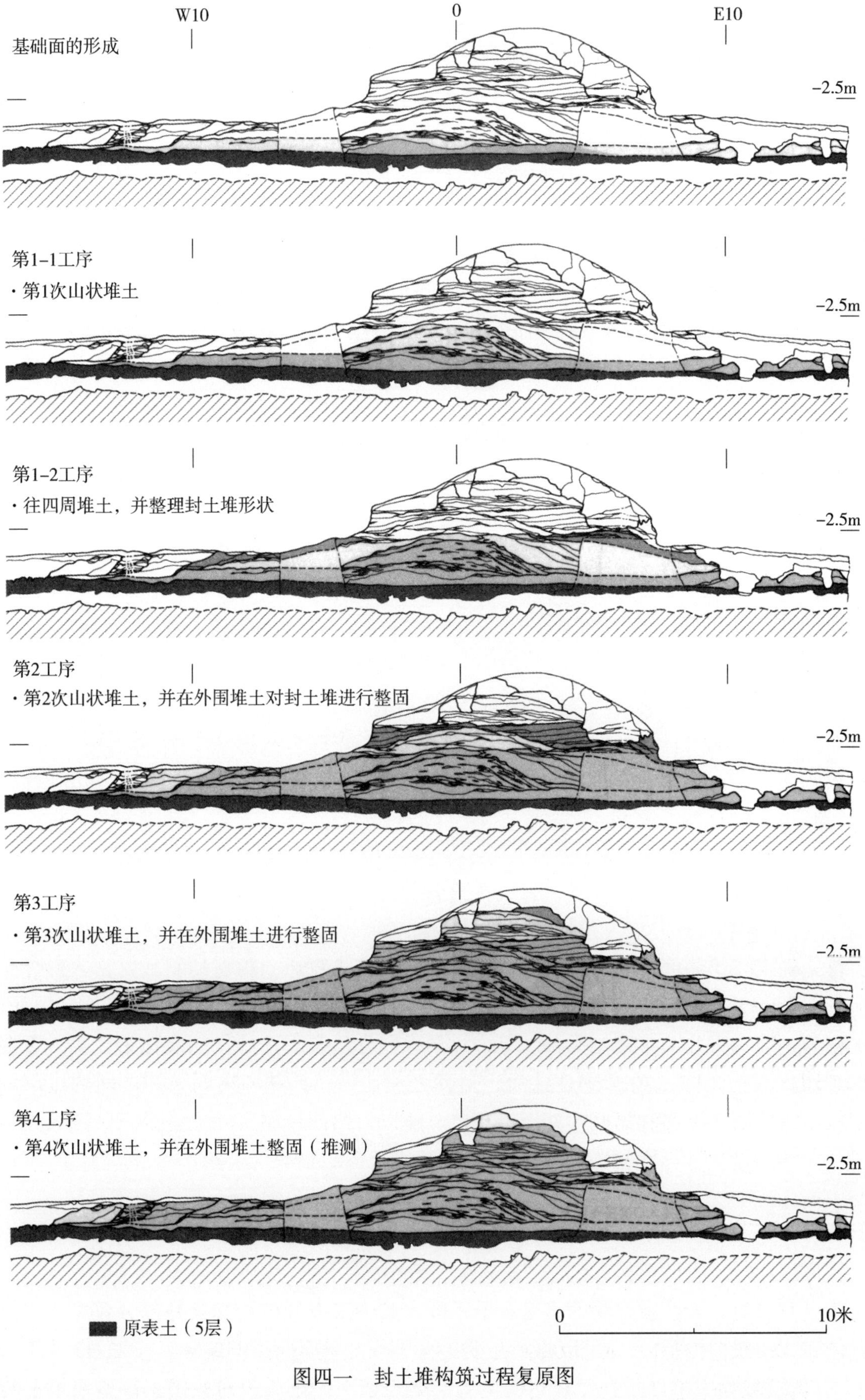

图四一　封土堆构筑过程复原图

米，如果 4 道工序按照每次堆土 1 米左右来计算，封土的高度可以复原至 5 米左右。事实上，这一复原高度与现存高度相差无几。

中央土堆在东西方向上，几乎与墓室中央相对应；在南北方向上，其位置比墓室偏北，其中心可能在后室内壁偏北处。也就是说，封土在筑造时的中心比复原的封土中心向北偏移了 2 米，其原因与位于墓室南侧的天井的存在有关。通过发掘了解到，封土覆盖的第三、四天井在二次葬时被再次挖开，由于预定在南侧进行二次葬，故须尽可能地避免在那里堆土。封土顶部向北偏离大概就是这个原因。

封土南侧的地层没有 4 个堆土的单元，只有水平方向上的黄色土和褐色土交错的夯土堆积，可能曾经被再度挖开，后来陷落。第五天井上的封土是在举行二次葬以后堆筑的土层，但是由于晚期墓的扰乱，再挖开的痕迹未能确认。但在南发掘区西壁，第一次堤状土堆被垂直打破，其南北方向上的位置恰与第五天井北端附近相吻合，可能是二次葬时，这里再度被挖开。

（茂木雅博　钟方正树）

第二节　墓葬结构

墓葬地下部分由墓道、天井、过洞、甬道和墓室几部分组成（图四二）。在墓葬封土的南侧和墓道南端，各有一处规模较小的现代墓地，但没有对该墓造成大的破坏。墓道开口距地表深 0.94～1.97 米，其上叠压有宋代文化层（第 2～4 层）、近现代文化层和现代耕土层（第 1 层）。

一、墓道各部分名称

首先确定墓道各部位的名称。墓道为从地面起挖一直通向甬道的斜坡，由入口部、平面呈长方形的天井、天井与天井之间的过洞等部分组成。天井从临近入口部的南端开始，依次称为“第一天井”、“第二天井”等。过洞也同样从南端开始，依次称为“第一过洞”、“第二过洞”等。但是，在墓葬建造后、追葬之前，第三天井和第四天井之间的过洞发生了崩塌，致使第三天井和第四天井连为一体。所以，第四过洞实际上是第三、四天井与第五天井之间的过洞（彩版七）。

二、墓道

墓道开口处、天井及过洞的宽度有所不同，其中墓道开口处和天井部分较宽，而过洞部分较窄，一般向内折收。墓道斜坡从开口处开始，至第四过洞结束，全长 45.3 米，坡度 12°。斜坡坡面平整，是经过修整的生土，略经铲平，土质相对较硬。墓道内填土与墓

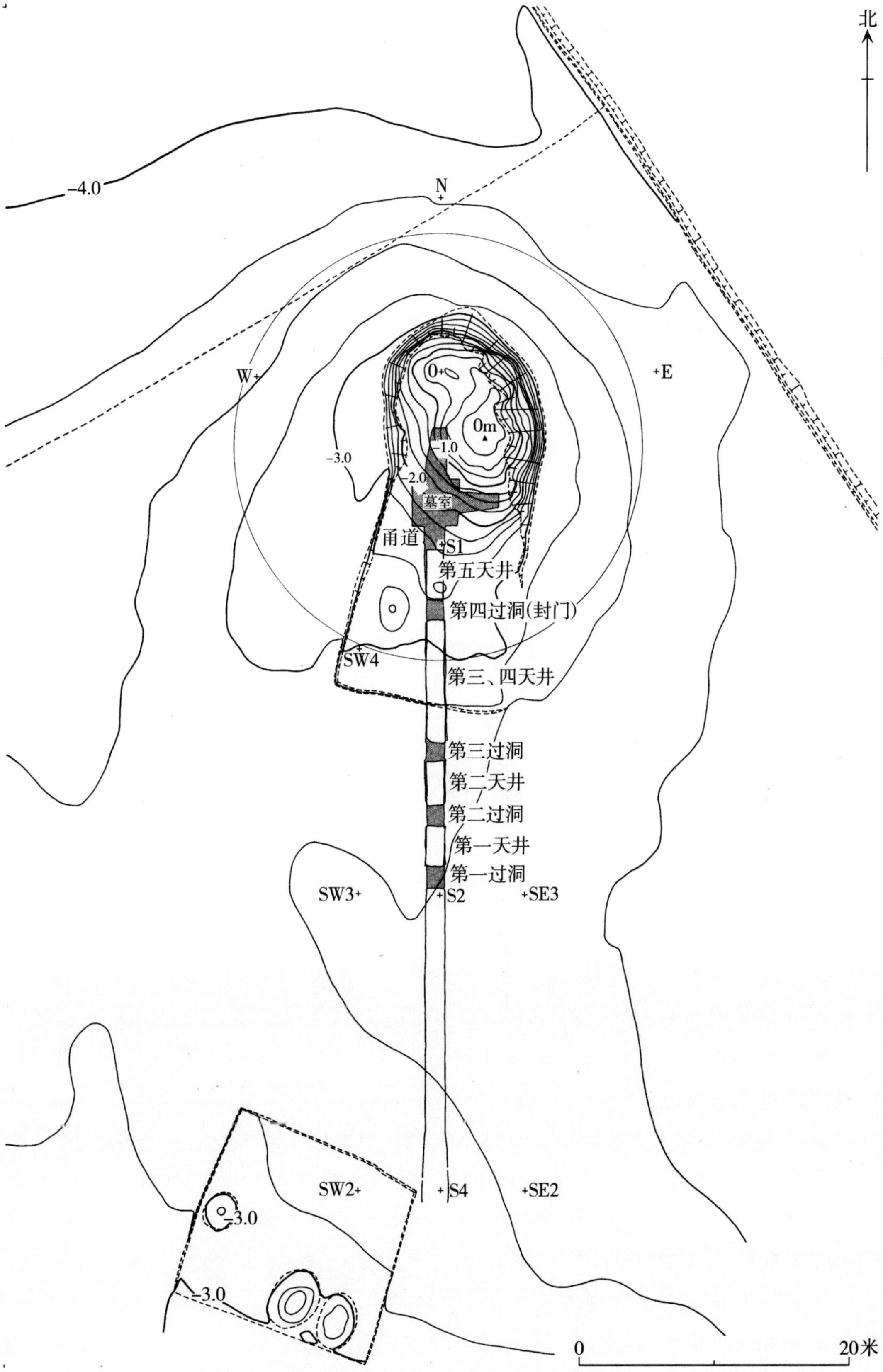

图四二　封土堆及墓室、墓道图

道坡面容易分离，这或许是墓葬修建过程中，人员频繁走动、踩压而形成的。墓道入口部紧贴着斜坡地面上，有一层3～9厘米厚的深褐色土层，应为地下水长期渗透自然形成的腐质层。这层深褐色土在第一过道处消失。壁面经过修整，主要是在铲平的壁面上加以拍打，使壁面更加平整光滑。从保留在壁面上的痕迹观察，拍打修整有两种方法。一种是壁面上纵向平行的凹痕，凹槽的宽度大致相等，是自上而下进行修整的工具痕迹。另一种是排列密集的圆形坑窝，大小基本一致，这应是一种圆形拍打工具遗留的痕迹。拍打的结果不仅使壁面更加光滑平整，同时也使壁面土质趋于紧密，渗水性相对较小。而且颜色也变成了灰褐色，明显有别于黄褐色的生土颜色，亦有别于填土颜色。因此在发掘清理时，填土与壁面比较容易分离。墓道壁面虽然经过多种工序的处理，但并未绘制壁画。

三、天井

天井共有5个，但因过洞崩塌而变成了4个。每个天井平面基本呈长方形，大小略有差异，相互间的距离也不一致。天井的四壁均经修整，和墓道壁面相似，保留有一些修整、拍打的工具痕迹，也没有绘制壁画。

天井内回填修筑墓葬时挖出的土，其中夹杂了一些早期砖瓦残块和其他遗物。填土在墓道内顺斜坡呈一面坡向堆积，接近天井内下部的填土，其坡向堆积往上逐渐向两侧倾斜。底部填土因为潮湿，土质较为疏松，上部则相对紧密。

第一天井平面呈长方形，南北长2.84、东西宽1.47米。四壁基本垂直，东、西壁略向下内收。

第二天井平面呈长方形，保存较好，南北长3.22、东西长1.51米。南北两壁基本垂直，东西两面略有内收，接近坡底东西宽1.4米。

第三天井平面为长方形，南北长3.15、东西宽1.44米。北侧过洞已塌陷，北壁不存，东、西壁残存有过洞塌陷后的痕迹。天井上部分别被H12和G1打破，因而在发掘平面上不易辨认其轮廓。特别是东南—西北走向的G1，在天井东壁处的深度达2.1米，在西壁亦有1.8米深。考虑到发掘墓道的安全因素，打破天井东壁的G1没有清理至底部，只是顺着墓道的方向下挖，一直到第三天井的东壁。东、西壁基本垂直，下部壁面修整平滑，修理工具痕迹也十分明显。

第四天井平面基本呈长方形，东西宽1.48米。南侧过洞塌陷后，与第三天井连成一体。南壁不存，东、西、北三壁保存完好，壁面光滑齐整，两壁基本垂直，内收幅度不大。靠近底部的东、西两壁经过了拍打处理，壁面上保留了众多圆形拍击工具的痕迹。第三、四天井南北长3.3米。

第五天井平面呈长方形，南北长3.81、东西宽1.48米。天井上部被封土堆的延伸部分所覆盖，除北壁被盗洞打破外，其他三壁保存完好。受墓室、甬道塌陷和盗洞的影响，天井北壁下部已坍塌无存，几乎与甬道成为一体，从壁面上无法将两者区分开来。加之后期顺甬道和盗洞进入的雨水浸灌，底部潮湿，填土和壁面结合紧密，壁面的清理十分困难。东西两壁基本垂直，略有内收。斜坡墓道从第五天井处开始变成平底，并与甬道相连。

由于墓室早期被盗，盗墓者破坏了甬道内木质封门和土坯封墙，并且将墓室和棺内的大部分遗物拖拉、遗弃于此，与被掀起的甬道铺地砖以及拆掉的第四、五天井间过洞内的封墙砖等，混杂堆弃于天井底部。这给清理工作带来了极大的不便，对一些遗物的原存放地、用途、结构等的分辨也造成了困难。在第五天井底部出土的遗物主要有陶器（罐、盆等）、陶模型（镇墓兽、鸡、狗等）、玉器（璜、环等）、残玻璃器、铜器、铁器、云母片、木器、漆器、泥器、砖、人的头骨以及其他骨骼、动物骨骼等，数量非常多。其中，施有金粉彩绘的云母片和木器涂漆木柄、铜器等，可能是同一器物上的不同附件。

四、过洞

过洞位于天井与天井之间，过洞与天井的连接处均呈曲折状，每个过道的长度和宽度均大致相同，宽度比天井、墓道要窄（图四三）。

第一过洞位于墓道与第一天井之间，平面长 1.63 米。南侧顶部崩塌明显，塌落高度 2.35 米，顶距地表 1.65、宽 1.43 米。墓道接近底部有一层深褐色层，在本过洞处消失。此处的填土较为紧密，人工处理痕迹不明显，但明显阻断了顺斜坡而下的水流，起到保护墓室的作用。

第二过洞位于第一天井与第二天井之间，平面长 1.45 米。南侧顶部因上部渗水而有部分塌裂，可见数层褐色的水淤层。南侧残高 2.63 米，顶距地表 2.2、宽 1.22 米。北侧顶部保存基本完好，高 2.22 米，顶距地表 2.54、宽 1.34 米。

第三过洞位于第二天井与第三天井之间，平面长 1.76 米。南侧保存完好，过洞高 2.05 米，顶距地表高 3.22 米。

第三天井与第四天井之间的过洞已坍塌，但壁面痕迹尚存。可知平面长 1.72 米，其他情况已不详。在发掘过程中，我们保留了墓道内填土的纵向剖面，从剖面看，第三、四天井内的填土堆积层均连续，没有中断的迹象。也没有发现塌落的过洞顶部的生土块。东西两壁从上往下都做了精心的铲平处理，连成一体。只是在原过洞处壁面上留下了一些塌陷时留下的竖向凹槽。这表明，此过洞在回填前就已塌落。塌落时间有两种可能，一是在此墓修建尚未完成时，过洞就已塌陷，只得将两个天井合二为一；二是在二次葬重新打开墓道时造成了坍塌，故而重新修理了第三、四天井的东西两壁。

第四过洞位于第四天井与第五天井之间，平面长 1.54 米。南侧塌裂高度 3.46、保留高度 2.38 米，距地表 5.84 米。过洞中央用砖砌封门墙，多用残旧砖，破碎者较多。

（卫　忠）

五、封门墙

封门砖墙位于第三、四天井和第五天井之间的第四过洞内，最厚处达 1.2 米，大体上由自南而北的 5 排砖砌成（图四四；彩版六：2）。该封门砖墙很不规整，且南北两侧均未

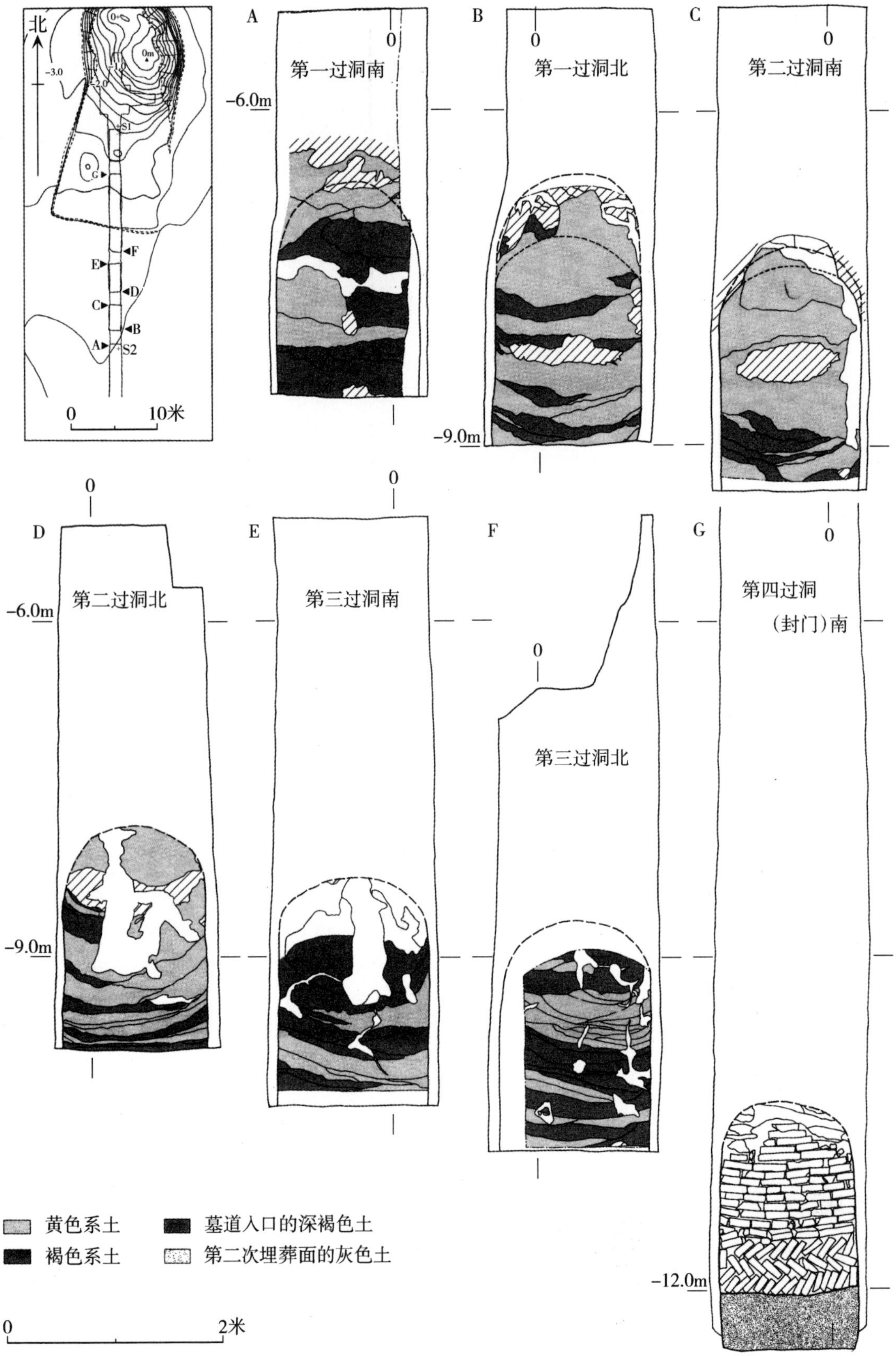
北
0m
S1
S2
G
A
B
C
D
E
F
0
10米
第一过洞南
第一过洞北
第二过洞南
第二过洞北
第三过洞南
第三过洞北
第四过洞
（封门）南
-6.0m
-9.0m
-12.0m
黄色系土
褐色系土
墓道入口的深褐色土
第二次埋葬面的灰色土
2米

图四三　过洞地层剖面图

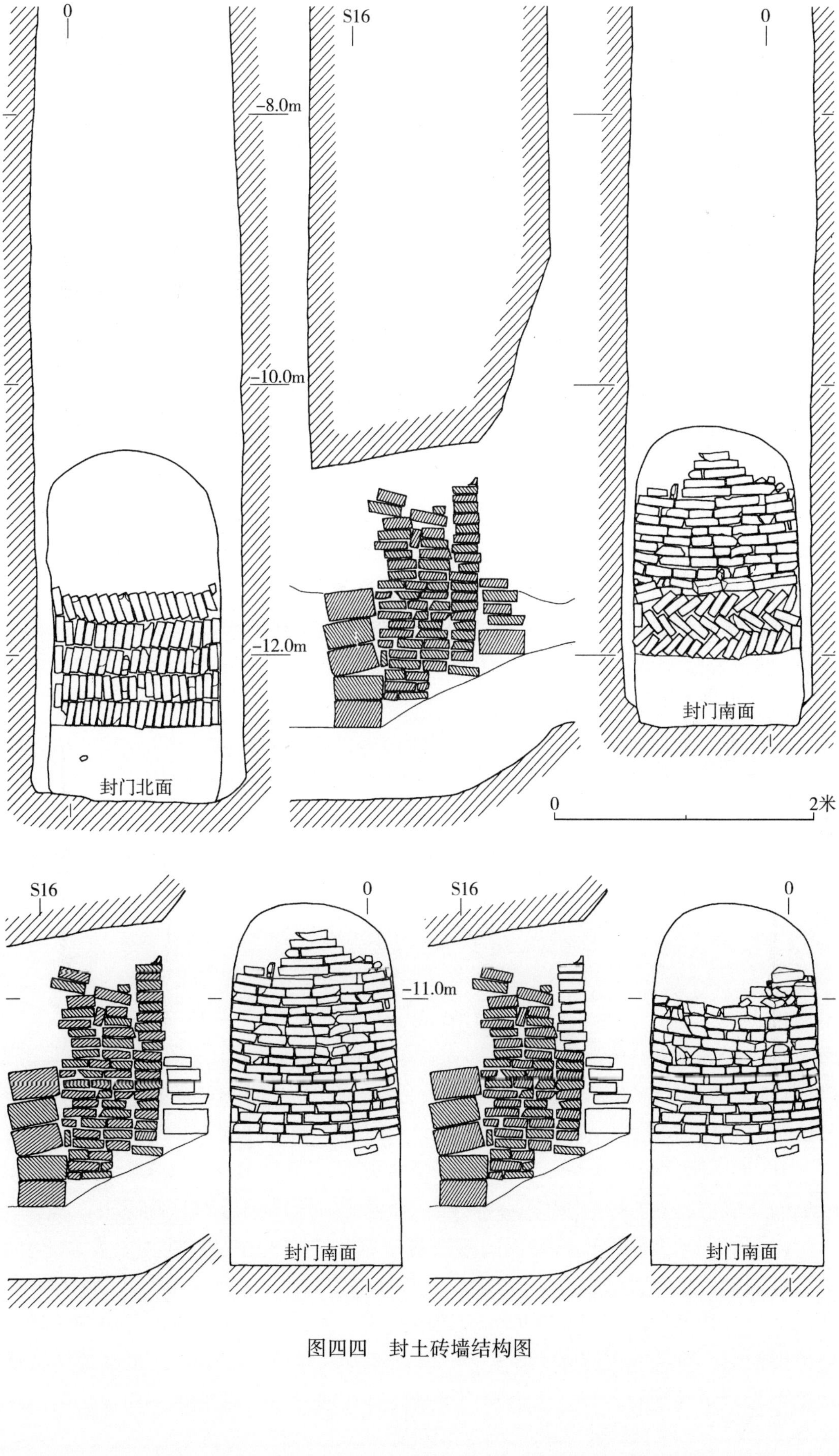

图四四　封土砖墙结构图

砌至过洞顶部。当然这不排除被盗掘所致，因为盗洞即位于第五天井上方。盗墓者在下到第五天井底部后，从甬道进入墓室内，向南似乎又拆掉该砖墙的上部，以确定砖墙南侧的情况。

封门墙最南侧一排砌砖相对规整，系用砖块顺向平铺砌就，所用绝大数为残砖，较少完整者。值得注意的是，最下一层砖距离斜坡墓道底部约 0.47 米处，间隔一层细黄土(灰色土)。封门墙下的这层黄土在砖墙下一直延续至砖墙北端，且北端土层厚度有 0.5 米以上。这层黄土显然是第一次下葬之后的堆积填土，在第二次下葬时，没有将此处全部清理干净，如此看来，在第一次下葬之时，这里可能未设封门砖墙。

最南侧一排封门砖的高度约 1.58 米，其向南的砖面均为砖的光面。南壁基本为直壁，个别砖向南稍突出。现存砌砖 20 层，每层砖 4～5 块不等，最上面一层砖仅保留一块，而其向上与过道顶部尚有约 0.2 米的距离。此处填土似非一次堆积而成，由此推测，砖墙顶部残缺的原因似是盗墓者破坏所致。

封门墙最北的一排砌砖残存 5 层丁砌的条砖。其中最下一层砖的底面下距斜坡墓道底部尚有 0.52 米，而最上一层砖上距过道顶部约 1.03 米。其下部的垫土与砖墙南壁下垫一致，应为封砌砖墙前的过道地面堆积土。而上面与过道顶之间的填土也与南侧上方空隙处填土一致，似可进一步断定，这是盗墓者破坏之后的填土。这 5 层砖均朝一个方向稍倾斜，且两层砖的倾斜方向正好相反，类似北朝墓葬常见的“人”字形封门砖墙的做法。每层砖 17～20 块不等。最上的两层砖倾斜较甚，而下部三层倾斜度较少，最下一层砖基本上是直立的。

砖墙中部在南北两排砌砖之间，是平铺的碎砖，残存砖层最高为 20 层。但是从封门墙的剖面来看，中部砌砖的底面是介于南北两侧排砖底面之间的位置，封门墙下面的垫土呈三级台阶状。

（赵永洪）

六、甬道

甬道位于第五天井和墓门之间，平面呈长方形。南北长 2.16 米，接第五天井处宽 1.32 米，接墓室处宽 1.48 米。甬道顶部受盗洞和墓室整体塌陷的影响，已全部坍塌。可能是拱形顶，高度不详，残存高度 0.54～1.38 米。甬道中间原有木质封门，因盗掘破坏，大部分已不存，仅在地面处凸起有门墩痕迹。东门墩长 0.48、宽 0.18、厚 0.17 米，嵌入地下深 0.07 米；西门墩长 0.48、宽 0.18、厚 0.16 米，嵌入地下深 0.08 米。门墩靠壁一侧插入墙内，墙内有立木痕迹，用砌砖层层加以固定。所用砌砖均为残砖块，垒砌凌乱无章。木门内侧有用未烧制的土坯砌成的单层封门墙。清理时在接近地面处发现土坯痕迹，在两侧贴近墙壁处也有部分保存，原高度不详，残高 0.95 米。土坯长 33、宽 14、厚 5 厘米。从甬道口开始铺地砖，与墓室内的铺地砖连成一体。铺砖方法为南北纵向平铺，其中封门处甬道口第一排为双层平铺（上层为横向平铺）。由于封门至墓门口铺地砖被盗墓者揭取，是否为双层铺地砖不详。甬道封门外壁面剥离较差，壁画痕迹不明显。封门内两壁开始有壁画，保存状况不好，只可辨认红、黑颜色，具体内容不详，其风格与墓室内壁画大体一致。甬道底部杂乱堆弃着较多的遗物，有陶器、残铁器、木器、云母片、砖、骨骼等。与第五天井内一样，绝大多数遗物是盗墓者从墓室搬出遗弃于此的。砖则来自于墓室、甬道铺地砖和第四、五天井间过洞内的封墙砖。

七、墓室

墓室与甬道相连，为多室墓，由主室、后室、侧室三部分组成（图四五、四六；彩版六：3、八、九：1）。在发掘墓道、天井的同时，参照以往本地区北朝墓葬发掘的经验，并且从发掘安全等其他因素考虑，我们采用墓室大揭顶的方法予以发掘。为了便于墓室的清理，同时需要对封土进行分析，了解封土的堆埋方法、结构和它与墓室间的相对位置，我们从发掘区 T4 向北扩展 8 米，将封土从中央解剖，东、西两侧再向外扩展 1 米，形成一个 8×12 米的墓室顶部发掘平面。发掘平面的东、西两侧保留台阶，这是为了方便出土，也便于发掘人员出入。从发掘一开始，在平面上就已发现，大致在墓室部位上方有较大的圆形土坑，土坑内填土的堆积层可以和封土的堆积层相对应，而两者上下相差 2.5 米之多。因此可以断定，这是一个塌陷坑。在墓室尚为空室时，墓顶塌陷，造成上部垂直下落，封土部分也随之下陷。在清理过程中，墓室内有较多的生土块，便是由墓顶塌落至墓室内的。

1. 主室　顶部大面积坍塌，继而遭水浸灌，又造成多次塌陷，使得主室面目全非。室内积土的土色斑驳杂乱，层层淤泥和黄色的生土块相互混杂。主室平面略呈方形，四壁垂直，南北长 3.14～3.26、东西长 3.18～3.27 米。主室的顶部不存，结构已不清楚，结合本地其他墓葬结构分析，可能为穹隆顶。东壁残存高度为 0.94～1.28 米，南壁残高 1.25～1.37 米，西壁残高 1.04～1.57 米，北壁残高 1.62～1.94 米。墓门居于南壁中央，距东西两壁的距离分别为 0.86、0.83 米，墓门宽 1.47 米，铺地砖与甬道相连，单层条砖纵向错缝平铺。边缘砖不同程度地掏埋于墓壁的生土下，南北纵向铺砖 9 块，东西向 17 排。墓室中央有 9 块砖被盗墓者揭取。铺地砖的尺寸一般为长 36、宽 18、厚 6 厘米。砖上多保留有白灰层或白灰痕迹，为已经使用过的砖块，是从其他建筑物上拆下来后又再次使用。

由于墓壁的塌落程度不一样，四壁壁画的保存状况也各不相同。顶部壁画的内容不详，东壁在东北角保留一组人物的下肢部分。南壁只残存一些壁画颜色痕迹。西壁在清理时，墓壁保存有两层壁画，这是因为上部壁面塌陷垂直滑落下来，覆盖于下部壁画之前。所以，前层壁画主要是人物头像，后层壁画则是此组人物的下肢，但保存不好。北壁后室门两侧各保存一组侍卫图，每组有两个人物，东西两侧人物神态大体相同。采用红、白、黑三种颜色描绘，并有红色边框。墓室西南角贴西壁，摆放未被扰动的随葬陶器十余件，有罐、盆等，器内盛装糜子等粮食，均被压在滑落下的有壁画的壁面下。地面上散置一些零星的遗物。

墓室西南角贴北壁东西向放置棺木一具，为夫人棺。棺盖已不存。双重木棺，榫卯结

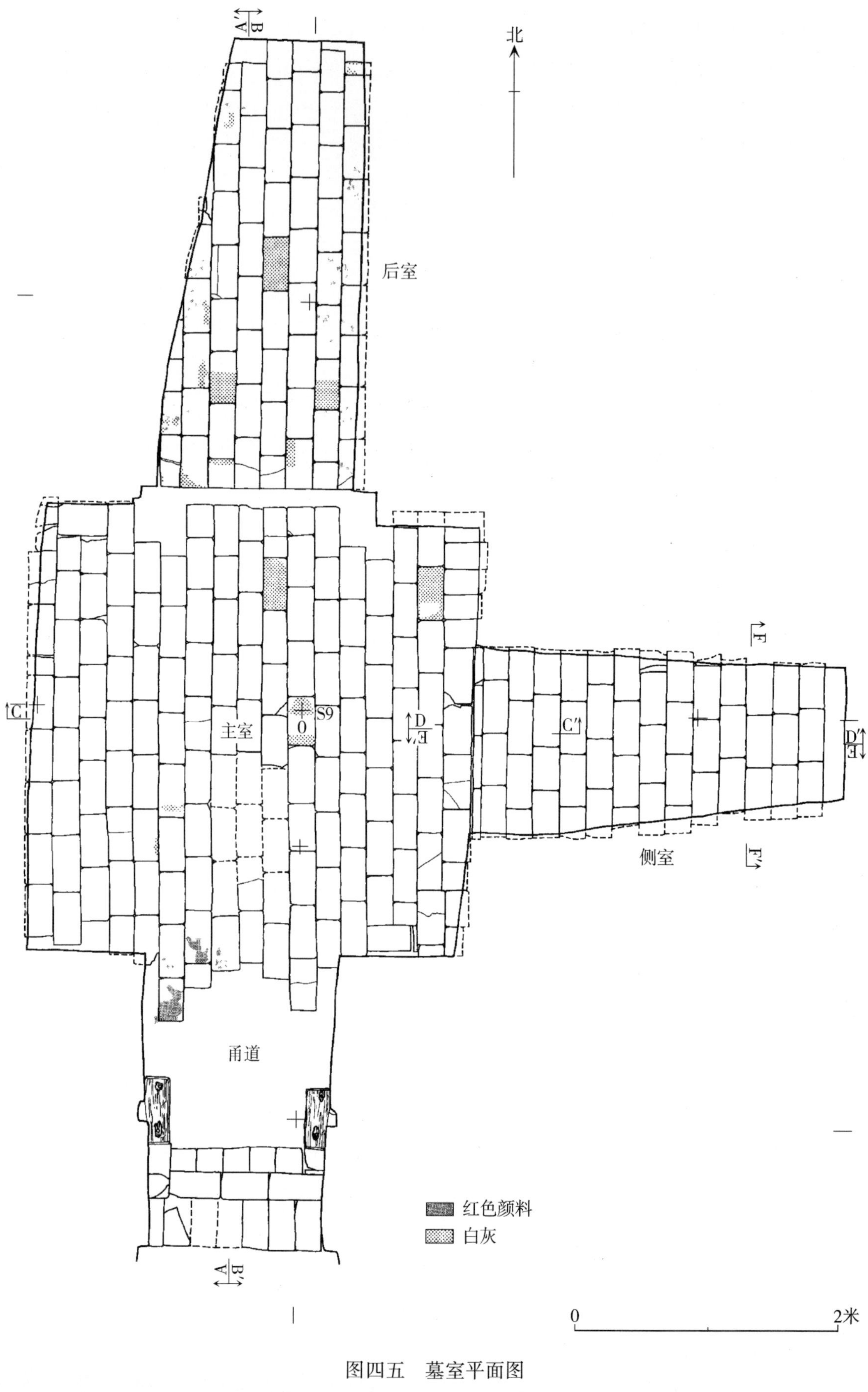

图四五　墓室平面图

构，形状呈长方形，棺长 2.15、宽 0.72、残高 0.42 米。外侧棺板厚 8 厘米，内侧棺板厚 5 厘米，内、外棺板相隔 6 厘米，棺底板厚 5 厘米。棺内扰乱严重，葬式不清，头向可能朝东。骨骼下有较厚的石灰层，部分骨骼已散置于棺外。棺东侧外部有人头骨一个，不属于棺内和后室主人棺，来源尚不明。棺内随葬玻璃珠、泥珠、五铢钱和布泉等，棺外有玉钗一件。棺西头南侧殉葬有一具狗骨骼（图四七）。

2. 后室　位于主室后壁中央，距东壁 0.78、距西壁 0.71 米。平面形状基本为长方形，东壁与后壁呈直角。西壁从外向内斜收，长 3.32 米，北端宽 0.99、南端宽 1.46 米。其顶部随主室顶部而坍塌，淤水痕迹明显，结构不详。从平面情况看，可能是拱形顶。四壁垂直，保存高度 0.34～0.95 米，起券部分均已不存。后室原本装有木门，被盗墓者破坏，结构不清。两侧用残破的砖砌有门垛，上部随墓室塌落而毁，其侧有残立木痕迹。铺地砖与主室铺地砖的方向一致，为单层砖错缝纵向平铺，纵向用砖 4～9 块，横向 6～8 排。但地面高于主室 0.12 米。东壁靠墙的一排铺地砖部分叠压在壁面下；西壁铺地砖顺斜壁平铺，贴壁的铺地砖用一些残砖。后壁处铺地砖只靠近壁面，没有掏挖进去，中间空隙用土和砖面垫平。东、西壁和后壁上保留有壁画痕迹，保存高度 0.34～0.65 米，主要是红色条带相间白地，没有其他内容。棺木放置于靠近门的中央，距门 0.18、距后壁 0.6 米，与东壁间距 0.1～0.18 米，与西壁间距 0～0.2 米。

田弘棺为双重木棺，榫卯结构，平面大致呈梯形，靠近门口的棺头大，内侧棺尾小，棺长 2.55 米，棺头宽 1.18、棺尾宽 0.95 米。棺盖残朽，散落于棺内。棺板厚 8 厘米，内、外棺间距 9～15 厘米。棺内人骨架已被扰动，但基本保持原位。葬式为仰身直肢，头向朝南，骨骼保存欠佳。骨架下面铺垫较厚的石灰，用于防潮。尚保存主人身着衣服的丝绸残迹（彩版四五：5）。棺内出土有玉璜、玉环、玉璧、东罗马金币等物（图四八、四九）。

3. 侧室　位于主室东壁中央，距北壁 0.85、距南壁 0.92 米。形状基本为长方形，内小外大，长 2.78、宽 0.93～1.34 米。北壁基本与主室东壁垂直，南壁从西向东斜收。发掘过程中，发现在东北角有长 0.82、厚 0.14 米的突出。其下叠压有整块铺地砖，其后并有壁画，最后确认仍是上部塌陷、垂直滑落的部分。将其清埋后，暴露出原来的北壁壁面。顶部随主室顶部同时塌陷，水蚀严重，顶部结构不清。估计为拱形顶。三壁的残存高度 0.3～0.72 米。铺地砖为横向错缝平铺，总体走向与主、后室铺地砖一致，高于主室 0.06 米。门口横向砖 4 块，后部用 3 块，从外向内横向 14 排铺地砖。南北靠近两壁处的铺地砖掏挖于壁下，后壁与铺地砖之间有 9 厘米的空隙。南、北壁和后壁保存有高 0.5 米左右的壁画痕迹，仍为红色条带间隔白地，没有其他内容。

（卫　忠）

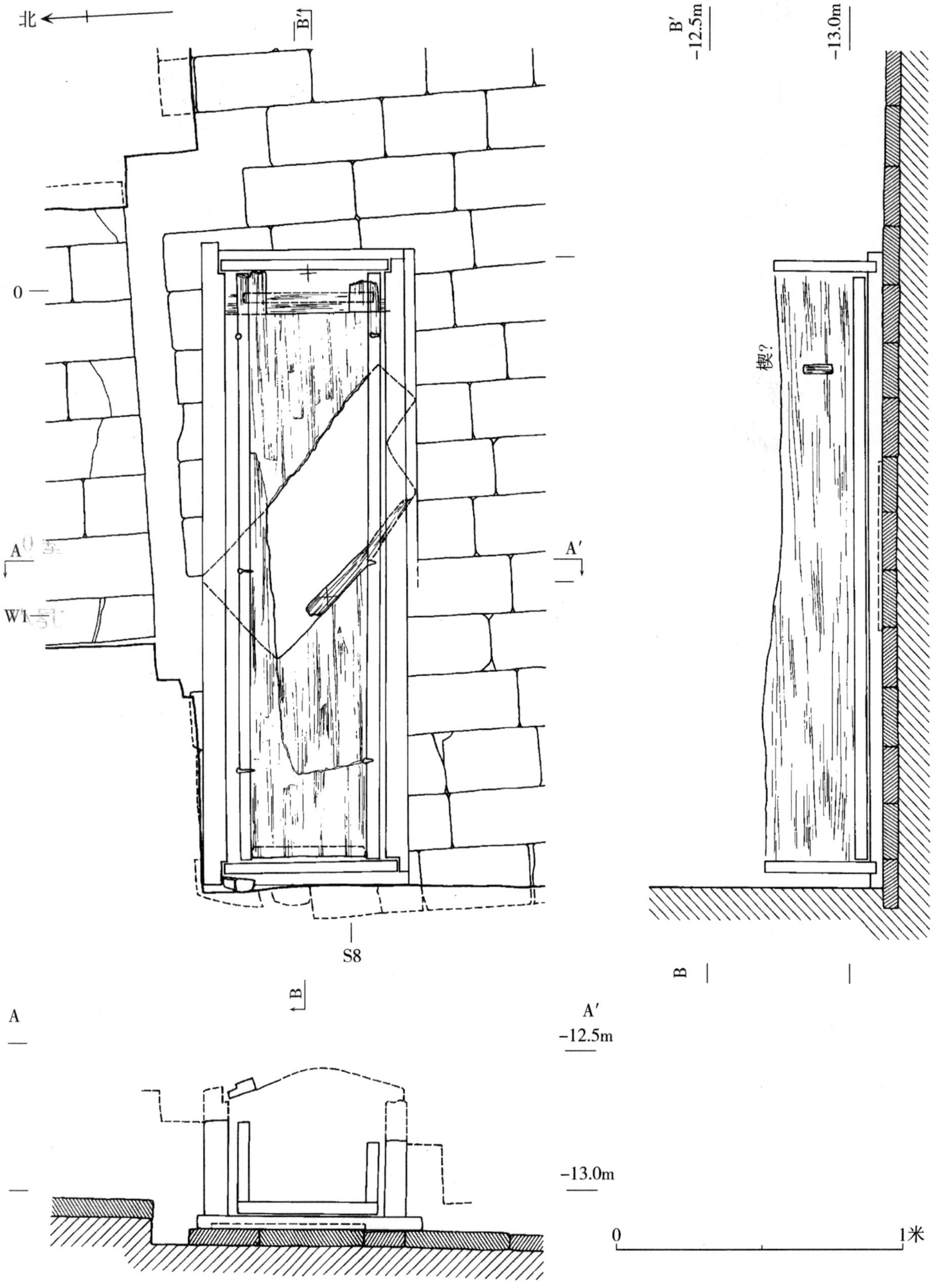

图四七　夫人棺平、剖面图

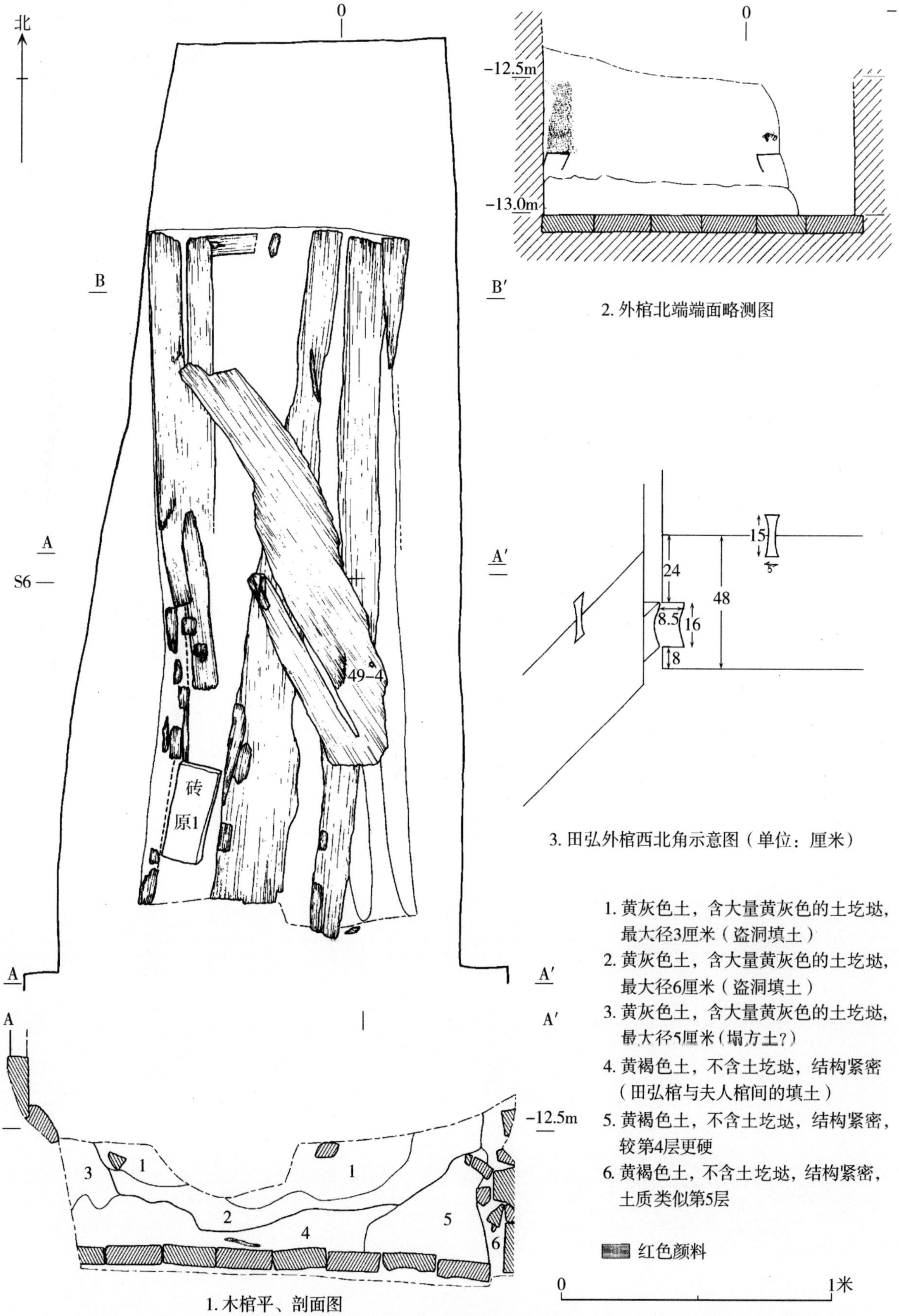

1. 黄灰色土，含大量黄灰色的土圪垯，最大径3厘米（盗洞填土）
2. 黄灰色土，含大量黄灰色的土圪垯，最大径6厘米（盗洞填土）
3. 黄灰色土，含大量黄灰色的土圪垯，最大径5厘米（塌方土？）
4. 黄褐色土，不含土圪垯，结构紧密（田弘棺与夫人棺间的填土）
5. 黄褐色土，不含土圪垯，结构紧密，较第4层更硬
6. 黄褐色土，不含土圪垯，结构紧密，土质类似第5层

1. 木棺平、剖面图

2. 外棺北端端面略测图

3. 田弘外棺西北角示意图（单位：厘米）

图四八　田弘棺出土情况图

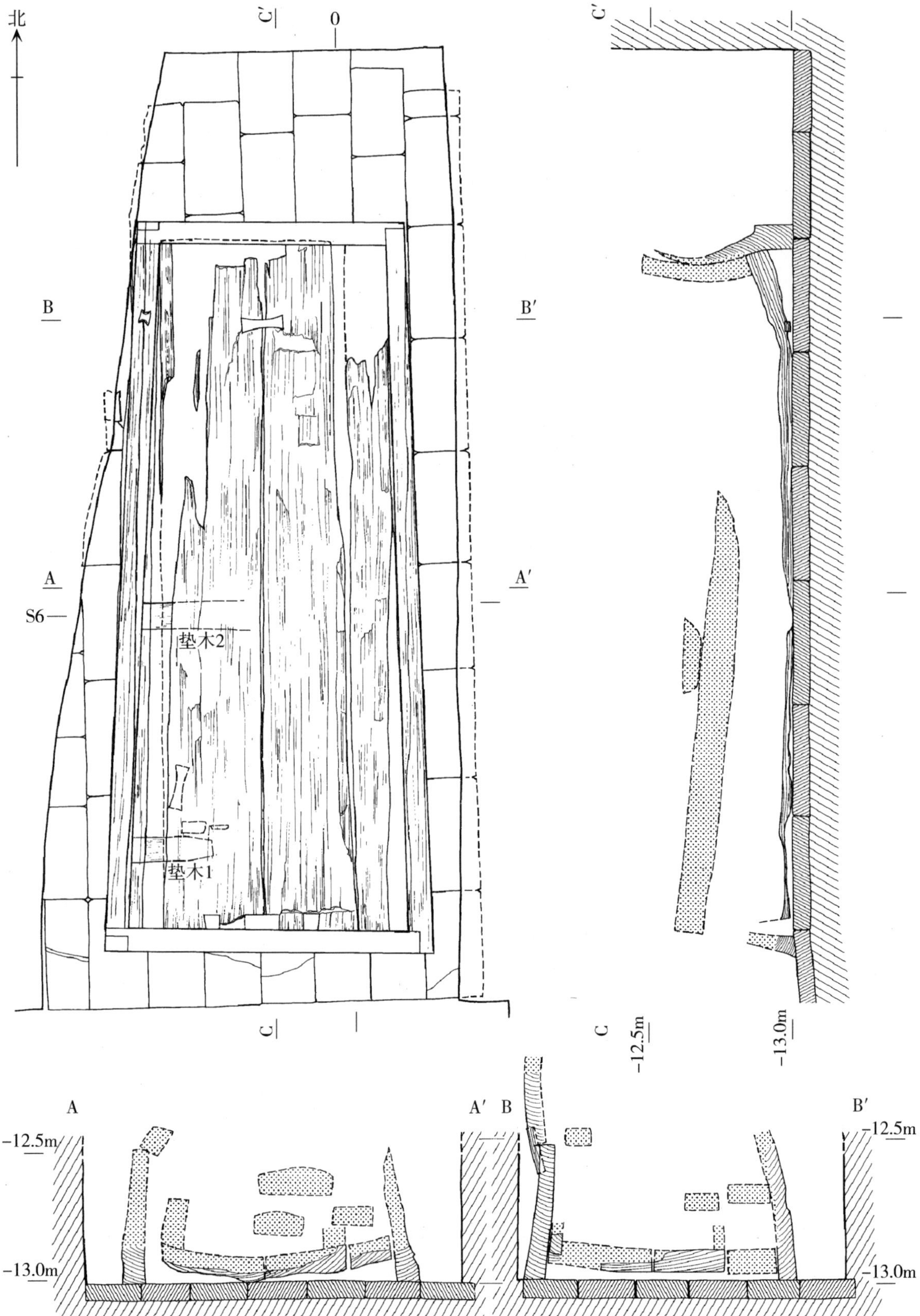

图四九　田弘棺平、剖面图

第三节　墓道剖面

一、发掘方法

为了弄清墓道的填埋过程，与墓道平行的至东壁约 0.3 米宽的填土未发掘。根据对地层堆积的观察，做成墓道填土纵剖面图。对墓道和天井进行了 1.5～2 米的挖掘后，绘制了剖面图。制图结束后，重新清理出墓道壁画，并继续发掘。此外，过洞的地层横剖面图是在距南北出入口各 3 厘米的位置上制成的，剖面图按1∶20的比例绘制。

根据对墓道地层观察的调查结果，对墓道入口、第一过洞～第三过洞、第三天井和第四天井、第四过洞、第五天井的各部位逐一介绍。

二、墓道入口部分

墓道入口部的填土以黄色土层为主，这是由于回填时使用了挖掘墓道时被挖出的生土所致。但回填时期不一致，根据墓道堆积的土层，可以分为两个时期（图五）。

在墓道入口南侧的填土中，有一半是黄色土，这是为堵塞进入口而回填的。我们试着复原其回填过程。首先在北侧堆成山状土堆，起到防止填土向北涌入土堤的作用，然后将土回填至南端。在北端还叠压有厚约 0.1 米的暗褐色土层，该地层里散布着大块的茶褐色淤泥块，呈台阶状堆积。从这里开始，暗褐色土层在墓道地面正上方一直向北延伸，在第一天井涌入至第一过洞内的填土上叠压并终止。这里的深褐色土与封土下面的原地表的土质、土色相似。由此推测，这是墓道在一定的开口状态期间内，自然堆积的含有有机物质的表土层。使墓道北侧一半呈开口状态，可能是为以后的再次葬而有意识地留下的。

再次葬后，最终将墓道开口用以生土为主的黄色土回填。其过程如下：首先，从较深的北端将土填入，堆成高约 0.5 米的山状土堆。然后，向南填土至同一高度，平整一次填土。之后，再在北端堆一个高约 0.5 米的山状土堆，并向南填土，次后再次平整填土。最后，再向北端填入 0.5 米厚的土，同时平整填土，并将第一过洞北口覆盖。由此推测，上层填土将达到 1 米的高度。经过平整填土后，再将土填至构筑面为止，回填工作至此结束。

三、第一过洞至第三过洞剖面

第一过洞至第三过洞在初次埋葬时就被全部回填，并且没有再次被挖开的痕迹，这一部分是经过天井运入填土来回填的。天井的中央部位填土呈山状堆积，这表明，填入的土层未经夯打，是通过天井回填的。此外，第二过洞、第三过洞从南北相邻的天井填入填土，互相叠压回填。所以可知，回填是同时开始的。过洞内的填土没有进行过夯打，填土以黄色生土为主，并混入了带状的褐色土。这说明，回填时可能有意使用了若干地表的土。此后某一时期，过洞的天井附近被水浸入，若干处可以看到呈水性堆积状。根据以上情况，对各部位的回填过程叙述如下（图三九、四三）。

第一过洞的北口首先由第一天井填入的呈斜状堆积的填土堵住，南口与墓道入口在一定时期内呈开放状态，没有被填土堵住。再次葬后在墓道入口回填的同时，第一过洞的南口也被同时回填。

第一天井至第三过洞是在同一时期被回填的。第二过洞内是由经第一天井和第二天井涌入的填土回填的，第三过洞内是由经第二天井和第三天井涌入的填土回填的。填入的土相互叠压堆积，呈中间低两边高的状态。与此相反，第一天井和第二天井的填土呈中间高的山状堆积，过洞出入口填土似乎被平整过。此后，再次填入填土，将该部分回填。此外，第一过道与第二过道的天井曾发生崩落，显然崩落是自然产生的。通过对土层横剖面的观察，可以得到过洞高度的复原资料。推测第一过道的高度约为 1.9 米，第二过道的高度为 2.05 米左右。可以看到大概属于天井部分的生土块，所以，可能在回填的过程中就发生了崩落。

四、第三、四天井剖面

推测原来设在第三、四天井中间的过洞从构筑到进行再次葬时，曾发生崩落。因此，两个天井连接成为一个长的天井，即第三、四天井，此后的再次葬便从这里进行。根据对土层剖面的观察，可以确认出三次入葬的痕迹（图三九）。

1. 第一次入葬　墓葬构筑时的地面就是首次入葬时的地面，即第一次埋葬面。首次入葬后，这里一度被全部回填，填土到达第三过洞。

2. 第二次入葬（首次进行的再次葬）　通过观察第三过洞的北口与第三、四天井的南端相连接处的土层堆积，可以确认土层的剖面是垂直的。由此可以明确，第三、四天井在举行再次葬时，被重新回填过。这次挖到第一次埋葬面为止。由于修整墓室内地面，该地面被抬高与加固，再次葬的地面比第一次埋葬面高出 0.4 米，这是第二次埋葬面。第二次埋葬面的填土为灰色土，内含大量的随葬品残片。第二次入葬后，这里再次被回填。

3. 第三次入葬（第二次再次葬）　第三、四天井的填土被再次挖开。这次挖掘没有进行到第二次埋葬面，在第四过洞的上半部只开挖到勉强通过的程度，并以此作为地面，此为第三次埋葬面。第三次埋葬的地面比第二次埋葬面高出 0.6 米。第三次入葬结束时，先将土填至第四过洞南口上缘的高度，再平整填土，从上方倒土进行回填。由于天井较长，在南北两处形成山状堆积。最后，将南北两端剩下的间隙回填。虽然回填所使用的填土以黄色土为主，但是其中也混入了有意使用的属于地表土的褐色土。

五、第四过洞剖面

第四过洞具有从第三、四天井到第五天井通路的作用，在三次入葬的过程中，其作用也有了变化（图四、四四）。

在第一次埋葬面上，到达第四过洞的地面呈现很大的斜度，有很陡的台阶。因为调查再次葬时遇到残存的封门砖，所以没有进行其下面的第一次葬面的清理。因此，这里的地面形态不明，有可能是台阶状或若干台阶。因地面在第五天井处变成水平，而且与甬道衔接延续，所以，第四过洞正位于斜地面至水平地面的变化位置。首次入葬后，这里没有建造任何设施就回填了。

第二次埋葬面叠压在第一次埋葬面上，是平整灰色填土后形成的。在这一地面上修建了砌砖的封门。第二次再次葬时，只打开了封门的上半部。由于从第三、四天井（封门的南侧）拆除的封砖没有在天井的填土内出土，所以可能是暂时被堆放附近某处，以便恢复封门时再次利用。入葬后封门被再次用砖堵住，但入口没有被恢复原状，仅在其内侧堆砌了 3 列封砖。再次葬时，第四过洞被有意地作为墓葬的入口，这表明，这时甬道的机能已完全丧失。此后，在埋葬后的某个时期，过洞的天井附近有水浸入，形成了填土中的部分水性堆积。

六、第五天井剖面

在第五天井也有三次埋葬地面。根据对堆积土层和遗物出土状况的观察，可以判明其形成过程如下（图四）。

墓葬构筑时的地面是第一次埋葬面，表面大致平坦，并向甬道延伸，与之衔接。这里没有任何修建过设施的痕迹，首次入葬后被直接回填。

伴随着第一次再次葬，填土似乎被清除干净。为确保再次葬的空间，墓室内进行了整理，不要的随葬品被遗弃在第一次埋葬面的上面。之后将其掩埋，填入灰色土，并进行了平整，形成了第二次埋葬面。这一埋葬面从第四过洞的封门下开始，一直延伸到位于甬道前的砖门框，再次葬后直接回填。

举行第二次再次葬时，填土被挖至第二次埋葬地面。由于从第五天井南侧（封门的北侧）开始封门是打开的，所以第二次埋葬面上堆积了大量的砖。为了将其掩盖，进行了填土整地，形成了第三次埋葬面。埋葬后，第三、四天井南侧的封门被关闭，并将土填至第四过洞北口的高度为止，随后平整了填土。从上方倒土，进行回填。从北侧开始向南回填，回填土呈山状堆积。达到地平面后，再向北侧倒土，堆成山状。最后剩下的南侧倒入填土后，回填至此结束。

此外，在第五天井内发现了一个盗墓坑。盗墓坑上方似叠压有近现代墓，但是未能了解它们开口于第几层。盗墓坑沿着第五天井的北壁下挖，可以确认，它是在到达地面之后，沿着墓室中央一直向后延伸而去。

（钟方正树　三宅俊彦）

第六章　遗物出土状况

第一节　主室

一、墓室内遗物

在墓室中央有盗洞痕迹，遗物分别出土于盗洞西侧、东侧的填土中以及地面上（图四六）。

1. 盗洞　该盗洞属于最新的盗掘痕迹，其上层地层中出土了大量的遗物，有铁制品1件、彩色布制品残片7件、玻璃珠1件、漆膜残片13件、木片46件、铁钉8件、青铜泡钉4件、陶器残片8件、人骨25件、砖26件、壁画残片1件、金箔1件等。这些遗物分布于从墓室中央到甬道，在盗洞中呈毫无序列的散乱状态。这表明，在盗掘时发生过遗弃遗物现象。

2. 盗洞以外的填土　在早于盗洞的墓室内堆积填土中，出土有鎏金花2件、玉器1件、布制品残片5件、涂漆木柄5件、漆膜残片5件、木片1件、环状铁制品1件、铁钉9件、人骨22件、砖3件、陶器残片3件、云母片9件、壁画残片3件。其中的一件花形鎏金花位于夫人棺南侧板的中央偏南，高于地面约0.32米。另一件鎏金花出土于前者南侧0.95米处。夫人棺的东北角向东0.2米处，出土了头骨，这应是后室所葬田弘的头骨。与头骨稍微偏离的位置还出土有玉钗，这也是田弘的随葬品。其他的人骨主要在西侧出土。涂漆木柄出土于夫人棺南侧，向西壁中央倾斜并呈直立状，其东北端部与环状铁制品近乎叠压。环状铁制品的东西两侧出土有铁钉，铁钉等距分布，呈现弧形。这些遗物均为组装涂漆木柄的金属配件。壁画残块出土于西南和东南角附近，显然，这是由于墙壁崩落所造成的。关于其他遗物的出土状态，其原有状态不详，因为这些遗物大多在早期盗掘中被扰乱了。

3. 地面　在墓室地面上出土了纱冠1件、玻璃珠533件、铁钉18件、针状骨制品9件、涂漆棒状制品1件、漆器2件、陶器16件、云母片1件。除了涂漆木柄等少量遗物出土于盗洞东侧以外，大多数遗物从盗洞的西侧出土。在夫人棺稍微偏向南侧0.8米处，出土了纱冠。构成纱冠的布为三角形，已被压破，贴在地面上。在其西侧还发现有贴在地面上的鎏金铜环，可能属于纱冠配件。纱冠北侧是散乱的玻璃珠，大致集中于3处。这些玻璃珠中有的是串珠，可能由数串构成。在纱冠和玻璃珠的附近，还出土了泡钉、铁钉、针状骨制品等（图五〇、五一；彩版一二：2～4）。

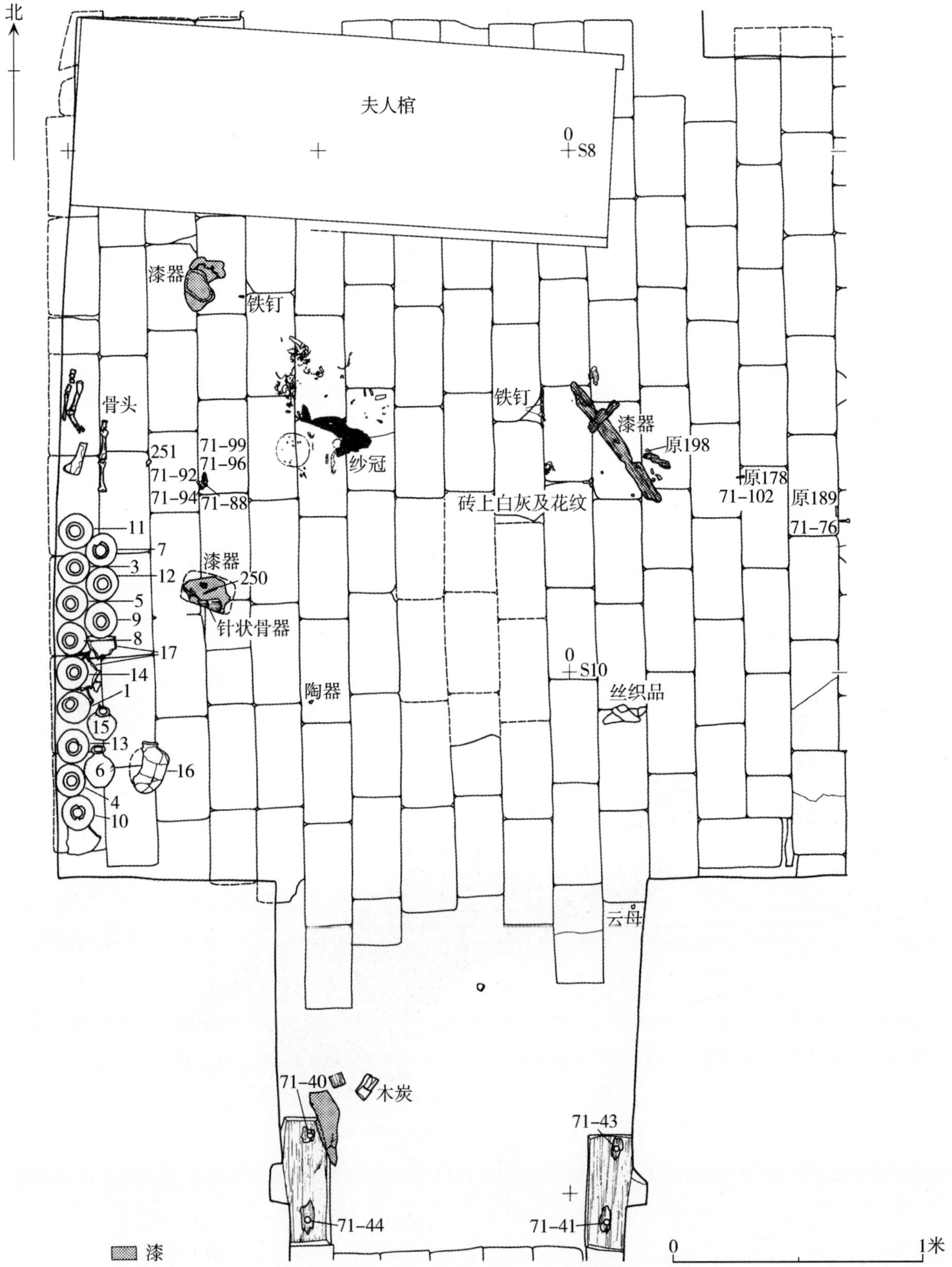

图五〇　主室、甬道底部遗物等出土情况平面图

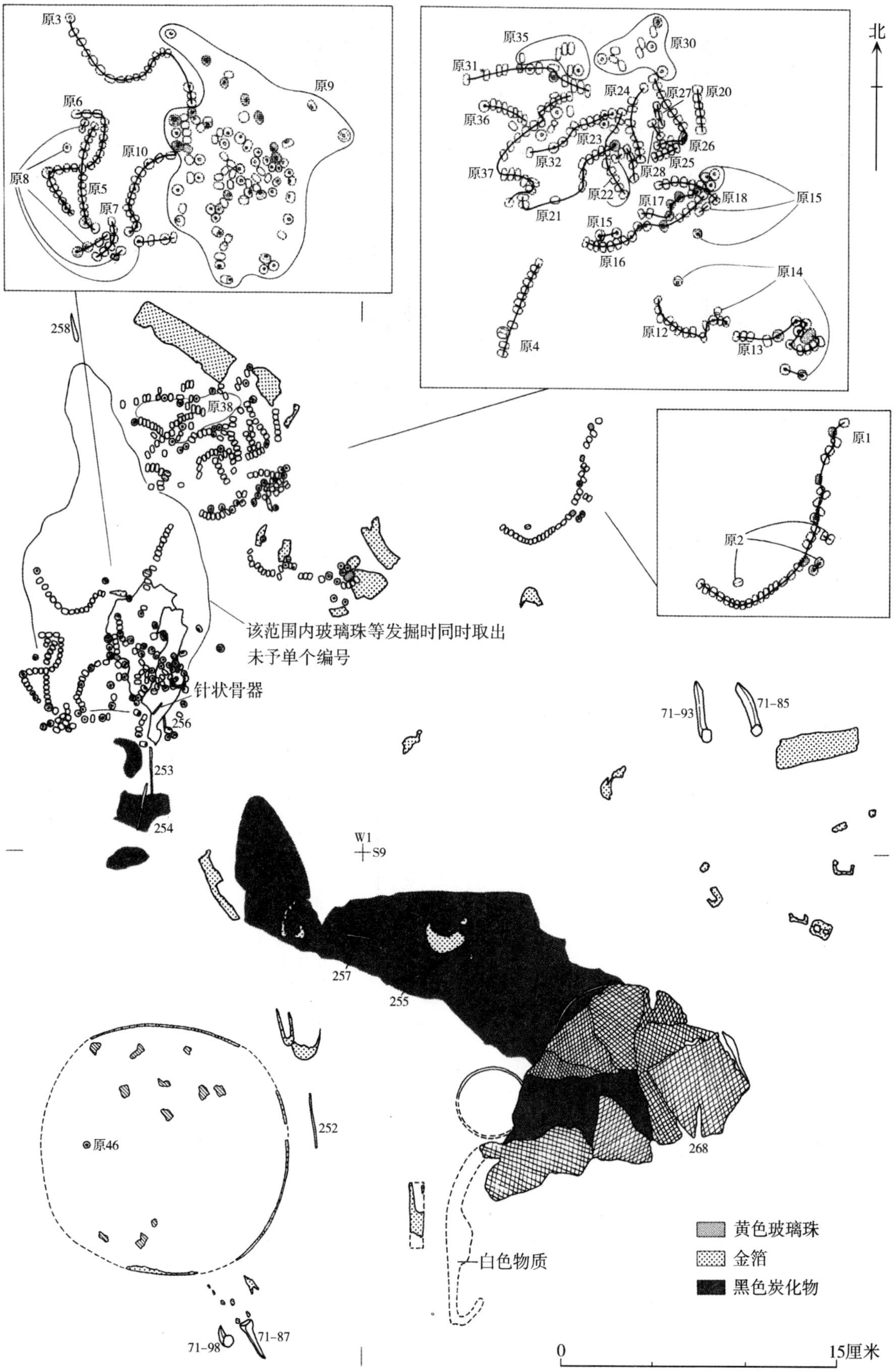

图五一　主室纱冠等出土情况

出土的2件漆器中，1件出于夫人棺南侧板向南0.2米处，另一件出土于再向南偏出1米处。出土时两件均附着在地面上，保存状态不佳。在前者的东侧出土了1件铁钉，从后者内部出土了木质残片和2件针状骨器。

墓室西壁的南半部出土了陶器。随葬的陶器有带把壶2件、壶12件、盘1件。这些遗物是清除崩落的墙壁之后发现的，且没有动过的痕迹，所以是比较早期的随葬品。

二、夫人棺

在主室的西北侧放置着田弘夫人的棺木（以下称“夫人棺”）。棺的主轴几乎为东西向，西侧挡板与西壁、北侧板与北壁几乎相接。总之，该棺应是为堵住后室入口而有意放置的（图四七）。该棺由外棺和内棺组成，为两重棺（图五二；彩版一一：2、一二：1）。

1. 外棺　由底板、侧板和挡板各2块以及棺盖板组成。全长2.15米，西挡板宽0.72、东挡板宽0.71米，西挡板残高0.42、东挡板残高0.37米。在西壁保存有棺盖痕迹和残片，可判明棺盖呈屋顶形。由痕迹可以推定，棺木高0.55米。底板厚5厘米，在两端附近刻出安装挡板的沟槽，深约3厘米。两挡板的厚度基本相等，约为4厘米，长度与棺木相等。侧板也安装在底板的上面，厚约8厘米，北侧板长2.18、南侧板长2.08米。通过观察棺木东北角，我们发现，侧板与挡板以榫卯构造相组合。在棺的东北角，可辨认出4组榫卯。

如前所述，盖只在西端北侧边缘残留木片。木片长12、宽5.5、高5厘米，在其端部有朝上的切口，长5、高1.5厘米。在底板中央稍微偏东，发现了与棺木纹斜向相置的木板。该木板平面呈砣刀形状，长边0.97、短边0.75、宽0.39米，厚3.5厘米。这一木板放置在外棺底下，其性质不明确，可能是像七星板一样的东西。

2. 内棺　内棺装在内部容积长2、宽0.55米的外棺之中，内、外棺之间只留下很小的缝隙。内棺由底板、侧板、挡板各2块所组成，没有盖的痕迹，是否有盖不能明确。内棺全长1.98米，西挡板宽0.49、东挡板宽0.51米。内棺中央残高0.31米，底板厚5厘米。底板的木纹为东西走向，东端部中央的保存状态不甚良好。两端挡板的保存状态也不好，只留下了一些痕迹。推定西挡板处于与外棺的挡板的邻接处，东挡板位于外棺挡板西约0.15米处。两侧板的保存状态较好，北侧板长1.98、中央宽0.21米，厚5.5厘米，南侧板长1.98、中央宽0.21米，厚5.5厘米。两侧板下方各出土3个铁钉，其中，北侧板下的铁钉分别在距西端0.3、0.98、1.77米的位置上，南侧板下的铁钉分别在距西端0.33、1、1.77米的位置上。北侧板下西侧和中央的铁钉钉尖向南，呈躺倒状；东侧的铁钉呈直立状；南侧板下的3个铁钉均为稍向南倾斜，呈直立状。从出土状态来看，这些铁钉是用来固定侧板和底板的，大概铁钉从底板的下方钉入。

三、夫人棺内遗物

夫人棺内由于受到盗掘的扰乱，几乎没有保存在原位置上的出土遗物。出土的人骨总

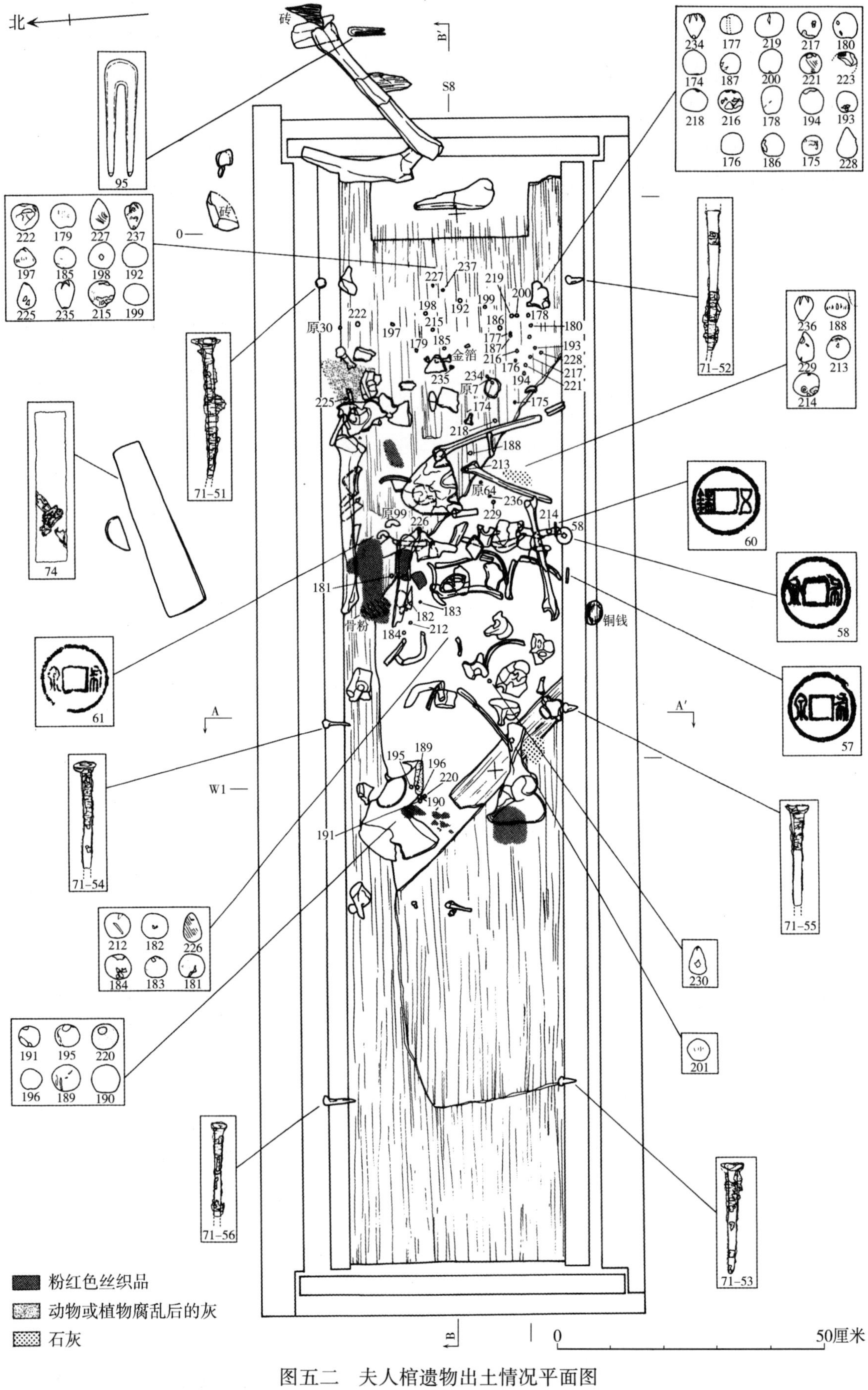

图五二　夫人棺遗物出土情况平面图

数为 84 件，大腿骨出土于棺木中央略偏西，其他的人骨大半从东侧出土。在散乱的人骨之间，出土了金箔片 2 件、玻璃珠 20 件、陶珠 77 件、铜钱 9 件、彩色布制品残片 3 件、石灰块 2 件。陶珠集中出土在东端，其质地、水平各不相同。从串珠类和骨头片均出土在东部来看，埋葬时头的位置可能在东侧。铜钱出土于外棺和内棺的南侧板之间。铜钱和内棺的接触面上附着有布，因此，内棺的内壁可能衬垫有布（图五二）。

（桥本裕行）

第二节　后　室

一、田弘棺

田弘棺放置于后室的中部偏南，有内棺和外棺，为两重棺。棺盖的木板落入棺内，而且受盗掘的影响，棺木部分被毁坏，保存状态不好。所以，对其构造难以进行复原。此外，在可能属于内棺的板材上，出土了 1 枚位置被扰乱的金币（图四九；彩版一一：1、3）。

1. 外棺　外棺长 2.55 米，南挡板宽 1.18、北挡板宽 0.95 米，侧板高 0.74 米。四周所使用的板材宽度均为 8 厘米，棺盖的详细情况不清。从西北角填土残存的压痕看，西侧板、北挡板都是从下边开始，使用了高度为 0.48 米的其他规格的木板制成。棺木板的接缝处残留有束腰形榫的痕迹，束腰形榫长 15、宽 5 厘米，中央较窄处为 3 厘米。内棺也使用束腰形榫，大小亦与此相同。可以认为，这属于规格固定的用品。从北挡板在填土中残留的压痕可知，外棺的东北角和西北角有榫卯结构，外面的一部分涂有红色颜料。由此推测，外棺四边均由多块板材组成，极有可能是榫卯结构的。虽然棺木四边的板材由于土压，有些向内倾斜，但当初应是竖直的。而外棺直接放置于后室的砖砌地面上，外棺内侧的长短与内棺一致，内棺位于外棺内偏西侧，故仅在内棺东侧的间隙敷设有木板。

2. 内棺　内棺长 2.4 米，南挡板宽 0.69、北挡板宽 0.61 米，高度不明。只有底板保存良好，由 8 厘米厚的两块木板以束腰形榫卯结构连接制成。从南端遗留的 3 个榫卯结构来看，挡板应是以榫卯结构相结合的。在内棺下面清理出 2 根枕木（垫木）和 1 件束腰形榫。其中 1 号枕木位于内棺南挡板北侧的 0.24 米处，2 号枕木位于 1 号枕木北侧 0.725 米处。1 号枕木从外棺西侧板向东延伸至 0.3 米处，并未达到内棺底板中央。2 号枕木从外棺西侧开始向东延长至 0.4 米处，由于未保存，再往东是否横贯内棺底板不得而知。束腰形榫出土于 1 号枕木北侧 0.1 米处。

二、棺内遗骸、遗物

由于盗掘，外棺、内棺均被毁坏，墓主人头部至胸部的遗骨较为散乱。幸好从腰部至两足间的遗骨还保存了原有状态，因此可以判明，遗骸头向朝南，两腿似乎盘成“十”字状。其下南北 0.85、东西 0.45 米的范围内，还发现了大量的石灰。棺木底板之上有厚约 5 厘米的石灰层，所以，脚部遗骨是放在石灰层上面的（图五三）。

后室的随葬品出土于内棺中遗骨的周围。虽然受盗掘的影响，但还是可以推测，可能在内棺以外原本就没有放置随葬品。在墓主人的头至胸部，出土了较多玉器和铜钱，其中的一部分一直散乱分布至脚部。从左脚骨下的石灰中出土的玉器、脚腕附近出土的铜钱来看，在遗体被安置以前，玉器和铜钱就已经被散布在棺内了。棺床附近的玉器中，有的还保存着以线串连状态，故可以认为，一部分可能被保留在原位置上。头部的 10 件（小）玻璃珠均为头饰的一部分，胸部的玻璃质、水晶质的枣形珠均为胸饰的一部分。胸至腰部的范围内，保存有 5 件玉器，均不在原位置上。肩部至腹部的范围内，出土了 3 枚金币，其中两件在肩部，另一件在腹部西侧。

此外，在腰骨上长 0.16、宽 0.11 米的范围内，有一片粉色颜料，左大腿骨周围有布纹的痕迹，这些属于什么遗痕尚不清楚。

（钟方正树）

第三节　侧　室

侧室位于主室的东侧，设置了。与主室的衔接处立有 4 块砖，成为主室与侧室的分界点。侧室没有门的痕迹，侧室的地面比主室地面高出约 10 厘米。

发掘初期并未发现侧室，进一步发掘调查主室时，才注意到立砖，于是清理出了侧室。自天井至侧壁部发生大量坍塌，侧室被潮湿的黄土所填埋。

侧室遗物均出土于砖地面上，有骑马俑以及 2 件寄生、3 件骨制品。侧室亦被盗掘，因为同属一件骑马俑的碎片，出土位置却有相当距离，2 件寄生和骑马俑的出土位置也有距离。此外，还不规则地出土了原来插在人俑甲胄顶部的骨制装饰品，分布于陶俑的附近。陶俑为低火候烧制，多已出现粉末化现象。此外，也难以判断是否有其他陶俑，以及第五天井出土的陶鸡、狗原来是否置于侧室（图五四）。

第四节　第五天井

第五天井下出土玉器 4 件、紫水晶片 2 件、金箔泥质珠 3 件、涂漆木柄 13 件以上、板状骨制品 5 件、陶器 16 件以上、陶俑 3 件、花瓣形玻璃小片 1 件、大量云母片和大量的砖（图五五、五六）。

第五天井上层出土了大量被用做封门的砖，出土时，砖皆面向封门，呈倾斜状。从中还清理出了混杂在一起的玉器、陶片等。这样的遗物包含层一直堆积至甬道门。此外，第五天井偏南处的地面略高，其上出土的涂漆木柄呈叠压、折断的状态。在其周围 2.4 平方

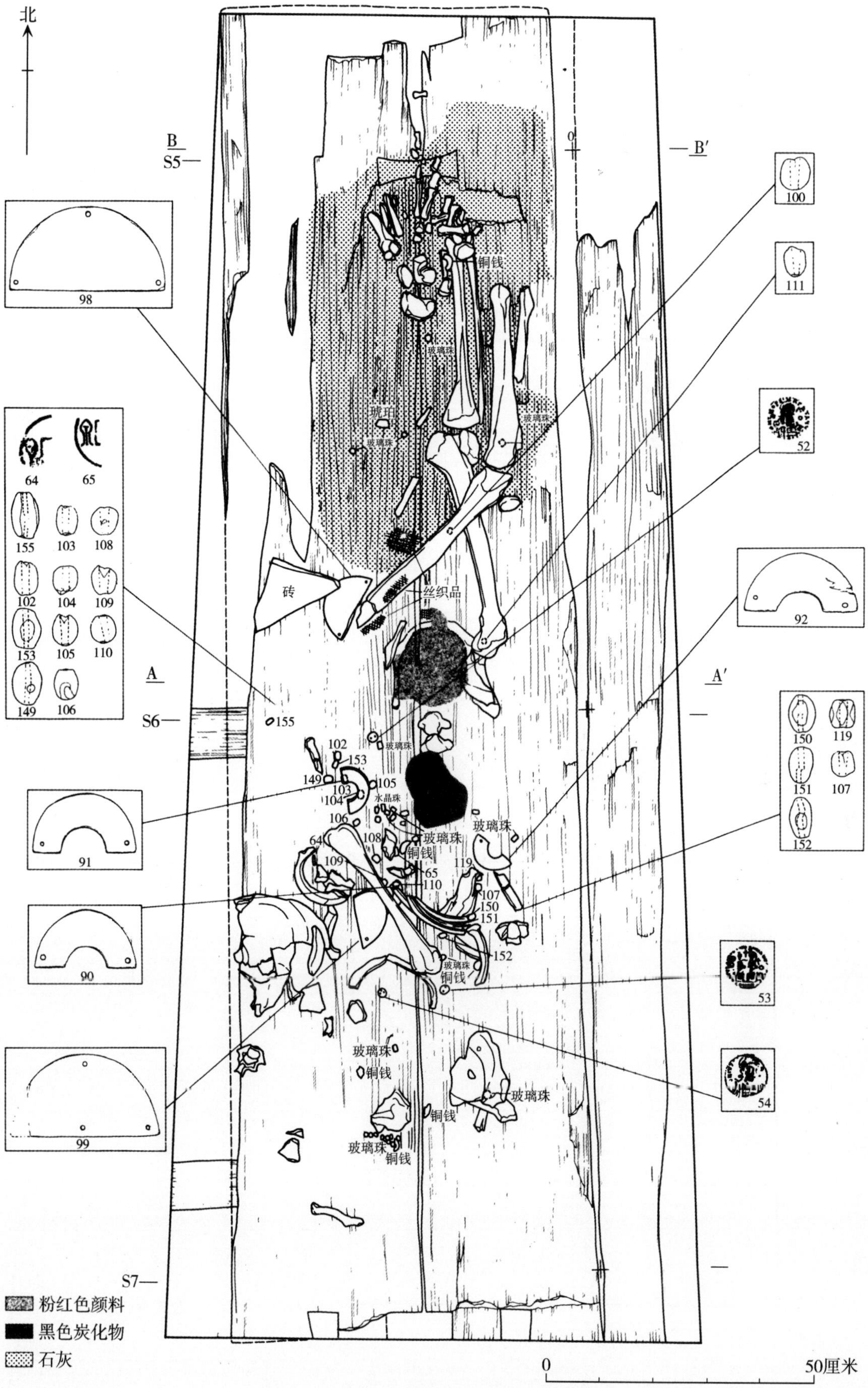

图五三　田弘棺遗物出土情况平面图

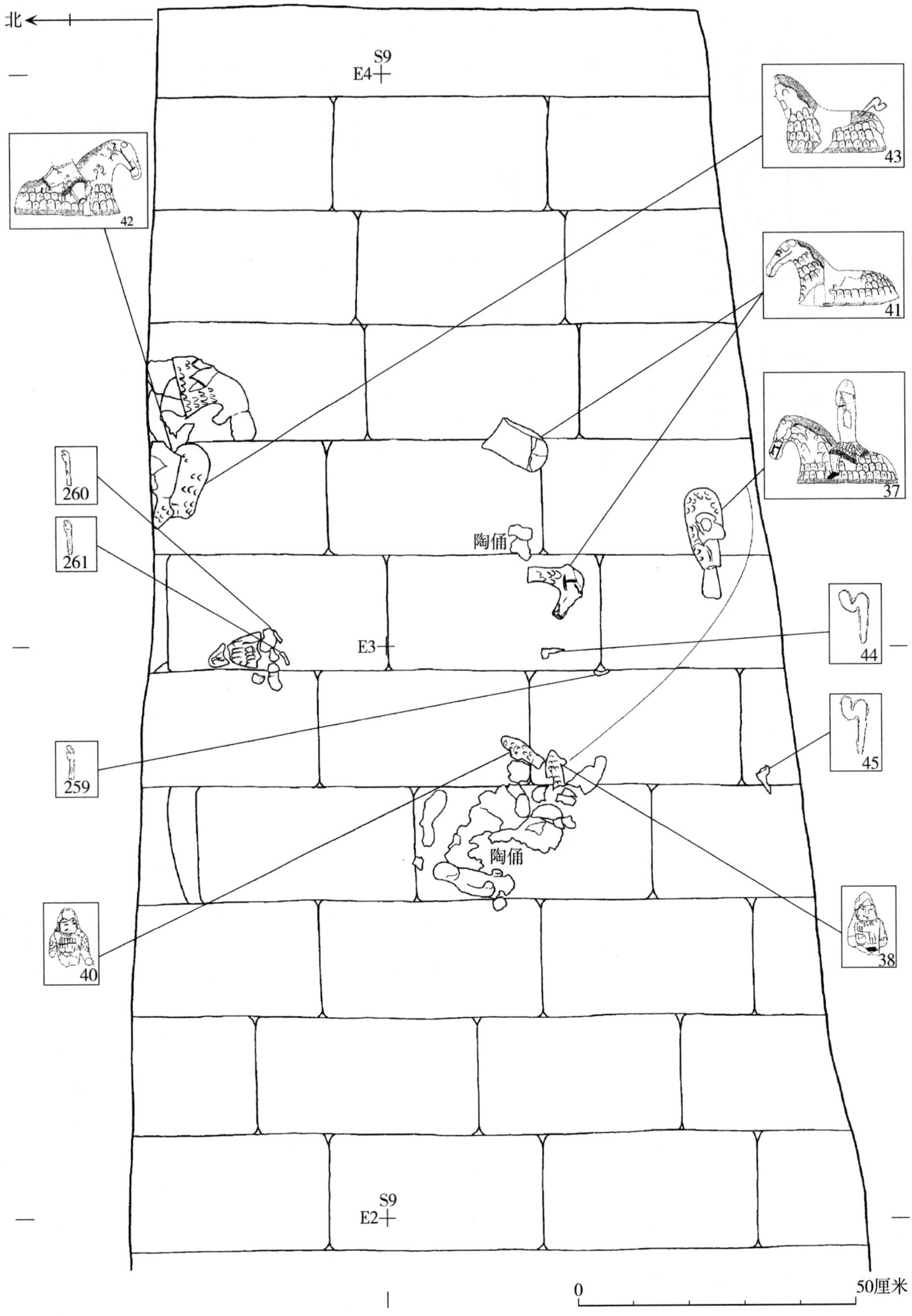

图五四　侧室遗物出土情况平面图

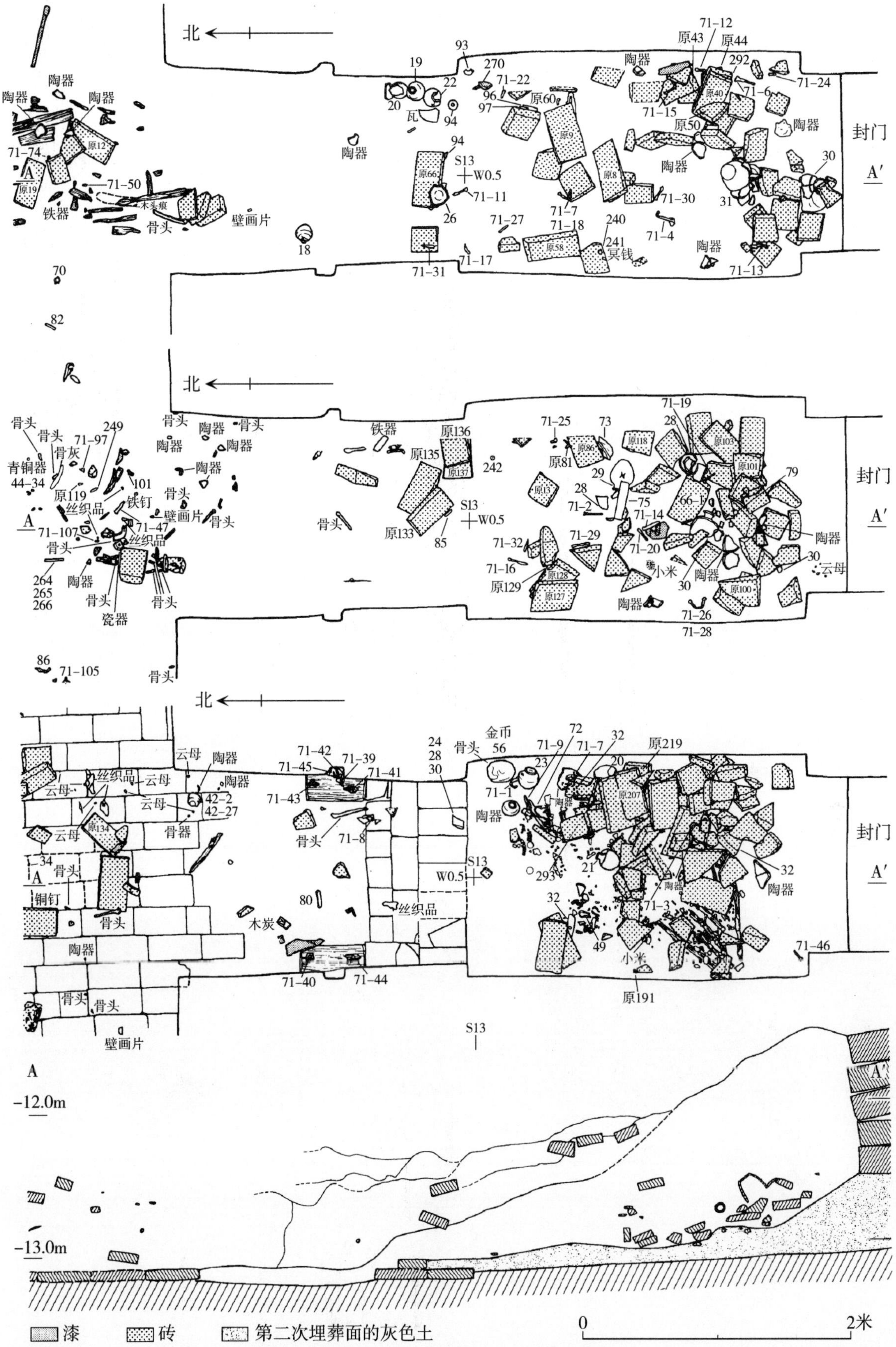

图五五　第五天井遗物出土情况平面图

图五六　第五天井云母等出土情况平面图

米的范围内，清理出了纷乱散落的云母片。

安装有鎏金铜环的涂漆木柄已朽，有数件尚能复原其出土状态。在封门附近，发现基本呈东西方向倒置的涂漆木柄 5 件；在其西侧，呈西南—东北向的涂漆木柄有 4 件；在其北侧涂漆木柄残片主要出土于东壁附近。出土的云母片中，很多上面都施有彩纹。我们设定 10 厘米为一方格，建立东西 1～14、南北 A～T 的任意网格坐标系，标注坐标后取出以上遗物。这些涂漆木柄和云母片可能原来为同一件物品，我们认为，复原之后大概是饰有彩色云母的屏风类物品。

在提取出云母屏风部件（涂漆木柄）时，其下面出土 3 件陶明器，其中两件为陶狗，一件为陶鸡。

基本完整的陶器主要出土于东壁附近，很可能原来就被放置于此。值得一提的是，陶壶旁边的地面上出土了一件人头骨。在后期整理时，发现该头盖骨内有一枚金币（彩版一〇：2）。

（桥本裕行）

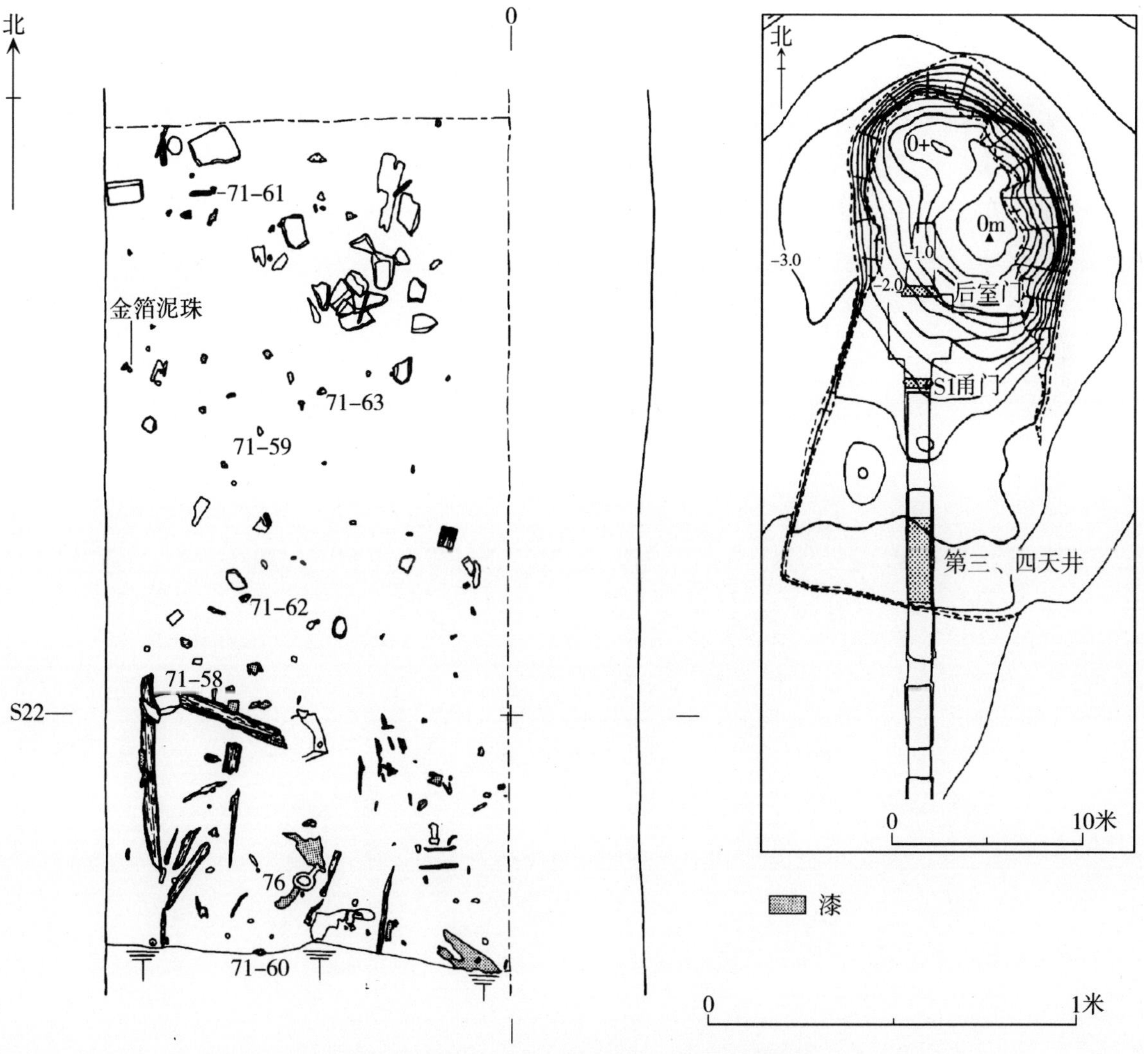

图五七　第三、四天井遗物出土情况平面图

第五节　第三、四天井

第三、四天井中的遗物主要出土于第二次埋葬面的灰色土中。这些遗物本来是墓室内的随葬品，再次葬时被遗弃后，其碎片混入第二次埋葬面下。发掘当初并没有注意到这些东西的存在。解剖观察堆积土层时，才发现这一混杂着很多遗物的堆积层，进而对其中的一部分进行了仔细清理（图五七）。

从发掘范围（南北 2. 15×东西 1. 1 米）内可以看出，在北侧，砖的碎块分布较多；在南侧，涂漆木柄的残片分布较多。北侧碎砖块出土较多，这与第四过洞有砖砌封门有关。可能是构筑封门时，根据过洞的大小对砖进行砍削，因此，砖的碎片堆积在这里。

出土的遗物中多为小碎片，能够判断出器形的很少，能够识别的遗物有砖、陶器残片、铁钉、环状铁制品、涂漆木柄、金箔陶珠、涂红色木棒、云母片等，另外还散布着粉色、澄色、白色的颜料片、漆皮、骨片。其中，环状铁制品呈 Ω 形，它属于金属构件，涂漆木柄应该插入此环中。涂漆木柄中保存最长的约为 70 厘米。涂红色木棒为一细长形遗物，其断面为圆形，直径约 0. 5、残长 8. 5 厘米。此外还有涂成粉色的圆木棒（直径约 2 厘米）的残片，可知其端部有金箔。

此外，在填土中还出土了砖和陶器残片，从遗构面向下 3. 3～3. 5 米处均有出土。这应是第三次埋葬时，填土中混入了第二次埋葬时遗弃的陶片。

（钟方正树）

第七章　出土遗物

第一节　陶　器

一、陶器出土情况

陶器主要出土于墓室西北角和第五天井，种类可分为小型罐、双耳小型罐、双耳中型罐、双耳大型罐、浅腹钵等5种，均为平底。此外，还有盗掘时带入的2件下腹部陶片、1件陶器盖。

1. 小型罐　18件，其中3件出土于第五天井。陶胎均在静止状态下用线从制作台割离，接近底部经过刮削，口沿较为规整。通高在12.7～16.9厘米之间，底径为7厘米以下，容积不超过1公升。胎土以灰色为基调，但是有的陶器略偏白色或略偏暗黑色。有的陶器的内壁残存谷物遗痕，可知其在随葬时曾装过谷物。若进一步从大小、形态进行比较，则小型罐可分出若干组，例如肩部施以凹弦纹者、口沿相似者、口沿唇部略肥厚者、肩部较大且外弧者、体型较小者。标本M1：9小型罐的胎土呈灰褐色，是较特殊的小型罐（图五九：1）。

2. 双耳小型罐　4件，其中2件出土于第五天井。通高均为16厘米以上，容积为1.3公升以上。形体比小型罐略大，肩部有穿小圆孔的双耳。其底部残留有制作时所用垫子的痕迹，垫子用搓拈的绳子盘卷而成。从形状看，大的2件罐出土于第五天井，小的2件出土于墓室。从形态看，标本M1：15、22为一组（图五九：7、六〇：6），而标本M1：16、23为一组（图五九：8、六〇：7）。标本M1：25是此类罐的腹部碎片，第五天井出土的2件耳部碎片可能与之为同一个体（图六一：2）。

3. 双耳中型罐　2件，均随葬于第五天井。通高25厘米，容积达3公升，广肩。用旋转割线法从制作台将底部割离，其底部剖面较厚，胎土呈灰褐色。标本M1：27的颈部有上下2周压印纹（图六一：4）。

4. 双耳大型罐　4件，均随葬于第五天井。通高28厘米，容积超过4公升。其颈部和肩部交接处、双耳的端部饰2周凹弦纹。标本M1：30大于其他3件，或可称之为双耳特大型罐（图六二：4）。西安东郊的韩家寨586号墓（公元592年）出土有类似的罐，但它的口沿较肥厚[①]。此外，标本M1：32的腹部损坏，不见双耳，但在残存腹部上还有器

---

① 中国社会科学院考古研究所编：《西安郊区隋唐墓》，中国田野考古报告集考古学专刊丁种第18号，1966年。

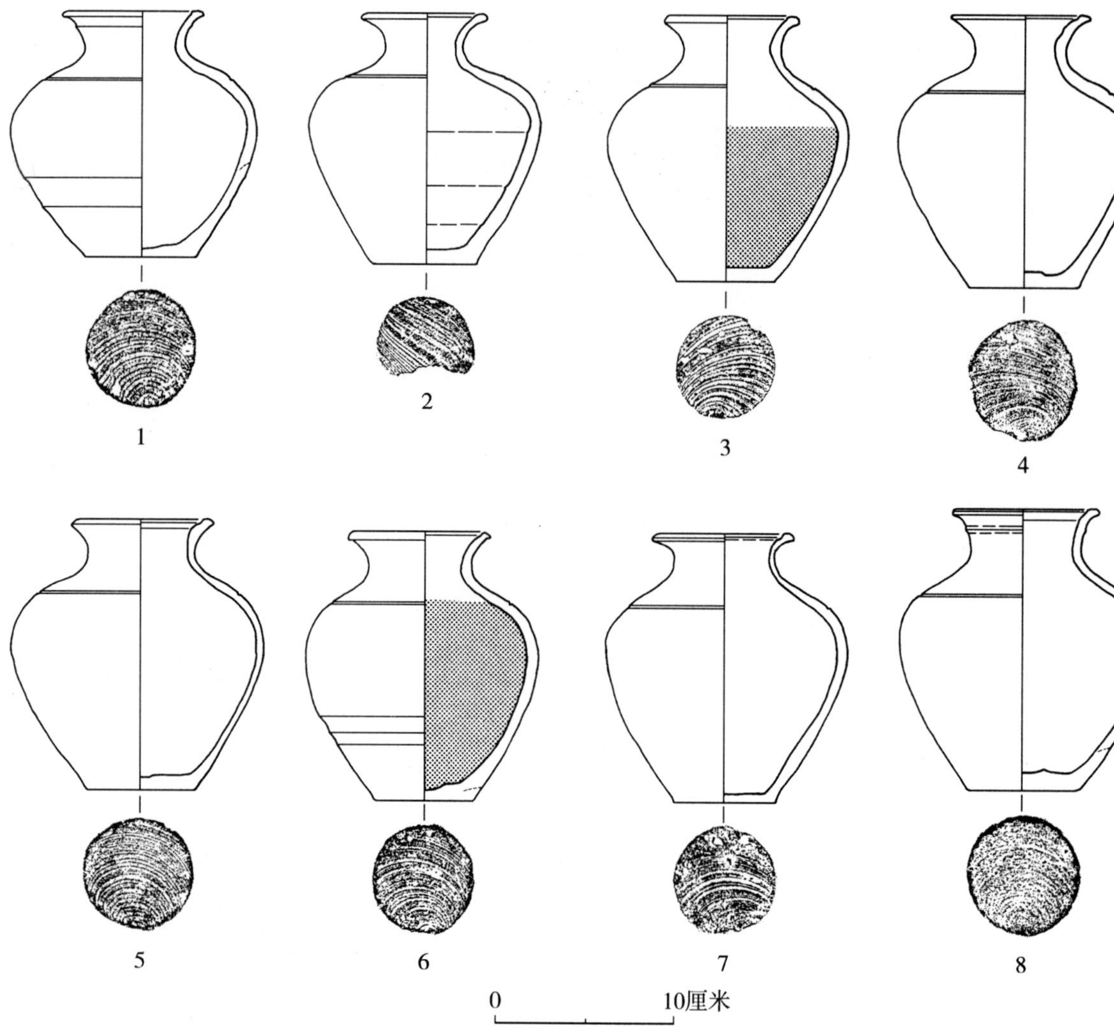

图五八　主室及墓室出土陶器之一

1. 罐（M1：1）　2. 罐（M1：2）　3. 罐（M1：3）　4. 罐（M1：4）　5. 罐（M1：5）　6. 罐（M1：6）　7. 罐（M1：7）　8. 罐（M1：8）

耳的痕迹（图六二：7）。

5. 浅腹盆　2件，分别出土于墓室和第五天井，其器形和大小一致。标本M1：17出土于墓室，口沿唇部肥厚，且垂直较尖（图六〇：1）。

二、陶器制作方法

这些陶器的器底分离技法可分两类。一类是用线割离；另一类是预先在陶器制作轮台上放置绳子盘卷成的垫子，再于垫子上面制作陶器。用线割离的方法又可进一步分为两种，一种是陶器轮台旋转的同时割离，另一种是静止状态割离。田弘墓的陶器除了2件以外，均为静止线割离法。

从陶罐底部的痕迹来看，静止线割离法可分为A、B、C、D四类，其区别在于，持有线两端的双手是否是直线运动，或一定程度地旋转运动。由于当时割线运动方向的具体

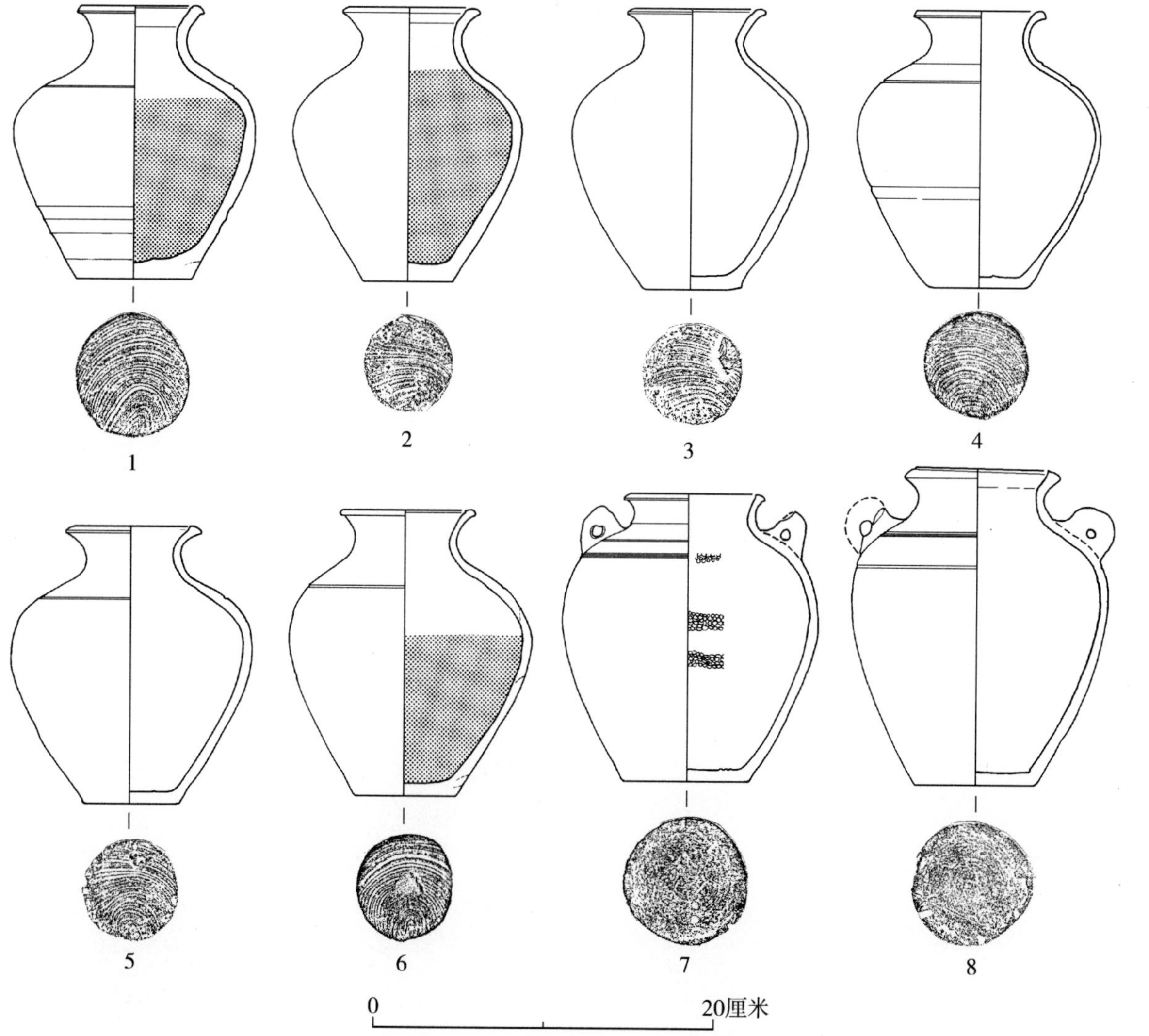

图五九　主室及墓室出土陶器之二

1. 罐（M1：9）　2. 罐（M1：10）　3. 罐（M1：11）　4. 罐（M1：12）　5. 罐（M1：13）　6. 罐（M1：14）　7. 双耳罐（M1：15）　8. 双耳罐（M1：16）

状况不明，在此以从远身侧到近身侧的方式来叙述。就割线的器底拓片而言，割线痕间隔宽者为远身侧，变窄者则为近身侧。此外，正确地以上下的方向于割线的近身侧、远身侧对应之后，拓片所表现的两手的左右位置相反①。

4类静止割线法如下所述。

A类　两手拉线，做直线平行运动。遗痕为纵方向的平行线，变窄的平行线一侧为割线进入的一方，例如标本M1：2、12、21、25。

B类　两手拉线，尽管有意识地做平行运动，但左手略有旋转。虽与A技法相近，但割线出来的一侧出现左手的旋转，例如标本M1：7、10、11、19、20。

C类　虽是两手拉线，但右手移动幅度较小，而左手增加了旋转，例如标本M1：1、

① 小川贵司：《回转糸切り技法の展开》，《考古学研究》第26卷第1号，1979年。

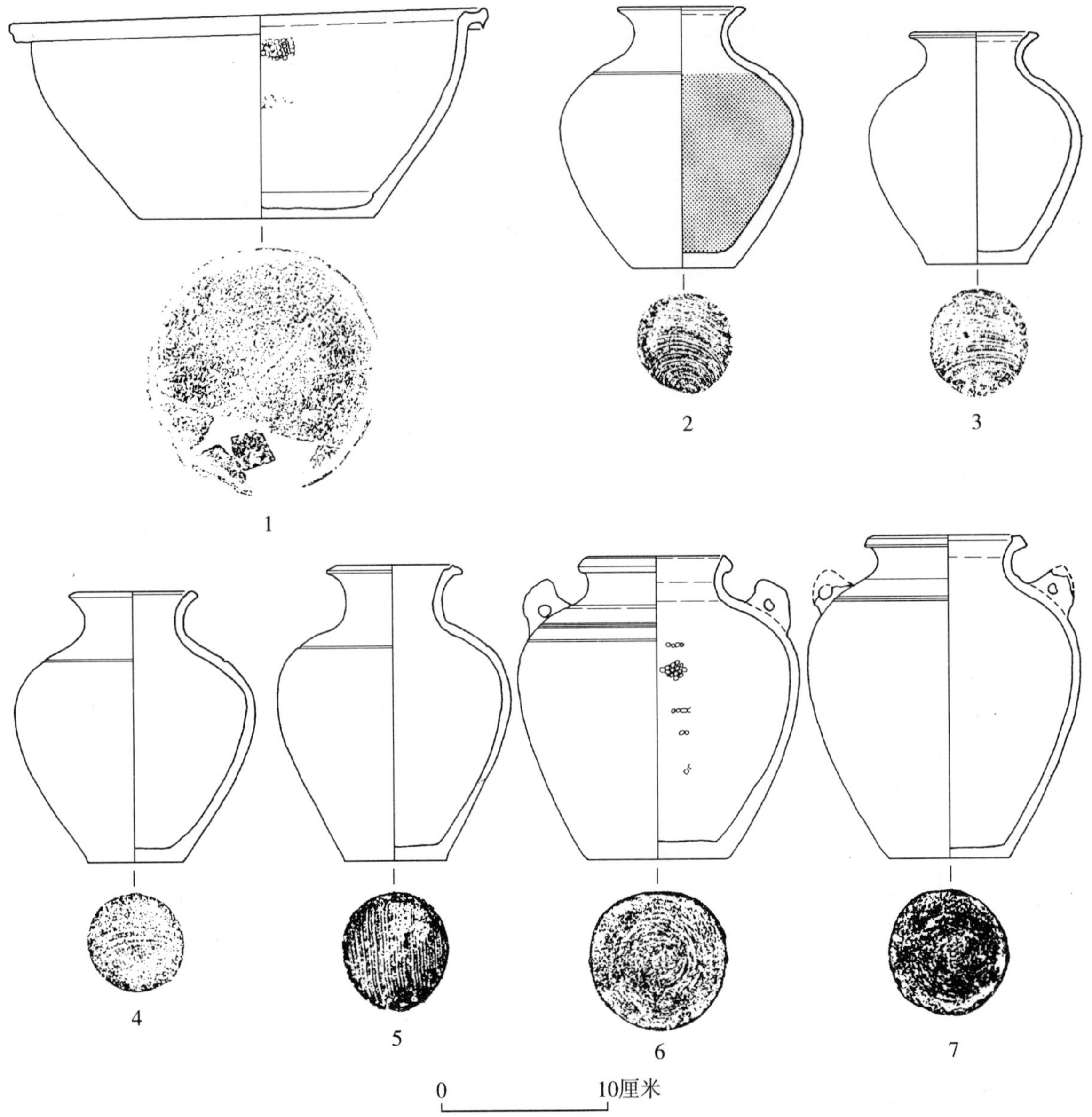

图六〇　主室、甬道及第五天井出土陶器

1. 盆（M1：17）　2. 罐（M1：18）　3. 罐（M1：19）　4. 罐（M1：20）
5. 罐（M1：21）　6. 双耳罐（M1：22）　7. 双耳罐（M1：23）

3、4、6。

D类　虽然是两手拉线，但右手基本不动，左手大幅度地旋转拉线，例如标本M1：5、8、9、13、18～43。

其中A类技法可称为静止平行割线技法，B、C、D类则称为静止旋转割线技法。B、C、D类技法的变化属于渐进式的，可以视为制作者之间的差异。在3件陶罐见到的右手旋转的方法，大概是制作者左手和右手的差别。旋转割线法仅见于精选胎土制作的灰褐色双耳中型罐，此类陶器的胎土和色调与其他陶器有差异。标本M1：12的陶器制作台呈逆时针旋转，以右手固定、左手旋转的方式割离器底（图五九：4）。而标本M1：14则相反，为顺时针旋转，以左手固定、右手旋转的方式割离器底（图五九：6）。

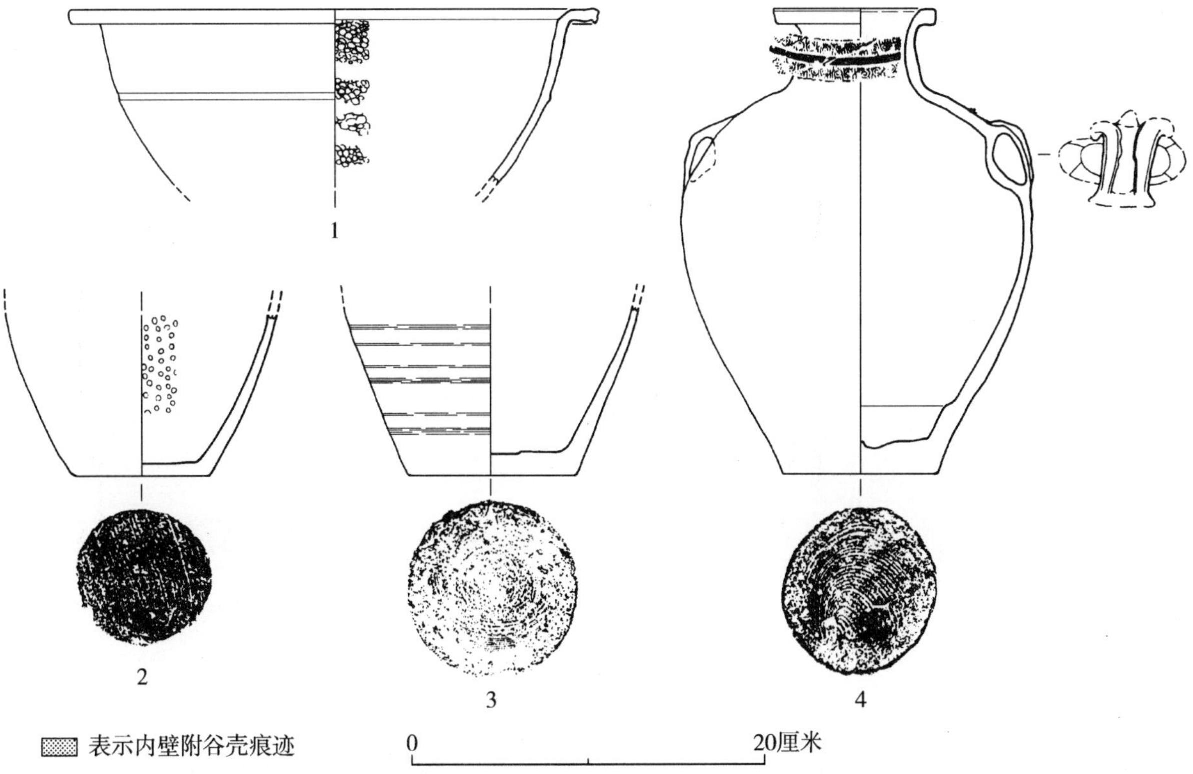

图六一　第五天井出土陶器

1. 盆（M1：24）　2. 罐（M1：25）　3. 罐（M1：26）　4. 双耳罐（M1：27）

在用铺垫子旋转台制作的陶罐上，可以看到拍打痕及其内侧衬垫痕。该类陶罐为泥条盘筑法，从器表的旋转调整痕来看，可确知陶器是放在制作台上的垫子上，然后修整。

三、陶瓷器举例

除一件青瓷灯盏外，其余均为陶器。

标本 M1：1，小型罐。口沿面水平，其内侧制出较尖的棱线。在器表，口沿经过旋转按压、肩至腹部经过旋转压磨后，一部分施以横向的篦划调整。肩部饰一条顺时针方向的凹弦纹，底部有以 2.7 厘米宽为单位的刮削调整痕。在腹部，盘筑的泥条接口痕迹向斜上方延伸。器表因风化，有较严重的剥离。在内壁，其口颈部经横向篦划调整。精选胎土，烧制良好，呈浅灰色（图五八：1；彩版二二：1）。

标本 M1：2，小型罐。口沿面水平，其内侧制出较尖的棱线。在器表，口沿和颈部经过旋转按压，肩至腹部经过旋转压磨。其内壁的口颈部经过旋转压磨，肩部以下经横向篦划调整。在肩部，还残留衬垫工具的凸点纹。精选胎土，烧制良好，呈灰白色。腹部缺损三分之一（图五八：2；彩版二一：4）。

标本 M1：3，小型罐。口沿面水平，其内侧制出较尖的棱线。器表的口沿经过旋转按压，底部有以 2.3 厘米宽为单位的刮削调整痕。肩至腹部经过旋转压磨后，一部分施以横向的篦划调整。肩部饰一周凹弦纹，内壁所附着的谷物遗痕尚未达到凹弦纹的高度。精选

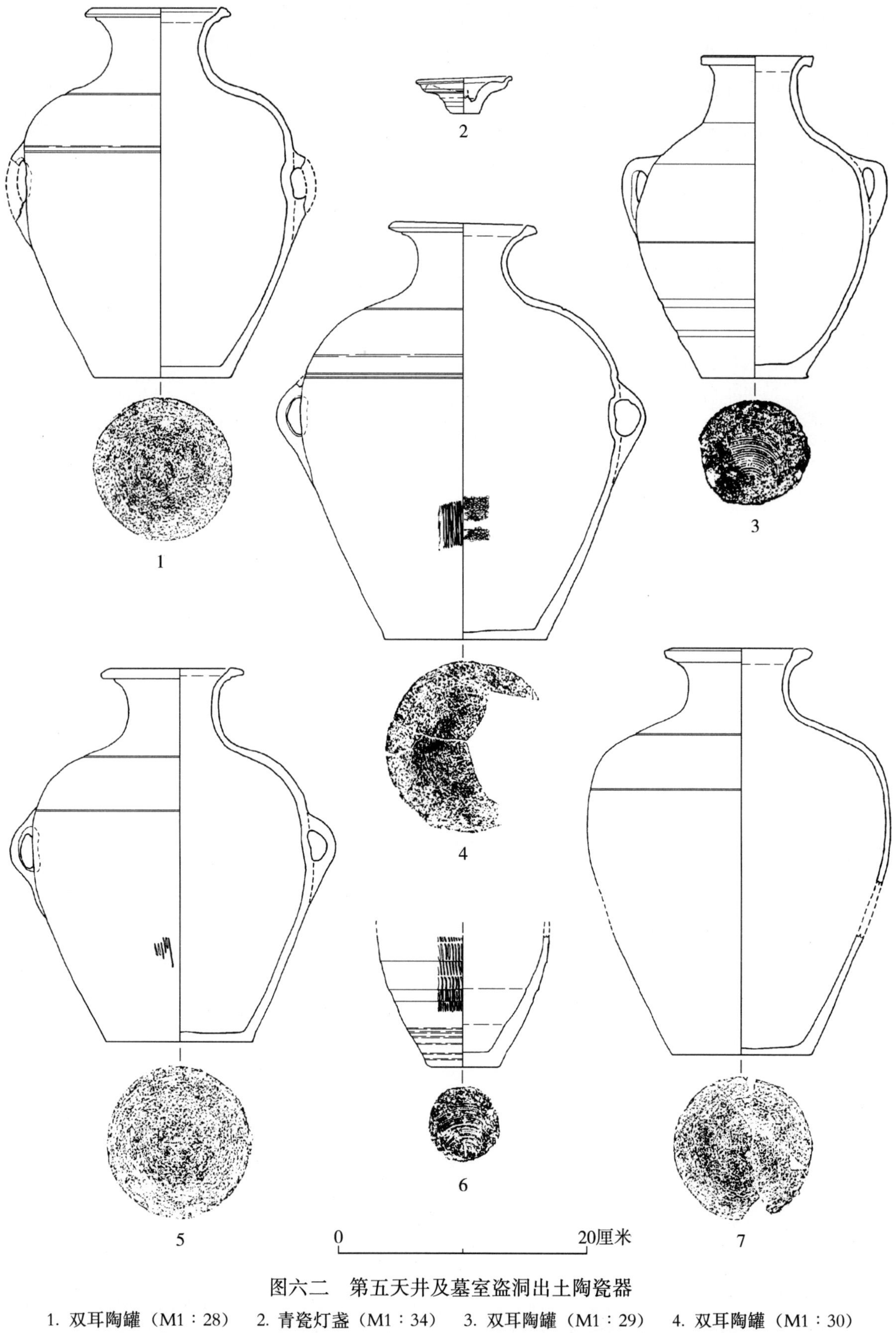

图六二　第五天井及墓室盗洞出土陶瓷器

1. 双耳陶罐（M1：28）　2. 青瓷灯盏（M1：34）　3. 双耳陶罐（M1：29）　4. 双耳陶罐（M1：30）
5. 双耳陶罐（M1：31）　6. 陶瓶（M1：33）　7. 双耳陶罐（M1：32）

胎土，烧制略差，呈黑灰色（图五八：3；彩版二二：2）。

标本 M1：4，小型罐。口沿面水平，口沿内侧内凹。其器表的口沿、颈部经过旋转按压，肩至腹部经过旋转压磨。肩部饰一周凹弦纹，底部有以 1.4 厘米宽为单位的刮削调整痕。在腹部，盘筑的泥条接口痕迹呈水平走向，可以看出其宽约 0.9 厘米。内壁的口颈部经过横向篦划调整。精选胎土，烧制良好，呈浅灰色（图五八：4；彩版二二：3）。

标本 M1：5，小型罐。口沿面水平，其内、外侧均制出明显的棱线。器表的口沿、颈部经过旋转按压，近底部有以 2.3 厘米宽为单位的刮削调整痕。肩至腹部经旋转压磨后，一部分进行横向的篦划调整。肩部饰一周凹弦纹。精选胎土，烧制良好，呈浅灰色（图五八：5；彩版二二：4）。

标本 M1：6，小型罐。口沿面水平，口沿内侧直立、内凹。其器表的口沿、颈部经过旋转按压，近底部有刮削调整痕。肩至腹部经过旋转压磨后，一部分施以横向的篦划调整。肩部饰一周凹弦纹。罐内的原有谷物达到了凹弦纹的高度。精选胎土，烧制良好，呈黑灰色（图五八：6；彩版二一：5）。

标本 M1：7，小型罐。其器表的口沿、颈部经过旋转按压，肩至腹部经过旋转压磨后，一部分进行横向的篦划调整。肩饰一周凹弦纹。底部的内壁有旋涡状的手指调整痕，这表明，该陶器所使用的制作台进行了逆时针方向的旋转调整。精选胎土，烧制良好，呈浅灰色（图五八：7；彩版二一：6）。

标本 M1：8，小型罐。口沿面水平，其内侧制出较尖的棱线。其器表粗糙难以观察，肩部饰一周凹弦纹，近底部有以 2.7 厘米宽为单位的刮削调整痕。底部的静止线割离技法不明确。胎土含有 2～3 毫米的石英粒，烧制良好，呈灰色（图五八：8；彩版二二：5）。

标本 M1：9，小型罐。口沿面水平。其器表的口沿、颈部经过旋转按压，肩至腹部经过旋转压磨。肩饰一周凹弦纹。自底部向上 1.1 厘米处，可以看出黏土的衔接痕，静止线割离技法为左手固定、右手旋转。至内壁的凹弦纹附近，附着有谷物痕迹。精选胎土，烧制良好，呈白灰色。口沿有部分缺损，基本完整（图五九：1；彩版二二：6）。

标本 M1：10，小型罐。口沿部调整较圆。其器表的口沿、颈部经过旋转按压，肩至腹部经过旋转压磨后，一部分施以横向的篦划调整。近底部有刮削调整痕。内壁附着有谷物痕迹，可知盛入的谷物到达肩部。精选的胎土烧制良好，呈白灰色。口沿有部分缺损（图五九：2；彩版二三：1）。

标本 M1：11，小型罐。口沿部调整较圆。其器表的口沿、颈部经过旋转按压，肩至腹部经过旋转压磨。肩部无凹弦纹。烧制略差，呈白灰色（图五九：3；彩版二三：2）。

标本 M1：12，小型罐。口沿面水平，其内侧制出明显的棱线。器表的口沿、颈部经过旋转按压，近底部有刮削调整痕。肩至腹部经过旋转压磨后，在中段进行了较强的横向篦划调整。颈和肩部之间有棱线，肩饰一周凹弦纹。精选胎土，烧制良好，呈暗灰色（图五九：4）。

标本 M1：13，小型罐。口沿略肥厚，其外侧制出明显的棱线。器表的口沿、颈部经过旋转按压，肩至腹部经过旋转压磨后，一部分进行横向的篦划调整。肩饰一周凹弦纹。通过石粒的移动可知，该陶罐经过逆时针旋转调整。因内壁表面剥离，调整方法不明。精选的胎土烧制良好，呈白灰色（图五九：5）。

标本 M1：14，小型罐。口沿面不水平，略向外侧下倾。其器表的口沿、颈部经过旋转按压，下腹部有刮削调整痕。肩至腹部经过旋转压磨后，一部分进行横向的篦划调整。肩饰一周凹弦纹。在最大腹径处，有泥条盘筑的衔接痕迹，内壁相应的位置亦见相同痕迹。精选的胎土烧制良好，呈灰色（图五九：6；彩版二三：4）。

标本 M1：15，小型双耳罐。其口沿、颈部经过旋转按压，肩、腹部经过旋转压磨的调整。颈与肩的交界处有棱线，肩饰 2 周凹弦纹，与之相对之处有一对器耳，其中一耳有部分缺损。肩部以下经过横向的篦划调整，但还留有衬垫工具留下的凸点纹，共残存 3 列。精选胎土，烧制良好，呈灰色（图五九：7；彩版二三：5）。

标本 M1：16，小型双耳罐。其口沿肥厚，上端环绕有细凹线，内侧较尖。口沿、颈部经过旋转按压，肩、腹部经旋转压磨，近底部经过刮削调整。肩饰 2 周凹弦纹，与之相对应处有一对器耳，其中一耳缺损四分之三。精选胎土，烧制良好，呈灰黑色（图五九：8；彩版二三：6）。

标本 M1：17，盆。口沿呈水平，其上缘为浅沟状，端部较肥厚，上圆下尖。口沿、上腹部经过旋转按压，中下腹部经过旋转篦划调整，近底部经过刮削调整。内壁施以旋转按压，但衬垫工具留下的凸点纹没有完全磨掉。在底部的外侧，可看出泥条盘筑痕。精选胎土，烧制良好，呈灰色（图六〇：1；彩版二三：3）。

标本 M1：18，小型罐。口沿面水平。器表的口沿、颈部经过旋转按压，肩至腹部经过旋转压磨后，部分再进行横向和纵向的篦划调整。近底部经刮削调整。肩饰一周凹弦纹，内壁同一高度残存有谷物痕迹。精选胎土，烧制良好，呈白灰色。其口沿有部分缺损，基本完整（图六〇：2）。

标本 M1：19，小型罐。口沿面水平。器表的口沿、颈部经过旋转按压，近底部有宽约 2.5 厘米的刮削调整痕。肩至腹部经过旋转压磨后，部分再进行横向的篦划调整。肩部没有凹弦纹，颈与肩的分界处有棱线。精选胎土，烧制良好，呈白灰色（图六〇：3）。

标本 M1：20，小型罐。口沿面略向外倾斜。器表的口沿、颈部经过旋转按压，肩至腹部经过旋转压磨调整，近底部经刮削调整。器表多有剥落，故腹部的调整情况不明。肩饰一周凹弦纹。胎土略粗，含有 0.5～1 毫米的细颗粒。胎土烧制良好，呈黑灰色。非完整品，其口沿至腹部缺损了 3～10 厘米。口沿和肩部出土于第五天井，而中腹部的碎片则出土于墓室（图六〇：4）。

标本 M1：21，小型罐。从其口沿剖面看，其上端形成一棱，棱内下凹，外侧下倾。器表的口沿、颈部经过旋转按压调整。肩至腹部经过旋转压磨后，部分再进行横向的篦划调整，依逆时针方向进行。胎土精良，内有 4 毫米左右的小粒。烧制良好，呈暗灰色（图六〇：5）。

标本 M1：22，小型双耳罐。其口沿、颈部经过旋转按压，肩、腹部经过旋转压磨的调整。颈与肩的交界处有棱线。肩饰 2 周凹弦纹，与之相对应处有一对器耳。器耳是将黏土块用手指捏塑后，接在罐上，然后用直径 1 厘米的圆棍穿孔。内壁的口沿经过旋转按压调整，但衬垫工具留下的凸点纹没有完全磨掉。精选胎土，烧制良好，呈浅灰色。口沿的部分碎片出土于墓室（图六〇：6；彩版二四：1）。

标本 M1：23，小型双耳罐。其口沿肥厚，上端环绕有细凹线，内侧较尖。口沿、颈部经过旋转按压，肩、腹部经过旋转压磨的调整，近底部经过刮削调整。肩饰 2 周凹弦纹，与之相对应处有一对器耳。胎土精良，混有较多 5 毫米的颗粒，烧制良好，呈暗灰色（图六〇：7；彩版二八：1）。

标本 M1：24，盆。为口沿和腹部的碎片，其口径是根据陶片推定的。口沿上部水平，唇部较厚。口沿和上腹部经过旋转按压调整，下腹部经过旋转压磨调整。内侧各处可见凸点纹。精选胎土，烧制良好，呈灰色（图六一：1）。

标本 M1：25，小型双耳罐。为罐的下半部，残高 9 厘米。腹部经过旋转压磨的调整，近底部经过刮削调整。内壁可见凸点纹，其上经过旋转按压调整。胎土略粗，呈灰色。器表为黑灰色，但从剥落处观察亦为灰色（图六一：2；彩版二八：3）。

标本 M1：26，罐腹底部。下腹和底部的器壁较厚，向上的器壁渐薄。经过旋转按压调整，腹饰 6 周细的凹弦纹。精选胎土，且烧成良好，为硬陶胎，呈黑灰色。残存有旋转线割离痕迹。此陶器为盗掘时带入的宋代物品（图六一：3）。

标本 M1：27，双耳中型罐。口沿水平较宽且肥厚。器表的口沿、颈部经过旋转按压调整，肩部至腹部经过横向压磨后，腹部进行横向的旋转篦划调整。颈部施以两列纹样，均使用了相同的型式，即连续压印纹。在桥型耳的上下端，用手指将其与腹部连接，在接触面再贴少量黏土，以加强两者的接合，器壁厚 6 毫米，底部厚达 1.8 厘米。底部用旋转割线法，左手固定，右手旋转，途中右手放开了割线。其胎土精致、坚硬，呈灰褐色（图六一：4；彩版二四：2）。

标本 M1：28，双耳大型罐。口沿沿面水平。口沿、颈部经过旋转按压调整，肩、腹部经过横向篦划调整。肩饰一周、腹饰 2 周双凹弦纹。腹部两条凹弦纹之间为器耳的位置，桥形耳的中部缺损。胎土略粗，内含 1～3 毫米的颗粒，呈灰色（图六二：1；彩版二四：3）。

标本 M1：29，双耳中型罐。其口沿水平略厚。器表的口沿、颈部经过旋转按压调整，肩部至腹部经过横向篦划调整，肩部有一周棱线，腹部饰一周凹弦纹。在桥形耳的上下端，用手指将其与腹部连接，在接触面再贴少量黏土，以加强两者的接合。底部略凹，残存使用旋转割线法的痕迹，周边的按压调整痕被磨去。其胎土精致，坚硬，呈灰褐色（图六二：3；彩版二四：4）。

标本 M1：30，大型双耳罐。口沿唇部外侧较圆厚。口沿和颈部的内、外侧均经过旋转压磨调整，颈与肩的交界处饰一周凹弦纹。肩部经横向篦划调整，其下再经过拍打和横向篦划调整，腹部外侧虽经横向篦划调整，但原有纵向的平行拍打痕仍然残留，其内壁相应地残存有凸点纹。在腹部的中部可观察到，纵向拍打纹上下宽约 4 厘米。上腹部有 2 个宽 2.4 厘米的纵桥形耳，在耳的上下端，用手指将其与腹部连接。器耳之上的腹部饰 2～3 周凹弦纹，恰显示了器耳的位置。胎土含有沙粒，灰颜色中略带黄色。器表可见在烧造时胎土内破裂的小气泡痕迹。从其剖面观察，表面为灰色，中部呈赤紫色，可见火力未充分到达胎土的内部。底部残存有盘绳垫子的痕迹（图六二：4；彩版二四：5）。

标本 M1：31，大型双耳罐。口沿和颈部经过按压调整，肩部至腹部经过旋转压磨调整，在腹部还残留有拍打痕。口沿部水平，因附加有泥条而更厚。肩和腹部饰一周凹弦纹，器耳的上下端用手指将其与腹部连接。胎土略粗，有 1～3 毫米的颗粒，器物的内、外器表均呈现淡灰色，剖面的中部为赤紫色（图六二：5；彩版二八：2）。

标本 M1：32，大型双耳罐。上腹部和下腹部未能接合，其通高不明。口沿和颈部经过按压调整，肩部至腹部经过旋转压磨调整，在腹部还残留有拍打痕。内部残存每粒 2～3 毫米大小的承托工具的凸点纹。肩和腹部饰凹弦纹。无器耳，但腹部有两处凹陷，结合凹弦纹，可知器耳的位置。胎土略粗，内含有 1～2 毫米的颗粒，器物的内外器表呈现淡灰色，剖面的中部为赤紫色，烧成较差（图六二：7）。

标本 M1：33，罐底部。底部和下腹部的器壁较厚，再向上腹部则渐渐变薄。腹部饰 6 列压印纹，其下经刮削调整。陶土精选，硬质。器物的内、外器表呈现淡灰色，烧成良好，器底割离时采用旋转割线法，其右手固定，左手旋转，利用制作台的旋转割离。此为出土于盗洞内墓志之上的宋代陶器（图六二：6；彩版二四：6）。

标本 M1：34，青瓷灯盏。口沿较薄，器壁较厚，中央有一承台，轮制成形。口沿的外侧至内壁均施釉（图六二：2）。

（早乙女雅博）

表一　　墓室、天井出土陶瓷器一览表

标本号	名　称	高度（cm）	口径（cm）	腹最大径（cm）	底径（cm）	容积（cm^3）	谷物痕遗存量（cm^3）	底　部	出土位置
M1：1	小型罐	12.7	7.7	13.3	6.1	780		静止切 C	墓室西南角
M1：2	小型罐	13.4	6.4	13.2	5.9	775		静止切 A	墓室
M1：3	小型罐	14	7.2	13.3	5.5	780	500	静止切 C	墓室西南角
M1：4	小型罐	14.4	7.8	13.5	6.2	770		静止切 C	墓室西南角
M1：5	小型罐	14.5	7.8	13.5	6	880		静止切 D	墓室西南角
M1：6	小型罐	14.3	8	12.9	5.9	830	700	静止切 C	墓室西南角
M1：7	小型罐	14.3	7.8	13.2	5.6	830		静止切 B	墓室西南角
M1：8	小型罐	15	8	13.5	6.4	900		静止切 D	墓室西南角
M1：9	小型罐	15	7.6	13.9	6.9	950	663.5	静止切 D	墓室西南角
M1：10	小型罐	15.4	7.8	13.1	5.4	800	730	静止切 B	墓室西南角
M1：11	小型罐	15.8	7.9	13.7	5.7	975		静止切 B	墓室西南角
M1：12	小型罐	15.4	7.4	13.8	5.5	950		静止切 A	墓室西南角
M1：13	小型罐	15.5	7.9	13.9	5.6	960		静止切 D	墓室西南角
M1：14	小型罐	15.9	8	13.8	5.7	975	600	静止切 A	墓室西南角
M1：15	小型双耳罐	16.1	8.2	14.6	7.3	1350		纽卷痕底	墓室
M1：16	小型双耳罐	17.7	8.9	14.9	7	1500		纽卷痕底	墓室
M1：17	盆	16.7	28.5		14.1	3519		纽卷痕底	墓室西南角

续表一

标本号	名　称	高度（cm）	口径（cm）	腹最大径（cm）	底径（cm）	容积（cm^3）	谷物痕遗存量（cm^3）	底　部	出土位置
M1：18	小型罐	15.2		13.6	5.7	900	750	静止切 D	墓室和甬道
M1：19	小型罐	13.3	7.4	12.5	6.1	700		静止切 B	第五天井
M1：20	小型罐	15.5	7.6	13.8	5.9	1019		静止切 B	第五天井
M1：21	小型罐	16.9	8.1	13.7	6.2	975		静止切 A	第五天井
M1：22	小型双耳罐	17.4	9.2	16.3	8.4	1780		纽卷痕底	第五天井
M1：23	小型双耳罐	18.5	9.6	15.9	7.1	1900		纽卷痕底	第五天井
M1：24	盆		29.9					纽卷痕底	第五天井
M1：25	小型双耳罐				7.6			静止切 A	第五天井
M1：26	罐				9.5			旋转切	第五天井
M1：27	中型双耳罐	24.9	9.2	19.5	8.9			旋转切	第五天井
M1：28	大型双耳罐	28.3	11.3	21.6	10.9	4200		纽卷痕底	第五天井
M1：29	中型双耳罐	24.8	8.9	18.3	8.5	2950		旋转切	第五天井
M1：30	大型双耳罐	31.5	12	26.2	13.4			纽卷痕底	第五天井
M1：31	大型双耳罐	28.7	11.8	22.3	11.7	4600		纽卷痕底	第五天井
M1：32	大型双耳罐		11.8	22.1	11.1			纽卷痕底	第五天井
M1：33	瓶				5.8			旋转切	盗掘坑墓志上
M1：34	青瓷灯盏	2.7	7.7		2.4				盗掘坑

表注：1. 高、口径、腹最大径、底径的单位为厘米，容积、谷物痕遗存量的单位为立方厘米。谷物痕遗存量为谷子痕迹残存高度以下的容积。

2. 陶器的容积是在其中装入从固原农贸市场调来的粟，然后用量杯测量出来的。陶器的破损部位用厚纸从内侧遮挡着，那些口径部破损较大或者不能用厚纸遮挡的，没有进行测量。

3. 关于陶器底部，“静止切”是指陶胎在静止状态下，制陶人用线将其从转盘上割离。“纽卷痕底”是指陶器底部有制作时所用的垫子痕迹，垫子是用搓拈的绳子螺旋状盘卷而成。“旋转切”是指器底割离时，采用旋转割线法。

第二节　陶俑和模型

主要种类有具装甲骑俑、陶狗、陶鸡。具装甲骑俑出土于墓葬东侧室，大体保持埋葬时的位置。陶狗、陶鸡则出土在第五天井，推测可能与墓葬被盗有关。

一、具装甲骑俑

出土时破碎成百余块，后经修复拼合，大体可以看出原形。约属6件个体，其中有人有马者5件，另外1件只有残块。陶俑由于火候较低，出土时已挤压变形，保存情况不

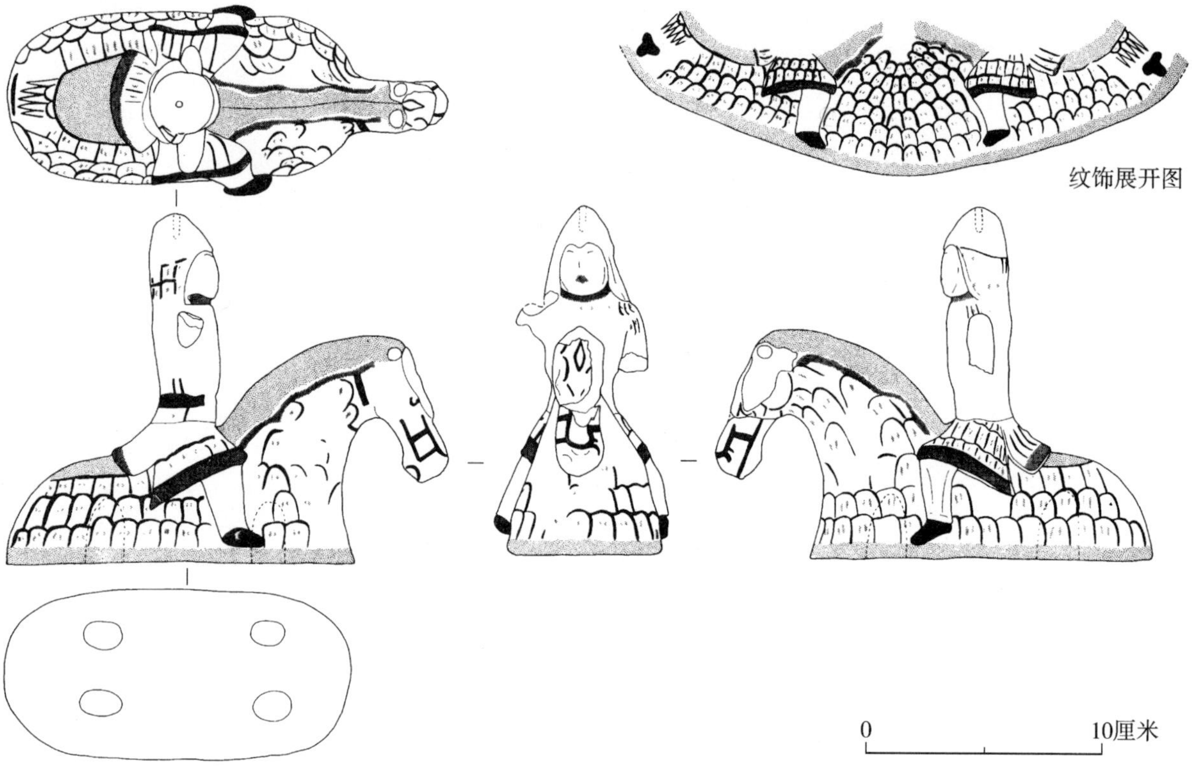

图六三　陶骑马俑（M1：37）

好。甲骑四条腿残失，骑者腰部以下残断，只有一具似可与甲骑缀合，其余人马分离。甲骑的头部双耳、眼眶周围崩落，骑者的颈部、双臂有多处残断，目前可辨认的武士骑马俑只有一件。

标本 M1：37，武士端坐马上，平视前方，全身披甲，双臂已残佚（图六三；彩版三五）。盔顶有缨孔，缨已失。盔前向下突出，盔裙从两侧披下。肩部与身甲相接，背较简单，与身甲贯通。仔细区分有两排甲片，上排 12 片，下排 10 片。甲片呈鱼鳞状，上饰红点，表示甲片缀绳。面部涂成粉色，眉目模糊不清，只有墨线勾眉残迹。嘴闭合，涂成朱红。正面胸甲磨损，颈部有一周朱红带，当是盆领。背甲至腰带以上有 3 排甲片，每排有 6～7 片，上饰红点。腰系黑色腰带。身甲的长度到达骑者膝部，下摆左右后方各有两条开叉，左右两片搭在骑者腿部，后片搭在马背。身甲下摆残存 2～3 排鳞甲，边缘饰有一条红色宽带。骑者穿窄口长裤，脚着黑色短靴。脚底稍弯，可能表示其蹬于马镫之上。马全身披甲，呈伫立状。长头，粗长颈，躯体肥大。面额前饰 4 条黑线，当表示面帘，帘至嘴部，露鼻孔。帘在眼部有孔，露出双目。两侧有“井”字形相交黑道，表现佩络之类。马的前胸围以“鸡项”，鸡项靠近上颈两边饰红色宽带，当用于上部系合。鸡项之上的甲片呈斜形，与马颈平行。身甲从前胸至后背似为一整体，自上而下有 3 排鳞甲，下边平齐，有一周白色宽带。每个甲片上并列两个表示缀合甲片绳索的红点。骑者身后马背上的弧形区未饰鳞甲。后尾上部有两甲片，有三角形饰垂下。马尾从其下伸出，尾尖似系一结。

甲马通体为实心，下截面为长椭圆形，上有 4 个安马腿的圆孔。前腿左面孔深 2.5、直径 1.5 厘米，右面孔深 2.6、直径 1.6 厘米。后腿左面孔深 2.7、直径 1.5 厘米，右面孔深2.8、直径1.8厘米。孔呈尖锥状。鉴于当时发掘过程中并未发现马腿，推测原来的马腿当为竹、木等有机质，已经腐朽无存。通高13.8、长17.9、宽7.7厘米。

俑为细泥质红陶，烧制。由于烧制时火候较低，质地十分酥软。其做法是先用模型制成马的身躯，然后在马背上贴塑骑者双腿和甲衣的3片下摆，在骑者腰下留一圆形卯孔。骑者上身单独捏制，然后将双臂粘结，下身留一尖状榫。将上身与下身捏合，在其底部留有四孔，形成完整甲骑，烧成后再安装木质马腿。在制模过程中，骑者面部、后背、左手均遭挤压而变形。

陶俑入窑焙烧之后，先通体施一层白色陶衣，然后再施以彩绘。先用红色勾出甲衣边缘，再墨线勾勒出甲片、人的眉眼胡须。然后，再用朱红点缀出甲片中的绳索，陶俑至此全部完成。

标本M1：39，武士头戴盔，身披甲，双手握拳。顶盔甲由7片组成，叶片边缘呈波浪状，顶有一插缨的圆孔，缨残失，盔前额正对眉心处向下突出。盔裙从顶盔中垂下，裙上饰双排甲片，每排7～10片不等。甲片呈鳞状，每片上缀有红点，用来表示甲片缀合孔绳。武士额部有宽带，连结盔裙两边。盔裙内双耳部有一护耳，护耳似由盔裙内垂下，仅露出前部。骑者前臂似乎穿束口长袖衫，双手向前平举。左臂微抬，握拳执物，拳心有一小孔。右臂平端，亦执物，手部制作时已变形，所执物当为木质，已朽。武士面部涂成粉红色，双眉呈弯月状，双眉平视前方。鼻部稍凸，口微张。双唇涂朱，唇上有八字胡须，下唇下部中间有一溜短髭。全身贯甲，臂部有披膊，上有两排甲片，每排有5～7片鳞甲。身甲腰系黑色宽带，前胸后背各有两排鳞甲，每排均有6枚条形鳞甲。腰带以下靠近马身处残缺。残高8.6、宽6厘米（图六四：2；彩版二六：3、4）。

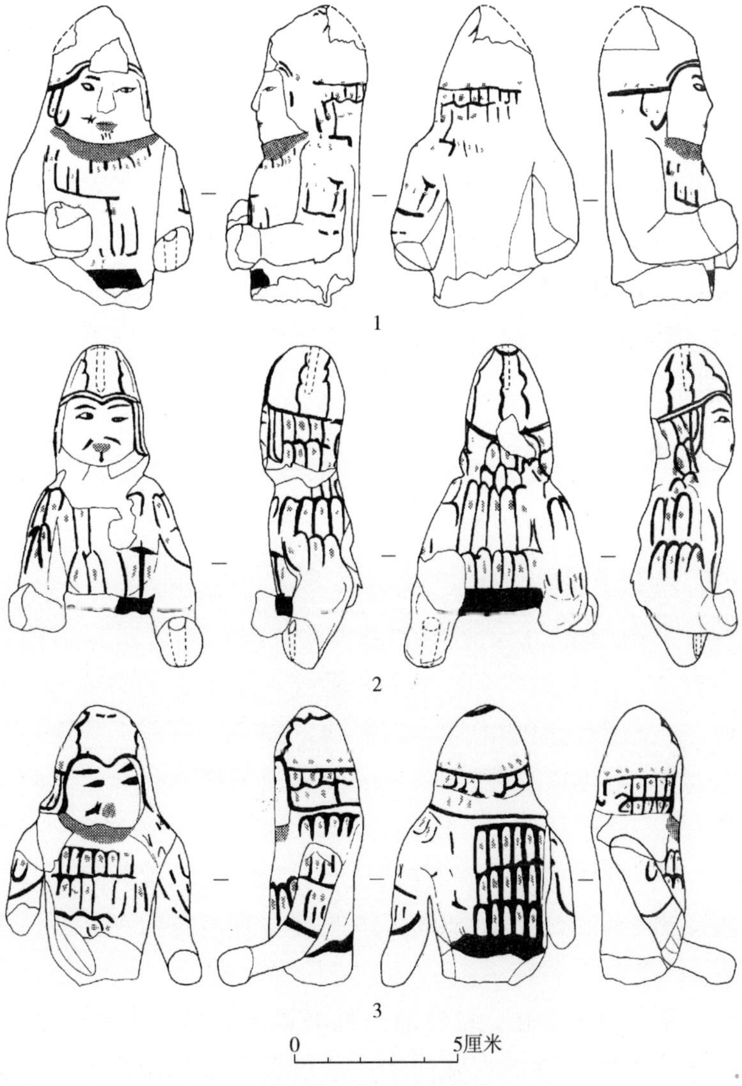

图六四　陶武士俑

1. M1：38　2. M1：39　3. M1：40

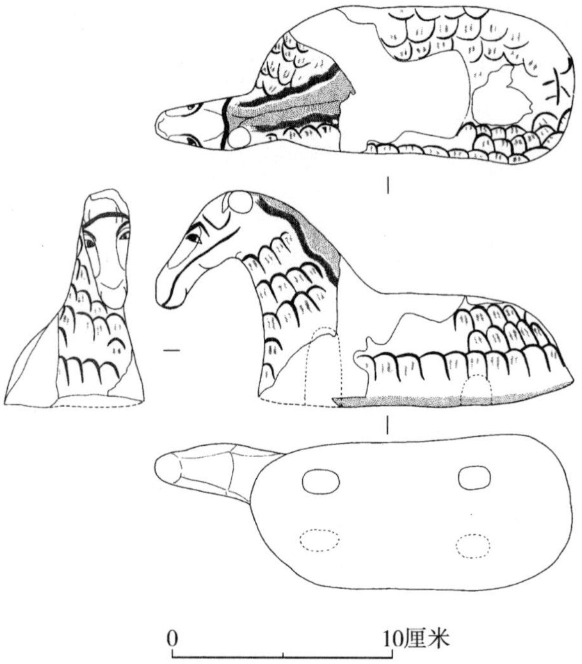

图六五　陶骑马俑（M1：41）

其他武士的铠甲装束基本与前相同，烦不赘述。标本 M1：40，武士头盔与前稍有不同，盔前下突，用墨线勾勒头盔边沿。有两条波线向上，在顶端合成一圆环，环心有一缨孔，缨已失。盔裙下边突出，搭在肩背之上。和前述盔裙与背甲相连情况不同，用墨线勾出两排鳞甲，每排 15 片，表示缀绳的红点则有 3 排。残高 7.3、宽 6 厘米（图六四：3；彩版二六：5、6）。

标本 M1：41～43，3 件基本相同。其中一件损坏严重，在马的背尻部有一圆形孔，孔径约 1 厘米，深约 2.6 厘米。孔中插铁柱，长约 4 厘米，顶端有一圆形钩，可能属“寄生”之类。残长 18.1、高 9、宽 6.4 厘米（图六五，六六：1～3、5；彩版二七：1、2，三四：6）。

标本 M1：46，残存一马头，与其他甲骑俑的马头不同。墨线勾眼镜和佩绳，佩绳前部相交，呈“井”字形。两侧露出鼻孔，嘴微微张开，上唇长、下唇短，绳似由嘴侧穿过。其他甲骑俑仅勾画墨线，表示鼻、口，此马头则为写实雕塑。残长 4.3、宽 2.7 厘米（图六六：4）。

二、陶狗

陶狗 2 件，一为黑斑花狗，另一为白狗。

标本 M1：48，身体僵卧于地，向左侧蜷曲。头部贴地，双眼圆睁。鼻梁两侧各有一条墨线，沿上唇线有 2 道卷曲墨线，用来表示胡须。口微张，作警视状。双耳黑色垂贴于脑上。两黑色前腿前伸，左后腿为白色，弯曲于身侧，爪部贴于前腿肘部。尾细长，向左前弯曲，直抵左前腿部。尾上饰 3 块黑斑，狗背上右侧也有花斑。通长 8.7、高 3、宽 6.4 厘米。

陶狗为模制而成，内部空心，内壁可见模制时的捏痕。狗的身体周围有一周宽窄不一的边缘，当用于表示地面。烧制后先施白色陶衣，然后再勾勒胡须，施以黑彩（图六七：2；彩版二三：5、6）。

标本 M1：49，伏卧状。前肢前伸，后肢卷曲，昂首扭向左侧，呈 45°角。陶狗出土时已断为 3 段。通体先施白彩，然后在一些部位用墨线勾勒。三角形圆耳垂贴头侧。左耳的轮廓用墨线勾勒，上有 3 条竖线；右耳亦用黑线勾勒出轮廓，但其上的墨线已磨光。双目圆睁，吻部前突，黑色瞳孔。有一条墨线从脑后中央直至前鼻，墨线上细下渐稍粗，至鼻

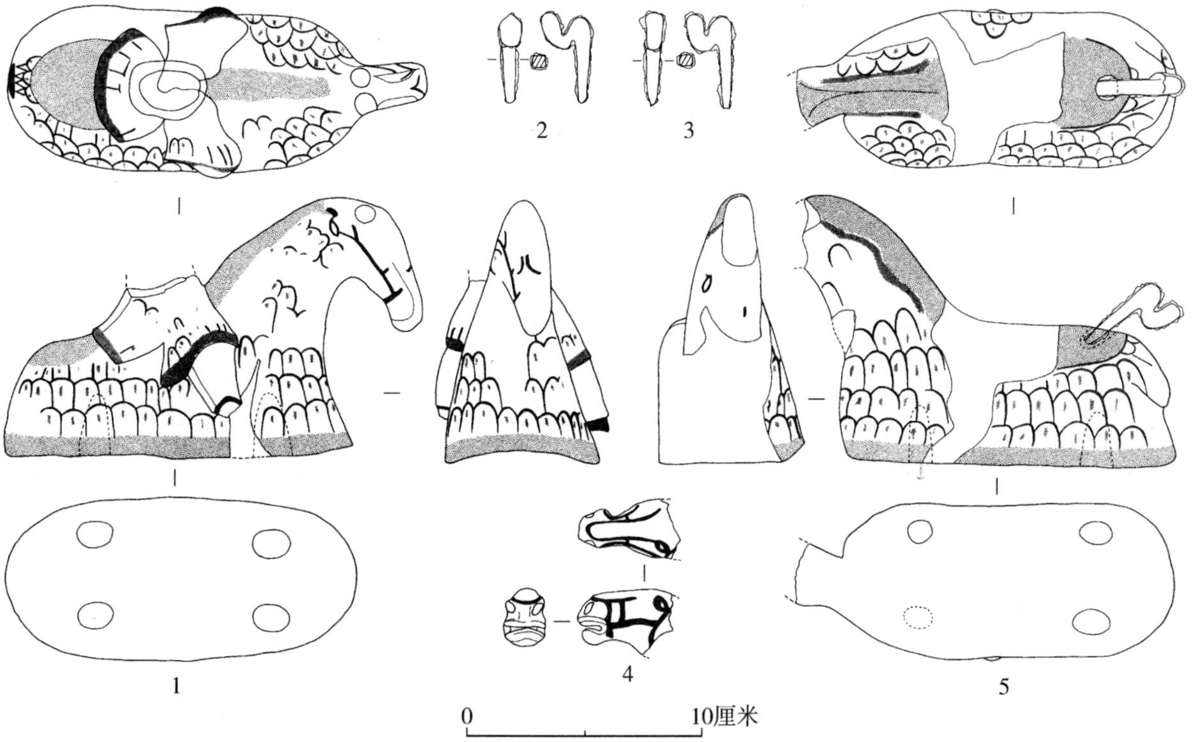

图六六　陶骑马俑

1、5. 骑马俑（M1：42、43）　2、3. 铁寄生（M1：44、45）　4. 骑马俑头部（M1：46）

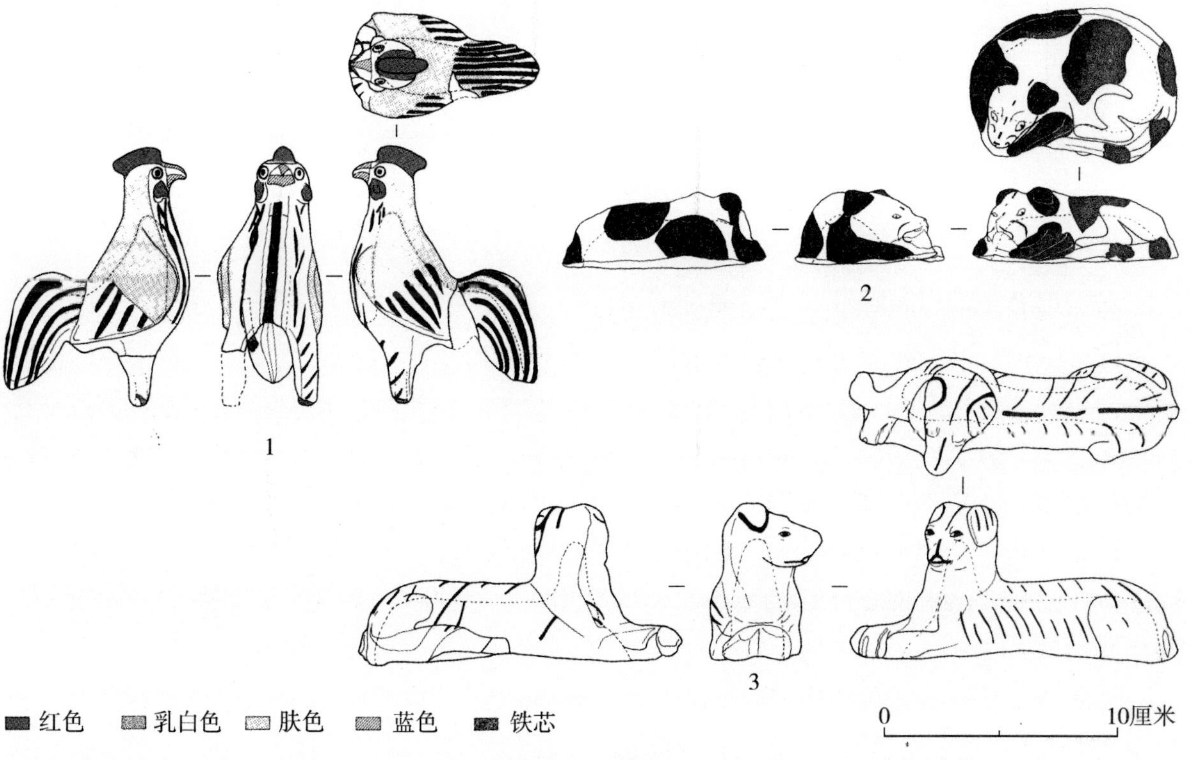

图六七　陶模型

1. 鸡（M1：47）　2、3. 狗（M1：48、49）

尖形成一墨团。嘴的轮廓亦用墨线勾画，双唇微微闭合，呈三角状，侧面微张。颈部粗壮直挺，呈警视状。两前肢搭交，右腿搭于左腿上。通体修长，背脊中央有墨线，直贯尾际。左侧有上下两栏墨线，上有 7 条，下有 12 条。右侧似亦对称，不过大部分墨线已脱落。后肢蜷曲成团，没有细部刻画。尾上粗下细，绕右腿向左侧卷曲。通长 13.9、高 6.4 厘米（图六七：3；彩版二八：5）。

三、陶鸡

只有 1 件（M1：47）。似一公鸡，左腿残缺，右爪亦残。呈伫立状，顶部凸起有朱红色鸡冠，冠上饰 3 道褐色条纹。圆眼，瞳仁黑色。圆锥状嘴涂成绿色，两侧有红色垂冠。粗颈，颈顶至胸脯有 5 条黑色条纹，中间一条较宽，两边两条较细。鸡翅前圆后尖，前部涂成红褐色。左翅有 5 条黑色羽毛，右翅只有 4 条涂黑。尾背交汇处有蓝色斑点。

陶鸡为手制而成，细泥质红陶，尾内部留下制陶工具的切削痕迹。值得注意的是，鸡腿内由两根贯通鸡身的铁条支撑。右腿的铁条在身内弯曲，应属烧制前已变形，造成右腿易损。彩绘时，先施白色陶衣，然后再施褐红色、朱红、绿色、蓝色。黑色墨线条覆盖在白色或褐红色之上，当属最后画上。残高 10.7、长 8 厘米（图六七：1；彩版二七：4）。

（罗　丰）

第三节　金属器

一、金币

在田弘墓的后室棺内出土了 5 枚金币。

标本 M1：52，东罗马皇帝列奥一世（Leo Ⅰ，the Thracian，公元 457～474 年在位）金币。直径 1.54 厘米，重 2.6 克。左右中央有 2 个孔。出土于田弘棺内左腰骨附近（图六八：1；彩版三〇：1、2）。

铭的表面：DNLEOPE/RPETAVG，反面：VICTORI/AAVGGGI/CONOB

即：DN（Dominus Noster，我们的主宰）LEO（Leo Ⅰ，列奥一世）PERPETAVG（perpetuus Augustorum，永远的皇帝），VICTORIA（胜利）AVGGG（皇帝们）Ⅰ（发行所记号），CON（君士坦丁堡）OB（印记）

标本 M1：54，东罗马皇帝查士丁一世（Justin Ⅰ，公元 518～527 年在位）金币。直径 1.67 厘米，重 2.9 克。币面上有 3 个孔。出土于田弘棺内左锁骨下（图六八：3；彩版三〇：5、6）。

铭的表面：DNIVSTI/（NVSPPAV），反面：VICTORIA/AAVGGGI/CON

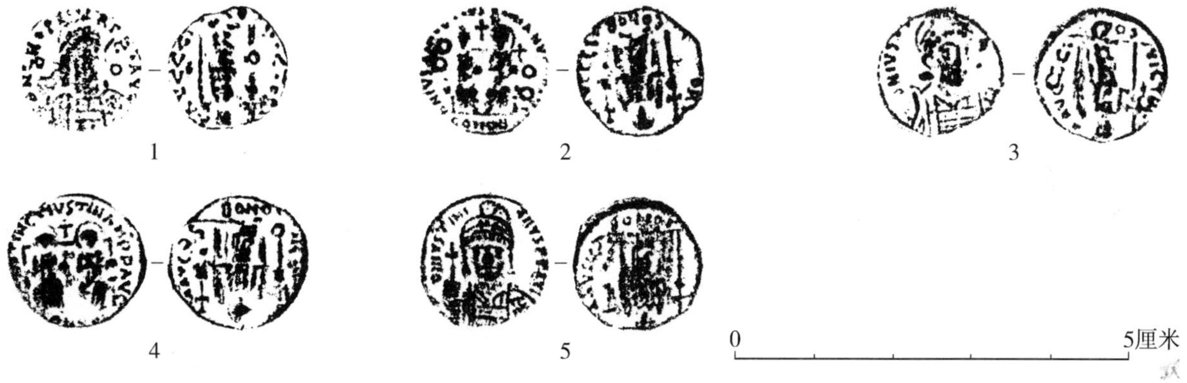

图六八　金币拓片

1. 列奥一世金币（M1∶52）　2. 查士丁尼一世金币（M1∶53）　3. 查士丁一世金币（M1∶54）
4. 查士丁尼一世金币（M1∶55）　5. 查士丁尼一世金币（M1∶56）

即：DN（Dominus Noster，我们的主宰）IVSTINVS（Justin Ⅰ，查士丁一世）PPAV（perpetuus Augustorum，永远的皇帝），VICTORIA（胜利）AVGGG（皇帝们）Ⅰ（发行所记号），CON（君士坦丁堡）

标本M1∶53，东罗马皇帝查世丁尼一世摄政期（Justinian Ⅰ，the Great，co－regent，公元527年）的查士丁－查士丁尼共治金币。直径1.62厘米，重2.6克。币面上有4孔。出土于田弘棺内右侧头部（图六八∶2；彩版三〇∶3、4）。

铭的表面：DNIVS/TINVS□TIVS/TINIANVSPPAVG/CONOB，反面：VICTORI/AAVGGGI/CONOB

即：DN（Dominus Noster，我们的主宰）IVSTINVS（Justin Ⅰ，查士丁一世）□T（和）IVSTINIANVS（Justinian Ⅰ，查士丁尼一世）PPAVG（perpetuus Augustorum，永远的皇帝），VICTORIA（胜利）AVGGG（皇帝们）Ⅰ（发行所记号），CON（君士坦丁堡），OB（印记）

标本M1∶55，东罗马皇帝查士丁尼一世摄政期（Justinian Ⅰ，the Great，co－regent，公元527年）的查士丁－查士丁尼共治金币。直径1.62、厚0.095厘米，重3.3克。币面上有3孔。田弘棺盖上出土（图六八∶4；彩版三一∶1、2）。

铭的表面：（DNIV）STIN□TIVSTINANVSPPAVG/CONOB，反面：VICTO（RI）/AAVGGGS/CONOB

即：DN（Dominus Noster，我们的主宰）IVSTIN（Justin Ⅰ，查士丁一世）□T（和）IVSTINIAN（Justinian Ⅰ，查世丁尼一世）PPAVG（perpetuus Augustorum，永远的皇帝），VICTORIA（胜利）AVGGG（皇帝们）S（发行所记号），CON（君士坦丁堡）OB（印记）

标本M1∶56，东罗马皇帝查士丁尼一世大帝期（Justinian Ⅰ，the Great，527～565年在位）金币。田弘棺头盖骨边出土（图六八∶5；彩版三一∶3、4）。

铭的表面：DNIVSTINI/ANVSPPAVI，反面：（VICTORI）/AAVGGGA/CONOB

即：DN（Dominus Noster，我们的主宰）IVSTINIANVS（Justinian Ⅰ，查士丁尼一

世）PPAVI（perpetuus Augustorum，永远的皇帝），VICTORIA（胜利）AVGGG（皇帝们）A（发行所记号），CON（君士坦丁堡）OB（印记）

（谷一　尚）

二、铜钱

墓中出土的钱币除上述拜占庭金币以外，还有数枚铜钱。钱币在墓室中的位置较为固定，基本上出土于墓室的棺木之中。除去3枚布泉和布泉残片出土在后室棺木里，一枚布泉残片出土于后室淤土之外，其余钱币或残片均出土于夫人棺中。钱币在棺木中零散分布，显然是没有计划的摆放。完整的只有5枚，其余残片可能与墓葬早年被盗有关联。

1. 五铢钱

共有2枚，其中1枚完整，另1枚只有残片。标本M1：60，直径2.4、肉厚0.08厘米，重2.6克。边缘有一周凸起的边郭，周郭宽0.2、厚0.2厘米。中有一正方形穿，穿径0.8厘米。穿之左右两侧篆书“五铢”二字，笔划较宽，字迹清晰，“五”字交笔弯曲。“铢”字的金字头呈一实心三角形，四点较长呈短竖状。“朱”字上下两笔方平，与“金”字旁平齐。钱背亦有郭穿，背郭穿边较前为宽。钱呈青铜色，稍有绿锈色（图六九：4；彩版二九：5、6）。

标本M1：66，只有右下角一片，只存“铢”字的下半部分。“金”字旁点划较上一枚金字为短，似为一点，朱字下部稍圆（图六九：10）。

2. 永安五铢

1枚（M1：59），完整。钱径2.3、肉厚0.09厘米，重3.8克。周郭较宽，宽0.23、厚0.2厘米。方形穿，穿径0.8厘米。穿的上下左右分别有篆书“永安五铢”四字。“永”字第一笔横划稍弯，与外缘相接，第三笔与穿相连。“安”字宝盖的两垂笔与穿相接，横穿即宝盖一笔。“五”字直笔交叉，上部三角略大于下笔三角。“铢”字的金字头狭长，四点中，右边缺一点，“朱”字旁上下方折，竖笔一笔贯通。钱文排列整齐有序，笔迹遒劲有力。背郭方穿四角尖突，穿上有一个点痕（图六九：3；彩版二九：3、4）。

3. 布泉

完整的布泉有3枚（彩版二九：1、2），其余13枚残片分属于5枚个体。标本M1：61，3片基本可复原。钱文多已锈蚀，不甚清晰（图六九：5）。标本M1：57，出土时，钱正面贴结有布痕，布纹较细密。因其出土于夫人棺内，可能是夫人衣服布痕贴在上面。钱的背面粘有木梢，当为棺的朽木（图六九：1）。根据钱文差异，布泉可分为2式。

Ⅰ式　穿之左右分别有篆文“布泉”，字迹不甚清晰。标本M1：59，钱径2.4、肉厚0.08厘米，重2.5克。周郭宽0.2、厚0.2厘米。正方形穿，穿径0.6×0.6厘米。光背，锈蚀（图六九：3）。

Ⅱ式　“布泉”的字迹清晰。“泉”字为垂针，刚劲有力，末划与穿相连。标本M1：62，钱径2.4、肉厚0.07厘米，重3.1克。周郭宽0.15、厚0.2厘米。正方形穿，穿径0.6×0.6厘米。光背，铜色泛红色，铸工精细（图六九：6）。

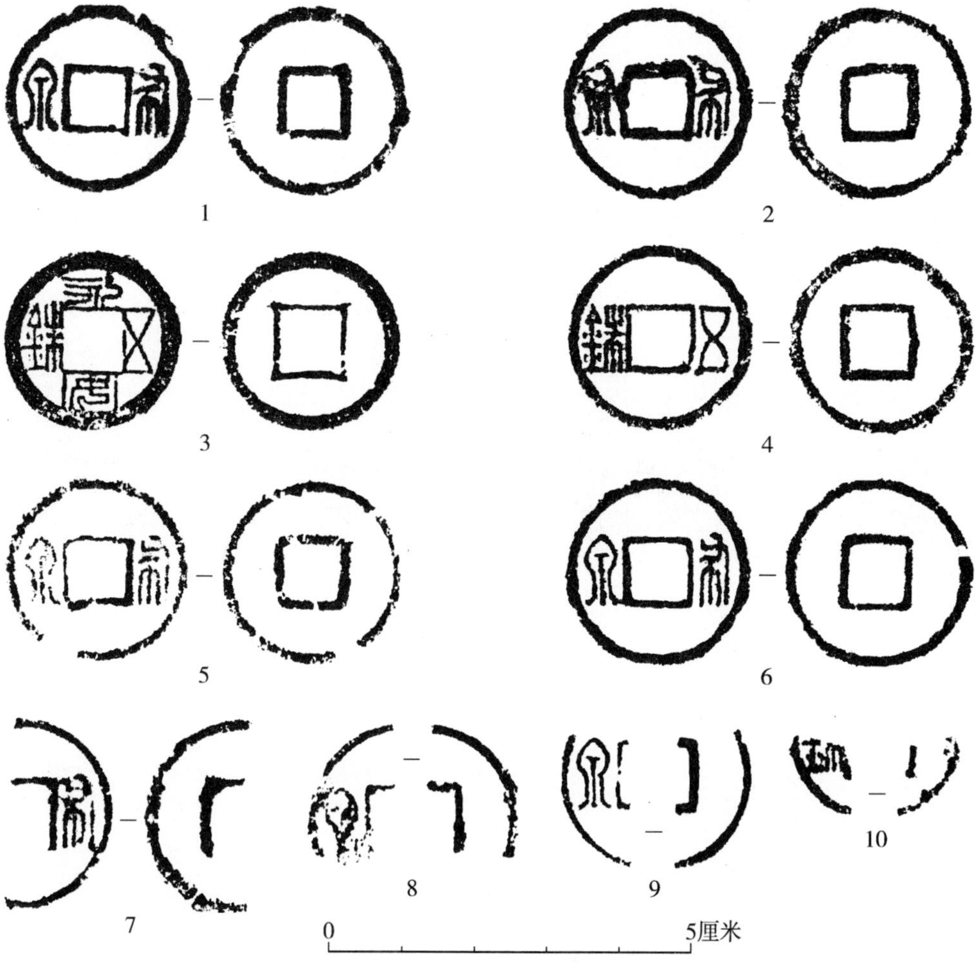

图六九　铜钱拓片

1. 布泉（M1∶57）　2. 布泉（M1∶58）　3. 永安五铢（M1∶59）　4. 五铢钱（M1∶60）　5. 布泉（M1∶61）　6. 布泉（M1∶62）　7. 布泉（M1∶63）　8. 布泉（M1∶64）　9. 布泉（M1∶65）　10. 五铢钱（M1∶66）

（罗　丰）

三、货币以外的鎏金器、银器

鎏金花　出土于墓室内搅乱的土中，大小与水仙花差不多。是用厚度为0.6毫米的铜板切割成6片，折弯后做成花瓣。标本M1∶69，鎏金很厚。直径4、高4厘米（图七〇∶1；彩版三一∶5）。花芯部分和从内侧至外侧的部位上有直径为6毫米的小孔，这个孔的断面处也施鎏金。标本M1∶70，花芯处残留有已经变黑的木片，木片的一端也有小孔。这可能是在插花的时候，先将花茎插入到花芯中央的小孔中，再通过木片上的小孔来固定（图七〇∶2；彩版三一∶6）。金花似乎是通过花茎连接的人工花的一部分。田弘死于正月初三，归葬时间为四月。可能是这个原因，制作了水仙花样的东西来作为随葬品。

银器中有从夫人棺中出土的银管（M1∶87）残片（图七八∶12）。银管中空，一端封

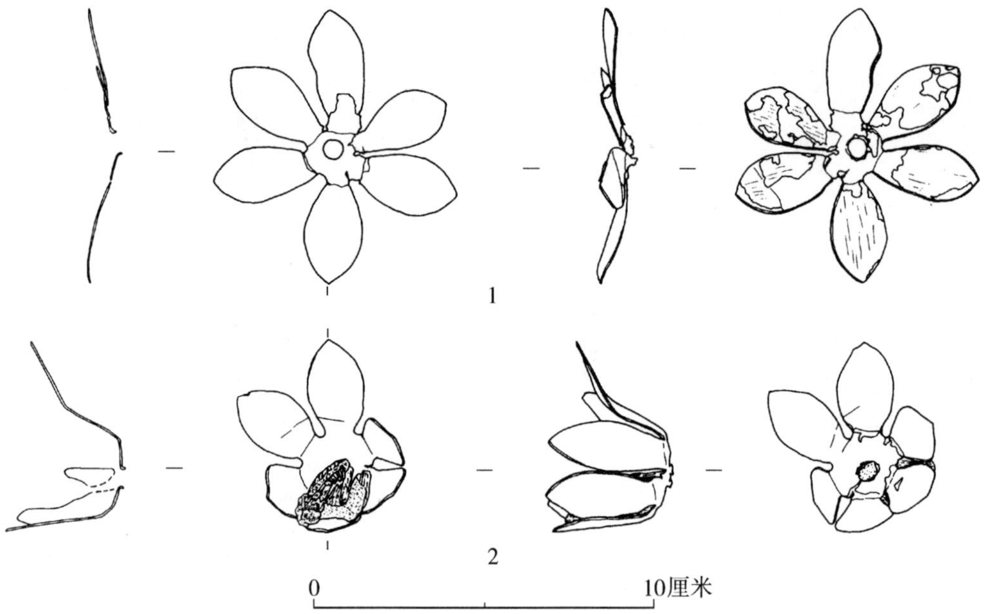

图七〇　鎏金花

1. M1：69　2. M1：70

闭，直径 4 毫米。不能排除是金花花茎的可能性。

四、铁器、铜器

铁器有铁钉、铁制铺首、铁板和用于各种装饰的钉类，总计 116 件。图七一～七六所示的是铁钉，分别出土于第五天井、甬道、主室以及主室盗洞、夫人棺内，以及第三、四天井中（参见附表 4）。

1. 铁钉　铁钉可以确认的有 88 个，大致可分为两大类（彩版三四：5、三五：3～7）。钉头为半球形的称为Ⅰ式，钉头为平舌状、钉身已经弯曲的称为Ⅱ式。其中Ⅰ式又可以根据其长短再进行分类。

Ⅰa 式铁钉　被钉在木板上，钉身已呈 L 形弯曲。第五天井出土了 19 件，墓室中出土 1 件（M1：71－46）。铁钉头部直径 3～4 厘米，高度不足 1 厘米的较多。由于在钉的头部并没有锤打过的痕迹，所以，似乎是先用锥子在木材上打孔之后，再将其钉进去的。钉子的断片为接近正方形的矩形，从钉头到钉尖经过了仔细的锻造。标本 M1：71－4、71－7，均残留木板痕迹。钉子的前部被弄弯，这部分的长度约为 5 厘米（图七一：4、6；彩版三四：5）。

第五天井出土的铁钉（M1：71－19～71－24）虽然认为是Ⅰa 式铁钉的断片，但也存在着是Ⅰb 式铁钉的可能性（图七三：1～6）。观察标本 M1：71－20 上的木纹，可以看出木板有 3 块，每一块约为 3 厘米、6 厘米和 10 厘米以上，是使木板垂直相交后用钉子钉起来的。

Ⅰb 式铁钉　长度为 10 厘米左右，钉身部分呈伸直状（M1：71－28、39～41）。与钉子的长度相比，钉头较大（图七三：10、七四：1～3）。

Ⅰc 式铁钉　长度约 4 厘米（M1：71－74、75），均为角钉（图七五：22、23）。

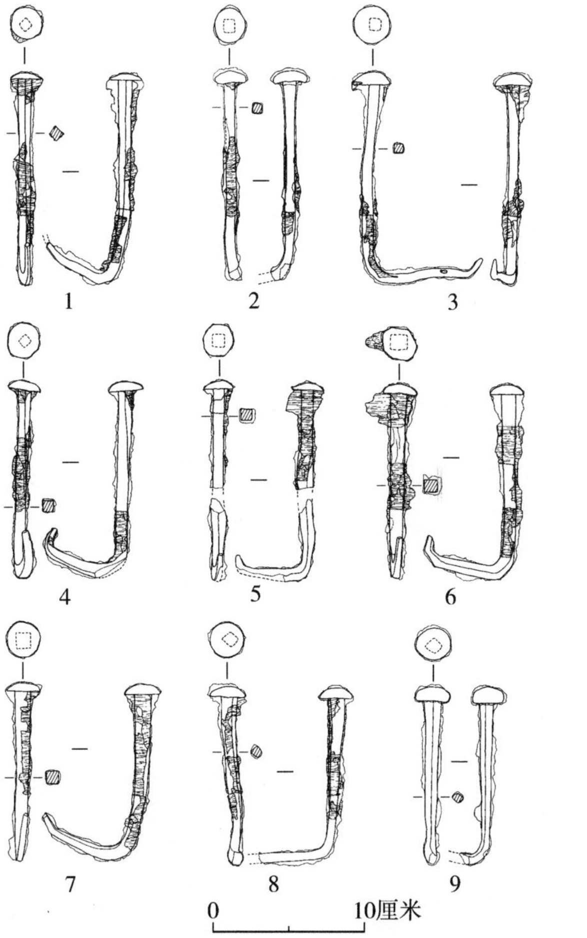

图七一　铁　钉

1. M1：71－1　2. M1：71－2　3. M1：71－3
4. M1：71－4　5. M1：71－5、71－6　6. M1：71－7
7. M1：71－8　8. M1：71－9　9. M1：71－10

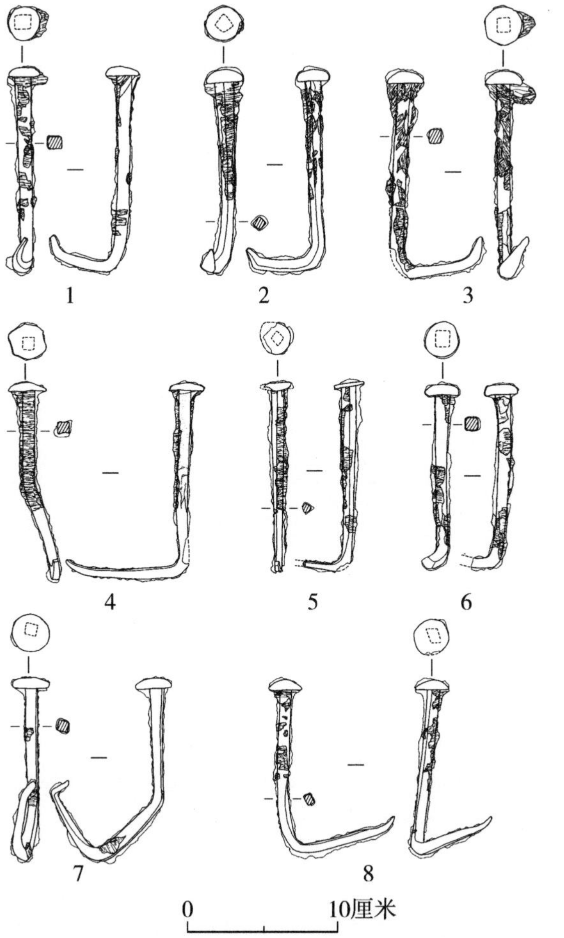

图七二　铁　钉

1. M1：71－11　2. M1：71－12　3. M1：71－13
4. M1：74－14　5. M1：71－15　6. M1：71－16
7. M1：71－17　8. M1：71－18

Ⅰd 式铁钉（M1：71－61～63、69～72、97～101）与上述铁钉相比较短，被钉在极短的木制品的表面上。可能是用来起装饰作用的铁钉（图七五：10～12、18～21，七六：12～16）。

钉在甬门的木制板上的铁钉有 4 个（M1：71－40、41、43、44）。板和木框是在固定以后被组合在一起的。这 4 个铁钉出土时钉头向上，由于在这附近没有出土那种随便放置的铁钉，所以，这大概是当时钉的时候是朝上钉的缘故。标本 M1：71－43，铁钉长度为 18 厘米，断面呈扁平的方柱状。这是一枚用来钉入木材内部的钉子。也是先用锥子打孔，然后通过强打的最后一击将其钉进去的（图七四：2、3、5、6）。

被钉在夫人棺内棺侧板的 6 枚铁钉（M1：71－51～56）是Ⅱ式的。其中，标本 M1：71－51、52 铁钉是钉在棺的东侧板附近的（图七五：1～6；彩版三五：5）。

另外，还有头部为环形的铁钉。标本 M1：71－104、105，两枚铁钉的顶部为环头，钉的粗细和铁棒的样式反映出，这是一枚很大的钉子。环头的直径约 3～4 厘米，钉部为扁平的角钉（图七六：19、20）。

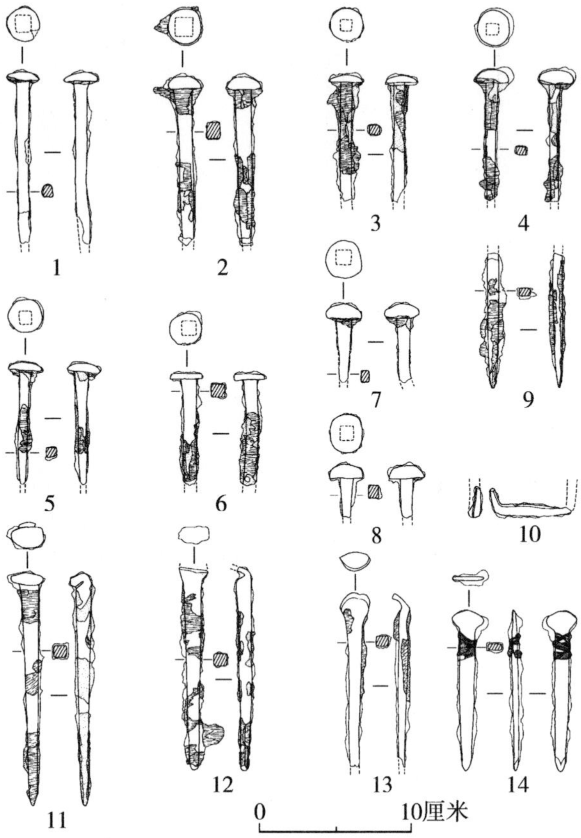

图七三　铁　钉

1. M1：71－19　2. M1：71－20　3. M1：71－21
4. M1：71－22　5. M1：71－23　6. M1：71－24
7. M1：71－25　8. M1：71－26　9. M1：71－27
10. M1：71－28　11. M1：71－29　12. M1：71－30
13. M1：71－31　14. M1：71－32

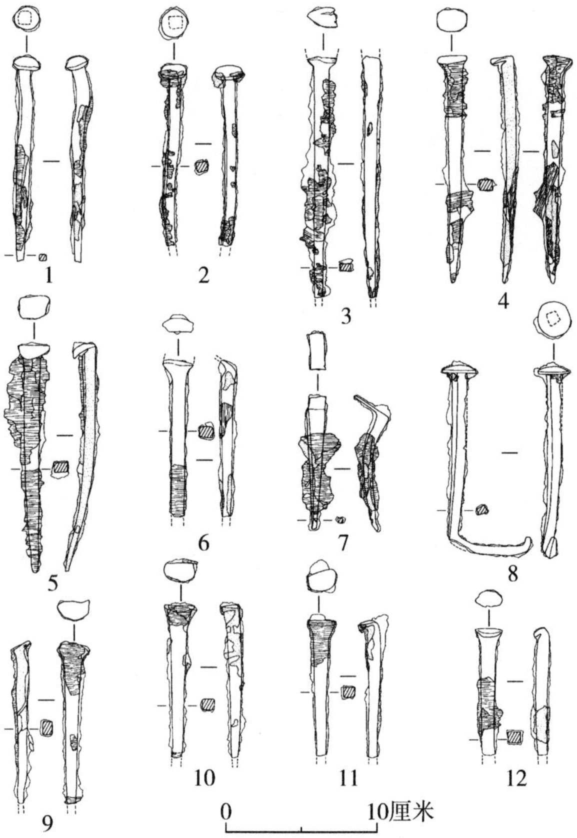

图七四　铁　钉

1. M1：71－39　2. M1：71－40　3. M1：71－41
4. M1：74－42　5. M1：71－43　6. M1：71－44
7. M1：71－45　8. M1：71－46　9. M1：71－47
10. M1：71－48　11. M1：71－49　12. M1：71－50

2. 铺首　2件（M1：72、73），从第五天井的东壁的床面附近出土。是用约15厘米的圆板锻造的，弧度约为1厘米。中央有长方形的孔，直径约4.5厘米的铁环用割钉钉在门板上，钉子的脚端分开得很大（图七七：1、2；彩版三四：1～4）。从木质的痕迹和钉子开脚的宽度来看，门板的厚度约为6.5厘米。从出土的位置来看，我们将其推定为甬道门的铺首。图七九：2为复原的甬门。

3. 铁板　2块。标本M1：74，出土于后室（图七七：3；彩版三五：1），在比夫人棺的棺盖稍高一点的位置上。铁板被锻造，长32.2、宽6.9、厚0.3厘米。通过X线摄影和肉眼的观察，其表面为素面，其中一面上有斜交的木纹。边缘部分不是很整齐，这是锈化的结果。

标本M1：75，出土于第五天井地面。铁板被锻造，长26.7、宽9.3、厚0.5厘米（图七七：4；彩版三五：1）。表面也为素面。其中一面上残留有布的痕迹，布纹并不是全面地附着在上面，这是乱掘后又第二次附着的结果。

4. 铁环和开脚钉　2件。标本M1：76从第三、四天井出土（图七八：1），另一件

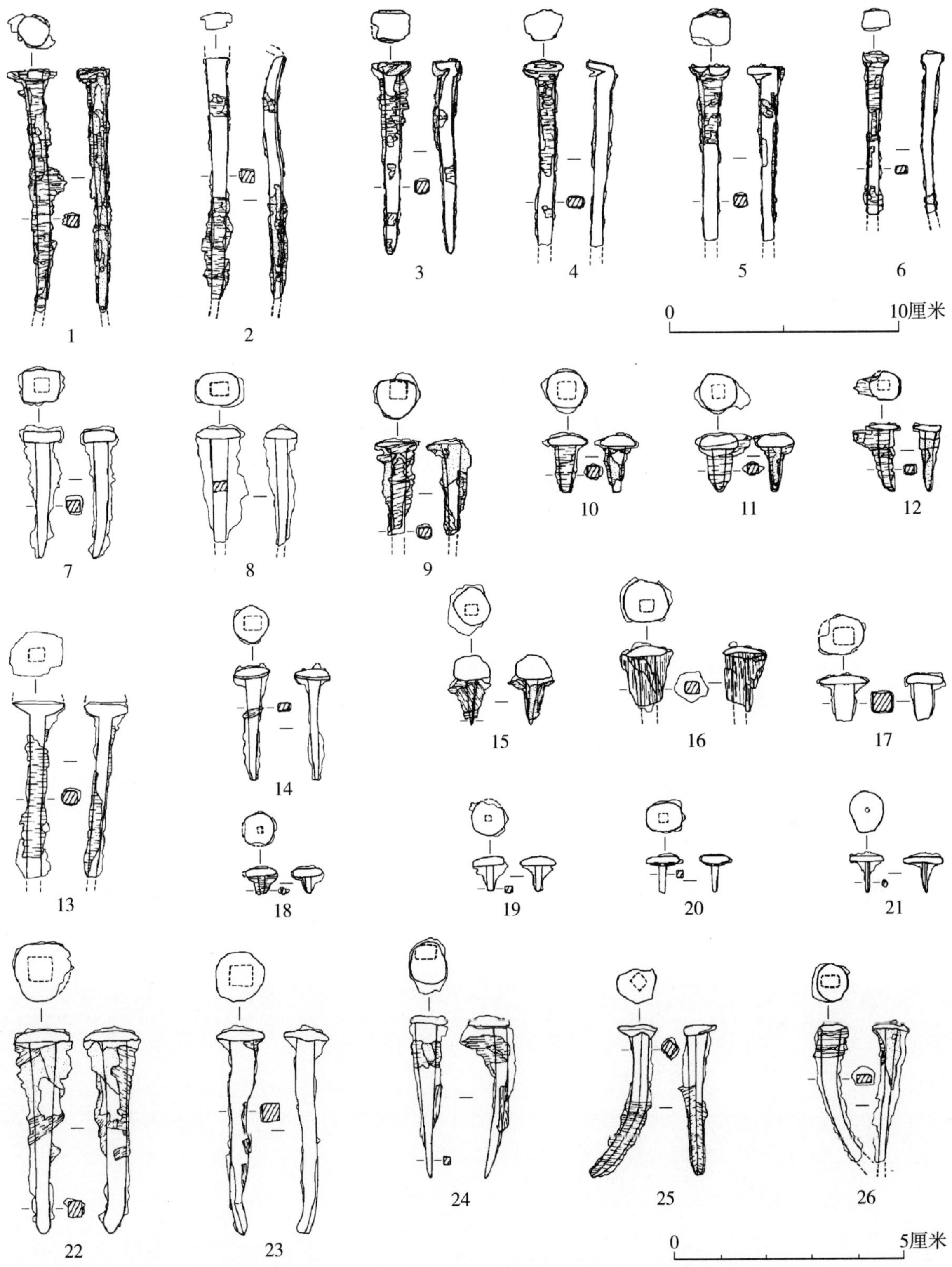

图七五　铁　钉

1. M1∶71－51　2. M1∶71－52　3. M1∶71－53　4. M1∶71－54　5. M1∶71－55　6. M1∶71－56　7. M1∶71－58　8. M1∶71－59　9. M1∶71－60　10. M1∶71－61　11. M1∶71－62　12. M1∶71－63　13. M1∶71－64　14. M1∶71－65　15. M1∶71－66　16. M1∶71－67　17. M1∶71－68　18. M1∶71－69　19. M1∶71－70　20. M1∶71－71　21. M1∶71－72　22. M1∶71－74　23. M1∶71－75　24. M1∶71－76　25. M1∶71－84　26. M1∶71－85

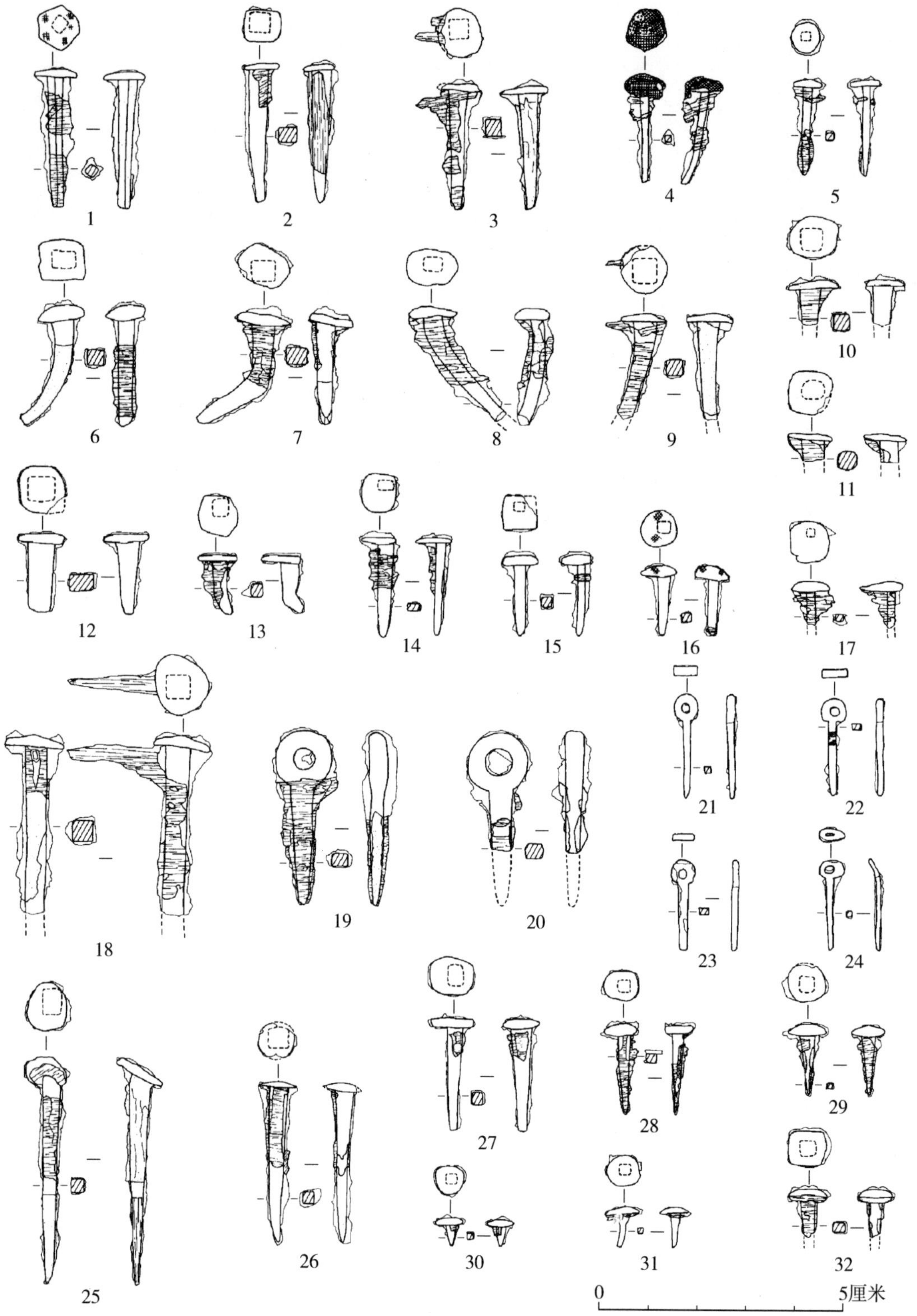

图七六　铁　钉

1. M1：71－86　2. M1：71－87　3. M1：71－88　4. M1：74－89　5. M1：71－90　6. M1：71－91　7. M1：71－92　8. M1：71－93　9. M1：71－94　10. M1：71－95　11. M1：71－96　12. M1：71－97　13. M1：71－98　14. M1：71－99　15. M1：71－100　16. M1：74－101　17. M1：71－102　18. M1：71－103　19. M1：71－104　20. M1：71－105　21. M1：71－106　22. M1：71－107　23. M1：71－108　24. M1：71－109　25. M1：71－110　26. M1：71－111　27. M1：71－112　28. M1：71－114　29. M1：71－115　30. M1：71－116　31. M1：71－117　32. M1：71－118

（M1：77）从墓室的床面附近出土（图七八：2；彩版三五：2），大小基本相同。标本M1：77，是从比墓室床面稍高一些的涂漆棒的附近出土的。其直径和钉环的直径基本相等。由于没有残留木纹，无法知道其用途。从开脚的状况来看，好像是用在厚度为3.5厘米的木板上。

5. 其他铁器　标本M1：78～86为用途不明的铁制品（图七八：3～11）。标本M1：78～80、85为从第五天井出土。标本M1：82～84、86为从墓室中出土。标本M1：81～86所示的是呈L形的铁器，其长边的顶部可以确认为是铁钉，短边一侧像钉脚一样尖端突出（彩版三五：2）。标本M1：82、83上有布纹附着，铁钉上有木纹附着，所以铁钉可能是作为被钉入木材之后，在其另一端挂东西。

标本M1：79为两枚相互连接的T形的铁板，其用途不明（图七八：4）。标本M1：80为弯曲的茎状铁制品，由于破损，用途不明（图七八：5）。外面和里面均附着有几层布纹的痕迹，可能原来是用布包裹着的。

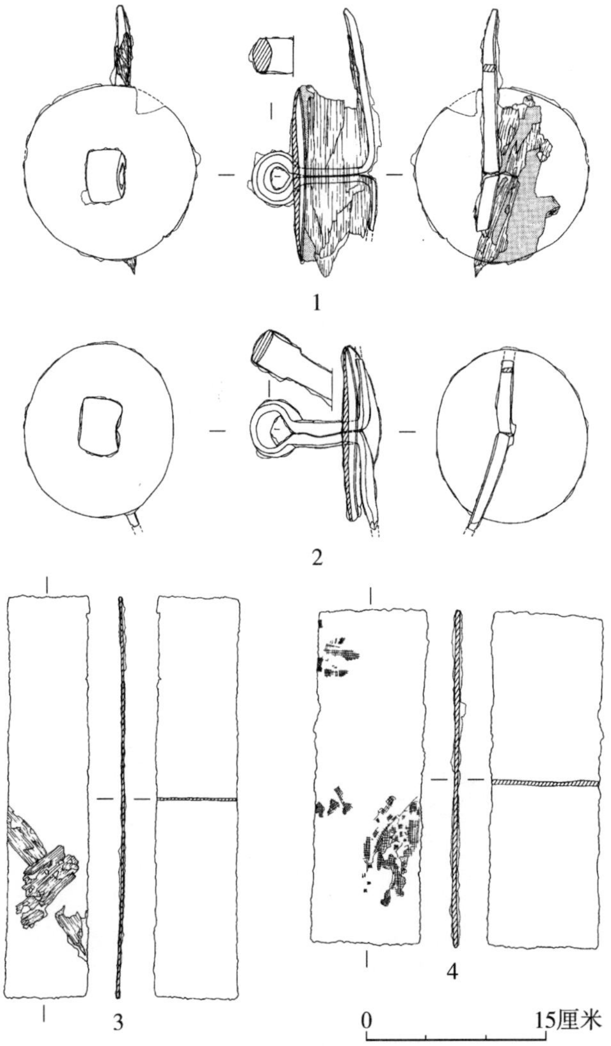

图七七　铁　器

1、2. 铁铺首（M1：72、73）　3、4. 铁板（M1：74、75）

6. 铜钉　4件（M1：71－106～109）。顶部带有圆环，钉杆的断面为方形，不是用来钉东西用的，而是用来埋入到什么东西中做装饰的。标本M1：71－107，铜钉上附着有少量的金箔，是从夫人棺中出土的，被用做小型的器物（彩版二八：6）。

（菅谷文则）

第四节　玉器

玉器共计10件，种类有环、璜、佩、钗等。分别出土于后室棺内和第五天井底部，只有玉钗出土于主室夫人棺外。除玉钗外，其他玉器的玉质和保存状况大致相同。

玉环　1件（M1：94）。出土于第五天井底部，保存基本完整。圆形，经过打磨，环体厚度均匀，表面有风化的白色粉末。环体上有相互对称的4个穿孔，孔径大小基本一

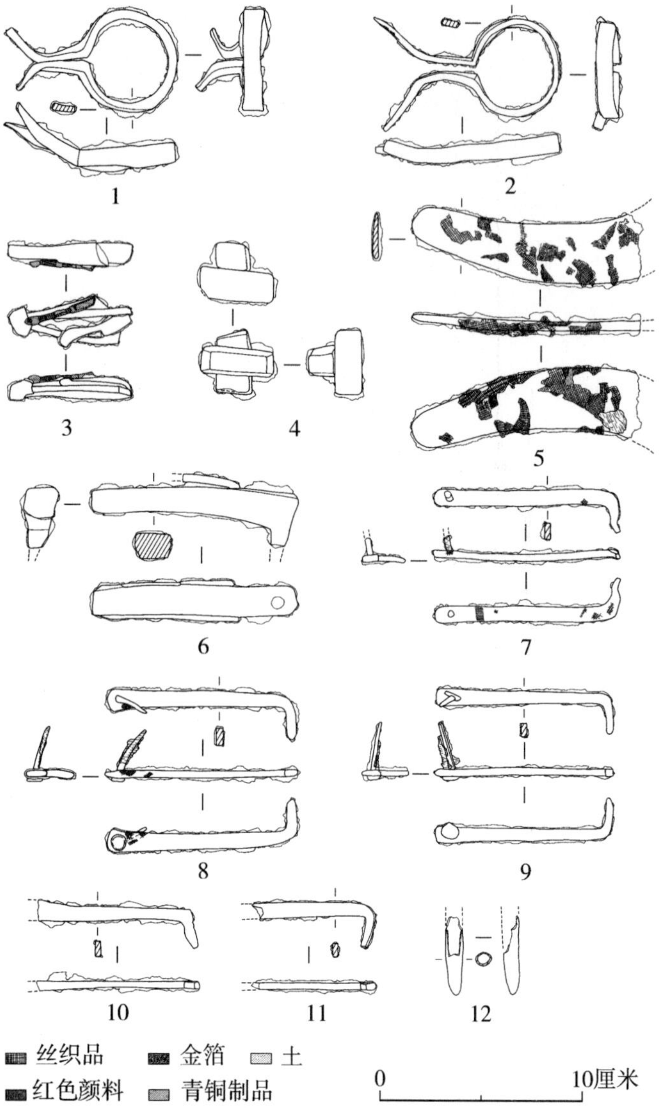

图七八　铁、银器

1、2. 环状铁器（M1：76、77）　3～6、10. 铁器（M1：78～81、85）　7～9、11. 铁质鎏金器（M1：82～84、86）　12. 银管（M1：87）

致。环外径 6.92、内径 3、环体宽 1.9、厚 0.52～0.65 厘米，4 个穿孔直径上 0.35、下 0.29、左 0.32、右 0.29 厘米（图八〇：5；彩版三三：1）。

玉璜　4 件（M1：90～93）。每件大小、厚度和穿孔略有差异。保存欠佳，均有不同程度的残损，表面风蚀成粉末状。厚度从中向边缘渐薄，经过打磨。扁平半圆形，两端各有圆形穿孔。标本 M1：93，出土于第五天井底部，直径 7.77、孔径 3.43、厚 0.5～0.58 厘米，穿孔径左 0.27、右 0.29 厘米（图八〇：4；彩版三二：4）。标本 M1：91，出土于后室棺内，直径 7.75、孔径 3.54、厚 0.53～0.67 厘米，穿孔径左 0.31、右 0.27 厘米（彩版三二：2）。标本 M1：92，出土于后室棺内，直径 8.2、孔径 3.3、厚 0.67～0.7 厘米，穿孔径左 0.32、右 0.41 厘米（图八〇：3；彩版三二：3）。标本 M1：90，出土于后室棺内，直径 7.65、孔径 3.23、厚 0.58～0.69 厘米，穿孔径左 0.31、右 0.39 厘米（图八〇：1；彩版三二：1）。

玉佩　4 件（M1：96～99）。保存基本完整，经过打磨，表面风化，呈粉末状。依形状不同可分为 2 型。

Ⅰ型　2 件。标本 M1：96，出土于第五天井底部，保存完整，四角圆钝。器宽上 11.4、下 13.5、高 5.98、厚 0.63～0.65 厘米，穿孔径表面 0.36、背面 0.27 厘米（图八〇：7；彩版三三：3）。形状呈扁平状的梯形，厚度基本一致，边缘磨制圆钝。上部中间有穿孔，正面孔径大于背面孔径。标本 M1：97，出土于第五天井底部，出土时已碎裂成数块，左侧上下角残失。器宽上 11.5、下残 12.7、高 5.6、厚 0.84～0.91 厘米，穿孔径表面 0.35、背面 0.25 厘米（图八〇：8；彩版三三：4）。

Ⅱ型　2 件。形状呈半月形，上部中间有一个穿孔，下部穿孔各异，厚度基本一致。标本 M1：98，出土于后室棺内，保存基本完整，下角略有残损。下部两端各有一个穿孔。

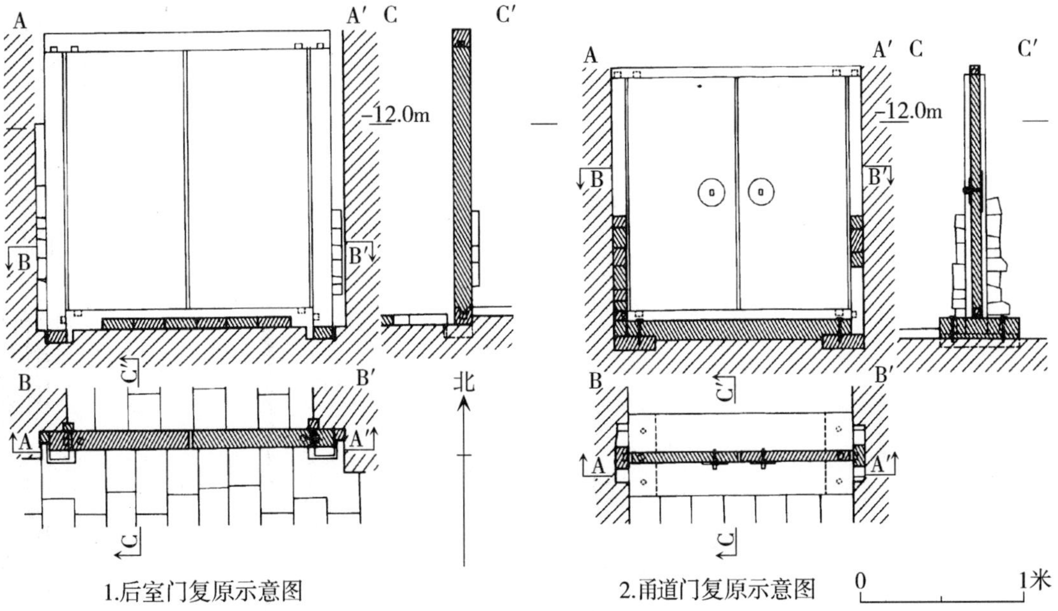

图七九　甬道门、后室门复原示意图

器宽 11. 68、高 6、厚 0. 54～0. 6 厘米，穿孔径上 0. 1、左下 0. 39、右下 0. 35 厘米（图八〇：9；彩版三三：5）。标本 M1：99，出土于后室棺内，左下角及穿孔部分残失。上部和下部中间及右侧各有一个穿孔。器残宽 9. 9、高 5. 92、厚 0. 47～0. 51 厘米，穿孔径 0. 32、下中 0. 32、右下 0. 34 厘米（图八〇：10；彩版三三：6）。

玉钗　1 件（M1：95）。出土于墓室夫人棺侧，保存完好。青玉，质地优良，磨制精细。为双股钗，上下宽度一致。钗体浑圆，钗顶宽厚，柄端呈钝尖状。长 8. 36、宽 2. 4 厘米（图八〇：6；彩版三三：2）。

（卫　忠）

第五节　云母

以第五天井为中心出土的云母已经是大大小小的残片。云母片极易断裂，而且，粉末化的云母较多，所以，其数量统计比较困难。我们将 2～3 厘米的云母片小心地用塑料板夹住保存，测其数目为 345 件（图八一；彩版三六～四一）。

在进行整理、绘图、拍照的过程中，我们采用图形处理的方法，对纹样进行了复原。

云母片可以分为带有花纹的和宽幅较窄的带状两大类。由于不能对全部的云母片进行图纹复原，所以这里所记述的只是可以复原的云母片，其他的有待整理之后再进行汇报。

花纹以忍冬纹为中心。其中彩版三七为忍冬纹的显示，彩版四一为带状的云母片。此外，彩版三六：5、6 为彩色云母残片。

1. 云母片　厚度为 0. 1～0. 2 毫米。在透明的优质白色云母片的表面上，有用金箔装

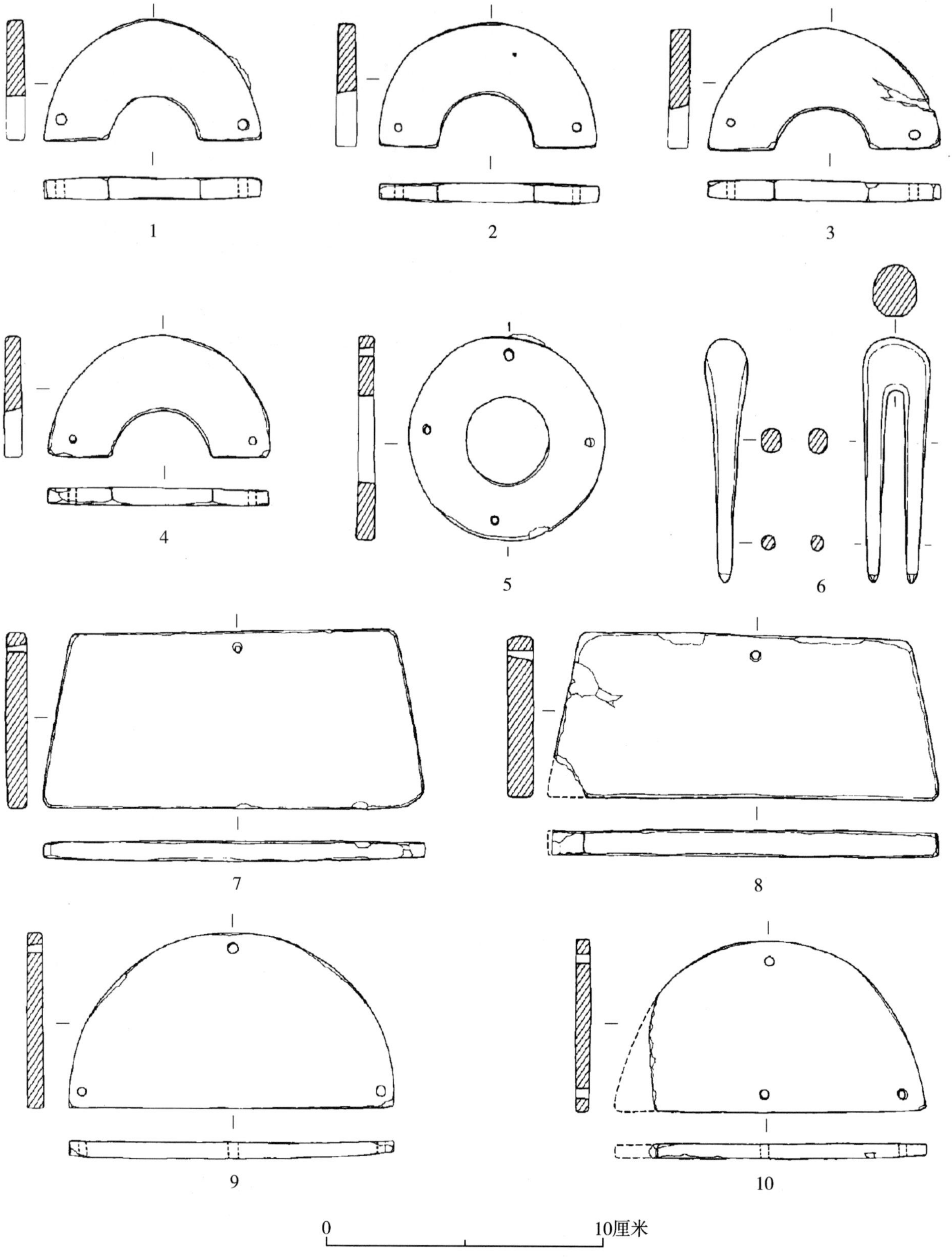

图八〇　玉　器

1～4. 玉璜（M1：90～93）　5. 玉环（M1：94）　6. 玉钗（M1：95）　7～10. 玉佩（M1：96～99）

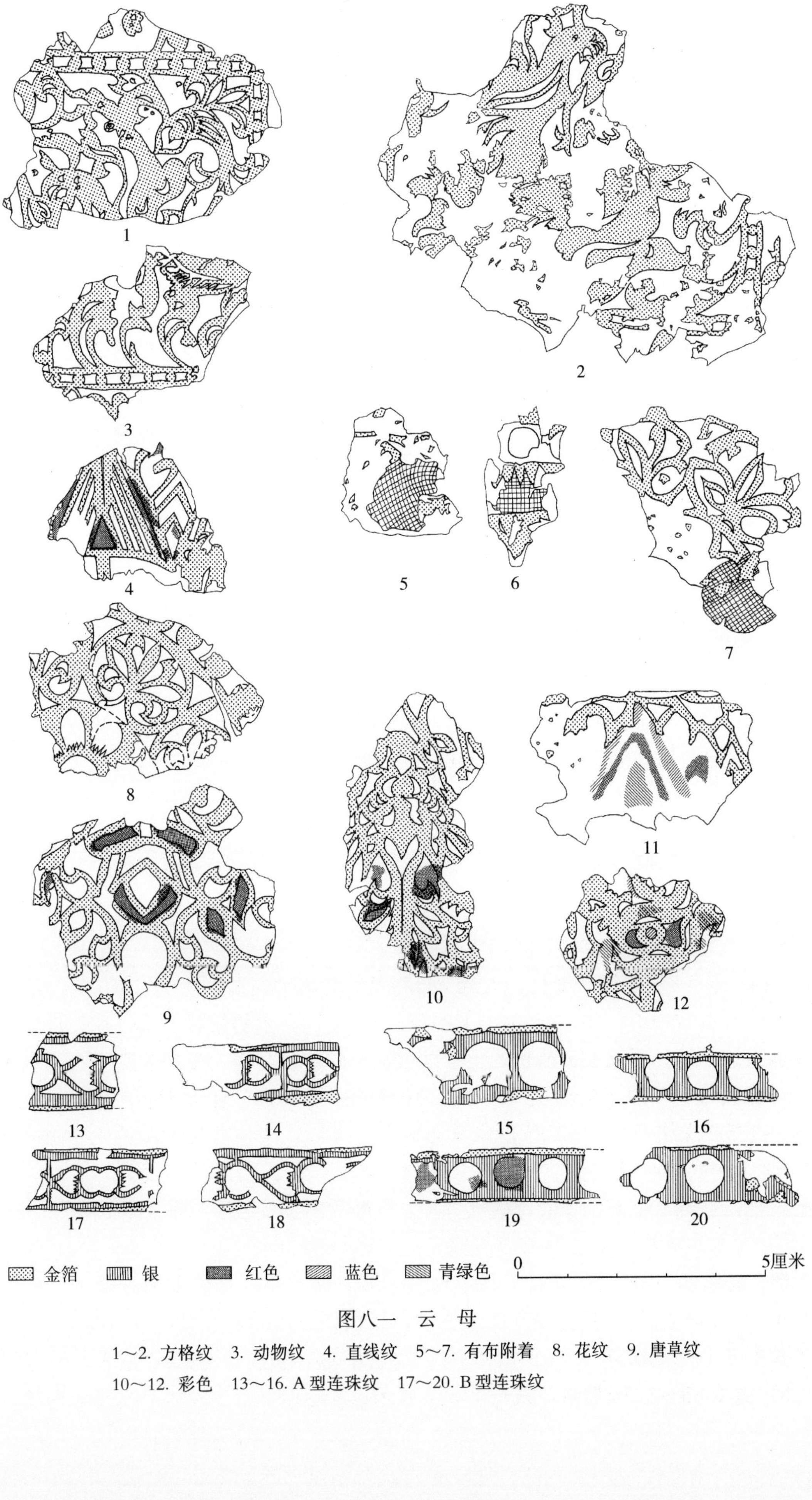

图八一　云　母

1～2. 方格纹　3. 动物纹　4. 直线纹　5～7. 有布附着　8. 花纹　9. 唐草纹
10～12. 彩色　13～16. A 型连珠纹　17～20. B 型连珠纹

饰的花纹，背面有红、绿、蓝等颜色。金箔在表面，彩色在背面，从这一点就可以明白其染色的方法。将云母表面的金箔扩大之后就能看出，当时的工匠通过刀等锐利的工具将金箔剥离、切除下来，这时的云母片可被视为一种剪纸。

彩版三六：1～4所示的纹饰为忍冬纹和连珠纹，复原之后得到的全形为矩形，得到了两个复原的图案。

彩版三六：1为使用了彩版三六：5、6，三七：3残片复原之后得到的矩形。复原后左右长度约8.5厘米，上下宽11.6厘米。图纹左右对称，中心有圆环。中央配有大型的忍冬纹。其上部还配有两排的连珠带。矩形的上边和对角线上，配有带着心形图案的忍冬纹，从那里有缠枝伸出。每一个的心形（包括变形的）忍冬纹和金色的连珠纹带上，均装饰有红色。

彩版三六：3是用彩版三七：1、2，四〇：5的残片复原的，以忍冬纹为中心。和上述纹饰相比，有若干不同之处，左右复原长约8.5厘米。上下由于缺少中心环而无法复原，但看来应与上例相近。

从彩版三八：1来看，所得到的复原的花纹和忍冬纹，有四重的同心圆，从内侧开始依次为空白、8个连珠、由环形忍冬纹组成的按顺时针排列的8个花纹、外侧的25个连珠。同样的连珠纹，内侧的被剪掉了，外侧的残留下来。外侧直线形的连珠纹虽然残存的很少，但可以看出，似乎是正方形。外圈的直径为7厘米，方形区格的一边约为7.7厘米。

彩版三八：3与上述花纹相近，为左右对称的忍冬纹。从内侧开始，依次是空白、8个连珠、6个忍冬纹。外侧似乎配有连珠，但没有进行复原。外圈的直径约6.7厘米，内圈的直径约3.1厘米。如彩版三九：1所示，内侧连珠纹的背面有红色，红色从金箔的金黄色下面透出来，非常美丽。

彩版三八：5装饰有5圈的连珠纹。从内侧至外侧，白色的连珠和镶有金箔的连珠每一圈都相互缠绕着。从内侧开始，依次有1、6、10、11、14个连珠。似乎还继续向外延伸，但断片到此为止。外圈的直径约为5厘米。

2. 带状云母　彩版四一即是。大致又可将其分为两种类型。

A型　彩版四一：1、3、4。为上下幅宽0.9～1.5厘米的带状云母，在云母上贴着银箔，并剪有连珠纹，后又在云母板的上下贴了很细的带状金箔。根据连珠的直径和带的宽窄，又可将其分为3种。A－1宽0.9～1、珠纹径0.6～0.65厘米（彩版四一：3）。A－3宽1.25～1.5、珠纹径0.9～0.95厘米（彩版四一：4）。这些带状纹样的长度如果合计的话，A－1为556.6厘米、A－2为381.4厘米、A－3为21.2厘米。此外，A型中还有背面涂有红色，在珠纹上有红色装饰的云母片。其断片的长度若合计的话，A－1为58.1厘米、A－2为1.4厘米、A－3为4.8厘米。

B型　彩版四一：2、5、6。不是单纯的连珠，而是用连珠装饰成花朵形，珠纹的外侧剪有小的锯齿形花纹，具有很高的装饰性。根据云母片的宽窄又可以分为B－1～B－3三种。其中B－1（彩版四一：6）宽0.85～1厘米，断片长度合计12.6厘米。B－2（彩版四一：5）宽1.05～1.25厘米，残长148.2厘米。彩版四一：2为两个连接的珠纹，是一种变形图纹。

以上复原的云母片中，除忍冬纹和连珠纹以外的图纹目前还难以确认。这些云母原本是怎样一个器物上的一部分，将在第十五章第六节中阐述。值得注意的是，云母片上附着有布，布有着罗的组织，云母片就是缀在这样一种透明度极高的布上。但是，在布上当初缀云母片时留下的小孔处，没有发现云母片，这还有待后考。

（菅谷文则）

第六节　玻璃器

玻璃器包括玻璃小珠约900颗、花瓣形的玻璃小片2个，以及大概属于未晶体化玻璃费昂斯的碎片2个。

玻璃小珠（附表14、15）玻璃小珠根据其大小，可以分为两种（图八二；彩版四三）。大的玻璃小珠纵径8～11、横径8.5～11.3毫米。例如标本M1：119，上下端的穿孔面不光滑，其表面为多面体。有光通过时可以看到，玻璃小珠为深蓝色的透明玻璃。其中有8个深蓝色的玻璃珠镶嵌有白色不透明的小玻璃片，即“蜻蜓眼”玻璃珠。玻璃小珠的表面由于风化，已变成了白色或者褐色。均可认为出土于田弘棺内，几乎与玉器、水晶制小珠出土于同一位置，它们有可能是玉佩上的穿饰（彩版四二：1）。

小的玻璃小珠约有880个，出土于主室地面、夫人棺以及田弘棺内。附表15所记载的后室填土中的玻璃小珠，均为在地面上将田弘棺内的土过筛之后找到的，这一出土部位与玻璃小珠的用途有关。小珠的横径约3～6、纵径为2～4毫米。制作时似乎采用了两种方法。标本M1：122－71，玻璃小珠，上下为圆形，呈收缩状（图八二：35）。另一类以标本M1：120－6为代表，是将玻璃棒依次切断后制成（图八二：21），小珠以后者居多，深蓝色和稍浅一些的蓝色的玻璃小珠有894个，黄色的有4个，绿色的有2个。这些小珠的颜色非常单调，与从北魏永宁寺塔基出土的约10万颗玻璃小珠的多种色彩形成鲜明对比。

不过，田弘夫人棺出土的玻璃小珠很有特色。标本M1：127－6、M1：128－25，两个玻璃小珠上包有金箔（图八二：40、41）。更多的玻璃小珠是在某部分附着有金箔。其出土地点如附表15所示，位于纱冠所在位置。这应是装饰纱冠的玻璃小珠，因此包以金箔。

玻璃制的花瓣形是从第五天井的B区清理出的，是稍微有一点黄色的透明玻璃。标本M1：159，长9.5、宽5、厚5毫米，重0.05克，周边被磨损。测定的比重为2.2，可推定为碱化玻璃（标准比重2.5）。当然，石英玻璃的标准比重为2.2，但从时代来看，它不可能属于石英玻璃。

推定为费昂斯的遗物有两片，其表面为淡绿色，内部为白色，有待今后进行分析。

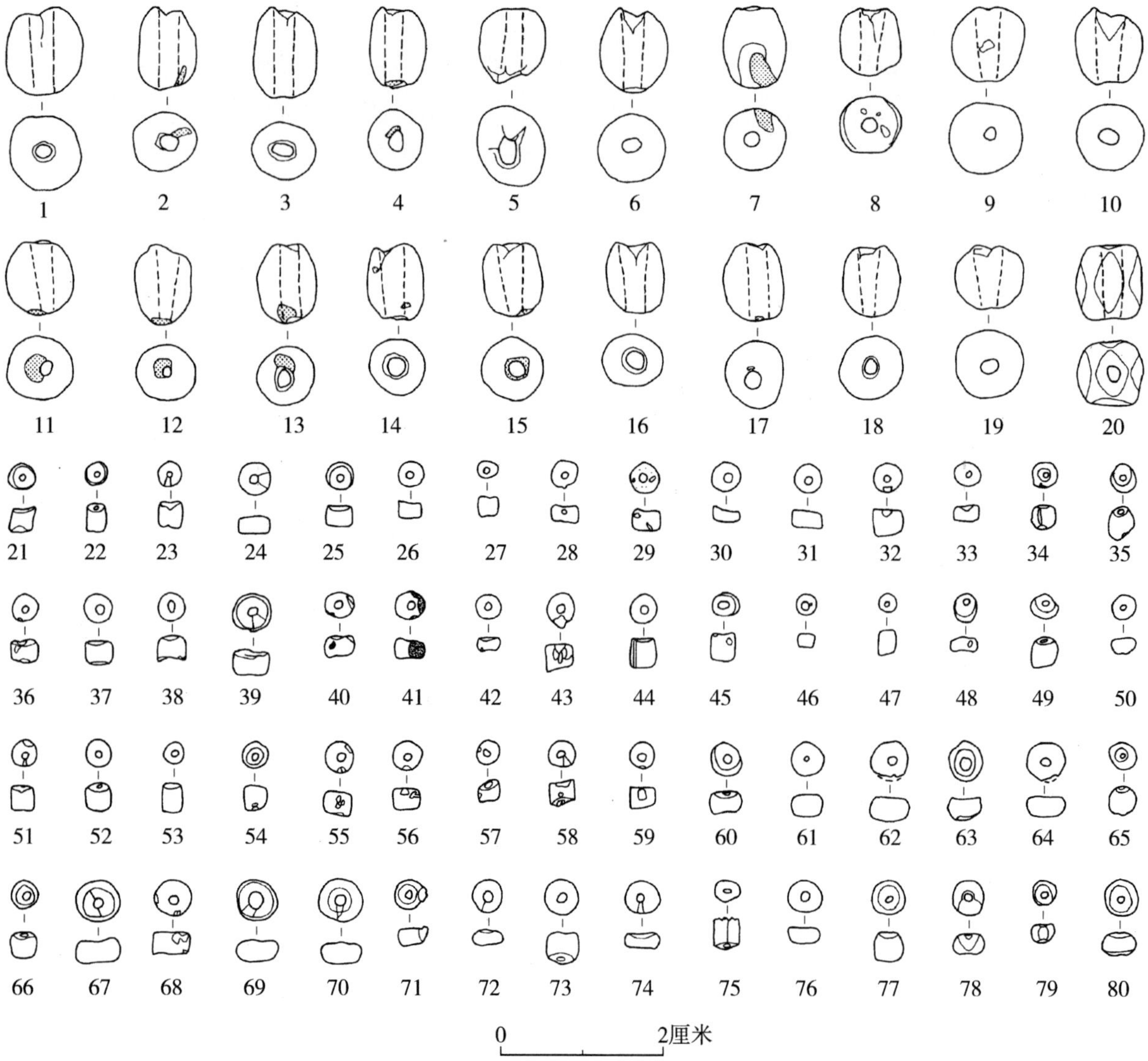

图八二　玻璃珠

1. M1：100　2. M1：101　3. M1：102　4. M1：103　5. M1：104　6. M1：105　7. M1：106　8. M1：107　9. M1：108　10. M1：109　11. M1：110　12. M1：111　13. M1：112　14. M1：113　15. M1：114　16. M1：115　17. M1：116　18. M1：117　19. M1：118　20. M1：119　21. M1：120－6　22. M1：120－15　23. M1：120－16　24. M1：122－4　25. M1：122－6　26. M1：122－10　27. M1：122－23　28. M1：122－25　29. M1：122－27　30. M1：122－47　31. M1：122－49　32. M1：122－51　33. M1：122－53　34. M1：122－69　35. M1：122－71　36. M1：123－3　37. M1：123－4　38. M1：123－8　39. M1：126－14　40. M1：127－6　41. M1：128－25　42. M1：128－28　43. M1：128－29　44. M1：129－1　45. M1：129－10　46. M1：132－12　47. M1：132－13　48. M1：133－5　49. M1：134－2　50. M1：134－14　51. M1：134－29　52. M1：134－30　53. M1：134－32　54. M1：135－10　55. M1：135－11　56. M1：135－13　57. M1：135－15　58. M1：138－2　59. M1：138－5　60. M1：142－1　61. M1：142－5　62. M1：143－4　63. M1：143－10　64. M1：147－1　65. M1：147－2　66. M1：147－20　67. M1：147－35　68. M1：147－36　69. M1：147－47　70. M1：147－74　71. M1：147－83　72. M1：147－86　73. M1：147－100　74. M1：147－131　75. M1：147－144　76. M1：147－145　77. M1：147－182　78. M1：147－184　79. M1：147－194　80. M1：147－195

第七节 水晶器

水晶器有水晶珠 8 个、紫水晶片 2 个。前者从田弘棺中出土，后者从第五天井出土，当初的随葬位置不明。水晶片因盗掘已经破损，无法复原，其上有加工痕。

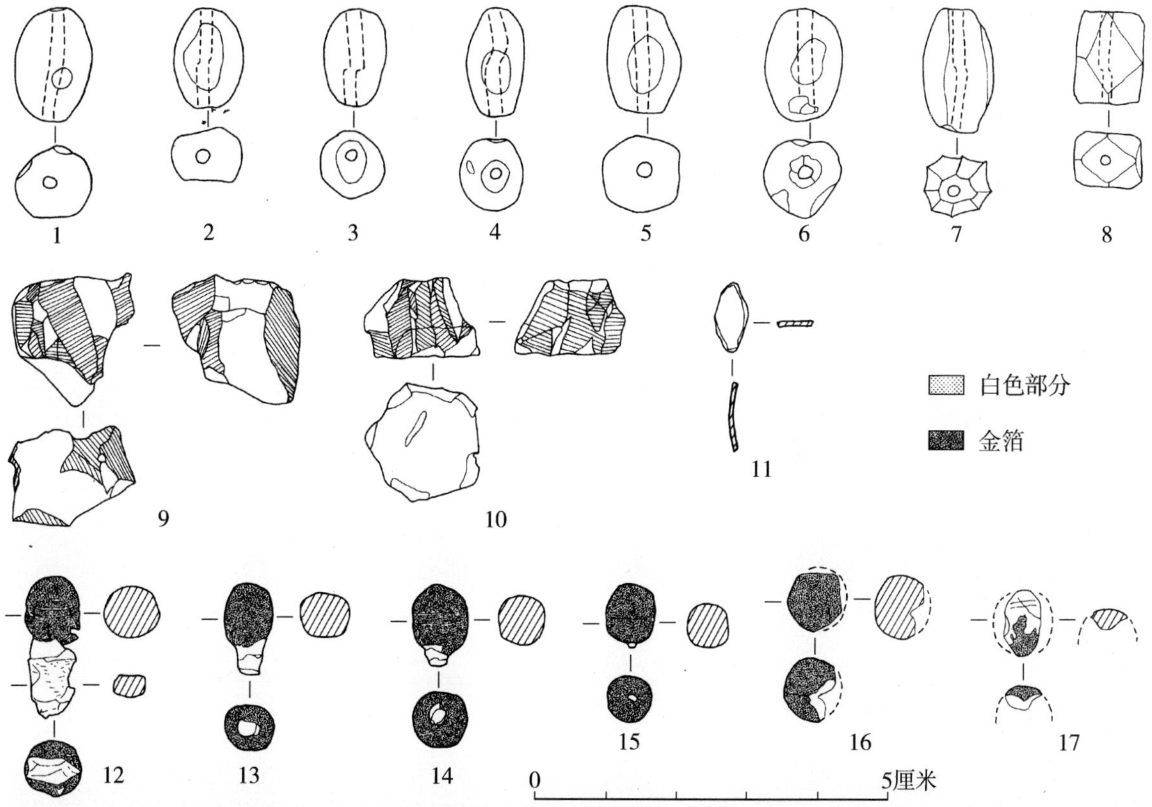

图八三 水晶器、玻璃片、金箔泥珠

1～8. 水晶珠（M1：149～156） 9、10. 紫水晶（M1：157、158） 11. 玻璃片（M1：159）
12～17. 金箔泥珠（M1：160～165）

水晶珠纵径约 12～15、横径约 9～11 毫米，由于两面穿孔，如标本 M1：149～156 所示，孔是不一致的（图八三：1～8；彩版四二：2）。水晶有些浑浊，并不是优质水晶。标本 M1：155 为七面体；标本 M1：156 制作出方柱状的面，与刻花玻璃珠相近。

紫水晶由于后期盗掘，已经成为碎片，其颜色很深，但透明度很高，是优质的水晶，标本 M1：158，底面磨平，制作极为光滑（图八三：10；彩版四二：3）。

（谷一 尚）

第八节　泥器、骨器、木器、漆器

一、泥器

所谓的泥器，是指泥制的未经烧制的珠子、冥钱（彩版四四：1）。暂称为“泥珠”的遗物可以分为两类，标本 M1：160～165 为Ⅰ式，标本 M1：166～239 为Ⅱ式（彩版四二：4～6）。

Ⅰ式泥珠有 6 个，其中 M1：160～165 出土于第三、四天井，其他的 3 个从第五天井出土。其形态为长椭圆的球形，下部有一个突出部分，突出部分以外均包有金箔。标本 M1：160，完全没有金箔，这可能是金箔剥落了。标本 M1：160，有着很大的突出部分，该泥珠中嵌有木片，木片中有残留的铁锈，所以似乎有铁芯（图八三：12）。标本 M1：161～163，泥珠的突出部分中，也有少量的铁锈，可确认其中插入了细铁芯。从出土部位来看，这些泥珠是夫人再次葬的器物。此外，从第三、四天井出土的遗物可能是在随葬时落下的（图八三：13～15；彩版四二：4）。

Ⅱ式泥珠的形态有球形和水滴形两种，均有小孔（图八四、八五）。以球形（M1：166～222）居多，其孔没有贯通，孔径约 1 毫米。标本 M1：172、173，虽然孔是贯通的，但孔中没有铁锈，中间插入的是有机质的细棒（图八四：7、8）。标本 M1：210～223 为附着有金箔、涂有白色颜料的泥珠（图八五：1～14）。其中标本 M1：223 只是局部贴有金箔；标本 M1：215 则是先涂白色颜料，后贴金箔（彩版四二：5）。

标本 M1：225～232 为水滴形泥珠，加饰的技法如前所述（图八五：15～22；彩版四二：6）。标本 M1：234～239 所示的泥珠为水滴形，且顶部刻有 6 个花瓣，是用工具逐一刻划的，所以花瓣形状并不规则（图八五：23～28；彩版四二：6）。

迄今尚不知与泥珠类似的实例，较为接近的资料见于北魏永宁寺发掘报告，该报告介绍了 12 件作为塑像饰件的圆饼形饰①。其中一件圆饼为平板，其上用金箔表现了 6 个花瓣。Ⅱ式泥珠的出土位置如表 20、21 所表示，均出自夫人棺及其周围，属于夫人的随葬品，可能是与金属制花径相组合的花束中的花蕾或花果的一部分。

二、骨器

骨器出土于第五天井（M1：243～247）、主室（M1：248～258）、侧室（M1：259～261），完整品有 3 件（M1：259～261），其他均为碎片且用途不明，详见附表 22（图八

① 中国社会科学院考古研究所编：《北魏洛阳永宁寺》，中国大百科全书出版社，1996 年。

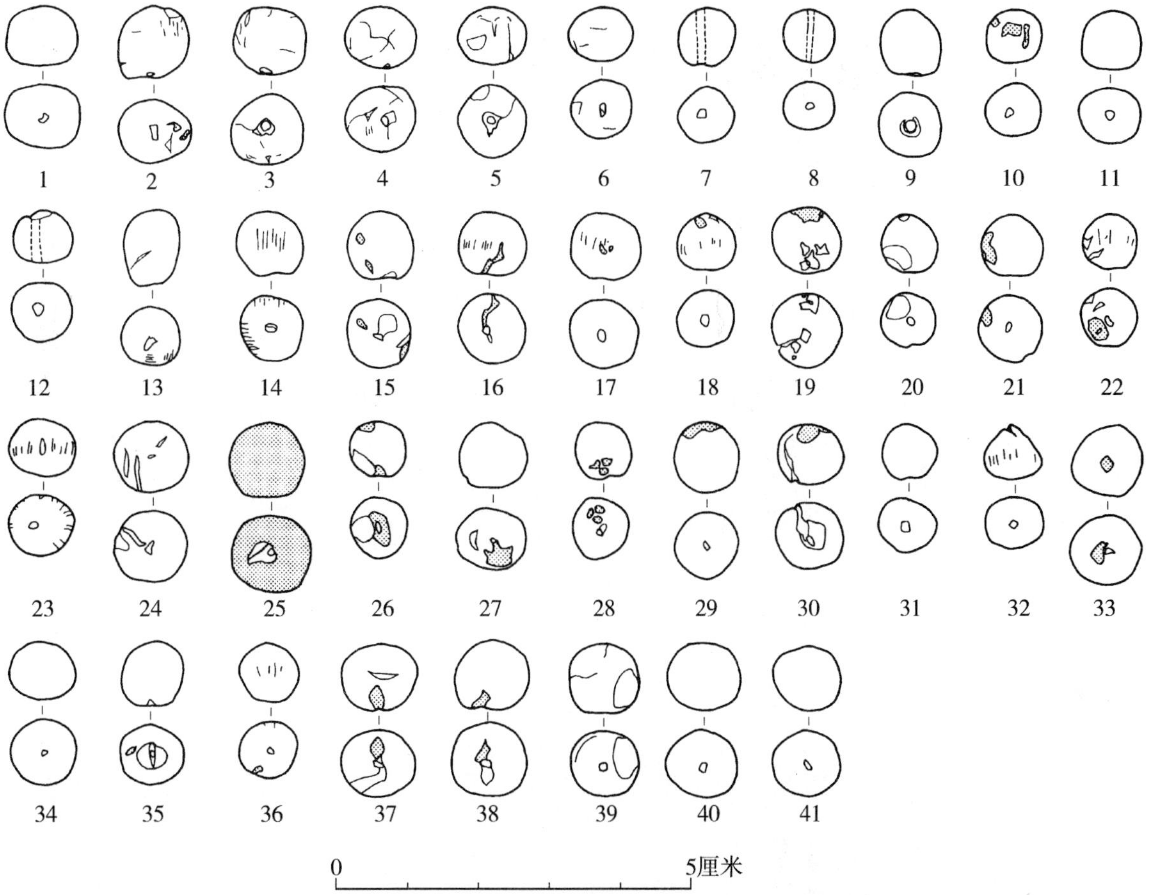

图八四　球形泥珠

1. M1：166　2. M1：167　3. M1：168　4. M1：169　5. M1：170　6. M1：171　7. M1：172　8. M1：173　9. M1：174　10. M1：175　11. M1：176　12. M1：177　13. M1：178　14. M1：179　15. M1：180　16. M1：181　17. M1：182　18. M1：183　19. M1：184　20. M1：185　21. M1：186　22. M1：187　23. M1：188　24. M1：189　25. M1：190　26. M1：191　27. M1：192　28. M1：193　29. M1：194　30. M1：195　31. M1：196　32. M1：197　33. M1：198　34. M1：199　35. M1：200　36. M1：201　37. M1：202　38. M1：203　39. M1：204　40. M1：205　41. M1：206

六；彩版四四：2～6、四五：1～4)。标本 M1：250、252～258 为针状骨器，厚度 0.8 毫米，由于两端残缺，不能断定其用途（彩版四四：6)。在纱冠中也有同样的骨棒，结合其出土部位，我们认为，可能是是纱冠的骨材。标本 M1：259～261 为侧室的人物俑甲胄顶部插着的装饰，略宽的端部有一切口。标本 M1：262 大概为钗，其先端残缺（图八六：20；彩版四五：4)。标本 M1：243～249 是形状复杂的骨器，用途和形状不明（图八六：1～7；彩版四四：2～5，四五：1、2)。

三、木器

木器主要是涂有黑色漆的木柄类和加工过的木片。木片类有编号Ⅰ～ⅩⅢ诸类，出土位置为墓室、第五天井、第三天井、第四天井。仅存漆皮，木质部分已灰土化。由于在天

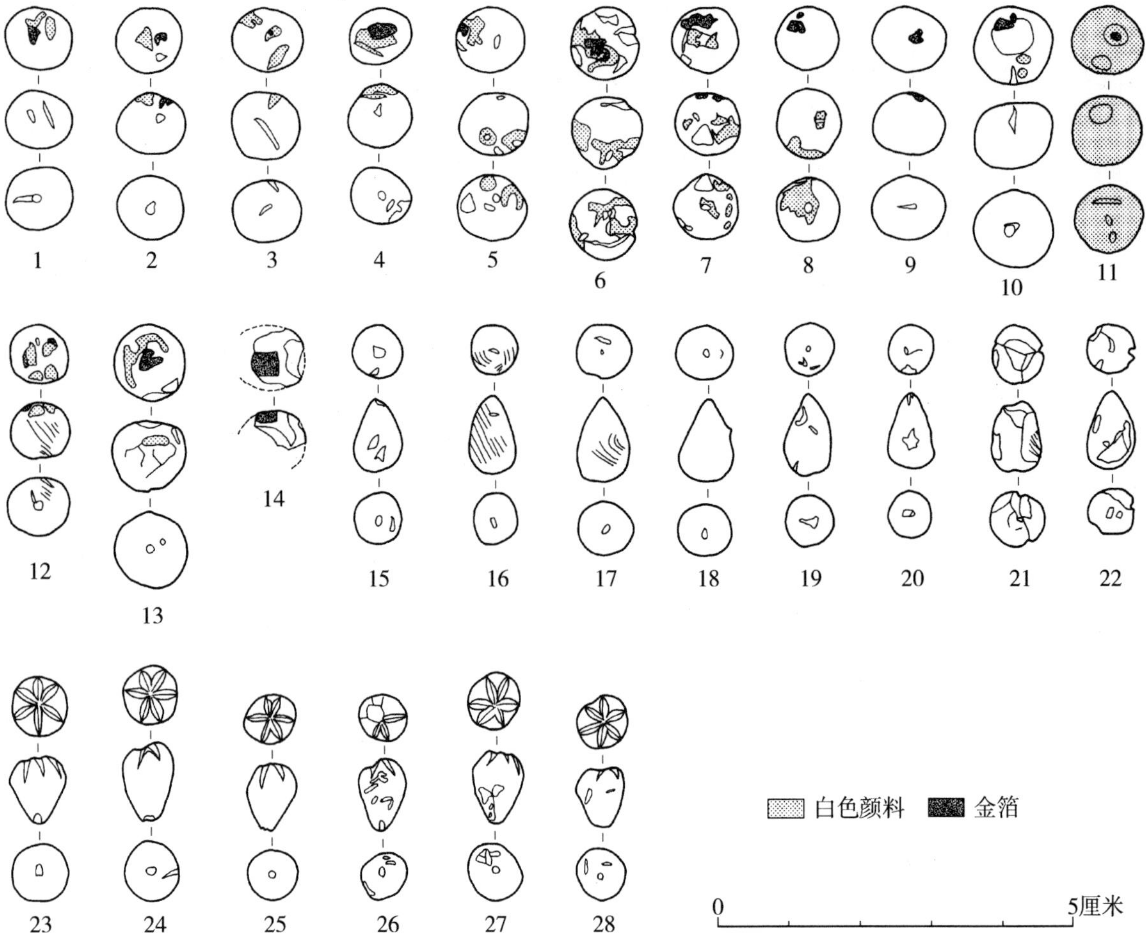

图八五　金箔泥珠、泥珠

1～14. 金箔泥珠（M1：210～223）　15～22. 水滴形泥珠（M1：225～232）
23～28. 花纹水滴形泥珠（M1：234～239）

井发掘中遇到降雨和冰雹，没能够很好地将遗物取回室内，报告主要就墓室清理的遗物进行描述。另需说明的是，为了顺利取出漆皮遗物，在其上数次浸涂了有机化合物药品。在此一并介绍的，还有装着在木柄上的鎏金铜构件。图八七～八九为出土状态和出土遗物实测图，尽管遗物经上述药品浸涂，但漆皮依然损坏严重，终未能制出遗物图（彩版四六：3～6）。

标本 M1：272 为木柄（图八七：1）。标本 M1：273 中木柄由于土压，有些变形，但木柄本来的断面完整地保存下来（图八七：5）。直径约为 3 厘米。一端有一个很细的长约 4.6 厘米的榫，榫上也涂着黑漆，这个榫是可以取下来的。标本 M1：273、274，木柄的变形很明显（图八七：5、12）。如图所示，是和云母片一同出土的。在标本 M1：273 的周围，出土了 5 件金铜环。标本 M1：274，出土时的漆膜已经细片化。标本 M1：275 与前者一样，也已呈细片化（图八八：1）。标本 M1：276 为一根全长约 55 厘米的木棒，原来似乎更长，但两端的原形没有被保存下来（图八八：2）。标本 M1：275 有断断续续约 1.2 厘米的延长部分，所以原状肯定比 1.2 厘米要长。全体的黑漆膜被遗留了下来。标本 M1：278 为榫的部分，两根榫排列出土，带有金铜环和榫（图八八：7）。标本 M1：279

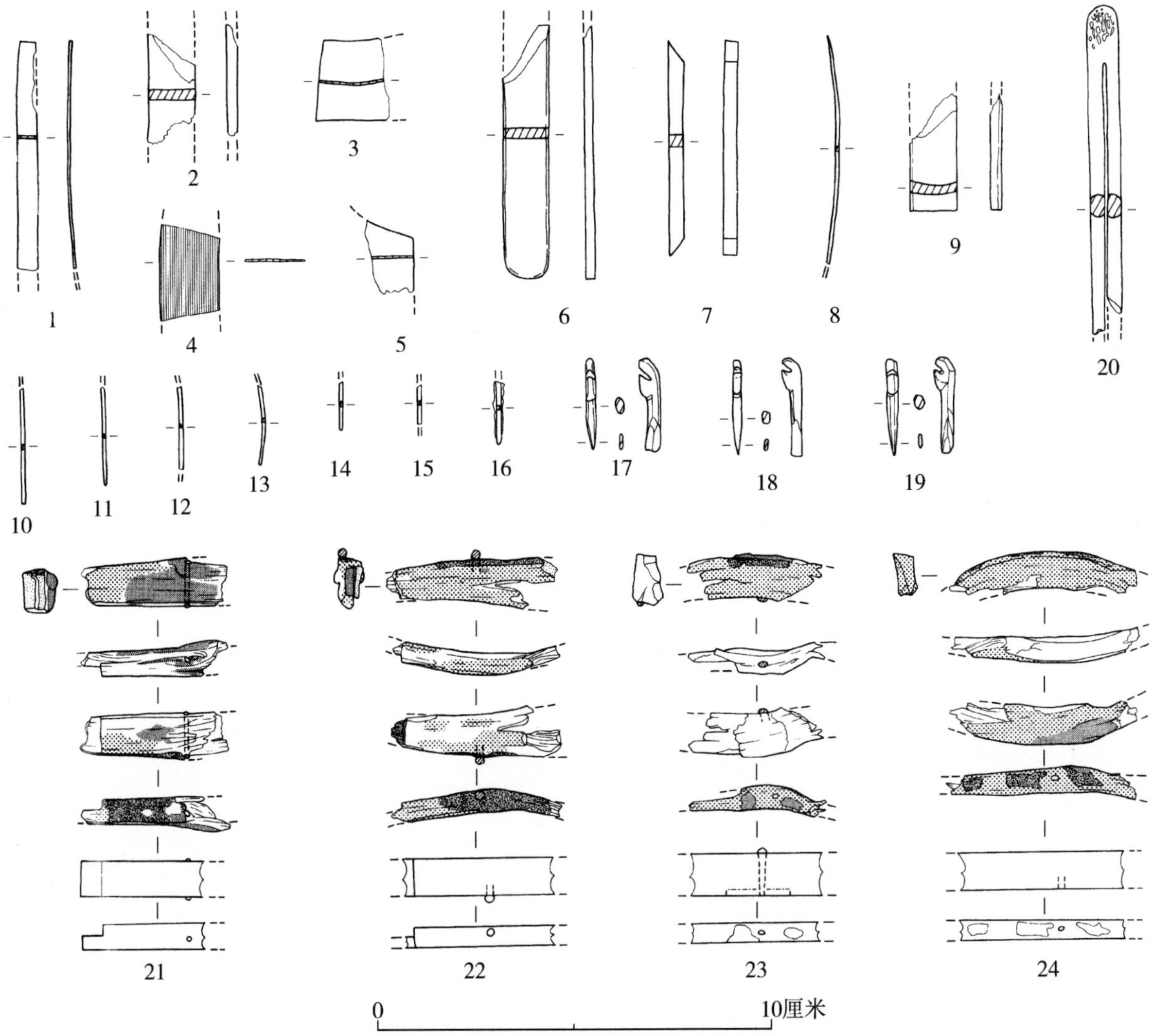

图八六　骨、木器

1～6. 板状骨器（M1∶243～248）　7、9. 骨器（M1∶249、251）　8、10～16. 针状骨器（M1∶250、252～258）　17～19. 楔状骨器（M1∶259～261）　20. 骨钗（M1∶262）　21～24. 木器（M1∶263～266）

为带有金铜环和榫的两根木柄（图八八∶5）。由于严重变形，没有能够很好地取出。标本M1∶280为带有金铜环，和榫的木柄呈反方向出土，木柄上带有云母片（图八八∶10）。图八八∶11、12为木柄的断面，稍呈长椭圆形，榫的断面为接近正圆形，木柄已经变形。图八八∶12中的榫在平面图中，漆膜已从木质部分脱离，呈扁平化，木质部分的断面为正圆形。

标本M1∶281也为榫。榫的前端小口涂有漆（图八九∶3）。标本M1∶283为几枚木片的重叠，图八九∶2③所示物品中附着有布。如第七章第五节所述，云母片本来是缀在布上的，这一点反映出木片和云母片的紧密关系。标本M1∶283并不是木柄，而是木板片（图八九∶2）。很薄的木板上饰有云母的金箔花纹。另一面附着有漆膜。

和木柄在一起的有21个鎏金铜环。标本M1∶273－6为带有木柄的鎏金铜环（图八

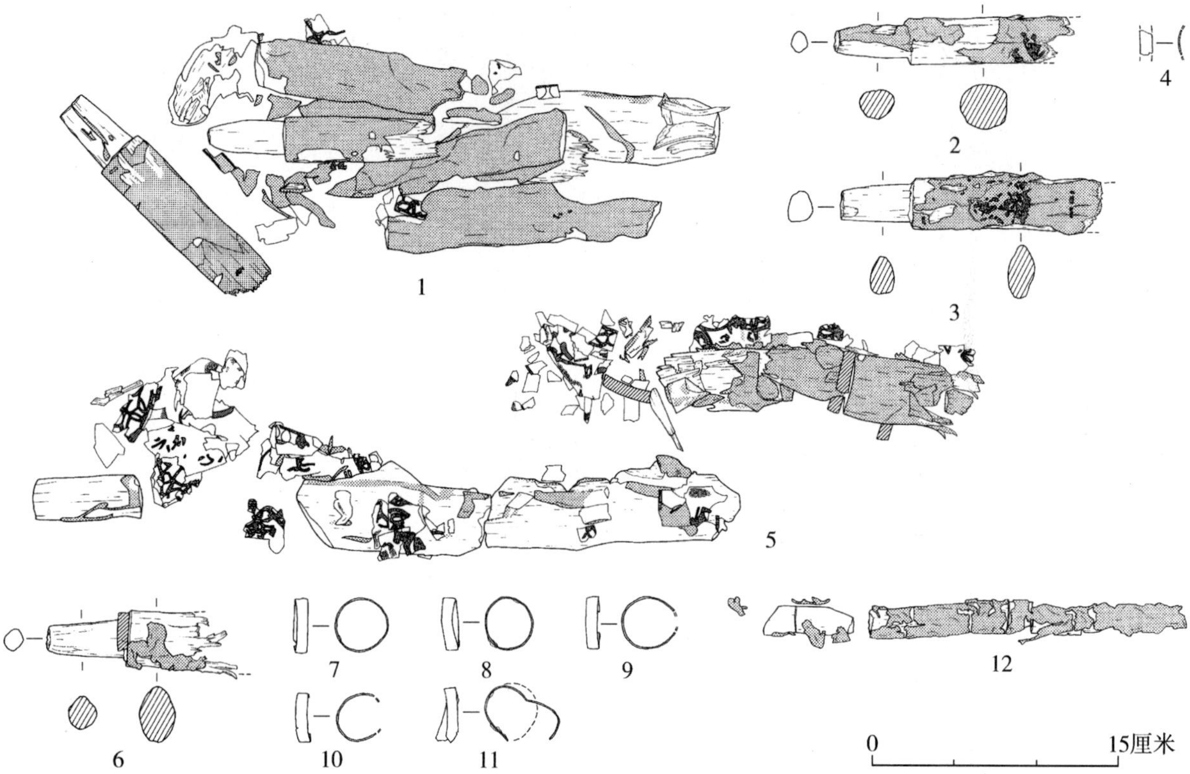

图八七　涂漆木柄及鎏金环之一

1、5、12. 涂漆木柄（M1：272、273、274）出土情况　2. 涂漆木柄（M1：272－1）　3. 涂漆木柄（M1：272－2）　4. 鎏金环（M1：272－3）　6. 涂漆木柄（M1：273－1）　7. 鎏金环（M1：273－2）　8. 鎏金环（M1：273－3）　9. 鎏金环（M1：273－4）　10. 鎏金环（M1：273－5）　11. 鎏金环（M1：273－6）

七：11)，标本 M1：287－1 为单独出土的鎏金铜环。是用宽约 1、厚 0.5 厘米的铜板做成的直径为 3 厘米的圆环，根据对其保存处理得知，在其表面和边缘鎏金（图八九：18)。保存完整的圆环有 6 个，其他的有的接合部分有分离，有的有破损。接合部分即使是和铜板接触的部分，也没有重叠。不能明确其接合方法。鎏金的部位为表面、里面和边缘部位。圆环被装在榫部分的木柄上，并不是装在木柄的榫部分上。

通过以上对木柄的观察，可以得出以下几个特点：1. 木柄是从其一端制作出榫，榫并非圆桶形，呈截头内锤形。2. 没有带有与榫对应的榫穴的木柄。榫并不是为了延长木柄的接合工具，而是用来嵌在别的器具和器架中的，从榫的长度来看，至少为 7～8 厘米以上的木板。3. 木柄的侧面没有与木柄平行的沟。4. 漆膜在木柄、榫部上均有分布。木柄的颜色为黑色、饰有云母金箔花纹的物品，是将云母板直接缠绕在木柄上，但它并不是木柄的装饰品。5. 环上全面施有鎏金。从环的直径和出土状况来看，是木柄端部的装饰品。木柄的用途将在第十六章中讲述。

不明木制品有 4 件（标本 M1：263～266)，出土时已全部干燥和变形（图八六：21～24)。如复原图所示，木片厚 0.9～1.2、宽 0.9～1.2 厘米，4 件中两件有铜钉残留，两件上有钉脱落后留下的孔。如标本 M264～266 所示，全部加起来有 13.2 厘米长。是从墓室的盗掘洞上方出土的。木片上有透明漆膜层，漆下面残留有布纹。部分布纹的方向与木的

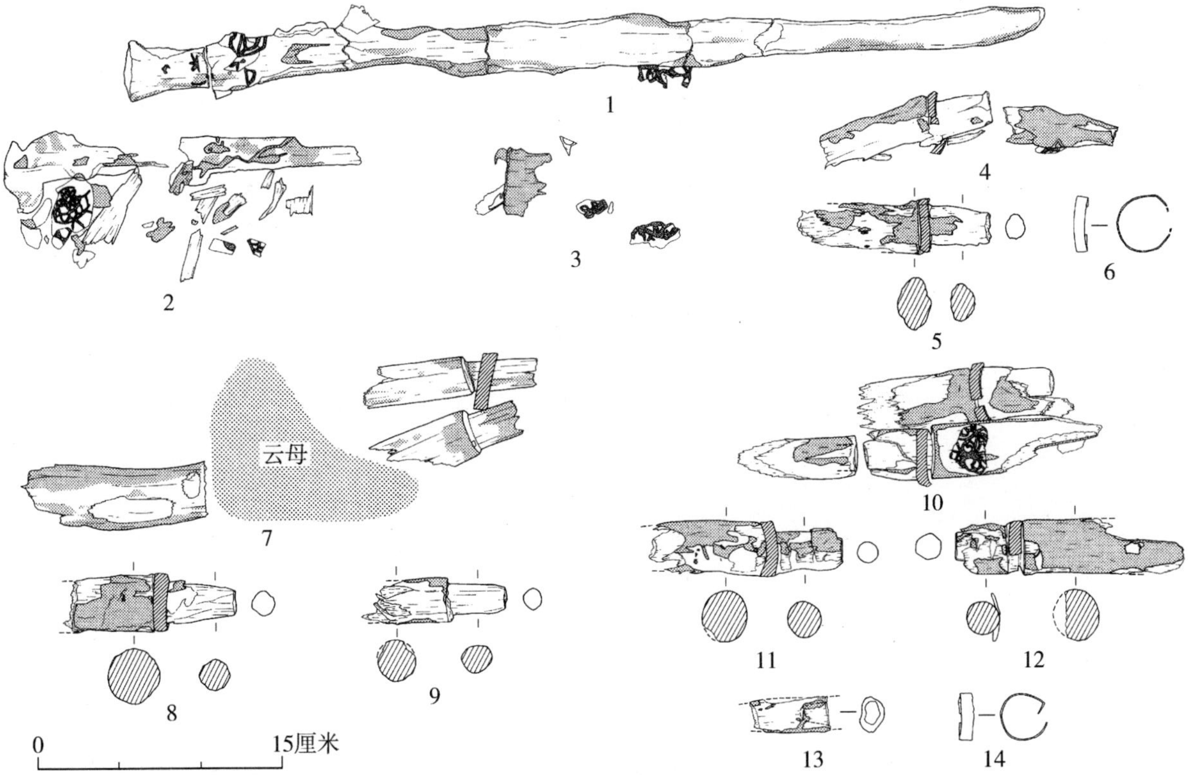

图八八　涂漆木柄及鎏金环之二

1～4、7、10. 涂漆木柄（M1：275、276、277、279、278、280）出土情况　5. 涂漆木柄（M1：279－1）　6. 鎏金环（M1：279－2）　8. 涂漆木柄（M1：278－1）　9. 涂漆木柄（M1：278－2）　11. 涂漆木柄（M1：280－1）　12. 涂漆木柄（M1：280－2）　13. 涂漆木柄（M1：280－3）　14. 鎏金环（M1：280－4）

方向斜交。标本 M1：264 涂上漆后，用钉子钉在上面。使用的是一种干漆的技法。

四、漆器

所要介绍的漆器是指漆盘和纱冠。是从第五天井被搅乱的地方出土的，并不知道其本来的随葬位置，出土时已经成为了一些断片。标本 M1：270，盘为干漆，在木胎上面先贴了很厚的布，然后涂漆。由于在第十二章中已经对卷胎做了叙述，这里就不再赘述。漆为深褐色，盘的口径为 9.6 厘米，器高可以复原为 1.5 厘米。通过卷胎方法制作的口径部分很大而且外翻，口径的边缘部分稍薄（图九〇：2；彩版四六：1、2）。

纱冠（M1：268）与很多的玻璃珠、金箔片和纱一起出土（图五一；彩版四五：6）。

可以确认的是与直径 13 厘米的圆弧相接的金箔。金箔镶在芯纸上。在圆弧内侧，有一些极薄的绿颜色的小纸片。在金箔分布的范围内，有玻璃珠和纱，都是一些相互有关系的物品。纱的西侧有直径约 3 厘米、伴随着金箔的纸片。纱堆积成一个 11.8×14.3 厘米的圈。纱的里、外两面均涂有黑漆，纤维的构造已无法看出。由于受压，里外以及前后、顶部和底部呈很复杂的重叠状态，具体构造难以复原，只能对其进行按块分类。此外，还

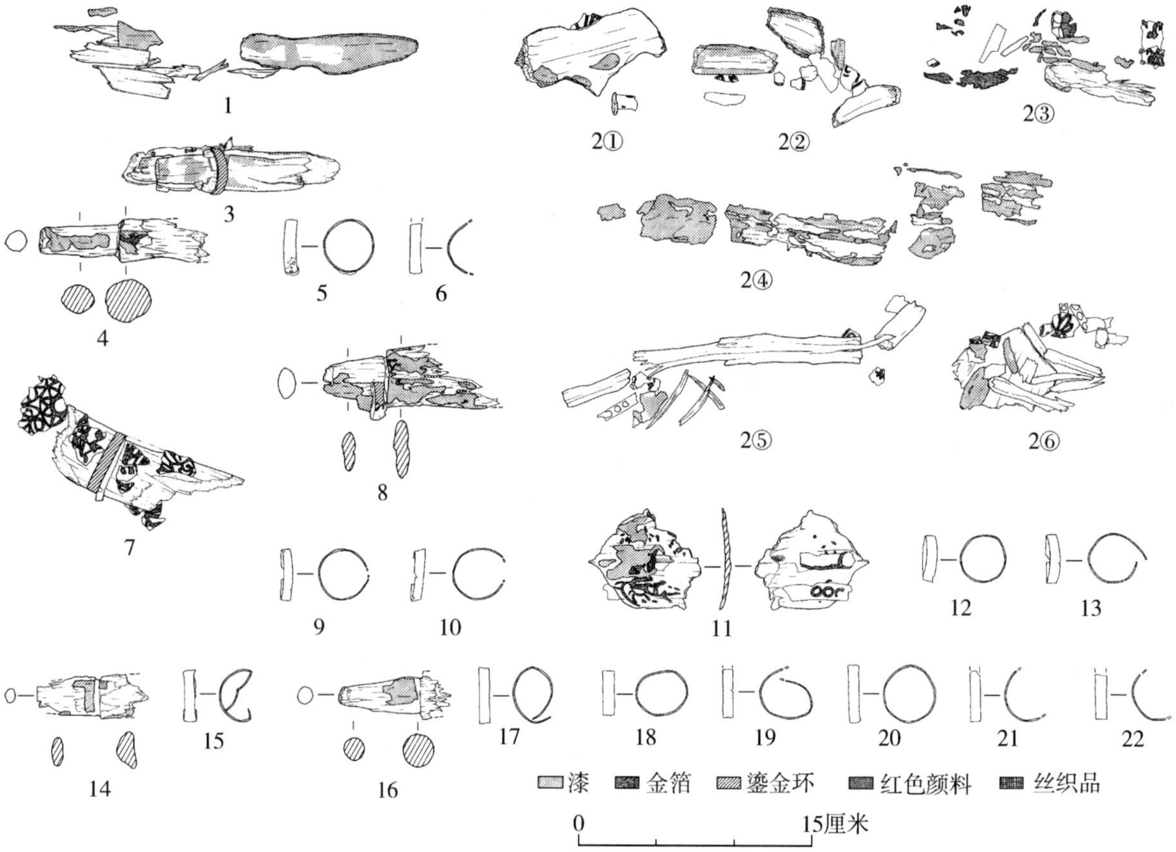

图八九　涂漆木柄及鎏金环之三

1～3、7. 涂漆木柄（M1：281、282、283）出土情况　4. 涂漆木柄（M1：281－1）　5. 鎏金环（M1：281－2）　6. 鎏金环（M1：281－3）　8. 涂漆木柄（M1：282－1）　9. 鎏金环（M1：282－2）　10. 鎏金环（M1：282－3）　11. 涂漆木片（M1：284－1）　12. 鎏金环（M1：284－2）　13. 鎏金环（M1：284－3）　14. 涂漆木柄（M1：285－1）　15. 鎏金环（M1：285－2）　16. 涂漆木柄（M1：286－1）　17. 鎏金环（M1：286－2）　18. 鎏金环（M1：287－1）　19. 鎏金环（M1：287－2）　20. 鎏金环（M1：288）　21. 鎏金环（M1：289）　22. 鎏金环（M1：290）

可以看到几个骨制的细棒。其制作方法是将骨核做成细棒（暂称为针状骨器）的形状，上面罩纱，再用漆将其加固（图九〇：1）。

文献记载的纱冠的例子不胜枚举，其中绘画资料以唐代以后的居多。实物多出土于明清墓中，传世品较多。在北周墓中出土还是第一次，因此值得注意。盛唐时的纱冠在日本正仓院中已成为断片，但被保存了下来。

日本正仓院北仓的“礼服御冠残欠”。断片被分别放在6层的木箱中，另外在“漆冠笥”中也有。后者有16个长椭圆形的冠底部分，前者中主要是冕冠的断片和玻璃珠、珍珠、琥珀以及其他的一些小玉类、金银制的树叶形、花形、葛形裁文等的断片。田弘墓中出土的纱冠，比正仓院中的藏品要早二百年。它与正仓院中的藏品一样，不是冕冠，虽然装饰品不多，但也是一个镶有玻璃珠、金箔的华丽纱冠。冠的下端为圆形，但由于其直径稍大于10厘米，所以冠并不是直接戴在额头上，而是戴在发髻上的。或者也有可能是唐代盛行的头饰上部的断片。由于男女均可使用纱冠，所以决定其归属不是件容易的事。虽

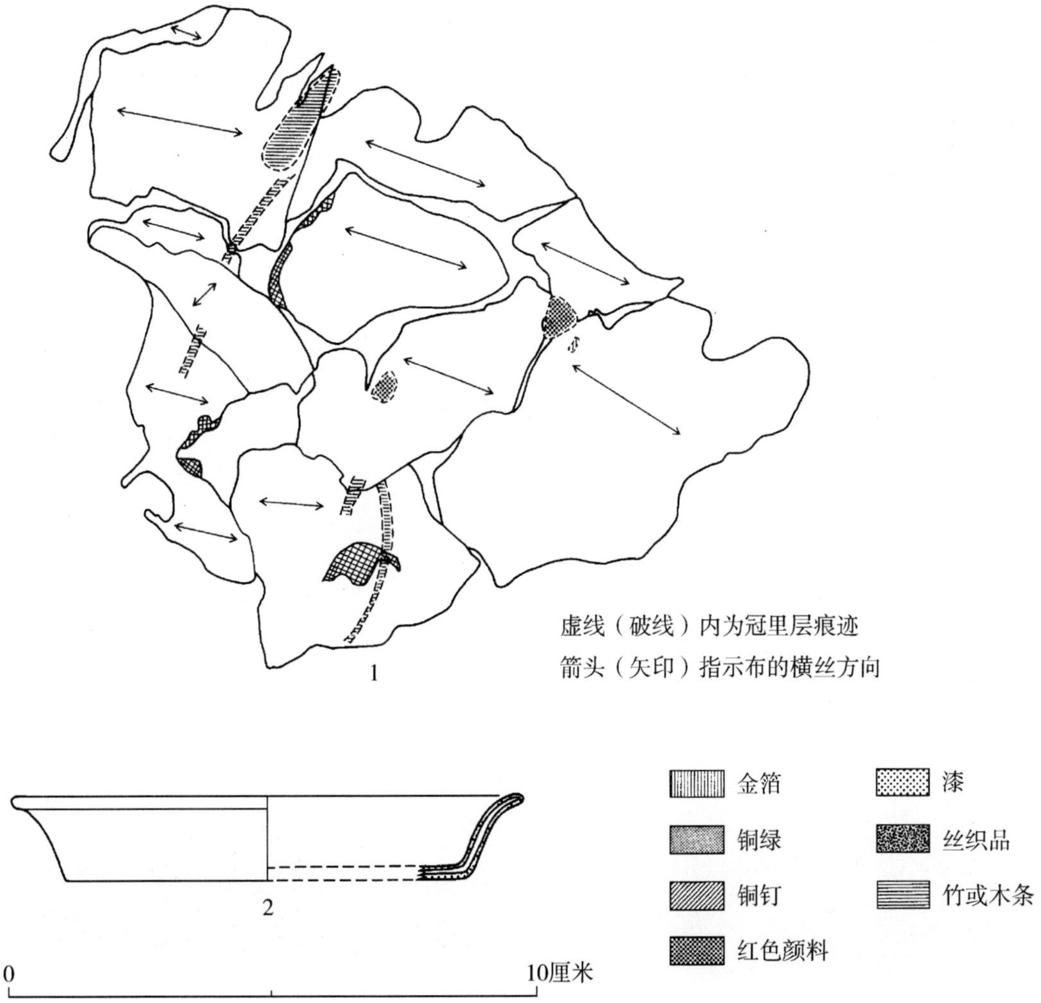

图九〇　纱冠、漆盘

1. 纱冠（M1：268）　2. 漆盘（M1：270）

然在唐代女性也盛行穿男装，女性也使用头饰，但我们还是认为，在这之前，纱冠为男性使用的东西。

第九节　墓砖

墓砖均为烧制而成，在田弘墓中的封门、甬道、墓室地面等处均有使用，而砖的出土位置则见于第三天井底部、第四天井底部、盗洞底部、第五天井、主室、侧室、后室。其中墓室出土的砖为盗墓时揭去的地面铺砖，现将盗掘揭去的部分再次铺设，并在当地予以保存。附表 27 所报告的是第五天井出土的封门和甬道使用的砖，这些砖均为长方形。如图九一所示，砖的 5 个面残存有砖坯模板痕迹，砖坯模板上撒布干燥的细黄沙土后制作砖坯，仅砖的表面较粗糙。在砖坯的上面，残存有绳纹样的拍压工具痕，而在砖坯与模板接

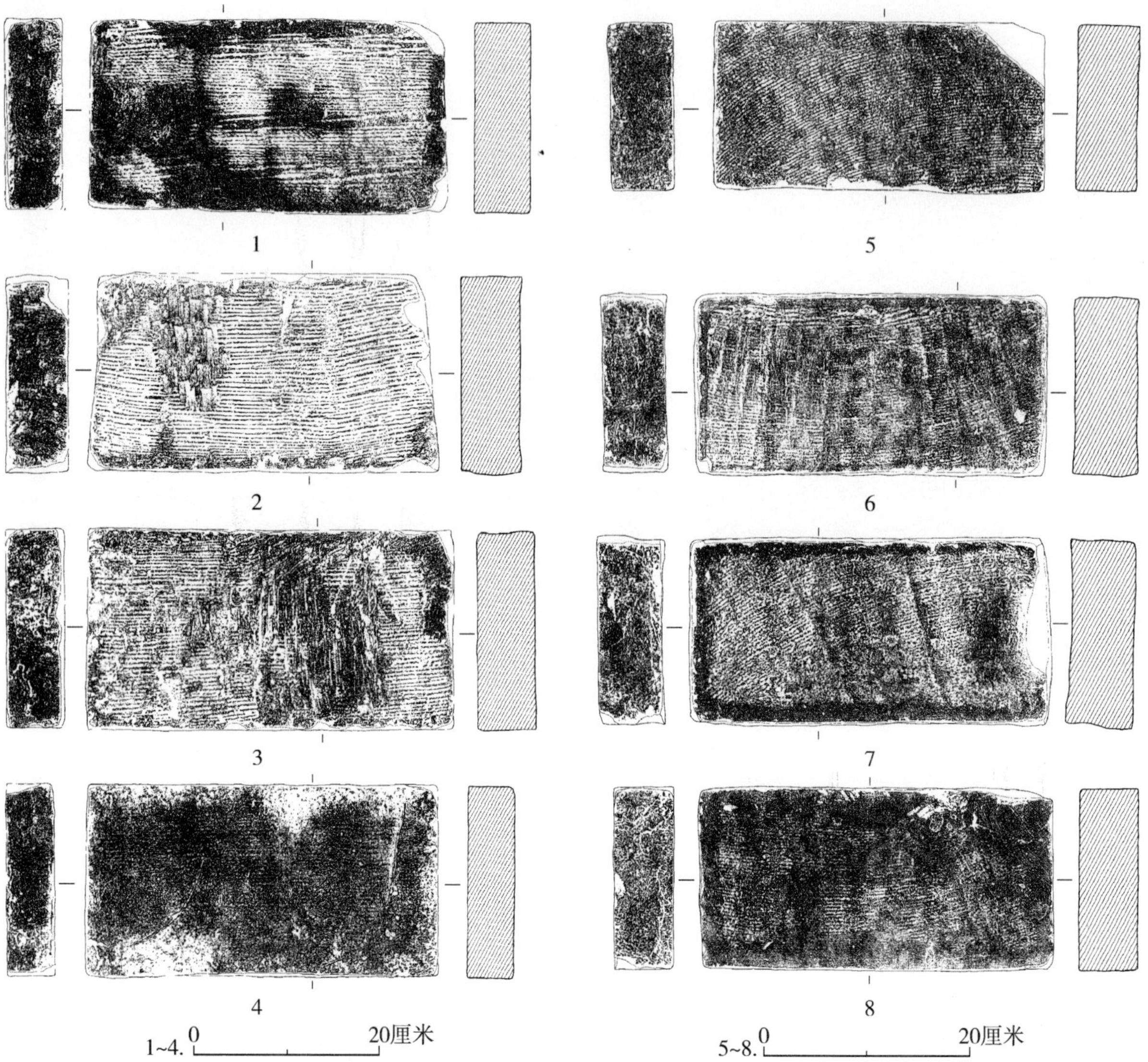

图九一　墓　砖

1. M1：291　2. M1：292　3. M1：293　4. M1：294　5. M1：295　6. M1：296
7. M1：297　8. M1：298（1～3 出自第五天井，4～8 出自封门）

触的部分，则无需使用拍压工具，有的形成勺形面，在墓室地面使用时，将这个面置于底下。

此外，在主室地面还有若干处利用了旧砖，旧砖上残留有白灰或壁画等遗痕。砖的大小可分为两类，大砖宽 19～20、长 32～36 厘米左右，列表统计后可看出其偏差颇大，故求出平均值的意义不大，在此记述从略。与大小相比，砖的重量没有大的差别，均为 5 公斤多至 7 公斤多。对于砖在数值差距方面的考虑，包括再利用的砖，与其说是烧砖造成的差别，不如认为是砖坯模型有较大的差别。

（菅谷文则）

第八章　墓　志

第一节　墓志出土状况

在发掘平面上确定了墓道和天井位置以后，首先清理位于甬道上方打破第五天井的盗洞（图九二）。盗洞平面轮廓不规则，从土色辨别，可能存在两个时代不同的盗洞。北侧盗洞平面呈扁圆状，土质疏松，呈浅灰色，被南侧盗洞打破。南侧盗洞平面大致呈圆形，直径0.72～0.95米，土质疏松，呈深褐色，颗粒较大。两个盗洞在向下0.6米左右已无法分辨，基本成为一体。盗洞垂直下挖，沿第五天井北壁而下。在清理至距地面大约2.7米处，开始出现一些零散的动物骨骼，保存没有什么规律。愈往下，动物骨骼就愈密集。从保存状况看，动物骨骼相互叠落，经鉴定为一匹马的个体，骨骼基本保存齐全。马首在众骨骼之下，仍保存一些干枯的马皮和绳索痕迹（彩版一〇：1）。

在骨骼北侧偏离盗洞处，发现了墓志石和志盖，位置略低于骨骼位置。志盖正面与志石背面相贴竖立，志石和志盖有错位。在志石侧壁上抛置残陶罐一个，其他残片在天井底有发现。从发掘情况看，志石和志盖放置于盗洞北壁的一个侧龛内，龛高0.87、宽0.85米。在盗洞东壁侧龛位置，有数个大小、形状不一的脚窝，上下间距也不一样（图九二）。

通过上述迹象和墓志保存位置，我们可以做如下推测：在平面上保存两个有打破关系的盗洞，第二次盗墓基本上使用第一盗洞。可以肯定，墓志的盗取是第二次盗墓者所为。盗墓者在盗洞内通过脚窝，踩踏出入墓室。在盗取墓志的过程中，由于墓志和志石重量较大，单凭数人是无法从十余米深的地方提拉上来。我们在提取墓志时，通过安装滑轮，在十余人的拖拉下，才得以顺利取出。于是采取了分阶段逐层向上移动的办法。具体方法为在盗洞壁上掏挖几个小龛，用来放置墓志石，将志石和志盖合在一起，通过马匹的力量向上拖拉。或许墓志石过于沉重，距地面仅4米左右的距离时，马匹因不堪重负而坠入洞内。盗墓者只能望石兴叹，无奈中途作罢。

（卫　忠）

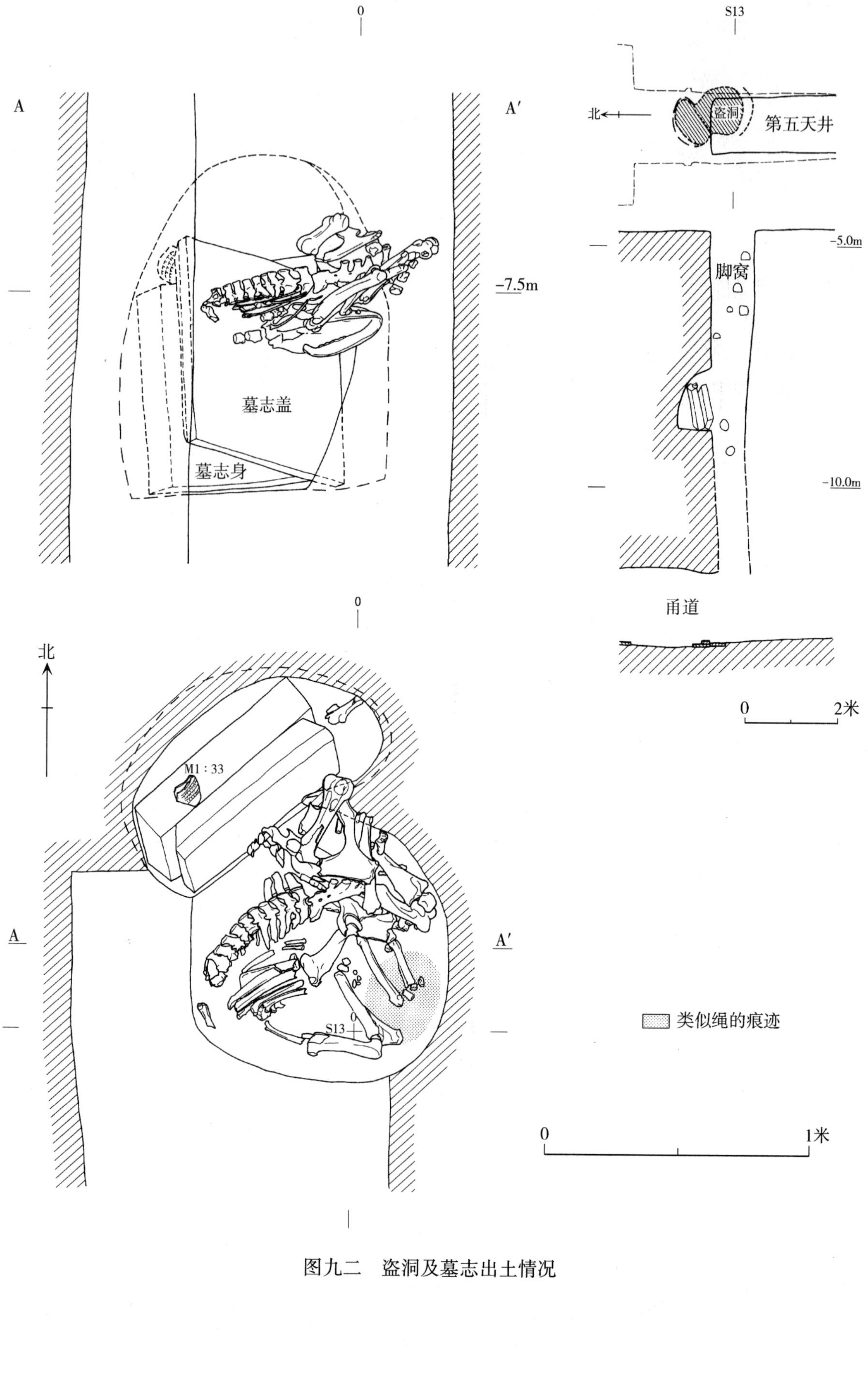

图九二　盗洞及墓志出土情况

第二节 墓志结构和志文

一、墓志结构

墓志出土于第五天井中央盗洞之内，已经脱离原有位置，志盖错动竖立，出土时有黑色，似涂黑（彩版四八）。

志盖正方形，盝顶。底面上边长 71、高 5 厘米，下边长 72.2、高 5.2 厘米，左边长 72.5、高 4.8 厘米，右边长 71、高 4.8 厘米。底面上、下边基本平齐，左右两侧稍有弧度，左侧中央弧度略大。四面斜杀，杀角不太规则，自上顺时针分别长 10.5、10.2、9.5、11 厘米。上杀面宽 9.2、下杀面宽 9、左杀面宽 10、右杀面宽 9.8 厘米。顶面平整，上边长 61、下边长 60.8、左边长 61.3、右边长 61.3 厘米。顶面四边先双线刻划四边框，上、下双线宽 4 厘米，左、右线宽 3.5 厘米（图九三）。

顶面中央均布宽线棋格，宽线 1.5 厘米。方格基本呈正方形，例如第一行第一格高宽 12.2×11.8 厘米，第三行第二格高宽 12.3×12.2 厘米。布线时先刻竖线，然后刻横线。有四行，每行 4 字，字作篆文“大周少师」柱国大将」军雁门襄」公墓志铭”。篆字先将字的轮廓用刀刻出，再将接近笔划部分小心地向内剔除，然后由内向外将其余部分铲除。原石上有缺陷，“师”字竖笔刻在缺口上，“少”字与“公”字有一横划痕，为刻字之前痕迹。但也有划痕是在字刻成之后。“门”字上有一半圆形的划痕。

石面在刻字前经过仔细磨光，以磨光痕迹观察，先是横向，然后纵向抛光。在上斜杀

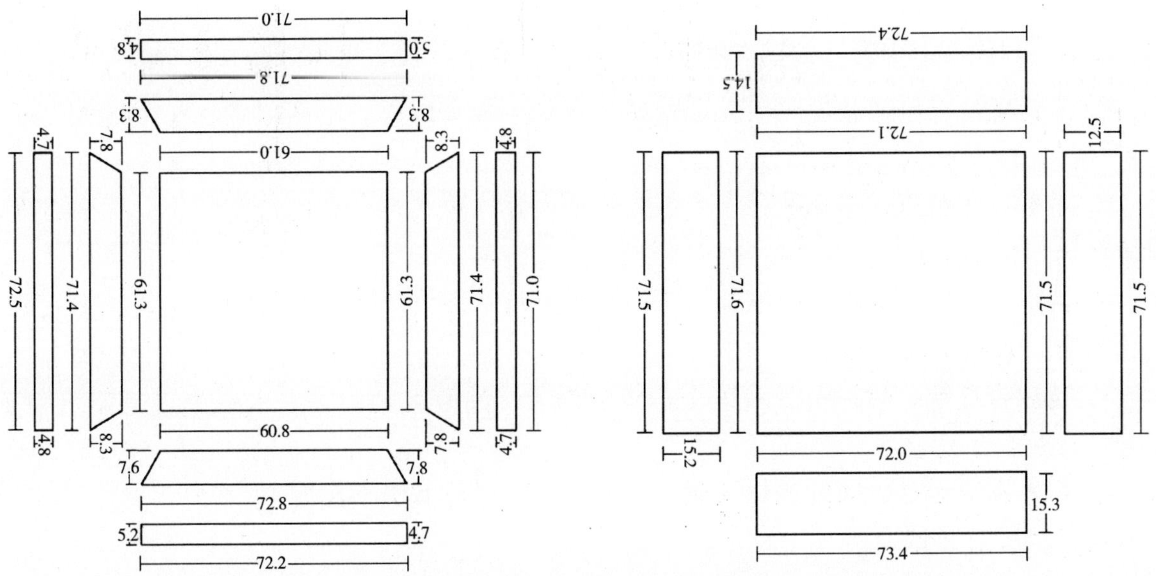

图九三 墓志盖（左）、志身尺寸示意图（单位：厘米）

面上，可能原有5处錾揭毛坯料的崩坑，修整斜面时，在其周围留下了局部研磨痕迹。志盖的面经过修整，修整面上留下凿痕。凿痕表明，每面先由外向里錾凿，形成4个大三角形面，只有下端三角中又分别有一些三角形凿痕。这样的底平面处理方法与本地区西魏吴辉墓志志盖、北周李贤墓志志盖底面的凿痕一致，而与隋史射勿、唐史氏墓志志盖迥异，亦表明西魏、北周时期，由于某种一致的原因，志石的制造工艺有相似之处，可能高官志石均系朝廷所赐。

志石基本呈正方形，但亦稍有误差，上下宽、左右略窄。尤其是底部粗糙，仅经过大致的坯錾刻，錾刻并无规律，所以也造成四边的厚度不一。志石四侧面经过磨光处理，表面平素，没有任何花纹。上边长72.1厘米，左厚14.5、右厚14.5厘米；下边长72厘米，左厚15.3、右厚15.3厘米，左边长71.6厘米，上厚14.7、下厚15.3厘米，右边长71.5厘米，上厚12.5、下厚12.5厘米（图九四、九五）。志石表面经过仔细磨光，抛光方向是横向，然后规划成棋格。棋格先刻竖线，自右而左，后刻横线。竖线细，横线较粗。横线并非自左而右刻划，有自上而下竖划的迹象。竖线基本上无重线，横划则有重复之处，如第十九字底横线有三格重复。竖线框多维系在1.85～1.9厘米之间，横线框1.7～2厘米，有近3毫米的误差。石面虽经仔细磨光，仍有一处稍凹，第十二、十三行“之”“公”字刻于凹面上。有些缺损之处则是在志石刻成完工之后，如第一行第一字“大”上边碰坏，只留下笔划。

竖行三十六行，每行三十八格。第一行与第三十六行两行无棋格，文字按行书写。其余志文均按格填写，全文共1341字。行文字体是魏书体。第一行顶格书写“大周使持节少师柱国大将军大都督襄州总管襄州刺史故雁门公墓志”。现将全文标点抄录于后，文中“太祖”、“诏”、“谥”等字之前、“铭曰”之后均空格挪抬，其余则按行录。

二、墓志录文

1. [大]周使持节少师、柱国大将军、大都督、襄州总管、襄州刺史、故雁门公墓志

2. 公讳弘，字广略，原州长城郡长城县人也。本姓田氏，七族之贵，起于沙麓之峁；五世其昌，基于凤凰

3. 之繇。千秋陈父子之道、人主革心；延年议社稷之计、忠臣定策。公以星辰下降，更禀精灵，山岳上升，

4. 偏承秀气。淮阴少年，既知习勇；颍川月旦，即许成名。永安中，从陇西王入征，即任都督。永熙中，奉迎

5. 魏武帝迁都，封鹑阴县开国子，转帅都督，进爵为公。　　太祖文皇帝始用勤王之师，将有兵车之会，

6. 公于高平奉见，即陈当世之策。太祖喜云：“吾王陵来矣”。天水有大陇之功，华阳有小关之捷。襄城

7. 则不伤憔类，高壁则不动居民。并辔援桴，飞鸡燧象。虽以决胜为先，终取全军为上。大统十四年，授

图九四　墓志拓片(约为1/3)

周使持節少師柱國大將軍大都督襄州總管襄州刺史故鴈門公墓誌

公諱弘字廣略原州長城郡長城縣人也本姓田氏七族之貴起於沙麓之象五世其昌基於鳳皇

之繇千秋陳父子之道人主革心延年識社稷之計忠臣定策公以星辰下降更稟精靈山岳上昇

德承秀氣淮陰少年既知習勇潁川月旦即許成名永安中從隴西王入征即任都督永熙中奉迎

魏武帝遷都封鶉陰縣開國子轉帥都督進爵爲公　大祖文皇帝始用魏王之師將兵車之會

公於宮平奉見即陳當世之策　大祖憘云吾王陵來矣天水有大隴之功華陽有小關之捷襄城

則不傷焦類高壁則不動居民徐巒援桴飛雞燧鳥雖以決勝爲先終取全軍爲上大統十四年授

持節都督原州諸軍事原州刺史雖爲衣錦實曰治兵乞留將軍非但南部將授爭迎州牧豈直西

河童子又增封一千三百戶侍從　大祖平竇軍復恒農破沙苑戰河橋經北芒月暈星眉看旗聽

鼓是以決勝千里無遠節度乃授使持節車騎大將軍儀同三司尋而金墉且危[illegible]

图九五　墓志盖拓片（左）、墓志底部（中）和墓志盖底部

8. 持节、都督原州诸军事、原州刺史。虽为衣锦，实曰治兵。乞留将军，非但南部将校；争迎州牧，岂直西

9. 河童子。又增封一千三百户。侍从　　太祖，平窦军，复弘农，破沙苑，战河桥，经北邙，月晕星眉，看旗听

10. 鼓，是以决胜千里，无违节度。乃授使持节、车骑大将军、仪同三司。寻而金墉阻兵、轵关须援、赐以白

11. 虎之诏，驰以追锋之车。武安君来，即勇三军之气；长平侯战，果得壮士之心。魏前元年，迁骠骑将

12. 军，开府梁汉之南，岷江以北，西穷绵竹，东极夷陵。补置官人，随公处分。加侍中。魏祚乐推，周朝受

13. 命，进爵雁门郡公，食邑通前三千七百户。文昌左星，初开上将之府；陵云复道，始列功臣之封。保定

14. 三年，都督岷、兆二州五防诸军事、岷州刺史。朝廷有晋阳之师，追公受赈。太原寒食之乡，呼河守冰

15. 之路，无钟远袭，走马凌城，奇决异谋，斯之谓矣。拜大将军，增邑千户，余官如故。玉关西伐，独拜于卫

16. 青，函谷东归，先登于韩信。方之此授，异代同荣。江汉未宁，尠劳经略，更总四州五防诸军事。而庞德

17. 待问，先言入蜀之功；羊祜来朝，即见平吴之策。白帝加兵，足惊巴浦。荆门流旆，实动西陵。既而越舸

18. 凌江，咸中火箭，吴兵济汉，并值胶船。尔后乘驲兆河，观兵墨水，白兰拓境，甘松置阵，板载十城，蕃篱

19. 千里。论龙涸之功，增封千户，并前合六千户。蜀侯见义，求静西江，浑王畏威，请蕃南国。月硖治兵，收

20. 功霸楚，熊山积仗，克复全韩。天和六年，授柱国大将军。建得二年拜大司空。楚之上相，以黄歇为

21. 贤；汉之宗卿，以王梁为膺谶。寻解司空，授少保。匡衡加答拜之礼，张禹受绝

席之恩，郁为帝师，得人

22. 盛矣。三年，授都督襄、郢、昌、丰、唐、蔡六州诸军事、襄州刺史。下车布阵，威风歙然。猾吏去官，贪城解印。

23. 楼船校战，正论舟楫之兵；井赋均田，始下沮漳之餫。既而，南中障疠，不宜名士，长沙太傅，遂不生还，

24. 伏波将军，终成永别。四年正月三日薨于州镇，春秋六十有五。　天子举哀，三日废务。诏葬之仪，

25. 并极功臣之礼。有诏“　赠少师，原、交、渭、河、兆、岷、鄯七州诸军事、原州刺史。　谥曰：襄公。”其年四月廿

26. 五日归葬于原州高平之北山。公性恭慎，爱文武，无三惑，畏四知。仪表端庄，风神雅正，喜怒之间，不

27. 形辞气，颇观史籍，略究兵书。忠臣孝子之言，事君爱亲之礼，莫不殷勤诵读，奉以书绅。至于羽檄交

28. 驰，风尘四起，秘计寄谋，深沉内断，故得战胜攻取，算无遗策，有始有卒，哀荣可称。在州疾甚，不许祈

29. 祷，吏民悲恸，城市废业。世子恭，攀号伏侍，徒步千里，殷瘠淄尘，有伤行路，呜呼哀哉！乃为铭曰

30. 有妫之后，言育于姜。长陵上相，淄水贤王。荣归历下，单据聊阳。安平烈烈，京兆堂堂。乃祖乃父，重先

31. 累德。驱传扬旌，燕南赵北。白马如电，玄旗如墨。箭下居延，泉惊疏勒。公之世载，幼志夙成。祥符岁德，

32. 庆表山精。纯深成性，廉节扬名。忠泉涌剑，孝水沾缨。勇气沉深，雄图超忽。削树龟林，乘冰马窟。义秉

33. 高让，仁彰去伐。屈体廉公，还疑无骨。水土须政，公实当官。兵戈须主，公乃登坛。长城远袭，地尽邯郸。

34. 宜阳积仗，一举全韩。作镇南国，悠然下土。赤蚁玄锋，含沙吹蛊。惜乏芝洞、嗟无菊浦。南郡不归，长沙

35. 遂古。黄肠反葬，玄甲西从。旌旄寂拥，帷盖虚重。高平柏谷，山绕旅松。惟兹盛德，留铭景钟。

36. 世子使持节、骠骑大将军、开府仪同三司、大都督、司宪恭。次息大都督、贝丘县开国侯备。

三、异体字表

志文用魏体书写，异体字的标准将按照魏书厘定楷书后来确定。现将志文中的异体字检出列表如下，表明字体正异之区分。

（罗　丰）

行数	字数	异体	正体
1	12		總
2	25		起
2	30		峁
2	38		凰
3	12		革
3	15		年
3	17		社
3	24		策
3	34	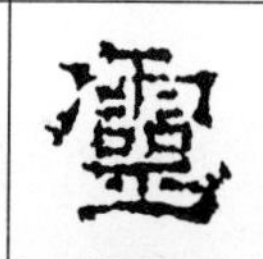	靈
3	38		升
4	6		陰
4	8		年
4	16	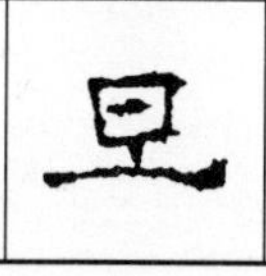	旦

行数	字数	异体	正体
4	35		熙
4	38		迎
5	1		魏
5	4		遷
5	8		陰
5	18		爵
5	22		太
5	29		勤
5	34		有
6	10		世
6	12		策
6	14		太
6	16		喜

行数	字数	异体	正体
6	25		有
6	32		有
7	7		壁
7	14		轡
7	20		象
7	29		全
7	37		年
8	7		諸
8	17		錦
8	22		乞
8	27		但
8	31	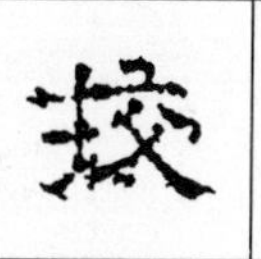	校
8	33	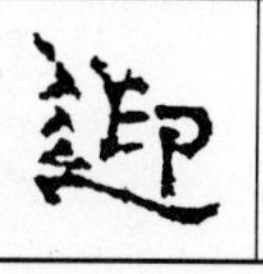	迎

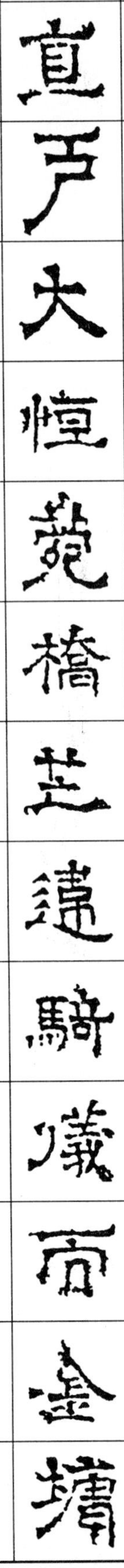

行数	字数	异体	正体
8	37		直
9	11		户
9	15		太
9	21		弘
9	25		苑
9	28		橋
9	31		邙
10	9		違
10	18		騎
10	22		儀
10	27		而
10	28		金
10	29		墉

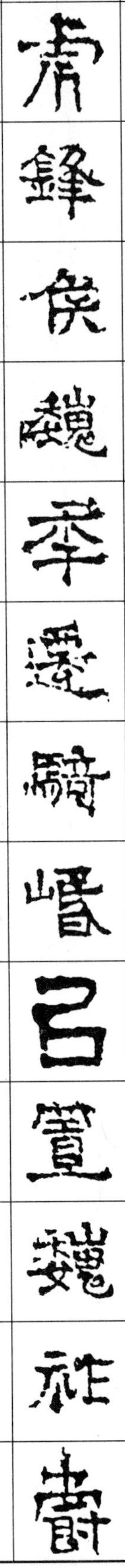

行数	字数	异体	正体
11	1		虎
11	7		锋
11	22		侯
11	30		魏
11	33		年
11	34		遷
11	36		騎
12	8		岷
12	10		以
12	21		直
12	31		魏
12	32		祚
13	3		爵

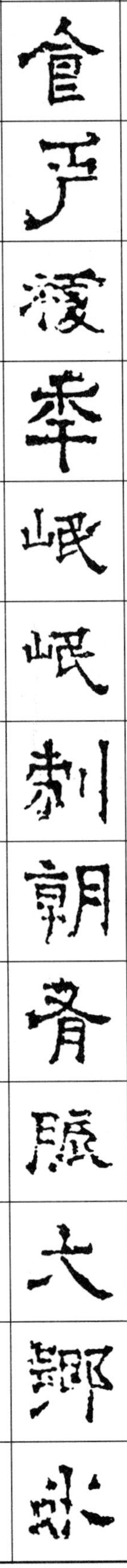

行数	字数	异体	正体
13	8		食
13	16		户
13	29		復
14	2		年
14	5		岷
14	14		岷
14	16		刺
14	18		朝
14	20		有
14	28		赈
14	29		太
14	34		乡
14	38		冰

行数	字数	异体	正体
15	4		鐘
15	26		户
15	38		衛
16	2		函
16	9		韓
16	23		塹
16	28		總
16	36		而
17	9		羊
17	12		朝
17	18		策
17	24		驚
17	30	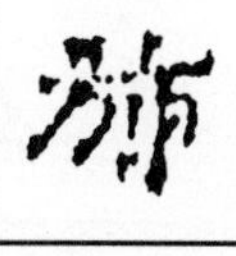	旆
17	36		而
17	37		越
18	12		值
18	14		船
18	15		爾
18	17		乘
18	28		境
18	31		置
19	11		户
19	17		户
19	35		峡
19	38		收
20	10		全
20	11		韓
20	15		年
20	25		年
21	13		解
21	22		答
21	25		禮
21	33		鬱
22	4		年
22	11		豐
22	25		布
22	26		政
23	2		船
23	7		舟

行数	字数	异体	正体
23	8		楫
23	22		而
23	33		太
24	10		年
24	16		於
24	18		鎮
24	23		有
24	33		務
25	6		禮
25	7		有
25	35		年
25	38		廿
26	15		恭
26	16		慎
26	22		惑
26	29		莊
26	34		喜
27	1		形
27	23		禮
27	26		殷
27	27		勤
27	37		檄
28	3		塵
28	5		起
28	10		深
28	11		沉
28	13		斷
28	14		故
28	18		攻
28	20		算
28	23		策
28	24		有
28	26		有
28	27		卒
29	5		慟
29	8		廢
29	12		恭
29	18		步
29	21		毀

行数	字数	异体	正体
29	25		有
29	29		鳴
29	30		呼
29	35		銘
30	7		于
30	8		姜
31	3		驅
31	6		旌
31	9		趙
31	15		玄
31	24		驚
31	25		疏
31	26		勒

行数	字数	异体	正体
31	35		祥
32	6		深
32	8		性
32	16		劍
32	23		沉
32	24		深
32	26		圖
32	27		超
32	33		乘
32	34		冰
33	16		土
33	18		政
34	7	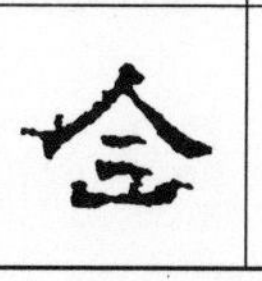	全

行数	字数	异体	正体
34	8		韓
34	10		鎮
34	13		悠
34	16	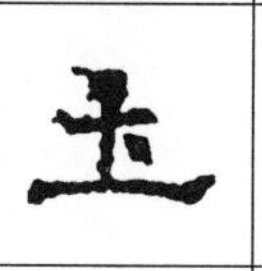	土
34	19	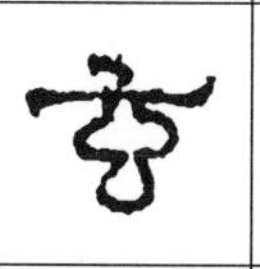	玄
34	26		乏
34	27	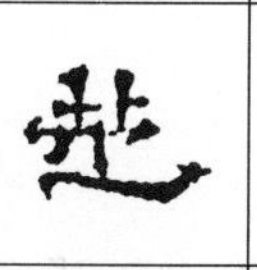	芝
34	29		哓
35	5		反
35	7		玄
35	10		從
35	11		旌
35	13	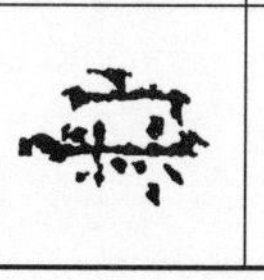	寂

行数	字数	异体	正体
35	14		拥
35	21		柏
35	28	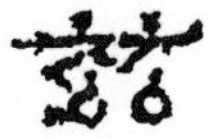	兹
35	32		銘
35	34		鐘
36	16		憲
36	17		恭
22	12		唐

第九章　壁　画

第一节　壁画保存状况

随着发掘的进行，在清除从墓室顶部塌落下来的黄土的过程中，判明墓室壁面的大部分也发生了崩落。在清理墓室墙壁残存部分的时候，我们发现了壁画。在主室的北、东、西三侧壁面，在后室西、东侧壁面，在侧室北、南侧壁面，在甬道的东、西壁面，均发现了壁画，或者有画过壁画的痕迹。下面分别进行介绍（彩版一三～一五）。

主室的壁面中保存最好的是北壁，高 1.6 米（图九六）。主室的北壁加上后室的门扉宽 0.75 米，残存高度 1.6 米。在这上面左右各有两个人物画像，图纹对称，人物的脚部和头部已残缺。画法为在黄土面上薄薄地涂一层石灰，在石灰上用红、黑两色将人物和柱子画上去。东侧为男性画像，头戴板状长冠。拱手，长袍宽袖，下身穿白色裤子。面部模糊，只能看出直线式的眉毛，鼻子的下方画着八字须。其画法是在白色的石灰上用墨线画出轮廓，再添加红色。在北壁与东壁相交的角落处，有一红色的宽约 10 厘米的柱子似的直线。主室北壁东侧的两个人物画像只残存了腿至胸部，面向内入口处，呈侍立状。髯须是用墨线来画的，靴子为黑色。袍子比北壁西侧壁画人物所穿的袍子要短。由于没有配剑，所以这是文官。

主室北壁西侧画有两个执刀的武士，是武官。与右侧的文官像相比，冠的形状不一样，此处并非长冠。衣服为红色长袍和稍微有些紧的白色裤子。在两腿之间，上下方向画有一条墨线，表示长刀。须在下颌处画得很长。两人均呈侍立状，但后面人物身体的 1/3 被隐去了，是一种群像的表现方法。左侧人物脸部化了妆，直线式的粗眉，眼的端部为红色，眉与眼之间有红色的晕染。脸颊也有一块圆形红晕，嘴唇为深红色，整体的化妆显得十分艳丽。

墓室西壁壁画的发现情况如第五章第二节所述，墓室壁面落下后交错地压在一起（图九七）。

在后室即西壁北侧，画有 5 个执刀武士。在五人中，北侧第一人只残存部分脸部和裙裾，第二人只残存部分裙裾，第三至五人残存了部分裙裾、脚和靴子。这 3 个人的脚的高度在墓室地面上 0.3 米处，与北壁的情况相同，但第五人的脚在墓室地面上 0.2 米处。由此看来，人物像的高度是从甬门至后室逐渐升高，其目的似乎是为了增加墓室的进深的视觉效果。但是，脚底高度的变化也可能是由于壁面的下落而发生了一些变化。第三至五人均为红色长袍，配以白色裤子，脚穿黑靴。两腿之间画有黑色粗线，表示人物执刀。

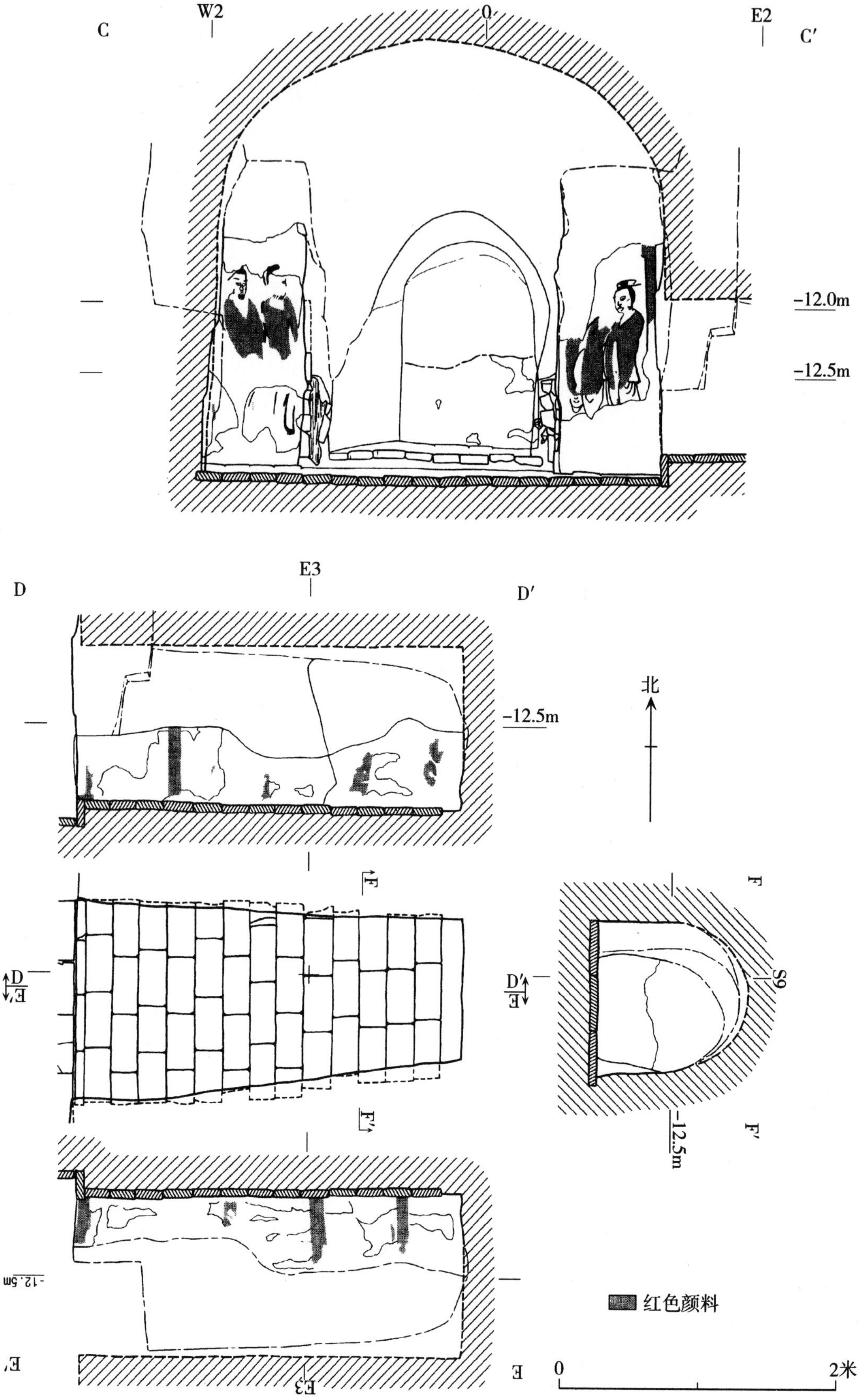

图九六　墓室东西方向剖面图

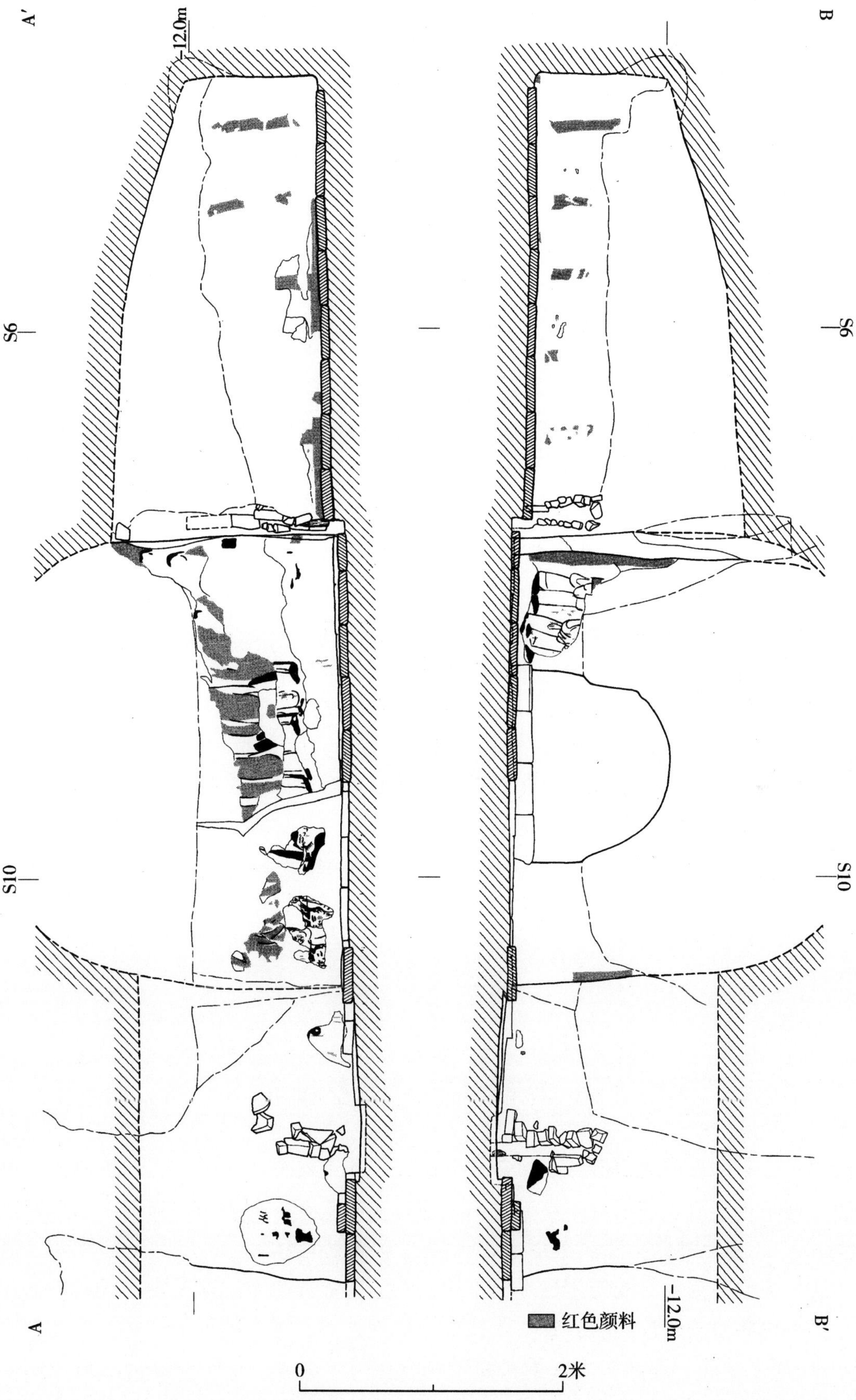

图九七 墓室南北方向剖面图

主室西壁靠近甬道处，群像为5个人以上，人物的前后左右有重叠的部分。由于壁面的下落，人像脸部落到了最低的位置，身体部分在第二层，脚部在本来的位置以及第三层。画法为在涂得很薄的石灰上用墨线画出人物的轮廓。人物身穿白袍，额头很宽，戴冠。冠为黑色，颜和耳均较低。连接耳和颜的梁画得很长，一直延伸到后方。眉的下方涂有红色，眼睛细长，鼻子较低，口部露出牙齿。两颊上有很大的圆形红晕，这红色的脸颊极有特征。从脸颊开始到下颌部，画有少许胡须。衣服是无襟右衽的袍子，文官和武官的袍子不同。从没有襟（衽）的衣服和露出牙齿的口唇看，他们既不像面部表情严谨的文官，也不像是武官，我们认为，他们是与这二者身份不同的一组人物。

以上这些人物像中，主室北壁左右二人的视线均为朝向墓室中央，左、右侧室的壁画人物，视线全部为朝向甬门附近。

在壁画中，几个人物之间有重叠、掩盖现象，这是一种群像的表现手法。在固原发现的北周李贤墓（公元569年）和宇文猛墓（公元565年）中，就没有对群体的表现。在咸阳飞机场北周至隋墓的发掘报告中，虽然在叱罗协（公元574年）、独孤藏（公元578年）、王士良（公元583年）墓中画有壁画，但没有提及墓室壁画。咸阳与固原壁画的描画部位似乎有差异。李贤墓的人物脸部用红颜色画有浓妆，但与固原人物像脸部的化妆还是不同。固原的化妆从眉上开始，至小鼻处画成逆三角。在敦煌296窟对俗人的表现中，其眉下和两颊的处理手法与田弘墓相同，这可能是当时流行的一种化妆方法。

后室的壁画如插图所示，内壁和左右两壁很薄地涂抹一层石灰，上面画有宽度为8厘米的柱子。由于内壁崩坏的很严重，除了白色的石灰，什么也看不到。在西壁上画有5根柱子，东壁上画有3根柱子，但均在不同的位置上，换而言之是非计划性的。

侧室的北面和东壁上也是薄薄地涂了一层石灰，其上面画有柱子，在南壁只有2根柱子。

甬道左右以及墓室东壁南侧也均匀地涂有石灰，其中甬道西侧上石灰的白色和红色残留较少。

第二节　壁画的揭取与保护

由于田弘墓的形制为土洞墓，早年被盗造成了严重塌方，所以，我们采取大揭顶的发掘方法。在下挖至墓室底部约1.5米时，发现墓室西壁有壁画痕迹。随即对墓室四壁保留10厘米原土，其余部分全部向下清理，等清理至墓室底部时，再进行壁画剔除。壁画剔除的方法，主要是用宽2.5厘米的平头手铲，先竖向铲去原土，保留距墙壁约1.5厘米的厚度，然后再将平头铲横向轻轻铲去，找出一块壁画面。每次用平头铲剔土的宽度应掌握在0.5～1厘米之间，逐渐扩大。手法要轻，不要损坏画面。剔除一部分之后，用羊毛软刷轻轻刷去浮土。

从剔除的情况看，田弘墓壁画主要分布在墓室西壁、北壁及后室门两侧。因早年塌方，西壁壁画严重损坏，残留高度不足 1 米，内容为人物组合图像。东壁残留的壁画已漫漶不清。只有主室北壁后室门两侧对称绘 2 个文官，人物图像较完整。墓室整个残留壁画的面积为 4. 9 平方米。由于田弘墓和北周李贤墓、宇文猛墓、隋代史射勿墓同在一个地域，因而墓葬的土质基本相同，均属松散湿陷性竖向立茬黄土①。壁画的制作方法也基本一样，都是先做平墙壁，然后用白灰涂抹墙壁，等墙壁稍干，直接作画，无地仗。

一、壁画揭取前的准备工作

1. 壁画表面清理　先将剔出的壁画表面进行仔细检查，对未剔除干净的泥土，用小竹签轻轻剔除，再用羊毛软刷刷去浮土。

2. 照相记录　对所揭取的壁画进行拍照，做到每幅壁画都有照片，以便后期修复时参照。

3. 壁画临摹　请有绘画经验的美工对壁画进行临摹。方法是先把透明度好的塑料薄膜对照每一幅画面，剪成比原画面四周宽出 10 厘米的长方块。再将每块塑料薄膜表面用滑石粉涂过，因为用滑石粉涂过的塑料薄膜表面发涩，用毛笔勾线时，墨能很好的附着在塑料薄膜上。然后，将塑料薄膜四周用图钉固定在画面上，用毛笔勾出画面线条。

把高丽纸对照壁画底色进行做旧处理。方法是把高丽纸放平在工作台上，用土黄加白粉，用适量的水调成稀糊状，色调与壁画底色相同即可。用羊毛软刷涂刷工作台上的高丽纸，然后把刷过的高丽纸放在室外通风处晾干，整平纸表面备用。将在墓室内勾画的塑料薄膜画稿正面朝上，平铺在拷贝台上，再把处理过的高丽纸正面朝上，平铺在塑料画稿之上，这样拷贝台上的灯光会把塑料薄膜上的画稿透到高丽纸上。这时，用炭条再把塑料薄膜上的画稿勾画到高丽纸上。

上述程序完成后，再将高丽纸画稿拿到墓室内，对照壁画进行仔细的对临，使画面上每一细节都不能放过，检查无误后可进行下一步工作。

4. 壁画表面加固　先配制加固剂，加固剂的配方如表二所示：

表二　　壁画表面加固剂配方表

比例	聚乙烯醇缩丁醛	无水乙醇 99%	涂刷次数
2%	10 克	500 毫升	3
5%	25 克	500 毫升	3
10%	50 克	500 毫升	2

按照表中配方，先配制 2%的药品，结合画面大小，配制能够刷涂 3 次的量。将聚乙烯醇缩丁醛放入玻璃烧杯，倒入无水乙醇，把烧杯放入水浴锅中加温，并用玻璃搅棒不断地搅动，使烧杯中的药品慢慢熔化。等药品完全放凉，即可刷涂壁画。涂刷药品的方法是用宽 6 厘米的羊毛排刷，在壁画表面自下而上和自上而下进行涂刷。先刷 2%小浓度的药

① 冯国富:《固原隋唐墓出土壁画的修复与保护述略》,《宁夏文物》1993 第年 4 期。

液，整个画面刷完后，在画面下部放上火盆进行烘烤。火盆燃料用无烟块煤，烘烤时将火盆点燃，等火盆中完全无烟时再放在壁画下部。火盆应与壁画保持 30 厘米，随时观察壁画温度，用手触摸时感到稍微烫手即可。温度过高会使壁画发白，应缓慢烘干。在第一次烘到壁画快干时，再涂第二次，依次类推。按照刷涂 2%的方法涂刷 5%、10%浓度的药品。等 10%的药液完全干透时可进行揭取①。

按照北周李贤墓、隋代史射勿墓、唐代梁元珍墓壁画的揭取方法，在刷涂 10%的药品时，要在壁画表面粘贴 2 层布或者纱布，以增强壁画表面的强度。田弘墓的壁画在揭取时，我们在无画的墙壁上经过反复试验，取掉了粘贴纱布这道程序。这样做有两点好处：其一，可以防止后期室内修复揭取纱布时会损伤画面；其二，壁画揭取迁移后，在未修复前，打开木箱便可直接看到壁画表面内容，为随时拍照、绘图、临摹提供方便。根据揭取迁移的效果看，没粘贴纱布对壁画表面强度没有任何影响，效果良好。

二、壁画揭取

田弘墓的壁画揭取，采用“木箱套取法”和“画面层揭取法”。

1. 木箱套取法　揭取前，先对壁画进行分块画线，每块大小可根据壁画的大小而定。田弘墓残留画面较小，可每幅按一块进行画线。画好线后，依据画幅大小制作木箱，制作方法为先做木箱的框，将 4 根木条两头用直径 0. 8 厘米的钢筋连接，框的厚度为 4 厘米。木箱正面用厚 2 厘米的松木板。为了增加木板强度，在木板之上再横向钉上两根木条。用木螺钉把木板固定在木框一面，在木板底面上铺 1 厘米厚的棉垫，其上用纱布覆盖。棉垫的四边与壁板用图钉固定，防止揭取、运输过程中损伤画面，木箱制成后可开始揭取（图九八）。

先在壁画四周挖槽，宽度为把木箱能套进稍宽为宜，然后将制作好的木箱套上去。在木箱前面板上，用木头块或砖块垫稳，再从左右两侧用平头铲同时挖土，向壁画背面横挖过去，直到两边挖通，使壁画与墙壁断开为止，移去支撑木条，将木箱轻轻放下。铲平背面土，与木箱平齐，用木螺钉固定木盖②。

2. 画面层揭取法　田弘墓壁画的揭取主要采用木箱套取法，对少部分壁画则采用了画面层揭取法。这种揭取方法在以前固原北周至隋唐墓的壁画揭取中很少采用，田弘墓部分壁画采用这种方法，是一种新的尝试，也是为今后壁画揭取工作寻找一种简便易行的方法。将加固烘干的画面进行分块画线，准备比画面四周宽出 10 厘米的五合板两块。先用平头刀具沿着壁画边缘慢慢将画面切开，逐渐使画面和墙壁剥离开来。切割时，刀具应紧贴着壁画背面的墙壁进行切割，不要损伤画面。放平五合板，在上面铺棉垫并且固定。壁画层揭取下来后，平放在准备好的五合板棉垫上，画面层朝下。壁画层背面也铺棉垫，然后将另一块五合板放在其上。两块五合板将画面层上下夹住，用细绳捆绑几道固定。从揭

---

① 徐毓明：《北周李贤墓壁画保护方法研究资料》，为内部资料。

② 同①。

取的情况看，效果是理想的。用这种方法揭取壁画，不但省略了制作木箱，而且减少了揭取时大量取土和后期室内修复时壁画背面铲土的程序①。

三、壁画迁移与保护

运回装箱壁画的运输工具，选用小型货车，并在货车车厢上平铺厚30厘米的细沙子或黄土。将壁画箱平放在上面，画面朝下。应缓慢行驶，尽量减少震动。壁画运回放在库房内，要单层摆放，库房应干燥通风。

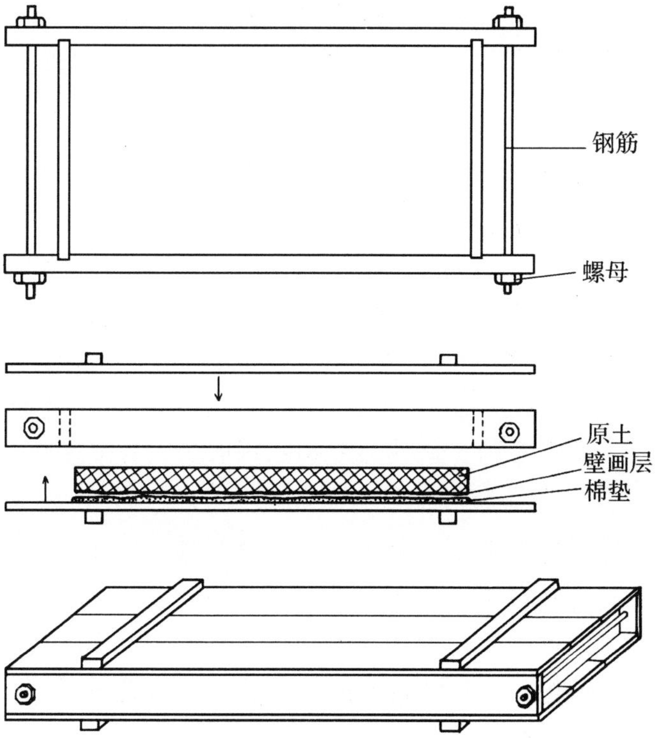

图九八　木箱制作示意图

四、壁画修复

1. 壁画背面剔土　装箱运回的壁画在修复时，将木箱运到修复工作室，平放在工作台上。先把正面板上的木螺钉取掉，把木箱反过来，画面朝下。然后取掉木箱背面板，拿掉木箱螺杆，取下木箱。这时壁画背面的原土全部露出。由于壁画揭取回来后存放时间较长，原土会很干、很硬。用水均匀的浇在背面原土上，让水慢慢渗透至距离画面层0.3厘米原土，使土质变软。半干时，用平头铲剔除背面原土。保留0.3厘米原土，配制壁画背面加固剂。加固剂的配法是用聚醋酸乙烯脂乳液0.5公斤、水1公斤搅匀，用羊毛刷均匀地在背面涂刷两次，渗透加固，等干透后做背层。

以上是木箱套取法揭回的壁画背面剔土、加固情况。对画面层揭取的壁画背面进行加固时，把五合板平放在工作台上，画面朝下，取掉背面五合板，将壁画层背面未剔干净的原土用水滴湿。等水分半干时，用竹签轻轻剔除。用羊毛软刷刷涂一次加固药液，干透后可做背层。

2. 做背层　壁画背面加固好后，就可给壁画背面补做背层。田弘墓壁画背层的做法，改变了固原北周、隋唐墓壁画修复方法，即在壁画背面都做一层1.5～2厘米厚的地仗灰层，并在地仗灰层上粘贴布，使之加固。田弘墓壁画在做背层时，取消了灰层地仗，直接在加固好的壁画层背面用环氧树脂胶进行背层制作。背层的制作方法是先配制环氧树脂胶，胶的配方如表三所示。

① 徐毓明：《艺术品和图书、档案保养法》，科学普及出版社，1985年。

表三　环氧枝脂胶配方表

名称	数量	
E44 环氧树脂	100 克	混合
3051 = 聚酰胺树脂	30 克	
501 = 活性稀释剂	10 克	
丙酮	5 克	
乙二胺	6 克	

将配制好的树脂胶充分搅拌，用油工铲在壁画背面刮一薄层环氧树脂胶液，并在上面粘贴一层玻璃纤维布。待凝固 24 小时后，再用同样方法粘贴第二层玻璃纤维布，依此类推，共粘贴 5 层玻璃纤维布。这种壁画背面的处理方法不但增加了壁画的强度，而且还能使壁画防震、防裂①。原来的一幅加灰层装框壁画长 1.7、宽 0.8 米，重量大约在 80 公斤，需要两人才能搬动。而相同的尺寸无灰层装框壁画，重量大约只有 4.5 公斤，一人就能搬动。这就为壁画陈列展出、存放搬运提供了方便。

3. 壁画装框　对修复加固后的壁画，为便于陈列、保存，还需给壁画安装木框。方法是每幅壁画用木条 4 根，木条宽度为 6 厘米，边厚 3 厘米，木框边四角用榫卯连接。木条内册做出宽 2 厘米、厚度与壁画厚度相同的槽，木框大小根据壁画大小而定。木框做好后，把壁画四边切平齐，放入木框槽内。木框背面用整块五合板固定在木框四边，使木框成一整体，用清漆将木框正面、侧面、背面油漆两遍。这样，壁画从揭取到室内修复的整个程序即告完成。

（郑克祥）

① 祁英涛：《中国古代建筑的保护与维修》，文物出版社，1986 年。

第十章　人骨鉴定

该鉴定报告中的人骨，是中日联合考古队在发掘北周田弘墓时采集的。据发掘者介绍，这座墓在早期已被严重盗扰，墓中骨骼十分残乱，很难辨认原来的埋葬状态。墓室中有两个棺椁，一是南北向的，在墓室的北部（后室），被认为是田弘的棺位；另一呈东西向，横于前棺的南侧，被认定是田弘夫人棺。考古学者在发掘时，对这两棺内采集到的每一块骨头编了号，并在墓室平面图上标出了采集的位置，这为我们在室内分析骨骼在棺椁中的分布情况提供了方便。但由于盗掘导致骨骼散乱，随葬品几乎被盗一空，考古学者认定的田弘和夫人的棺位是否正确，入葬时死者的头向与发掘人的判断是否相符，以及死者骨骼有没有被搞乱，有怎样的骨骼形态特征，乃至有没有病理、创伤等，都需要做出人骨的鉴定。以下这个鉴定报告就是在室内鉴定记录的基础上整理而成。

第一节　骨骼保存状况

前已指出，墓室中的遗骸已被严重扰乱，致使人骨在墓室中的分布凌乱不堪，绝大多数呈残朽的碎块断片。在这种情况下，我们首先认定这些骨块的种类名称，然后按提供的骨块编号与出土位置，将这些骨块的名称逐一标注在墓室的平面示意图上[①]。从提供的骨块编号位置示意图来看，这些骨块的大部分都标在两个棺椁之内。对此，我们以“甲棺”和“乙棺”在平面图上分别记录骨块的名称。此外，我们还对部分在标签纸上注明棺椁以外的骨块作了鉴定，但缺乏具体的出土位置图。下边分别将这些骨块的编号、鉴定骨块种类按部位记录，并且将它们大致在骨架图上标示（图九九～一〇一）。

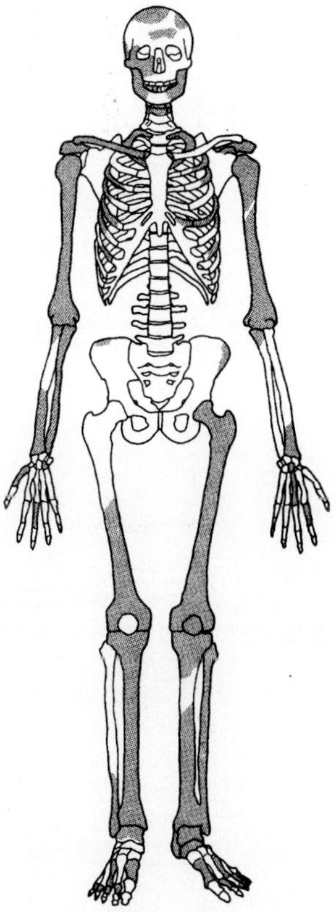

图九九　甲棺（田弘棺）保存骨骼示意图

一、甲棺骨骼

（一）头骨

① 这幅墓葬平面图是由发掘者提供的平面草图。实测比例图详见考古报告。

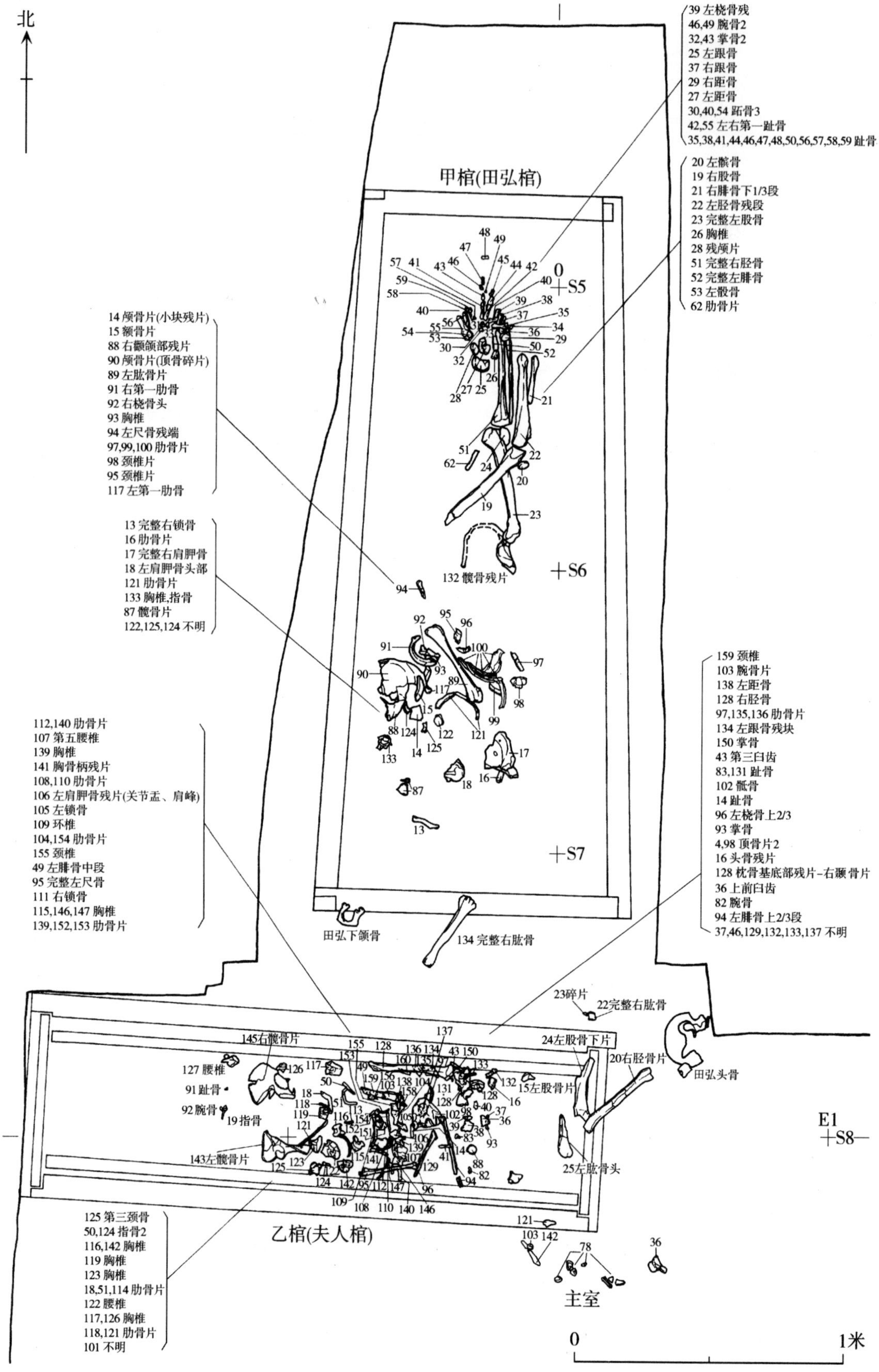

图一〇〇　田弘墓骨骼分布示意图

No. 14 小块残片（颅骨片）
15 额骨残片
88 右颧颌部残片
90 顶骨碎片（颅骨片）

（二）脊椎骨

No. 95、98 颈椎片 2
26、93、133 胸椎 3
另不明出土位置腰椎残片 1

（三）锁骨

No. 13 完整右锁骨

（四）肩胛骨

No. 17 完整右肩胛骨
18 左肩胛骨头部

（五）肋骨

No. 91 右第一肋骨
117 左第一肋骨
16、62、97、99、100、121、137、158 及其他不明编号肋骨残片

（六）髋骨

No. 87、132 髋骨残片 2

（七）上肢骨

No. 89 左肱骨上 1/2 段
134 完整右肱骨
92 右桡骨头
39 左桡骨上端
92 左尺骨下端
46、49 腕骨 2
32、43 掌骨 2
133 指骨

（八）下肢骨

No. 19 右股骨下 2/3 段
23 完整左股骨
22 左胫骨残段
51 完整右胫骨
52 完整左腓骨
21 右腓骨下 1/3 段
20 左髌骨
37 右跟骨

25　左跟骨
29　右距骨
27　左距骨
53　左骰骨
30、40、54　跖骨 3
55、42　左右第一趾骨
35、38、41、44、46～48、50、56～59　趾骨

二、乙棺骨骼

（一）头骨
No. 98　顶骨碎片
16　头骨碎块
128　枕骨基底部残片、右颞骨片
4　顶骨片
36　上前臼齿
43　第三臼齿
另不明编号上前臼齿 1

（二）脊椎骨
No. 109　环椎
13、155、159　第 4～6 颈椎 3
125　第 3 颈椎
123、119　第 1、2 胸椎
115～117、126、139、142、147、146　第 4～11 胸椎
127、122　第 1～3 腰椎（122 两块）
107　第 5 腰椎
102　骶骨

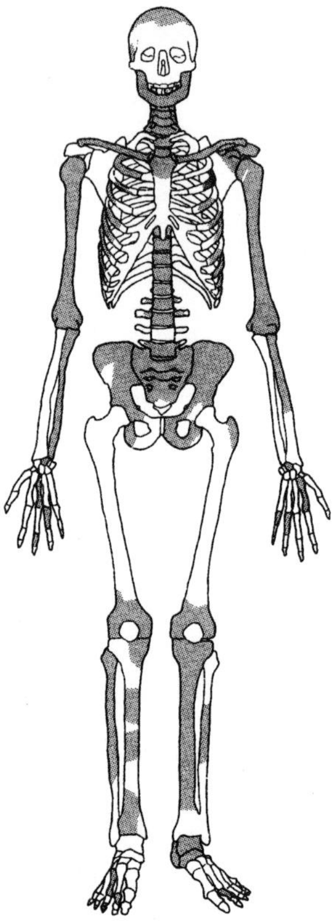

图一〇一　乙棺（夫人棺）保存骨骼示意图

（三）锁骨
No. 105、111　左右锁骨

（四）肩胛骨
No. 106　左肩胛骨残片（关节盂、肩峰）

（五）胸骨
No. 141　胸骨柄残片

（六）肋骨
No. 18、51、97、104、108、110、112、114、118、121、135、136、139、140、152～154　残碎肋骨片

（七）髋骨

No. 143、145　左右髋骨片

（八）上肢骨

No. 25　左肱骨头

22　完整右肱骨

96　左桡骨上 2/3 段

95　完整右尺骨

82、92　腕骨 2

93、150　掌骨 2

19、50、124　指骨 3

（九）下肢骨

No. 15、24　左股骨大转子残块

17　右肱骨下断残块

128　残左胫骨

20　右胫骨残块

49　左腓骨中段

94　右腓骨上 2/3 段

134　左跟骨残块

138　左距骨

14、83、91、131　趾骨

34　跖骨

另不明编号跖骨 1

三、棺椁外和不明出处骨骼

（一）头骨

后室西南角小盗洞出土下颌前部残片及不明出土位置牙齿碎片 3（可能是甲棺的）

盗洞上层出土左下颌断块及 4 枚牙齿（可能是乙棺的）

棺室上部扰乱土出土右下颌残块及 4 枚牙齿（可能是乙棺的）

第五天井出土上颌残片 1、眶残片 1、牙齿 3 枚

盗洞出土不完整脑颅 1

（二）脊椎骨

浮土内出土残颈椎 2

（三）肋骨

第四天井内出土肋骨 2

（四）上肢骨

No. 178 注“第五天井”左肱骨（缺肱骨头），是乙棺的
129 注“盗洞上层”左肱骨（缺肱骨头），是用棺的
129 注“第五天井”右桡骨下 1/3 段，是甲棺的
8 注“盗洞上层”完整右尺骨，是甲棺的
103 腕骨块
57、70、73 左掌骨块 3
81、92 掌骨 2
52、72 注“盗洞上层”趾骨 2
52、72 注“盗洞上层”指骨 2

（五）下肢骨

No. 36 右距骨和右跟骨残块
78 右距骨残块 2，右股骨和右楔骨各 1
79 趾骨

这部分骨骼有的有编号，但具体出土位置不明。有的只在标签纸上注明“盗洞上层”、“第五天井”等，但也没有提供更具体的出土位置，所以难以确定它们各自所属个体。

第二节 骨骼分布位置的观察

在这里，只要将有具体出土位置的骨块在墓室示意图一起标示出来，便可以大致了解遗骸被盗扰后的情况和死者入葬时的头向。

1. 甲棺　头骨碎块相对集中在棺椁西侧，略靠南分布。棺的北侧周围主要散布某些颈、胸椎、上肢残段、第一肋骨等。而肩胛骨、锁骨、胸椎及某些肋骨片，又大致集中在棺椁的南部。另一个骨块散布的地方，主要集中在棺椁的北部，而且主要是下肢骨残段及足部小骨块。根据这种分布现象不难推测，死者被葬时，应该上身朝南，下肢向北，而头部及附连的部分上躯，则被盗墓者分解、移位到近棺椁的西侧。这样的推测与考古学者对死者头向的判断是相符的。

2. 乙棺　骨块在棺内的散布情况，比甲棺更为紊乱。除了头骨碎片相对集中在棺室的东部外，其他部位的骨块分布无序，没有像甲棺那样，不同部位骨块相对集中分布。如果只依头骨碎片分布位置取向，则死者入葬是头向东的。

第三节 骨骼的性别与年龄特征

由于是在骨块大多不完整的条件下进行鉴定，只能指出某些观察到的性别、年龄标志。

一、甲棺骨骼的性别与年龄特征

头骨片比较厚，颧骨颊部粗大而突出，颊骨表面粗糙，有发达的枕外隆突和枕外脊粗糙。下颌支很高，髁状突粗大，喙突很高，下颌切迹很深，下颌角较小且外翻，翼肌粗隆发达。肩胛骨、肩峰和喙突都很粗大，关节盂的面积也很大，关节盂周边骨质肥厚，有增生现象。锁骨粗壮。肱骨粗壮，其上三角肌粗隆特别发达，肱骨头直径大，肱骨内外髁宽度大。尺骨滑车切迹关节面宽大，尺骨粗壮。桡骨粗壮，头部粗大，桡骨粗隆发达，呈脊状。股骨粗壮，粗线发达，内外髁粗大，干部粗壮。左右胫骨上端内髁前下方有一个直径3.4、深14毫米的圆形洞，胫骨长341.6毫米。腓骨、跟骨和跖骨都粗大。以上骨骼的粗壮及强硕结构显示出，甲棺内的死者应系男性。

甲棺人骨的年龄特征，由残存颅骨片上骨缝痕迹判断，主要颅骨缝已全部愈合，但外缝仍较清楚。上颌牙齿大部分脱落，齿槽已萎缩闭合，可能系严重的牙病所致，仅余上第二前臼齿（P2）。下颌前臼齿和臼齿亦大部分脱落，齿槽亦萎缩，显然患有牙周病。仅余左下第二臼齿（M2），其磨蚀度达5级强，右侧第2臼齿磨蚀达3级，显示出不对称磨耗，第三臼齿未萌出，为先天缺少。

由骨缝的愈合状态、重度牙齿磨蚀、老年性牙周病导致牙槽大部萎缩闭合等特征来看，甲棺死者可能是不小于50岁的老年个体。

二、乙棺骨骼的性别与年龄特征

可见特征是眶上缘较薄，眉弓稍显，额结节较明显，乳突大小中等，乳突上脊较低矮，但枕外隆突较粗壮。颧骨较宽（右颧骨宽zm-rim. orb超过27毫米），但颊骨面光滑，鼻前棘中等（3级），有较明显的上齿槽突颌。上腭浅，齿型较小，梨状孔下缘呈钝型，左右两缘锐薄。下颌支较低矮，下颌切迹较浅宽，喙突较钝，下颌角内翻，下颌体舌面有中等大小的下颌隆起，下颌角也偏大，下颌体较厚。肱骨较细短，胫骨长约331.6毫米。髋骨上所见特征是有浅宽型的坐骨大切迹，有发达的耳前沟，耻骨联合面小，耻骨联合角大，髋臼面明显比男性更朝前方。额骨上缘比较平缓，骶骨短宽，骶骨体腹面弯曲较小，骶骨椎体关节面与其两侧翼部宽度的比例相差较小。总之，乙棺骨骼相对纤弱，加上盆骨部分显示的性别特征，证明乙棺中死者为女性。

乙棺骨骼上所见年龄特征是颅骨上主要骨缝可能全部愈合，外骨面缝迹仍较清晰。保存左上第一臼齿磨蚀度5级强，其咬合面齿冠基本磨去，齿质全部外露，有第一臼齿磨蚀约3级，齿质出露相对较小，左右上第二臼齿磨蚀度为4级强，左下第一、二臼齿磨蚀分别为4级和3级，右第二臼齿为4级弱，在咬合面齿质上呈较深的磨蚀凹坑，没有发现明显的牙周病迹象。据上述骨缝愈合特征和牙齿磨蚀程度分析，乙棺死者为50岁或略大于50岁的个体。

第四节　田弘墓人骨的种族特征

由于骨骼保存较残，无法进行正常的颅面部形态特征的详细观察和测量，仅就某些残碎骨块上观察到的可能与种族特征形态有关的记述如下：

甲棺的颧骨粗大而突出，鼻根部平面不深陷，鼻前棘小，据残颅判断脑颅比较短宽。测得左侧颧骨高（Fmo－zm）46.9毫米，颧骨宽（zm－rim. orb）27.1毫米，右颧骨的宽和高是48毫米和29.6毫米。这些测量值表示，甲棺死者具有很大而发达的颧骨，与此相应似应有大的面宽。因此，甲棺的鼻、颧部特征应该更多见于蒙古种的头骨。而强壮的颧骨和具有宽的面，也多见于蒙古种的北方类。将测得的胫骨最大长带入相应的估算身高公式①，甲棺死者生前身高约166.3厘米。

乙棺的颧骨也很宽（zm-rim. orb，大于27毫米），几乎与甲棺男性的相等，这样的特征也多见于蒙古种的头骨，依测得的胫骨最大长带入相应的估算身高公式，乙棺死者的身高为160.7厘米。

第五节　病理与创伤

如性别年龄观察中所述，甲棺的上下颌牙齿大多生前脱落，相应齿槽显著萎缩闭合，仅存的植于齿槽的牙齿，其齿根也因齿槽萎缩而明显外露。表明死者生前患有严重的老年牙周病。

在甲棺的右侧肱骨头上发现一直径约6、深约20毫米的圆形穿孔，判断是原来就有的，但没有修补痕迹，可能是某种长锥状器穿刺所为。在其他骨块上未能观察到骨伤痕迹。

在乙棺骨骼上未见类似的病理和创伤证据。

第六节　在头骨内发现罗马金币

在田弘墓的发掘中发现了4枚罗马金币。而本文作者在北京室内清理另一具身份不明的头骨时，意外发现了第5枚金币。现将发现经过略述如下。

---

① Trotter M. and G. C. Gleser, 1958：Are evaluation of Estimation of stature based on measurements of stature taken during life and long after death . Am J. Phys. Anthropy N. S 16：79－124.

这具头骨可能出自盗洞，保存大半脑颅（图一〇二）。由于颅腔内充满了干结的细沙土，头骨很沉重。在用手拨动头骨时，额部有小块骨骼断裂。在头骨右额断裂处，露出半圆的黄色斑纹，发现是一枚金币，近一半出露于外（见发现时拍下的照片）。这枚金币在填充于颅腔内的沙土上，其另一面几乎紧贴其上覆盖着的额骨内面。轻轻拿起金币，在颅腔内的沙土上有金币的圆形痕迹。这证明，金币进入颅腔后才有沙土填充进去。

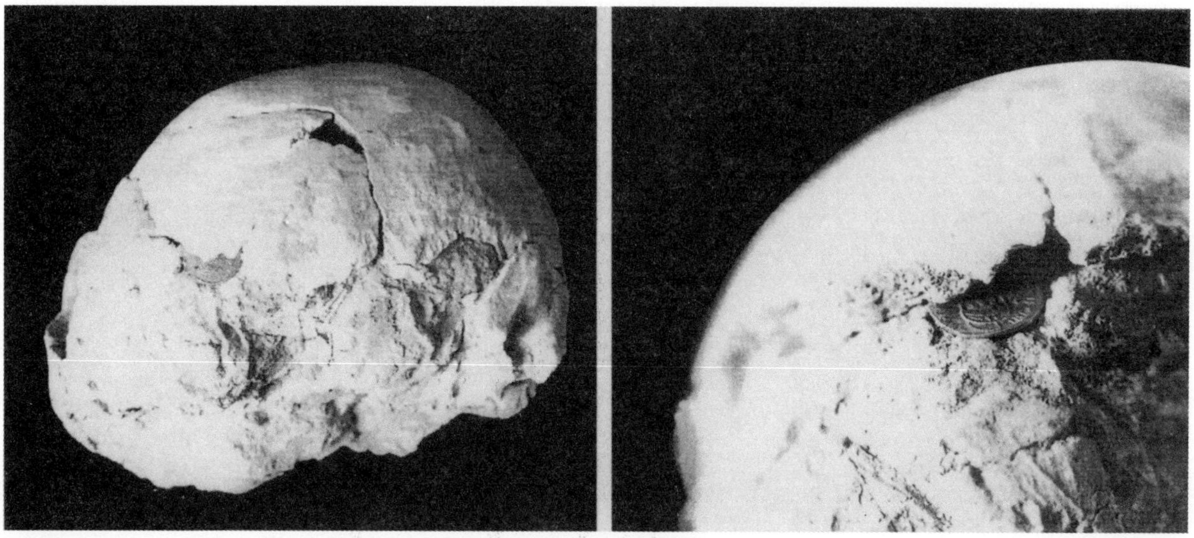

图一〇二　盗洞出土头骨及局部

此金币两面均有人像图案。一面是戴冠右持十字架的王者胸像。另一面也是持十字架的背有两翅的天使像。但由于金币被切过，天使的头部被切去一部分。两面周边都有罗马字，但没有穿孔现象，证明它不是死者身上的饰品，至于金币图案和拉丁字的含义，参见本书第七章第三节。

问题在于这具头骨的身份。这具头骨保存了脑颅的大半，但前额和左颞部和颅底部已残失。颅型比较大和粗壮，应为成年男性个体。据发掘者称，这个头骨出自盗洞，但未在墓葬图上标示具体的出土位置。这具头骨为男性，因而不可能是乙棺女性个体的。有没有可能是被扰乱的甲棺男性头骨呢？据我们的鉴定，在位于后室甲棺的头骨碎片中，记录到的有No. 88的右颧骨—上颌残片、No. 90的顶骨碎片、No. 15的额骨碎片及No. 14不明的颅骨碎片。关键是No. 90顶骨碎片与这具头骨保存的顶骨之间相重复，其上也有喙状枕外隆突。因此，它只能代表墓中除甲、乙棺死者之外的“第三者”。那么它代表谁，何以有一枚金币落于颅腔内呢？本文尚无合理的解释。

第七节　鉴定小结

据本文鉴定，对田弘墓人骨得出以下结论：

1. 墓中死者遗骸经盗掘者扰乱，尸骨被破坏得非常凌乱和残碎，表明盗墓者在死者身上搜寻随葬物非常彻底，而且盗掘活动发生在死者入葬后软组织完全腐烂分解后的某一时间。从骨骼在棺椁中混乱无序程度来看，乙棺的盗扰更甚于甲棺。而骨质保存程度，乙棺的比甲棺稍优。

2. 从人骨在棺椁中分布观察，甲棺死者入葬时的头足方向是南北方向。乙棺的骨骼更为散乱无序，只能根据头骨的几块碎片在棺的东侧来推测，死者的头足向为东西向，而其他躯干和肢骨的分布凌乱而无序。

3. 骨骼的性别年龄标志显示，甲棺骨骼很粗壮，系老年男性个体，当属田弘的遗骨。尤其值得注意的是，该个体肩部骨骼都很粗大、关节盂的面积也很大，盂的周边有肥厚增生现象。肱骨不仅粗壮，其上的三角肌粗隆特别发达。这些骨性特征表明，死者生前有过长期强化体格的锻炼。这与墓志铭记载田弘曾是北周战功显赫的柱国大将军的身份相符合。乙棺骨骼的女性特征也很明确，系近老年的女性个体，当为田弘夫人。

4. 据《周书》卷二十七记载，田弘身为将官，“每临阵前，推锋直前，身被一百余箭，破骨者九，马被十矛”。这示意曾有九次骨伤，但由于人骨因盗掘破坏严重，本文鉴定未能辨认出“破骨”的确实证据。仅指出，右侧肱骨头上，有一直径约 6 毫米和深 20 毫米的小型穿洞，可能是某种细的尖锥状器物刺入所为。

5. 据口腔病理观察，田弘罹患明显的老年性牙周病。

6. 可能指出的人骨种族特征是，田弘具有硕大而突出的颧骨，鼻根部扁平，鼻棘不大，颅形可能不长，因而具有蒙古种北方变体的倾向。用胫骨长计算的估计身高约为 166.3 厘米。有趣的是，田弘夫人的颧骨也有很大的宽度，几乎不亚于田弘，鼻棘也小，有下颌圆枕出现。这样的特征也暗示，她与田弘的种族相似。用胫骨推算，其身高约为 160.7 厘米。

7. 在室内清理可能出自盗洞的一个男性头骨时，意外地在左额部颅腔内侧面发现了一枚罗马金币。从颅腔内充满沙土来看，这枚金币显然是在沙土未填满颅腔以前进入颅内的。这具头骨为成年男性个体，但人骨损坏严重，对其身分难以做出合理的解释。

（韩康信　谭婧泽）

第十一章　动物骨骼鉴定

第一节　材料与方法

这批动物骨头在发掘现场采集，共有571块，分别出自田弘墓和北宋灰坑。

整理研究工作首先是按出土单位分别鉴定每块动物骨骼所属的动物种类、部位，对动物的某些牙齿进行测量。观察动物骨骼表面有无切割和火烧等痕迹。然后对鉴定测量和观察的结果进行统计和分析。整理时，对照的标本有中国社会科学院考古研究所动物骨骼标本室的标本，和中国科学院古脊椎动物与古人类研究所动物骨骼标本室的标本，同时也参考了一些中、外文资料。

第二节　整理结果

一、种属鉴定

（一）田弘墓

奇蹄目　Perissodactyla

马科　Equidae

马　Equus sp.

偶蹄目　Artiodactyla.

牛科　Bovidae

山羊　Capra sp.

啮齿目　Rodentia

鼠科　Muridae

（二）北宋灰坑

奇蹄目　Perissodactyla

马科　Equidae

马　Equus sp.
偶蹄目　Artiodactyla
牛科　Bovidae.
黄牛　Bos
山羊　Capra sp.
猪科　Suidae
食肉目　Carnivora
犬科　Candiea
猫科　Felidae
家猫　Felis ocreata domestica
雀形目　Passeriformes
鸦科　Corvidae
乌鸦　Covus
啮齿目　Rodentia
鼠科　Muridae

经鉴定，田弘墓出土的动物骨头比较简单，只有马、羊和鼠。马和羊是盗洞内出土的动物，马骨出土时，骨骼的摆放比较完整。值得注意的是，马的左股骨远端的股骨头有数道砍痕（图一〇四）。由此可推测，这匹马是在活着的时候，被砍伤腿部，被活埋在盗洞内。另外，从这匹马的牙齿磨损程度看，是一匹较老的马。

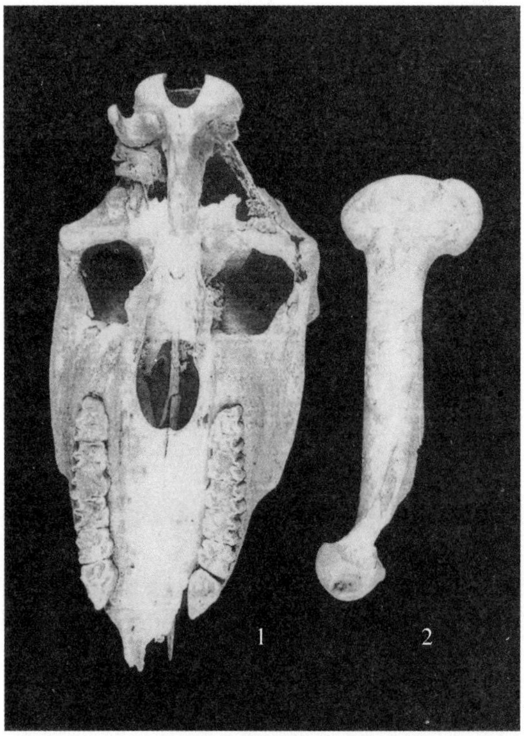

图一〇三　墓志旁的马骨
1. 马头　2. 马左股骨

图一〇四　马左股骨头上的砍痕

墓葬中出土的鼠科骨头仅为一个个体，应该是老鼠打洞所致。

北宋灰坑出土的动物骨骼反映出，马、牛、山羊、猪、狗、猫与当时人的生活有一定关系。

二、动物骨骼测量

（一）羊

因一只羊的左右下颌骨均残，故选出下后臼齿进行测量。第三臼齿均未萌发，属幼小个体。左下颌骨 M1 的长宽指数为 15 毫米和 8 毫米，M2 的长宽指数为 18.5 毫米和 9 毫米；右下颌骨 M1 的长宽指数为 15.5 毫米和 8.5 毫米，M2 的长宽指数为 18 毫米和 9 毫米。另一只羊的右下颌骨 M1 的长宽指数为 11.1 毫米和 10.5 毫米，M2 的长宽指数为 21 毫米和 11.5 毫米，M3 的长宽指数为 24 毫米和 12.5 毫米。

（二）马

一残马头，含左右上颌骨，整理时未见标签，估计为田弘墓出土（图一〇三）。

左上颌骨 P2—M3 的长度为 156 毫米，P2 的长宽指数为 35 毫米和 24.5 毫米，P3 的长宽指数为 26.5 毫米和 25.5 毫米，P4 的长宽指数为 24.5 毫米和 26 毫米，M1 的长宽指数为 22 毫米和 21 毫米，M2 的长宽指数为 23 毫米和 24 毫米，M3 的长宽指数为 31.5 毫米和 24 毫米。

右上颌骨 P2—M3 的长为 155 毫米，P2 的长宽指数为 34.5 毫米和 24.3 毫米，P3 的长宽指数为 25.5 毫米和 25 毫米，P4 的长宽指数为 24 毫米和 25 毫米，M1 的长宽指数为 22 毫米和 22.5 毫米，M2 的长宽指数为 21 毫米和 23 毫米，M3 的长宽指数为 32.5 毫米和 23 毫米。

（三）动物个体统计

按照最小个体统计的方法，田弘墓共出土两匹马，一匹成年老马，保留的骨骼比较全。另外，还发现了一幼年个体的右股骨残块。在墓道的上部和墓室上部发现羊骨，为两个个体。

在北宋灰坑内发现牛五头、狗四只、猪四头、羊三只、马两匹、猫一只、乌鸦一只。从这个数目可以看出，北宋时期，牛与当时人们的生活最为密切，其次是猪、狗、羊、马（图一〇五）。

第三节　田弘墓出土动物骨头统计

T1　东 3 层

牛左盆骨 1（残）

哺乳动物肋骨 1，肢骨碎块 5

T1　东 H2 第 4 层
大型哺乳动物股骨头碎块 1

T1　东 3 层
羊头骨碎块 1，寰椎碎骨 2
马左下颌骨残块 1（含 P4—M2）

T1　西 2 层
牛左下颌骨残块 1（含 P2—M3）

T1　H10 下层
马左肩胛骨残块 1，左第二趾骨 1
牛角残块 1，左第三趾骨 1，右第三趾骨 1
大型哺乳动物肩胛骨碎块 1，肋骨 2，肢骨碎块 2

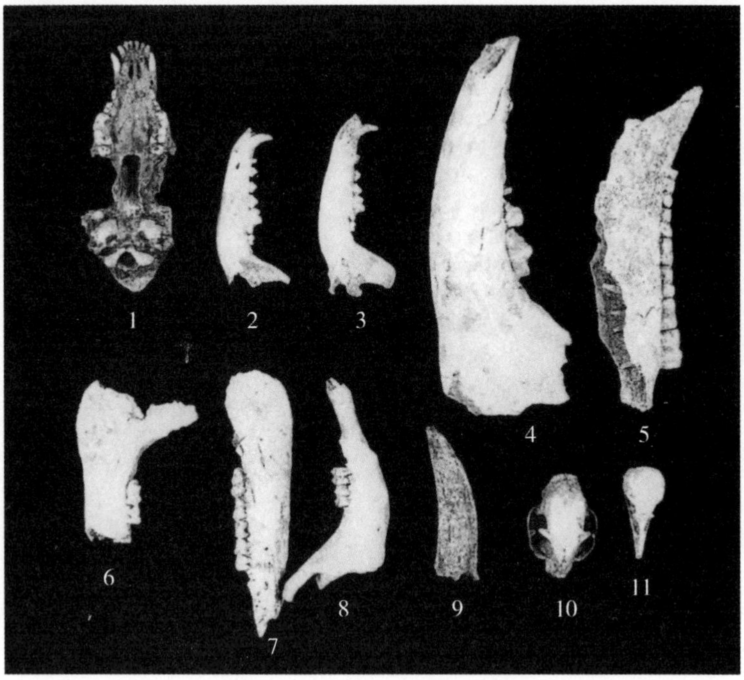

图一〇五　北宋灰坑出土兽骨

1. 狗头　2、3. 狗下颌骨　4. 牛下颌骨　5. 马下颌骨　6、7. 猪下颌骨　8. 羊下颌骨　9. 山羊羊角　10. 猫头　11. 乌鸦头

T1　H9
马左胫骨远端 1
大型哺乳动物肋骨 1

T1　H10
乌鸦头骨 1（残），左肩胛骨 1，左右肱骨各 1，左右胫骨各 1，左右尺骨各 1，左右盆骨各 1，左右跖骨各 1，左第一趾骨 1
啮齿目左下颌骨 1（残），左右肩胛骨各 1，左右股骨各 1，左右尺骨各 1，脊椎骨 9，肋骨 15
猫头骨 1（含上颌骨）

T1　东 H8
马下臼齿 1
羊右下颌骨（残存第三臼齿）
哺乳动物碎头骨 4

T1　H2
猪左肩胛骨 1，牛肩胛骨 1，牛头骨碎片 2，左桡骨 1，游离碎臼齿 1，哺乳动物脊椎骨 1，大型哺乳动物肋骨 3，肢骨碎块 3，羊桡骨干 1（左右不清）

T1　北壁 H2
哺乳动物头骨碎块 1（猪?）

牛右下颌骨 1，残存第二、第三臼齿各 1，牛右下颌枝 1（残），牛左下颌枝 1（残），牛左下颌骨残块 1（残存第一、第二、第三臼齿，但均碎），牛寰椎 1，牛右肱骨远端碎块 1，左肱骨远端 1，牛左股骨近端 2（残），牛右胫骨近端碎块 1，牛左胫骨近端 1（关节未愈合），牛右胫骨远端 1，左胫骨远端 1，牛左桡骨远端 1，牛右尺骨近端 1，牛左跟骨 1，牛左盆骨 1，牛左距骨 1，牛第二节趾骨 1，猪左下颌骨 1（残存第一、第二臼齿，第二臼齿刚刚萌出），马右下颌骨残块（存 P2—M3），大型哺乳动物脊椎骨 3，肢骨碎块 1，关节 1，哺乳动物骨碎块 3，狗右盆骨 1，狗右胫骨碎块 1，羊左肩胛骨碎块 1，羊右炮骨近端 1

T2　东 2 层

牛右肱骨远端 1，肩胛骨残块 1，右肱骨远端碎块 1，右肱骨近端碎块 1，右胫骨近端 1，右胫骨远端 1，右盆骨碎块 1，左跟骨碎块 1，右跟骨 1，关节骨 1，掌骨近端碎块 1，左掌骨 1，右掌骨 1，牛下颌枝 1（残），牛右炮骨 1，左炮骨 1，第二节趾骨 1，大型哺乳动物脊椎 2，哺乳动物肢骨碎块 2，羊角碎块 1，羊右下颌枝 1（碎），羊下颌骨碎块 1，羊右炮骨近端 1，小型哺乳动物脊椎 1，猪（?）右桡骨近端（小）1

T2　西 3 层

牛左肩胛骨 1，右肩胛骨 1，游离上臼齿 2，游离牙第二、第三臼齿各 1，下颌骨残块 1，右下颌枝 1，左肱骨近端 1，右肱骨远端 1，第二节趾骨 1，大型哺乳动物肋骨 4

羊左下颌骨 2（残存 P3—M3）（其中一个第三臼齿刚刚萌出）

大型哺乳动物肋骨 8，脊椎 2，肢骨碎块 1，盆骨碎块 1

T2　冥钱处

啮齿目左右下颌骨各 1，左尺骨 1，肋骨 11，左右盆骨各 1

第二天井内出土

羊右距骨 1

T3　东 2 层

牛左肩胛骨 1

羊左肱骨远端 1

狗下颌骨 1 副

T3　西 2 层

羊左角 1，羊右下颌骨 1（残存第二和第三臼齿）

马左胫骨远端 1，马左桡骨远端 1，第二节趾骨 1，第三节趾骨 1

牛下颌骨碎块 1，牛左肩胛骨 1，右肩胛骨 1，牛胫骨近端残块 1，牛右掌骨 1

猪左下颌骨 2（一个含 P3—M3，另一个含第一、第二臼齿）

哺乳动物头骨碎块 5，脊椎骨碎块 2，颈椎 1

T3　西 3 层

牛右股骨远端 1

羊左桡骨近端 1，肢骨残块 1
马左肩胛骨 1，左股骨远端 1，左跟骨 1，左距骨 1
大型哺乳动物头骨碎块 1，脊椎 5，肋骨 4

T3　第三天井过洞口
羊左盆骨残块 1，大型哺乳动物肋骨 3
乌鸦左右胫骨各 1，左右方跖骨各 1，左右第一趾骨各 1，左右第二趾骨各 1，左第三趾骨 2，右第三趾骨 1

T3　H6 底部
狗头 1（含上下颌），狗寰椎 1，脊椎 1，狗掌骨 1，跖骨 2，第一节趾骨 2，第二节趾骨 2，第三节趾骨 1

T3　天井范围内
牛左桡骨 1，左尺骨近端 1（为同一副）

T3　与 T4 的隔梁下的天井黄土
狗左胫骨远端 1，狗跖骨 5，掌骨 1，第一节趾骨 2，第三节趾骨 1，（和 H1 下层可能是一个个体）

T4　天井北面盗洞出土
牛胫骨近端残块 1，右跑骨 1
羊左肱骨远端 1，右肱骨远端 1，右股骨远端 1（未愈合、有切割痕），右股骨近端 1（未愈合）
大型哺乳动物脊椎骨 6，肋骨 2
哺乳动物脊椎骨 2，肋骨 2，肢骨碎块 1

T4　第五天井盗洞
羊左上颌残骨 1（含 P2—M3，P2—P3 未萌发），距骨残块 1，脊椎骨 1，猪左上颌骨残块 1（P2 刚刚萌发），猪尺骨桡骨各 1（为一副），肱骨近端 1（未愈合），胫骨远端 1（未愈合）
牛左肩胛骨残块 1
马股骨近端残块 1（未愈合、右砍痕），左肱骨远端 1，第一左趾骨 1，第三趾骨残块 1（右砍痕），左掌骨 1
大型哺乳动物脊椎 15，肋骨 23

T5　H11（东半下）
牛右下颌骨 1（仅存第三臼齿），牛左股骨远端 1
马左距骨 1，马第三趾骨
猪左右上颌各 1（含 P3－M3，M3 均刚刚萌出）

T5　西 H11 下
狗骨（全部残）下颌碎块 1，第一下臼齿 1
左右肱骨各 1，左右尺骨各 1，桡骨干 1，左右股骨各 1，左右胫骨各 1，盆骨碎块 3，肋骨 10，第一节趾骨 1

H－8 南（－500 cm）

马左跟骨残块 1

冥钱坑

羊角残块 4，羊头骨碎块 1

无号（可能为田弘墓的）

马头 1（残、含左右上颌骨），头骨残片 2，马右下颌骨残块 2（一件残存 P2－M3，另件存 P3－M3），马左上颌骨残块 1（含 P3－M3），残臼齿 1，左第二趾骨 1，哺乳动物肋骨 12，脊椎骨 2

狗上颌骨残块 1（含 P3、P4、M1、M2），游离犬齿 1

哺乳动物头骨残片 6

盗洞内龛

羊右上颌骨 1（含 P2－M3，P2、P3 未完全萌发），股骨近端残块 1

左胫骨近端残块 1，羊左跟骨 1

哺乳动物寰椎 1，脊椎骨 6（附带肋骨）

大型哺乳动物颌骨残片 1

田弘墓墓室上部

羊头骨残片 3，上左右门齿各 1，游离牙齿 5，左右下颌骨残块各 1（均含第一、第二臼齿、第三臼齿未萌出），股骨远端 1（未愈合），股骨近端 1（未愈合），肢骨残块 7（未愈合、有砍痕、其中一块有炭烧痕迹），左距骨 1（有啮齿类咬痕）

马左第三趾骨 1

哺乳动物脊椎 1，肢骨碎块 5

田弘墓墓志旁马骨头

马下颌骨残片 1，马右肩胛骨碎块 1，右侧盆骨 1，左侧盆骨 1，右桡骨、尺骨各 1，左桡骨 1，右肱骨远端 1，左肱骨 1，左胫骨 1，右胫骨 1，左股骨 1（近端残、远端股骨头有砍痕），右股骨 1，左侧掌骨 1，右侧掌骨 1，右跟骨 1，跟骨残块 1，右第一趾骨 1，右第二趾骨 1，左第一趾骨 1，左第二趾骨 1，左第三趾骨 1，骶骨 1，右股骨残块 1（个体较前者小）

大型哺乳动物肋骨 35，肋骨碎块 21，脊椎 24

田弘墓墓室西南埋土

啮齿目左下颌骨 1，牙齿碎片 5，肢骨残片 4

哺乳动物肋骨残块 2

（安家瑗）

第十二章　彩色颜料和漆器

第一节　色彩遗物

田弘墓中与色彩相关的遗物，主要有从第五天井出土的云母片、武士俑、陶马等、后室西壁的壁画、东耳室的壁画、封门砖的壁画（原号码 16）、夫人棺出土的红色布残片等（彩版四五：5）。

在中国，对于各种色彩原料的研究，除了对甘肃省等地以敦煌的壁画材料为中心的调查在持续进行以外，对于其他地区的调查均不充分，所以，对宁夏北周时代色彩材料的研究具有重要意义。

表四概括了利用荧光 X 线及 X 线衍射对颜料进行的分析。通过荧光 X 线分析，可以了解样品中所含的化学成分；通过 X 线衍射线分析，可以了解样品中所含的矿物成分。

结论如下所述：

1. 云母片（云母整理号码 106－22）上涂有红、绿、蓝三种颜色。红色为朱砂，其中可以看到最大径在 80 微米程度的颗粒。绿色为岩绿青（石绿?），也可以看到最大径在 100 微米程度的颗粒。蓝色不是岩绿青那样的矿物质颜料，而是靛青类有机质颜料，在显微镜的观察下，看不到朱砂与岩绿青那样的颗粒（彩版四七：1）。

2. 云母片（云母整理号码 106－21）上可见金色和黑色的部分。可以确认金色是金，黑色是银。金应为金箔类物质。

3. 武士俑 1 上可以看到红、粉、黑、白等颜色。推定红色为印度红，粉色为在碳酸钙中混入朱砂，白色的底色为碳酸钙，黑色部分为墨。

4. 武士俑 2 上可以看到红、黑、白等颜色。推定红色为印度红，白色的底色为碳酸钙，黑色为墨。

5. 马俑上可以看到红、黑、白等颜色。推定红色为印度红，白底色为碳酸钙，黑色为墨。

6. 后室西壁的壁画上可以看到红、黑、白等颜色。推定红色为印度红，白色的底色为碳酸钙，黑色为墨。

7. 东耳室壁画上可以看到红、黑、白等颜色。推定红色为印度红，白色的底色为碳酸钙，黑色为墨。

表四　　田弘墓出土遗物色彩原料的研究

号码	测试标本	颜色	光测出的主要化学元素	光测出的主要光矿物种类	颜料种类
1	云母片（云母整理号码 106－22）	红色	Hg（汞）	Cinnabar	朱
		绿色	Cu（铜）	—	岩绿青
		蓝色	—	—	蓝（推定）
2	云母片（云母整理号码 106－21）	金色	Au（金）	Gold	金
		黑色	Ag（银）	—	银
3	武士俑 1	红色	Hg（汞）	Cinnabar	朱
		粉红色	Hg（汞）	Cinnabar	朱
		黑色	—	—	墨（推定）
		白色	Ca（钙）	Dolomite or ankerite	苦灰石
4	武士俑 2	红色	Hg（汞）	Cinnabar	朱
		黑色	—	—	墨（推定）
		白色	Ca（钙）	Dolomite or ankerite	苦灰石
5	骑马俑	红色	Hg（汞）	Cinnabar	朱
		黑色	—	—	墨（推定）
		白色	Ca（钙）	Dolomite or ankerite	苦灰石
6	后室西壁壁画	红色	Fe（铁）	Hematite	朱
		黑色	—	—	墨（推定）
		白色	Ca（钙）	Dolomite or ankerite	苦灰石
7	测室东壁下壁画	红色	Fe（铁）	Hematite	印度红
		黑色	—	—	墨（推定）
		白色	Ca（钙）	Dolomite or ankerite	苦灰石
8	封门砖（原号码 16）	红色	Fe（铁）	Hematite	印度红
		黑色	—	—	墨（推定）
		白色	Ca（钙）	Dolomite or ankerite	苦灰石
9	夫人棺出土绢	粉红色	—	—	有机染料

8. 封门砖（原号码 16）可以看到红、黑、白等颜色。推定红色为印度红，白色的底色为碳酸钙，黑色为墨。

9. 夫人棺中出土的布上附着有红色，并不是朱砂、印度红、铅丹等矿物质颜料，而是红色染料类物质。

第二节　漆器

田弘墓出土了数种漆器，如第五天井出土的两种木胎漆器、用途不明的涂漆木棒、漆纱冠破片等。

但是这些漆器多为细小的漆皮碎片，难以推测其原来形状。尽管如此，这些漆皮还是包含了各种有关的信息，如器胎、底层敷料、涂漆的次数、漆层间的混合物等。当然，要明确解释这些还离不开漆工技术。在中国，从战国至汉代出土了丰富的漆器。其后直至宋代，一直没有漆器的集中出土。为了搞清这期间漆工技术的变化，很有必要研究这些漆皮残片。

基于这样的考虑，对田弘墓的出土标本进行取样调查，制作出漆皮断面的观察基片。其结果将在研究文章中汇报，这里先将漆皮的观察结果做一介绍。

漆皮碎片为木胎漆器的一种。木胎部分虽已失去，但由于在胎的内、外器表上，作为底层敷料的布和涂有漆的漆皮残存下来，漆器的整体形状也被保存下来。由于布直接附着在木胎的表面，据此可以推定出胎的构造（彩版四七：2）。

木胎以针叶树为材料。在直径 9 厘米，厚 5 毫米的木板上切下一个圆形，作为底板。沿着底板的周围近乎垂直地卷起一个薄板，将二者接合起来。在这一薄板外侧，再围绕厚度为 2.5 毫米的薄板，至少残存有三重。这三重以上的薄板的围绕方式是类似 3 个以上的同心圆，环螺旋式线圈形，尚不明确。如此将器胎制作以后，在两面附上厚度不足 1 毫米的布，再于其上涂漆。漆器结构见图一〇六。

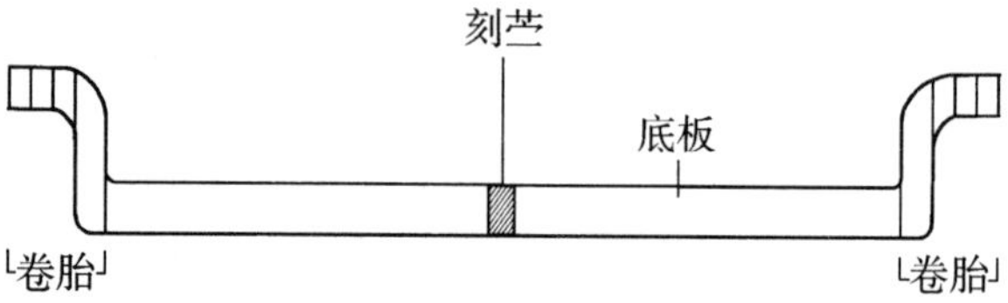

图一〇六　漆器构造示意图

将很窄的薄板卷成几层来制作漆器内胎，如此技法也见于正仓院的漆胡瓶和银平脱盒子（均被认为属于唐代），木村法光氏将其称之为“卷胎技法”，该技法是中国传统的漆器工艺。田弘墓漆器的出土，将正仓院漆器向前追溯了近二百年。

以上关于色彩遗物部分的研究，得到了奈良国立文化财产研究所肥塚隆保、降旗顺子的协助。漆器的分析，是与京都造型艺术大学冈田文男、滋贺县埋藏文化财保护协会中川正人共同研究的。

（成濑正和）

第十三章　玻璃材料的铅同位素比与化学组成

我们对田弘墓出土的玻璃串珠进行自然科学方面的研究，测定了该玻璃器的铅同位素，并且对其产地进行了考察。

第一节　玻璃材料

田弘墓出土的玻璃珠共分两种，即用线串缀的约 90 颗玻璃珠和一颗单独的较大的玻璃珠。该资料为北周时期的遗物，为六世纪后期。

为了避免对资料的损伤，我们通过荧光 X 线分析法，进行无损化学成分分析，确认玻璃器中含有大量的铅。此后，又从 8 个资料中提取了微量的玻璃，取样位置如图所示。

第二节　铅同位素比测定法

一、通过铅同位素比法推定铅的产地

为了推定铅的产地，我们采用了铅同位素比的方法①。一般来讲，由于铅矿山中矿石的不同，每个矿山的铅同位素比都有一个固定值。也就是说，不同的产地显示出不同的同位素比。因此，我们能够根据文物中含铅同位素比的不同，来推测所用材料的产地。测定铅同位素比需要使用铅含量测量仪器（质量分析计），其敏感度极好，1 毫克的铅就足够了。一般被称为铅玻璃的玻璃制品中，均含有百分之几以上的铅，故这一方法均适用。

二、化学成分测定

从以上的 90 颗玻璃珠中，选出 7 个种类的 8 粒作为资料。为确认其是否为铅玻璃，

① 平尾良光、榎本淳子：《弥生时代青铜器的铅同位素比》，《古代青铜的流通与铸造》，第 29～161 页，（东京）鹤山堂，1999 年。

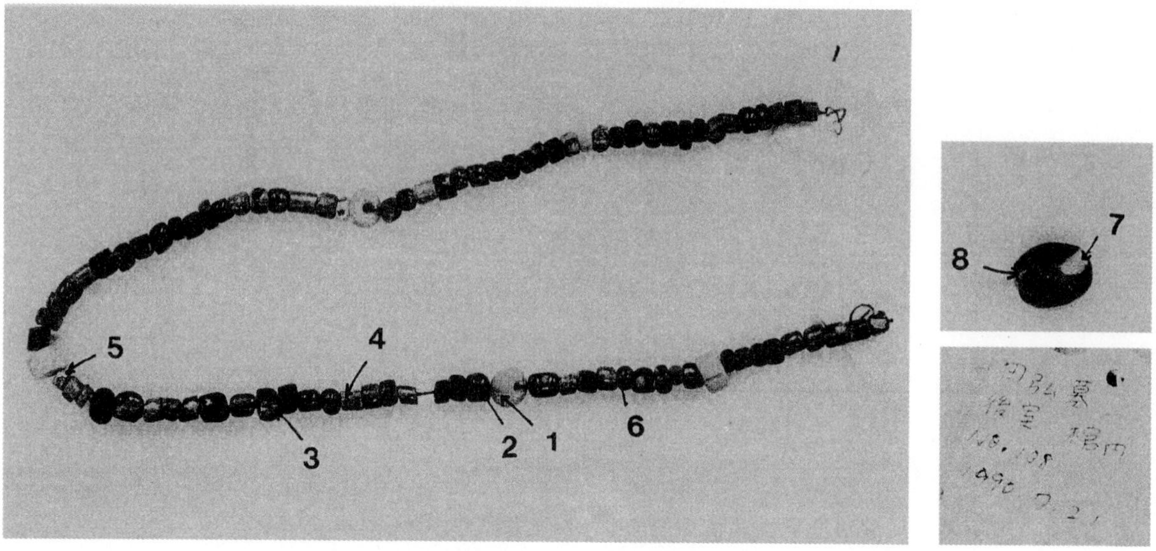

图一〇七　玻璃样品（1～8 为玻璃珠的取样位值）

通过荧光 X 线法测定其化学成分（图一〇七）。

首先对其进行定性了解，荧光 X 线的强度如表五所示，可以确知标本中富含有铅。

表五　　用荧光 X 线分析玻璃样品的化学成分（放射指数/秒）

资料 NO.	Al 铝	Si 硅	K 钾	Ca 钙	Fe 铁	Cu 铜	As 砷	Pb 铅	Sn 锡	玻璃形态·色调
1	1.5	8.7	1.3	3.8	3.9	1.1	<0.1	57	5.4	玻璃小珠 黄色
2	1.1	14	1.5	4.3	6.1	1.6	<0.1	11	<0.1	玻璃小珠 黑～青色 NO.3 类似
3	1.4	9.5	1.6	4.6	5.6	1.9	5.6	7	<0.1	玻璃小珠 黑～青色 NO.2 类似
4	1.8	13	<0.1	2.9	10	2.2	12	13	<0.1	玻璃小珠 黄褐色 NO.5 类似
5	1.0	11	<0.1	1.9	9.5	2.0	11	13	<0.1	玻璃小珠 黄褐色 NO.4 类似
6	0.9	11	1.7	4.0	5.4	4.4	<0.1	15	<0.1	玻璃小珠 黑～青色 NO.2，3 类似
7	1.3	7.9	2.4	3.1	2.6	<0.1	<0.1	18	16	玻璃大珠 白色部分 同一资料（NO.8）
8	1.1	8.9	2.8	3.0	3.9	1.4	<0.1	7	<0.1	玻璃大珠 黑～褐色部分 同一资料（NO.7）

三、铅同位素比的测定

从资料中提取微量的玻璃，作为测定铅同位素比的试验样品。将其倒入特弗隆制的烧杯中，加入少量的氢氟酸进行加热分解。稍后在硝酸酸性溶液环境下，放入白金电极，通入 2V 直流电压，使其电解。铅便作为二氧化铅被聚集正极，析出后的铅溶解在硝酸和双氧水中。

通过膦酸—硅胶法，将相当于 0.1 毫克的铅附着于铼丝之上，然后置放于美国热电公司制造的全自动表面电离型质量分析计 MAT262 内，准备进行分析的诸条件，并将铼丝温度设定于 1200℃后，测定铅的同位素比。相同条件测定的铅标准物质 NBS－SRM－981

规格化后，取得其测定值①。

第三节　铅同位素比的测定结果与考察

一、铅同位素比测定值

表六　**玻璃样品的铅同位体素比值**

资料 NO.	测定 NO.	$^{207}Pb/^{206}Pb$	$^{207}Pb/^{206}Pb$	$^{206}Pb/^{204}Pb$	$^{207}Pb/^{204}Pb$	$^{208}Pb/^{204}Pb$
1	KP1680	0. 8448	2. 0891	18. 518	15. 644	38. 686
2	KP1681	0. 8379	2. 0762	18. 700	15. 669	38. 825
3	KP1682	0. 8342	2. 0691	18. 803	15. 685	38. 904
4	KP1683	0. 8280	2. 0768	18. 745	15. 708	38. 929
5	KP1684	0. 8407	2. 0868	18. 617	15. 652	38. 851
6	KP1685	0. 8370	2. 0755	18. 717	15. 666	38. 847
7（玻璃大珠－A）	KP1686	0. 8473	2. 0907	18. 489	15. 665	38. 654
8（玻璃大珠－B）	KP1687	0. 8348	2. 0702	18. 781	15. 679	38. 881
	测定误差	±0. 0003	±0. 0006	±0. 010	±0. 010	±0. 030

表六所显示的是所测定的铅同位素比。

图一〇八的纵轴为 208Pb/206Pb 的值，横轴为 207Pb/206Pb 的值，将此图称为 A 式图。为了能够从此图中了解测定资料的铅同位素比的分布，需要利用一下北周时代的铅同位素比的分布。但是由于并不了解这样的图，所以，只能以迄今为止所获得的其他时代的结果为模式，来分析这次的结果②。根据东汉、三国时期以前中国古代青铜器中含铅同位素比所显示的产地，A 为中国西汉镜的主要分布范围，为华北地区的铅。B 为中国东汉镜以及三国时代的铜镜的分布范围，推测为华南地区出产的铅。L 为中国战国时代辽宁省、山东半岛地区的古钱的分布范围，Z 为中国西周时代出土资料的分布范围。

图一〇九的纵轴为 207Pb/204Pb 的值，横轴为 206Pb/204Pb 的值。将此图称为 B 式图。图一〇九中 A′、B′分别表示中国的华北、华南地区铅的分布范围。在图中本次的测定值以“•”来表示。

① 平尾良光、马渊久夫：《关于表面电离型固体质量分析计 VG　Sector 的规格化》，《保存科学》28，第 17～24 页，1989 年。

② 平尾良光、早川泰弘、金正耀：《中国古代青铜器的自然科学的研究》，《有关古代东亚洲青铜器的变迁的考古学和自然科学的研究》，文部省科学研究费补助金国际学术研究，第 43～112 页，1999 年。

二、结果与考察

在图一〇八所示的 A 式图中，宁夏的玻璃与迄今为止的青铜器所显示的铅同位素比位于不同的范围区域，因此依据现有资料无法对其进行考察。我们推测，这有以下几种可能性。

1. 北周时代开发了与已知矿山不同的新矿山，那里的铅矿石成为了我们分析的铅玻璃标本的原料。因为古代矿山的成因不同，铅的同位素比也不同，而迄今的矿山的有关数据没有给我们启示。

2. 目前所研究的青铜器主要出自中原地区，这与位于西北部的宁夏地区不同。因此，这一地区使用的铅矿山过去仅限于该地区使用，没有向外地输出。亦或至今为止还没有发现该地区的铅。

3. 制作青铜器时利用的铅矿山和制作铅玻璃时利用的矿山有着本质的不同，所以，制作玻璃时所加入的铅，其同位素比可能不同。

4. 此玻璃串珠用的并不是这一地区的铅，可能是从其他地区输入的玻璃。

由于对本资料的出土位置、年代都做了详细清楚的注明，故今后进行类似资料测定时，这将是一个重要的比较材料。

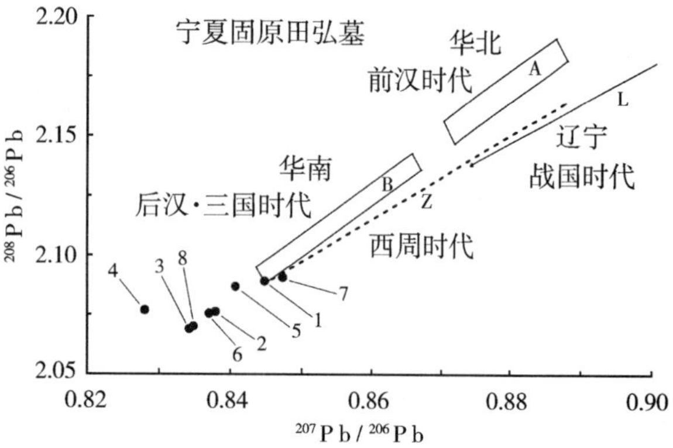

图一〇八　玻璃样品的铅同位体素比（A 式图）1

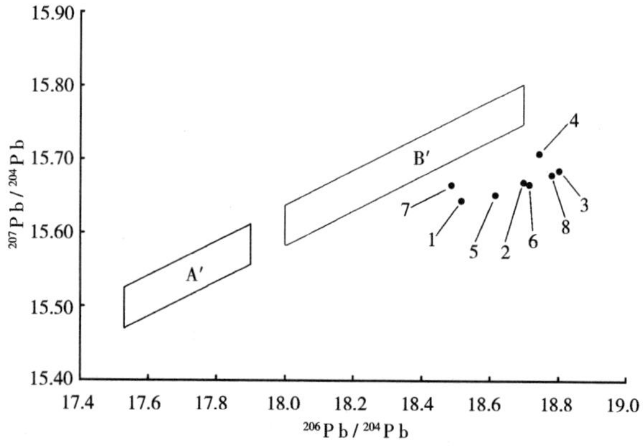

图一〇九　玻璃样品的铅同位体素比（B 式图）1

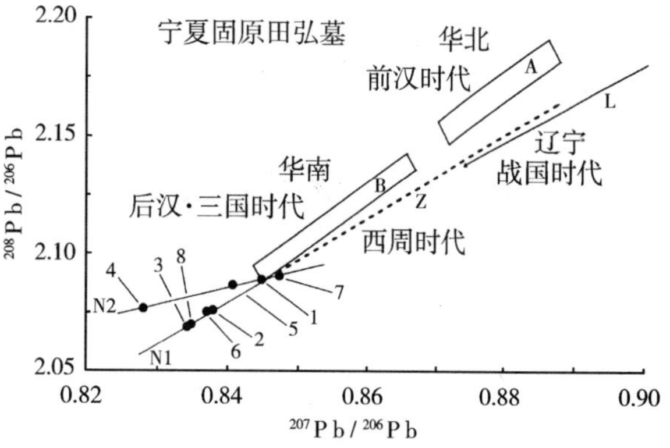

图一一〇　玻璃样品的铅同位体素比（A 式图）2

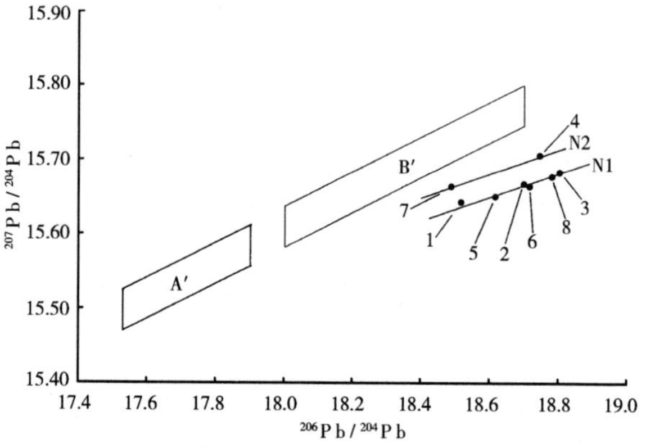

图一一一　玻璃样品的铅同位体素比（B 式图）2

资料 NO. 1（KP1680）

[测定条件]

测定装置	SEA5230
测定时间（秒）	200
有效时间（秒）	196
试料室状态	真空
准直仪	ø 0. 1mm
励起电压（kV）	50
管电流（μA）	1000
说明	玻璃珠，黄色

[测试样品图像]

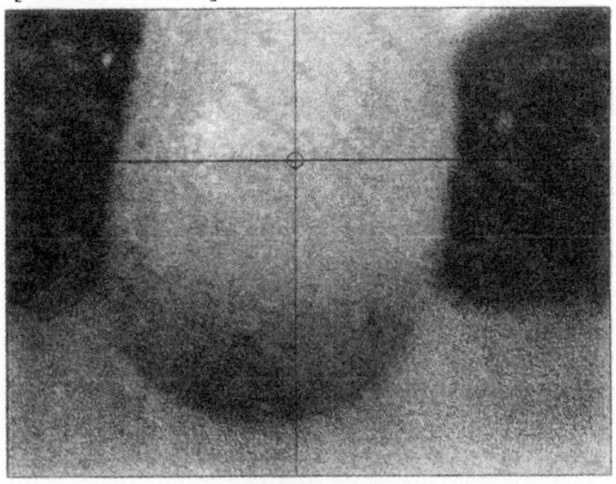

视野：[X,Y]6.25,4.67(mm)

[结果]

Z	元素	元素名	Line	A（cps）	ROI（keV）
13	Al	铝	Kα	1. 463	1. 36－1. 61
14	Si	硅	Kα	8. 671	1. 61－1. 87
16	S	硫磺	Kα	1. 501	2. 17－2. 44
19	K	钾	Kα	1. 271	3. 17－3. 46
20	Ca	钙	Kα	3. 822	3. 54－3. 84
26	Fe	铁	Kα	3. 895	6. 23－6. 57
29	Cu	铜	Kα	1. 096	7. 86－8. 22
50	Sn	锡	Kα	5. 359	24. 92－25. 47
82	Pb	铅	Lβ	57. 325	12. 42－12. 84
31	Ga	镓	Kα	3. 149	9. 05－9. 43

[测定光谱]

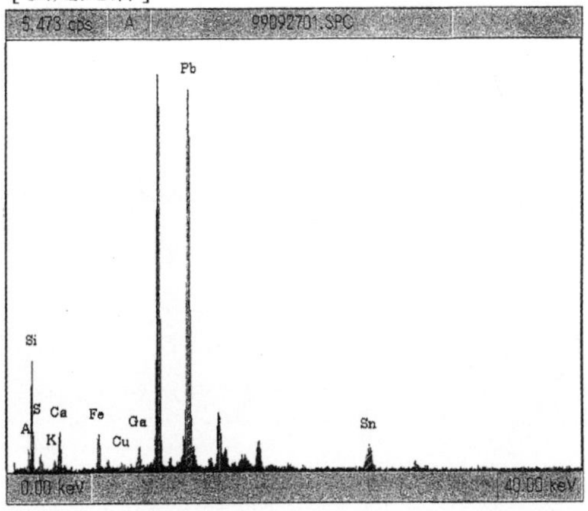

资料 NO. 2（KP1681）

[测定条件]

测定装置	SEA5230
测定时间（秒）	200
有效时间（秒）	197
试料室状态	真空
准直仪	ø 0. 1mm
励起电压（kV）	50
管电流（μA）	1000
说明	玻璃珠，浓青

[测试样品图像]

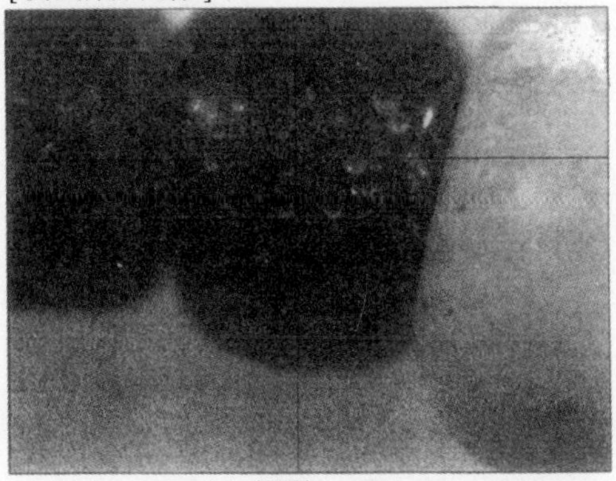

视野：[X,Y]6.25，4.67(mm)

[结果]

Z	元素	元素名	Line	A（cps）	ROI（keV）
13	Al	铝	Kα	1. 098	1. 36 – 1. 61
14	Si	硅	Kα	13. 790	1. 61 – 1. 87
16	S	硫磺	Kα	0. 868	2. 17 – 2. 44
19	K	钾	Kα	1. 492	3. 17 – 3. 46
20	Ca	钙	Kα	4. 310	3. 54 – 3. 84
26	Fe	铁	Kα	6. 094	6. 23 – 6. 57
29	Cu	铜	Kα	1. 625	7. 86 – 8. 22
82	Pb	铅	Lβ	10. 882	12. 42 – 12. 84
38	Sr	锶	Kα	2. 677	13. 92 – 14. 36

[测定光谱]

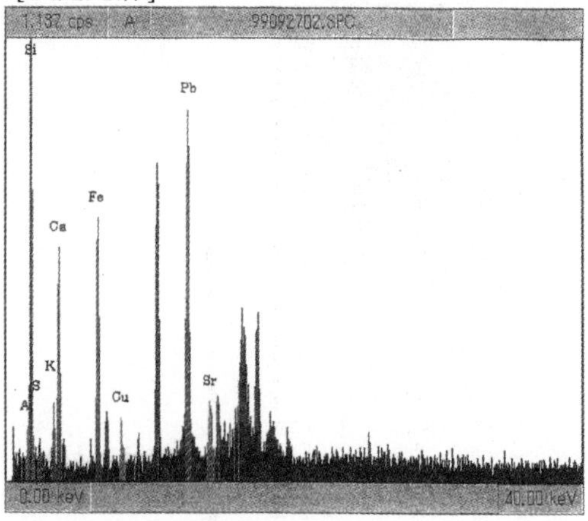

资料 NO. 3（KP1682）

[测定条件]

测定装置	SEA5230
测定时间（秒）	200
有效时间（秒）	197
试料室状态	真空
准直仪	ø 0. 1mm
励起电压（kV）	50
管电流（μA）	1000
说明	玻璃珠，浓青

[测试样品图像]

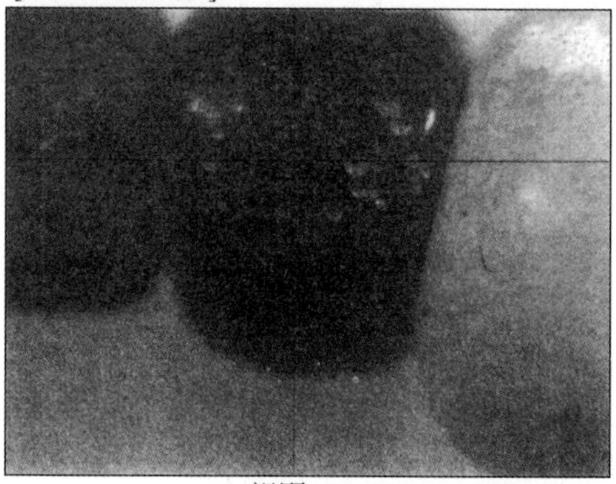

视野：[X,Y] 0.00，0.00(mm)

[结果]

Z	元素	元素名	Line	A（cps）	ROI（keV）
13	Al	铝	Kα	1. 388	1. 36 – 1. 61
14	Si	硅	Kα	9. 478	1. 61 – 1. 87
16	S	硫磺	Kα	1. 019	2. 17 – 2. 44
19	K	钾	Kα	1. 639	3. 17 – 3. 46
20	Ca	钙	Kα	4. 626	3. 54 – 3. 84
25	Mn	锰	Kα	0. 603	5. 73 – 6. 06
26	Fe	铁	Kα	5. 575	6. 23 – 6. 57
29	Cu	铜	Kα	1. 853	7. 86 – 8. 22
33	As	砷	Kα	5. 580	10. 33 – 10. 73
82	Pb	铅	Lβ	6. 758	12. 42 – 12. 84

[测定光谱]

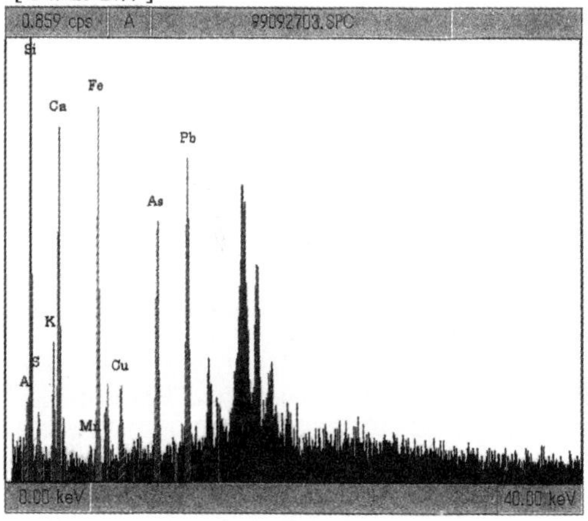

资料 NO. 4（KP1683）

［测定条件］

测定装置	SEA5230
测定时间（秒）	200
有效时间（秒）	196
试料室状态	真空
准直仪	ø 0. 1mm
励起电压（kV）	50
管电流（μA）	1000
说明	玻璃珠，黄褐色

[测试样品图像]

视野：[X,Y] 0.00，0.00(mm)

［结果］

Z	元素	元素名	Line	A（cps）	ROI（keV）
13	Al	铝	Kα	1. 803	1. 36－1. 61
14	Si	硅	Kα	12. 731	1. 61－1. 87
16	S	硫磺	Kα	1. 501	2. 17－2. 44
20	Ca	钙	Kα	2. 872	3. 54－3. 84
22	Ti	钛	Kα	0. 781	4. 35－4. 66
26	Fe	铁	Kα	10. 179	6. 23－6. 57
29	Cu	铜	Kα	2. 189	7. 86－8. 22
33	As	砷	Kα	12. 062	10. 33－10. 73
82	Pb	铅	Lβ	12. 517	12. 42－12. 84

[测定光谱]

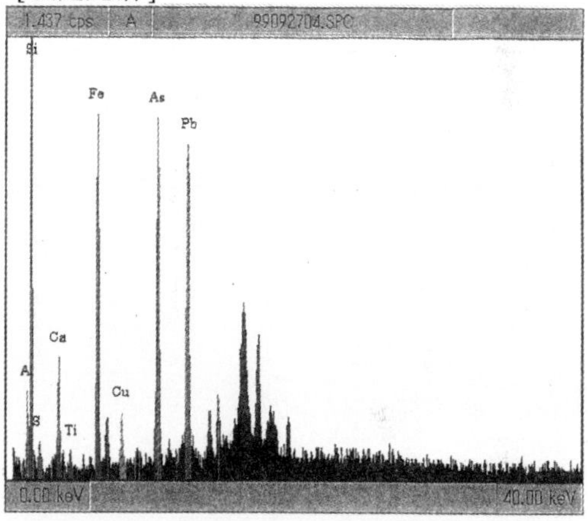

资料 NO. 5（KP1684）

［测定条件］

测定装置	SEA5230
测定时间（秒）	200
有效时间（秒）	196
试料室状态	真空
准直仪	ø 0. 1mm
励起电压（kV）	50
管电流（μA）	1000
说明	玻璃珠，黄褐色

[测试样品图像]

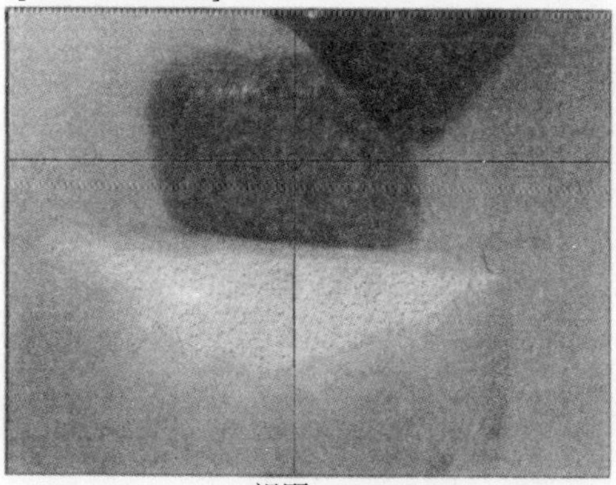

视野：[X,Y] 6.25，4.67(mm)

[结果]

Z	元素	元素名	Line	A（cps）	ROI（keV）
14	Si	硅	Kα	10. 611	1. 61 – 1. 87
13	Al	铝	Kα	1. 021	1. 36 – 1. 61
20	Ca	钙	Kα	1. 916	3. 54 – 3. 84
26	Fe	铁	Kα	9. 495	6. 23 – 6. 57
29	Cu	铜	Kα	2. 012	7. 86 – 8. 22
33	As	砷	Kα	11. 179	10. 33 – 10. 73
38	Sr	锶	Kα	2. 879	13. 92 – 14. 36
82	Pb	铅	Lβ	12. 555	12. 42 – 12. 84

[测定光谱]

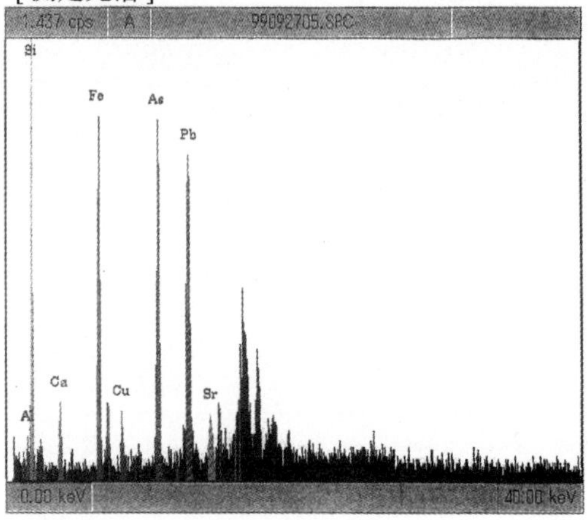

资料 NO. 6（KP1685）

[测定条件]

测定装置	SEA5230
测定时间（秒）	200
有效时间（秒）	98
试料室状态	真空
准直仪	ø 0. 1mm
励起电压（kV）	50
管电流（μA）	1000
说明	玻璃珠，浓青

[测试样品图像]

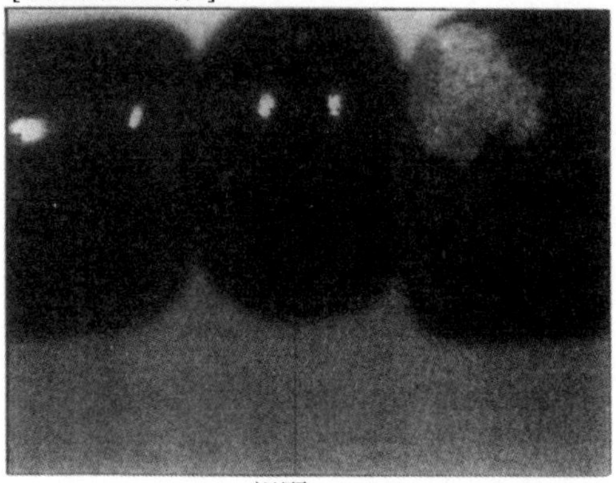

视野：[X,Y] 6.25，4.67(mm)

[结果]

Z	元素	元素名	Line	A（cps）	ROI（keV）
13	Al	铝	Kα	0. 862	1. 36 – 1. 61
14	Si	硅	Kα	11. 021	1. 61 – 1. 87
16	S	硫磺	Kα	1. 103	2. 17 – 2. 44
19	K	钾	Kα	1. 703	3. 17 – 3. 46
20	Ca	钙	Kα	4. 029	3. 54 – 3. 84
26	Fe	铁	Kα	5. 350	6. 23 – 6. 57
29	Cu	铜	Kα	4. 361	7. 86 – 8. 22
38	Sr	锶	Kα	2. 910	13. 92 – 14. 36
82	Pb	铅	Lβ	15. 022	12. 42 – 12. 84

[测定光谱]

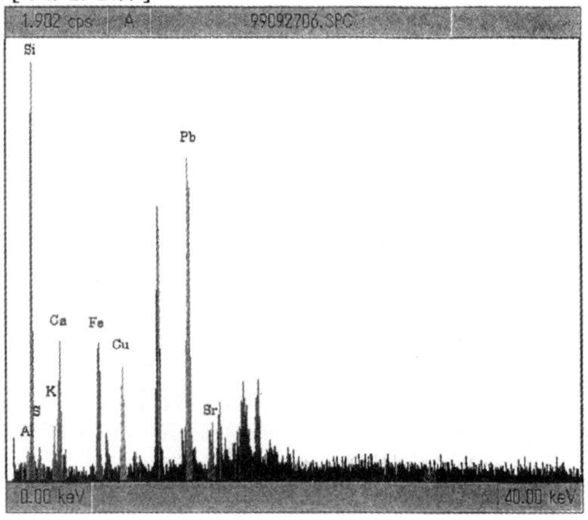

资料 NO. 7（KP1686）

［测定条件］

测定装置	SEA5230
测定时间（秒）	100
有效时间（秒）	98
试料室状态	真空
准直仪	ø 0. 1mm
励起电压（kV）	50
管电流（μA）	1000
说明	玻璃大珠，白色部分

[测试样品图像]

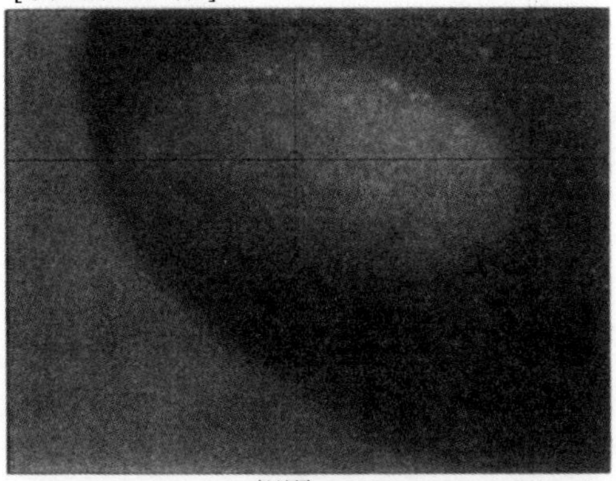

视野：[X,Y] 6.25，4.67(mm)

［结果］

Z	元素	元素名	Line	A（cps）	ROI（keV）
14	Si	硅	Kα	7. 914	1. 61 – 1. 87
20	Ca	钙	Kα	3. 053	3. 54 – 3. 84
26	Fe	铁	Kα	2. 636	6. 23 – 6. 57
82	Pb	铅	Lβ	17. 694	12. 42 – 12. 84
38	Sr	锶	Kα	2. 225	13. 92 – 14. 36
13	Al	铝	Kα	1. 257	1. 36 – 1. 61
19	K	钾	Kα	2. 430	3. 17 – 3. 46
50	Sn	锡	Kα	15. 693	24. 92 – 25. 47

[测定光谱]

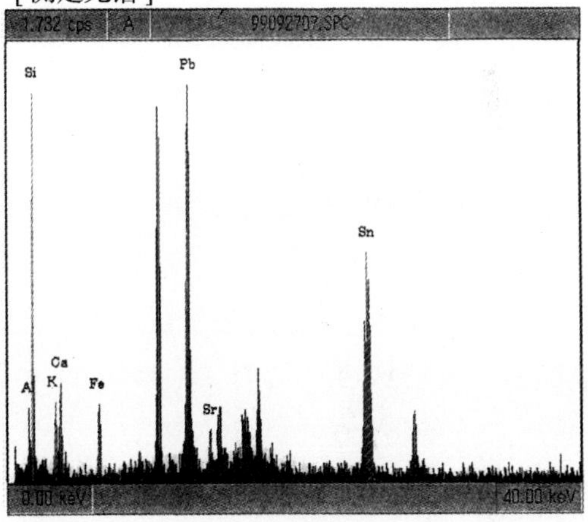

资料 NO. 8（KP1687）

［测定条件］

测定装置	SEA5230
测定时间（秒）	100
有效时间（秒）	99
试料室状态	真空
准直仪	ø 0. 1mm
励起电压（kV）	50
管电流（μA）	1000
说明	玻璃大珠，黑色部分

[测试样品图像]

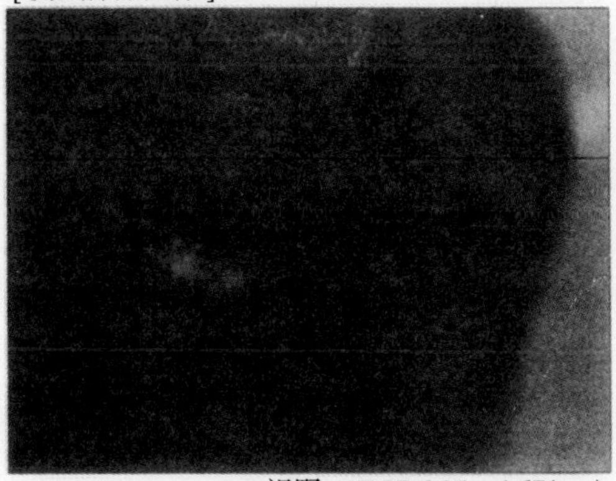

视野：[X,Y] 6.25，4.67(mm)

［结果］

Z	元素	元素名	Line	A（cps）	ROI（keV）
14	Si	硅	Kα	8. 945	1. 61－1. 87
20	Ca	钙	Kα	3. 040	3. 54－3. 84
26	Fe	铁	Kα	3. 861	6. 23－6. 57
82	Pb	铅	Lβ	7. 324	12. 42－12. 84
38	Sr	锶	Kα	2. 586	13. 92－14. 36
13	Al	铝	Kα	1. 151	1. 36－1. 61
19	K	钾	Kα	2. 785	3. 17－3. 46
27	Co	钴	Kα	1. 359	7. 86－8. 22
29	Cu	铜	Kα	1. 359	7. 86－8. 22

［测定光谱］

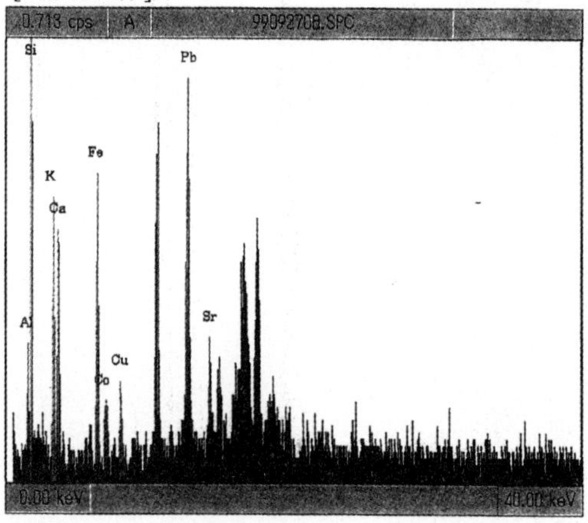

以上虽然没有获得有关产地的结论，但是如果对从实验中所获结果进行分析，还是可以看出一些在分布上的倾向的。例如，在图一〇八中也可以看到类似图一一〇中所示的两条线，即可以看出它们属于两个系统（产地）。一组是编号 3、8、6、2、1、7 的实验样品群，另一组是编号 4、5、1、7 的实验样品群，在此难以判断编号 1、7 样品应该分在哪一个实验样品群内。

这一情况在图一一一中亦有所显示。图一一一中的一组实验样品为编号 3、8、6、2、5、1 的样品，另一组归纳为编号 7、4 的样品。多数样品聚集的线形成 N－1 群，少量样品聚集的线形成 N－2 群，这两条线在图一一一中呈平行线。这样的线意味着什么虽然还不能明确，但在以后的实验中，也许可以对其做出判断。

图一一〇中 N－1 群的线是西周时代的青铜器中含铅的分布线的延长线，也有可能暗示了其产地。

如果对每一个资料进行考察的话，在表五中可以看出，编号 1～6 的实验样品在化学成分上没有大的变化。编号 7 和编号 8 的实验样品虽与样品 1～6 有所不同，也并非属于不正常，编号 8 和编号 3 的样品十分相似，并没有什么变化。但是，编号 7 和编号 8 样品的铅同位素比的确显示了很大的区别。此外，在化学成分上，样品 7 为全体黑色中带有不均一的白色，这是锡含量非常高的部分，它与样品 4 是否有关连是很值得注意的。

（平尾良光、榎本淳子、早川泰弘）

第十四章　金属器的保存处理和分析

1. 现状观察　金属制花瓣上均覆盖着绿色的锈。花瓣是用厚度为 0.5 毫米的薄金属片刻制出来的，共有 6 枚花瓣，表面鎏金。在保存处理以前，通过荧光 X 线分析法测定其成分。主要含有铜、金、水银，此外还含有微量的钙、铁和溴。从分析结果来看，构成花瓣的金属片基本上是纯铜的。据被检测出含有水银这一点分析，铜花瓣是采用了汞合金法镀金的。位于花瓣中央的花心由于是木质的，已经风化。

2. 保存处理方法　由于木质的花心部分腐朽严重，较脆弱，所以，用丙烯树脂类的 5%丙酮溶液将其渗润，进行强化处理。去除鎏金铜制花瓣表面绿锈的方法，主要采用手术刀、竹签等物理方法，也可采用使用酸类的化学药品的方法。前者在提取的时候可能伤及镀金表面，后者则有加速铜片腐蚀的危险。

为了既不伤及镀金表面，也不腐蚀铜版的除锈方法，我们使用了调制的特别的除锈剂，是在高吸收性的聚合树脂中加入低浓度的乙酸配制而成。

首先将鎏金铜花瓣中锈蚀的部分涂上这种特别制剂，使其变软。在显微镜下边观察，边用笔或竹签将锈除去，这样反复几次，即可将锈全部除掉。为避免鎏金莲花瓣的表面残存有酸，用蒸馏水清洗数次后进行干燥。

最后，将鎏金铜制莲花和经过加固处理的木制花心拼接后，保存工作即告完成。

（中川正人）

第十五章　田弘墓出土的木材树种

本次鉴定的标本为田弘的木棺（内棺和外棺）和夫人棺（内棺和外棺）的木材，此外还有从第五天井出土的一些木片，总计 90 个检测样品。其中，可以明确其位置的有 28 件，可能属于墓室的构筑材料的有 11 件，可能属于刀鞘、剑鞘类材料的有 6 件。这里以此为中心，将调查结果做一报告。由于本人对日本以外所产的木材了解不多，所以只能在已知范围内对其进行讨论，并期待着今后有关学者对此做出详细的判断。

第一节　实验样品的制作

为了让标本各个面都能露出木材的自然纹样，我们对其进行了剪裁，用70%、90%和100%各种浓度的酒精进行脱水后，将其浸泡在酒精和乙醚之中。各个标本以 2%的塞璐锭溶液浸泡后，再依次以 4%、8%增加浓度的塞璐锭溶液浸泡，最后用 10%的塞璐锭溶液浸透，制成实验样品。以上在各溶液中浸泡作业约需要 10 天时间。此外，保存状态良好的标本在 2%的塞璐锭溶液浸泡后，再用 2%的塞璐锭溶液加固其断面，并以两刃剃须刀刮取 3 个剖面的薄片，取得的薄片经系列酒精脱水，最终制成密封的显微镜用样品。另据标本的状况，在 70%酒精浸泡后，亦可用甘油或透明指甲油制成密封的显微镜用样品。此后在透光生物显微镜下进行观察和鉴定（图一一二）。

第二节　观察与结果

根据样品标签的记载内容，对观察结果记录如下：

田弘棺　内棺、底板、盖、西侧侧板 ………………………………… 柏科　①

外棺　西侧侧板、北侧挡板、外棺材 ………………………… 柏科　①

田弘棺材、棺盖、其他 ………………………………………… 柏科　①

夫人棺　北侧板、北侧板（内侧的棺材） ……………………… 柏科　①

南侧板、盖棺板、北侧板（外侧的棺材） …………………… 松科　②

后室门（西框）、后室入口（门框材） ………………………… 松科　②

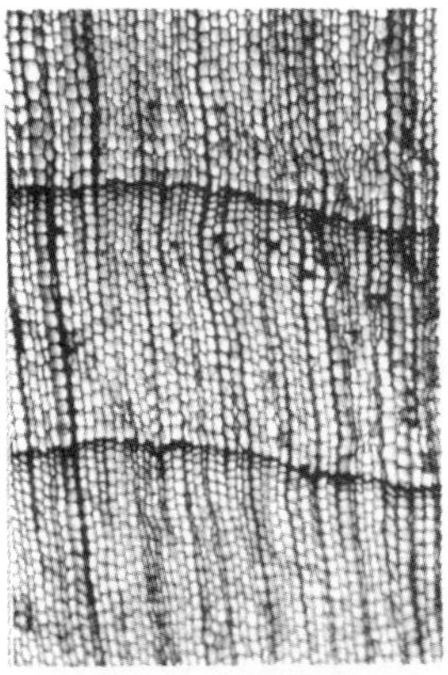
1.田弘内棺底 1 C. × 50

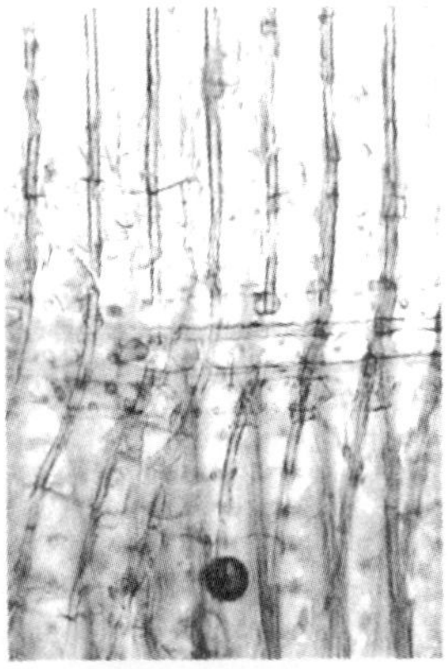
2.田弘棺北端端面 1 R. × 250

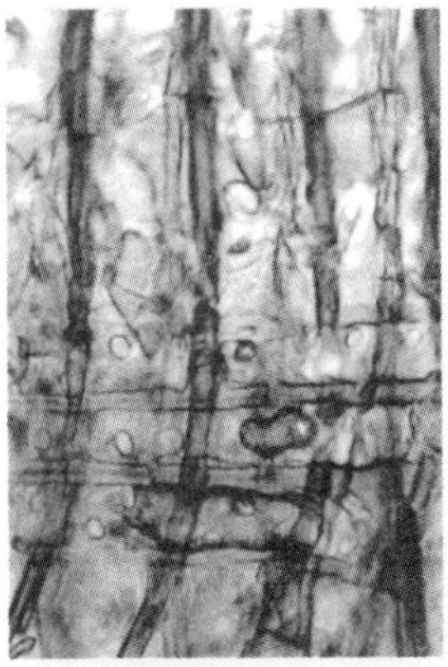
3.田弘棺北端端面 1 R. × 500

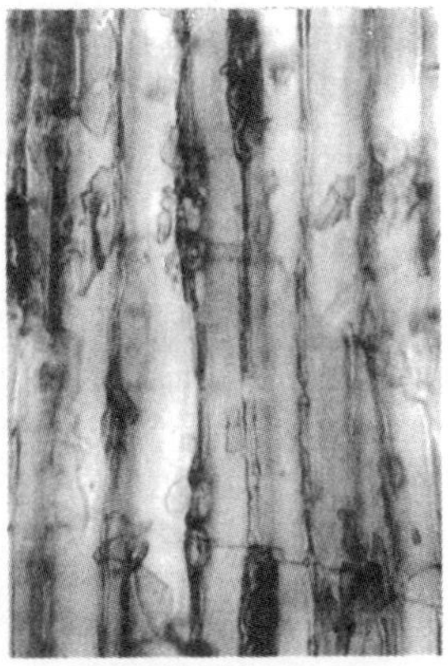
4.夫人内棺北侧 1 T. × 250

5.夫人外棺北侧 2 C. × 25

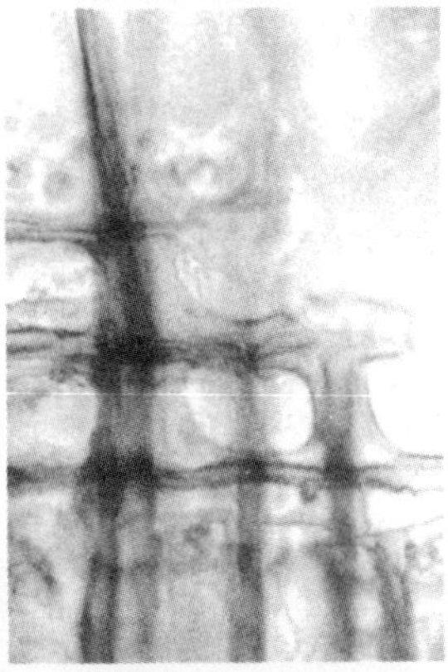
6.夫人棺南侧 2 R. × 500

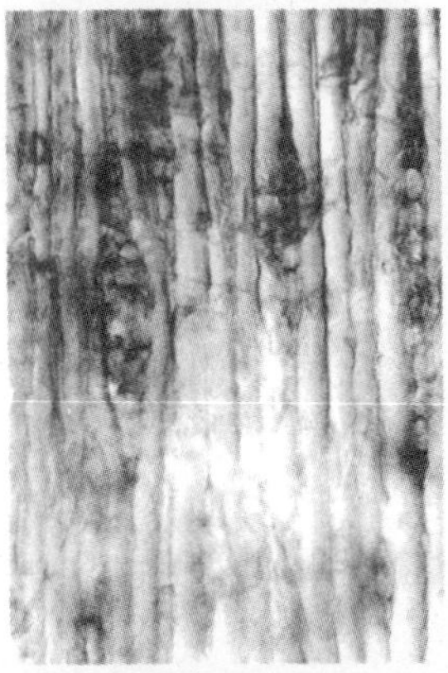
7.夫人外棺北侧 2 T. × 130

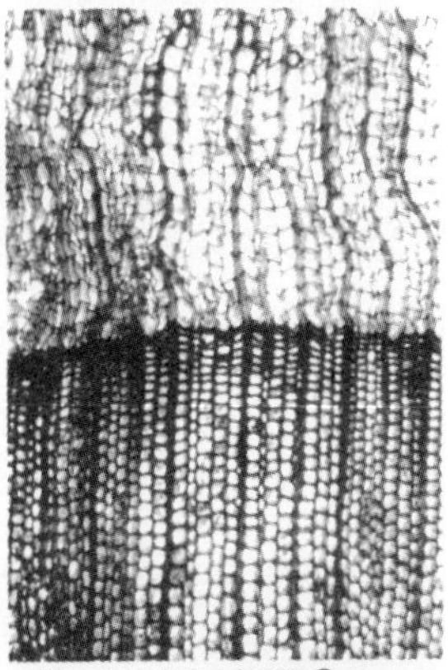
8.第五天井涂漆木柄XⅢ⑤ 3C. × 50

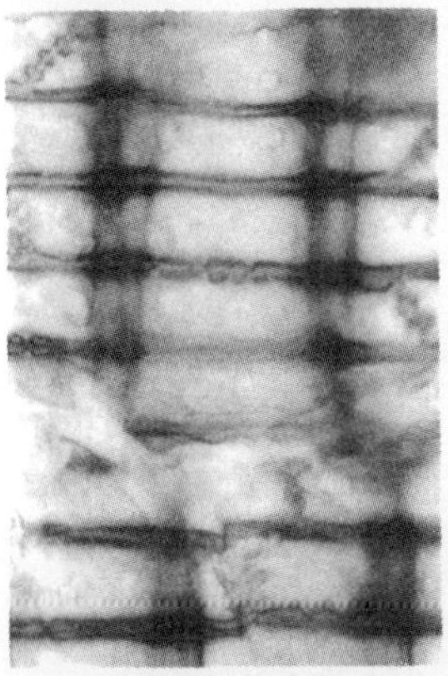
9.第五天井涂漆木柄XⅢ⑤3 R. × 500

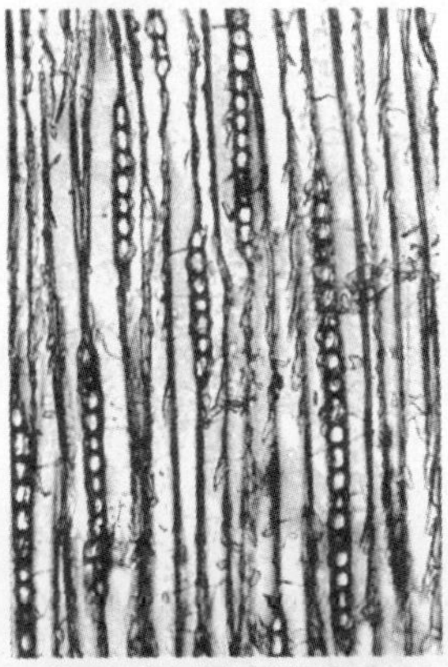
10.第五天井涂漆木柄XⅢ⑤3 T. × 130

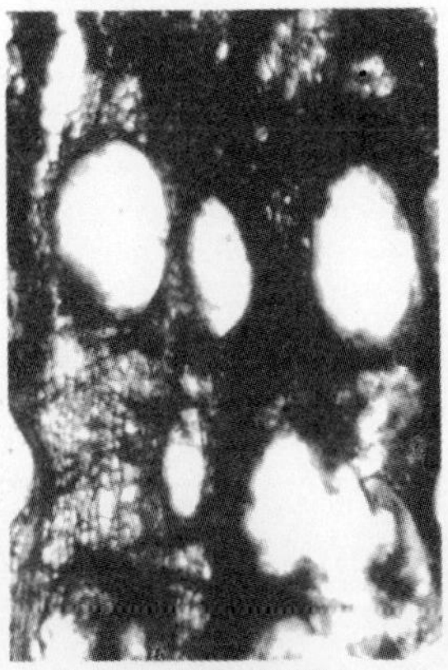
11.第五天井涂漆木柄XⅢA C. × 50

12.第五天井涂漆木柄XⅢ A R. × 50

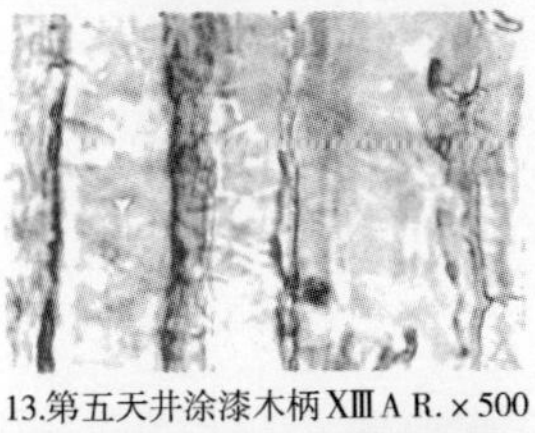
13.第五天井涂漆木柄XⅢ A R. × 500

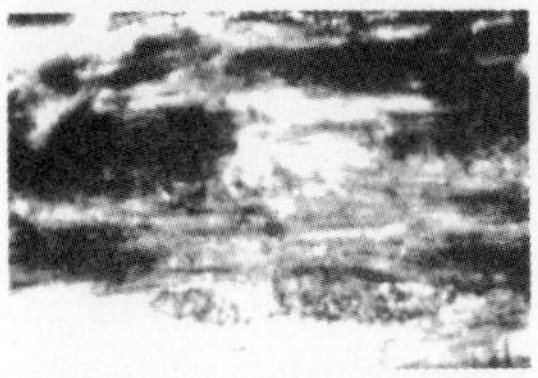
14.第五天井涂漆木柄XⅢ A T. × 130

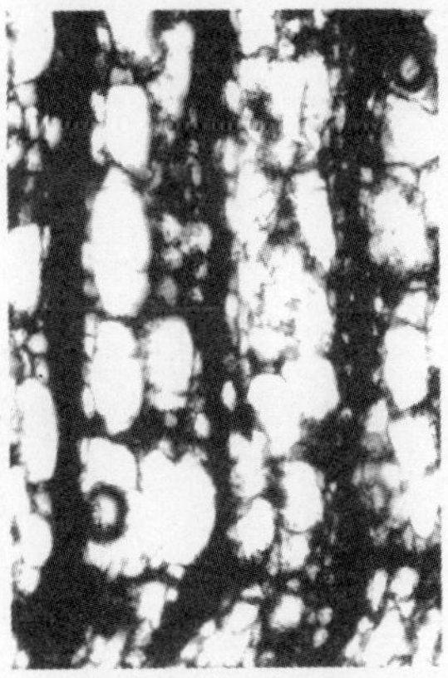
15.第五天井涂漆木柄B C. × 130

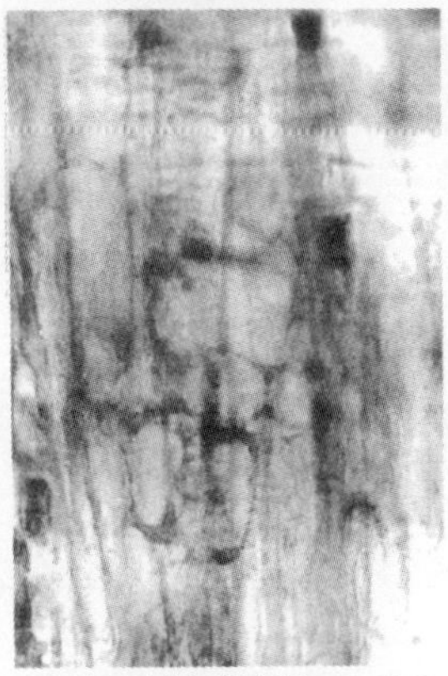
16.第五天井涂漆木柄 B R. × 250

17.第五天井涂漆木柄 B T. × 130

图一一二　田弘墓出土木材组织显微镜照片

后室门　西侧板、西扇、门槛 …………………………………………… 松科　②
甬道　西侧板 ……………………………………………………………… 松科　②
第五天井　铺首门材 ……………………………………………………… 阔叶树　C
第五天井　涂漆刀剑鞘残片（平行线木纹木材） ……………………… 阔叶树　A
第五天井　附着纤维刀剑鞘残片（环闭曲线木纹木材） ……………… 阔叶树　B
第五天井　附着金彩漆刀剑鞘残片（环闭曲线木纹木材） …………… 针叶树　④
第五天井　木片 …………………………………………………………… 柏科杉属　③

上述①～④属于针叶树（cinifer），A～C 为阔叶树（hardo wood），可确认的针叶树有 4 种、阔叶树有 3 种。所得出结论的观察要点记述如下：

①柏科（CUPERESSACECE）　由假道管（tracgeid）、树脂细胞（resin cell）、放射柔细胞（rey parenchyma cell）组成。从早材（early wood）向晚材（late wood）的变化比较缓慢，晚材部的宽度较窄。在年轮外半部，树脂细胞具有在接线方向（tangential）并列的倾向（图一一二：1）。放射柔细胞的水平壁较厚，分野壁孔（cross field pitting）为杉型（taxodioid pit），每分野有 2～3 个壁孔，极个别的有 4 个壁孔（图一一二：2、3）。放射组织（ray）为单列，细胞高 1～13（图一一二：4）。

②松属（Pinus subgen. Diploxylon）松科（PINACEAE）　由假道管、树脂道（resin canal）、放射柔细胞、放射假道管（rey tracgeid）组成。从早材向晚材的变化比较快，晚材部的宽度略宽（图一一二：5）。分野壁孔为窗型，放射形假道管的内壁有锯齿形凸起（图一一二：6）。放射组织呈单列，1 细胞高约 1～10。在水平树脂道（riadal resin canal）填充有 tylosoid（图一一二：7）。

③冷杉属（Abies）松科（PINACEAE）　由假道管、放射柔细胞组成。从早材向晚材的变化比较缓慢，晚材部的宽度较窄（图一一二：8）。分野壁孔为杉型，每分野有 2～4 个壁孔，放射柔细胞的水平壁较厚，并且有念珠状的末端壁（nodular end wall）（图一一二：9）。放射组织为单列，细胞高 1～20（图一一二：10）。

④针叶树（conifer）　从其结构可知其为针叶树，但因保存不佳，进一步的情况不明。出土于第五天井施以金彩的刀剑鞘（?）的残片与此一致，故认为属于同一个体的两件资料。这些均使用了有环闭曲线木纹的木材。

A　阔叶树（hard wood）环孔材（ring - porous wood）　在年轮的内侧以 200～250 微米左右的道管（vessel）并列 1～2 列，形成孔圈部（pore zone），在孔圈之外分布有大量聚集的小道管（图一一二：11）。放射组织具有同性（homogeneous ray tissue）、道管的穿孔为单穿孔（simple perforation）（图一一二：12）以及在小道管有肥厚螺旋（spiral thickening）（图一一二：13）。放射组织是 5～6 列，不能认为鞘细胞（sheath cell）存在（图一一二：14）。从以上的特征认为，该木材应属榆科（ULMACEAE）榆属（Ulmus）。此为第五天井出土的涂漆刀剑配件，被认为可能属于相同遗物者还有 3 件，均使用了平行线木纹的木材。

B　阔叶树（hard wood）散孔材（diffuse - porous wood）　在年轮内，2～3 个复合一起的 50 微米左右道管均匀分布（图一一二：15）。放射组织为异性（heterogeneous ray tissue)（图一一二：16）、且为1～3个细胞幅（图一一二：17）。如第五天井出土的小型刀剑配件，使用了有环闭曲线木纹的木材，并附着有丝绸类纤维。

C 阔叶树（hard wood） 这是记录为第五天井门的标本，仅存非常薄的平行线木纹部分，故未能仔细观察。可知其放射组织为异性，属于阔叶树。

综上所述，田弘棺由统一的木材制成，与此不同，夫人棺则是由松科中的几种木材制成。墓室的构筑材料不仅包括松科木材，可能也使用了冷杉属的木材。墓门部分可能使用的是阔叶树的木材。出土于第五天井的3种刀剑鞘的残片，均为不同质地的木材，所使用木头在木料中的截取方向也不一致。如果这类资料今后数量增加，对于研究地域、时代方面刀剑鞘的变迁，便可能提供参考资料（表七）。

（福田さよ子）

表七　田弘墓出土的木材树种

采取地点及遗物	出土日期	树种		种别	备考
田弘棺 内棺盖	1996.7.19	桧科	(CUPRESSACEAE)	①	
田弘棺 内棺盖	1996.7.18	桧科	(CUPRESSACEAE)	①	
田弘棺 内棺盖	1996.7.18	桧科	(CUPRESSACEAE)	①	
田弘棺 内棺西侧板	1996.7.18	桧科	(CUPRESSACEAE)	①	
田弘棺 内棺西侧板	1996.7.18	桧科	(CUPRESSACEAE)	①	
田弘棺 内棺底板（西北部）	1996.7.25	桧科	(CUPRESSACEAE)	①	
田弘棺 内棺底板（西北部）	1996.7.25	桧科	(CUPRESSACEAE)	①	
田弘棺 内棺材	1996.7.22	桧科	(CUPRESSACEAE)	①	
田弘棺 外棺北端（北小口板）	1996.7.22	桧科	(CUPRESSACEAE)	①	
田弘棺 外棺北端（北小口）	1996.7.23	桧科	(CUPRESSACEAE)	①	
田弘棺 外棺西侧板	1996.7.18	桧科	(CUPRESSACEAE)	①	
田弘棺 外棺西侧板	1996.7.18	桧科	(CUPRESSACEAE)	①	
田弘棺 外棺西侧板	1996.7.18	桧科	(CUPRESSACEAE)	①	
田弘棺 外棺西侧板（西北部）	1996.7	桧科	(CUPRESSACEAE)	①	
田弘棺 外棺材	1996.7.22	桧科	(CUPRESSACEAE)	①	
田弘棺 棺盖	1996.7.18	桧科	(CUPRESSACEAE)	①	
田弘棺 北端（北小口板）	1996.7.26	桧科	(CUPRESSACEAE)	①	
田弘棺 北端（北小口板）	1996.7.26	桧科	(CUPRESSACEAE)	①	
田弘棺 棺内（原番号134）	1996.7.22	桧科	(CUPRESSACEAE)	①	
田弘棺 棺内（原番号134）	1996.7.22	桧科	(CUPRESSACEAE)	①	
田弘棺 棺内土	1996.7.22	桧科	(CUPRESSACEAE)	①	
田弘棺 棺内土	1996.7.25	桧科	(CUPRESSACEAE)	①	
田弘棺 棺内土	1996.7.26	桧科	(CUPRESSACEAE)	①	
田弘棺 棺内排土（中央部）	1996.7.21	桧科	(CUPRESSACEAE)	①	
田弘棺 棺内排土（南）	1996.7.21	桧科	(CUPRESSACEAE)	①	
田弘棺 棺内	1996.7.20	桧科	(CUPRESSACEAE)	①	
田弘棺 棺内	1996.7.22	桧科	(CUPRESSACEAE)	①	

续表七

采取地点及遗物	出土日期	树种	种别	备考
田弘棺 棺内	1996. 7. 24	桧科 (CUPRESSACEAE)	①	
田弘棺 棺底（北侧中央部）	_	桧科 (CUPRESSACEAE)	①	
田弘棺 底板	1996. 7. 22	桧科 (CUPRESSACEAE)	①	
田弘棺 棺内埋土	1996. 7. 18	桧科 (CUPRESSACEAE)	①	
田弘棺 排土	1996. 7. 23	桧科 (CUPRESSACEAE)	①	
夫人棺 盖材	1996. 7. 18	松树科 复维管束亚属 (*Pinus subgen. Diploxylon*)	②	
夫人棺 盖材	1996. 7. 18	松树科 复维管束亚属 (*Pinus subgen. Diploxylon*)	②	
夫人棺 棺上土	1996. 7. 18	桧科 (CUPRESSACEAE)	①	
夫人棺 外棺北侧板	1996. 7. 22	松树科 复维管束亚属 (*Pinus subgen. Diploxylon*)	②	
夫人棺 外棺北侧板	1996. 7. 22	松树科 复维管束亚属 (*Pinus subgen. Diploxylon*)	②	
夫人棺 田弘棺侧	1996. 7. 25	桧科 (CUPRESSACEAE)	①	
夫人棺 田弘棺侧	1996. 7. 25	桧科 (CUPRESSACEAE)	①	
夫人棺 田弘棺侧	1996. 7. 23	松树科 复维管束亚属 (*Pinus subgen. Diploxylon*)	②	
夫人棺 内棺北侧板	1996. 7. 22	桧科 (CUPRESSACEAE)	①	
夫人棺 内棺北侧板	1996. 7. 22	桧科 (CUPRESSACEAE)	①	
夫人棺 东侧板或底板	1996. 7. 24	松树科 复维管束亚属 (*Pinus subgen. Diploxylon*)	②	
夫人棺 北侧板	1996. 7. 23	桧科 (CUPRESSACEAE)	①	
夫人棺 南侧板	1996. 7. 23	松树科 复维管束亚属 (*Pinus subgen. Diploxylon*)	②	
夫人棺 南侧板	1996. 7. 23	松树科 复维管束亚属 (*Pinus subgen. Diploxylon*)	②	
夫人棺 南侧板	1996. 7. 23	松树科 复维管束亚属 (*Pinus subgen. Diploxylon*)	②	
夫人棺 棺内（东半部）	1996. 7. 18	桧科 (CUPRESSACEAE)	①	
夫人棺 棺内（东半部）	1996. 7. 18	桧科 (CUPRESSACEAE)	①	
夫人棺 棺内	1996. 7. 19	松树科 复维管束亚属 (*Pinus subgen. Diploxylon*)	②	
夫人棺 棺材（南）	1996. 7. 23	松树科 复维管束亚属 (*Pinus subgen. Diploxylon*)	②	
夫人棺 棺材	1996. 7. 18	桧科 (CUPRESSACEAE)	①	
夫人棺 棺材	1996. 7. 19	桧科 (CUPRESSACEAE)	①	
夫人棺 棺材	1996. 7. 18	桧科 (CUPRESSACEAE)	①	
夫人棺 棺材	1996. 7. 22	桧科 (CUPRESSACEAE)	①	
夫人棺 棺材	1996. 7. 26	松树科 复维管束亚属 (*Pinus subgen. Diploxylon*)	②	
夫人棺 棺材	1996. 7. 21	松树科 复维管束亚属 (*Pinus subgen. Diploxylon*)	②	
夫人棺 棺材（一括）	1996. 7. 20	桧科 (CUPRESSACEAE)	①	

续表七

采取地点及遗物	出土日期	树种	种别	备考
后室门 西柱	1996. 7	松树科 复维管束亚属 (*Pinus subgen*. *Diploxylon*)	②	
后室门 西柱	1996. 7. 26	松树科 复维管束亚属 (*Pinus subgen*. *Diploxylon*)	②	
后室门 门柱材	1996. 7. 25	松树科 复维管束亚属 (*Pinus subgen*. *Diploxylon*)	②	
后室门 门柱材	1996. 7. 25	松树科 复维管束亚属 (*Pinus subgen*. *Diploxylon*)	②	
后室门 西侧板	1996. 7. 27	松树科 复维管束亚属 (*Pinus subgen*. *Diploxylon*)	②	
后室门 西侧板	不明	松树科 复维管束亚属 (*Pinus subgen*. *Diploxylon*)	②	非常少量
后室门 上敷	1996. 7. 27	松树科 复维管束亚属 (*Pinus subgen*. *Diploxylon*)	②	
后室门	1996. 7. 27	松树科 复维管束亚属 (*Pinus subgen*. *Diploxylon*)	②	非常少量
主室 西北部埋土	1996. 7. 16	松树科 复维管束亚属 (*Pinus subgen*. *Diploxylon*)	②	
墓室	1996. 9	桧科　(CUPRESSACEAE)	①	
墓室	1996. 6	桧科　(CUPRESSACEAE)	①	
甬门 西础板	1996. 8. 8	松树科 复维管束亚属 (*Pinus subgen*. *Diploxylon*)	②	
第五天井 涂漆木柄片Ⅰ	1996. 8. 13	松树科 枞属　(*Abies*)	③	
第五天井 涂漆木柄片Ⅰ	1996. 8. 13	不明		
第五天井 涂漆木柄片Ⅱ	1996. 8. 13	阔叶树 散孔材　(diffuse-porous wood)	B	板目材
第五天井 涂漆木柄片Ⅱ	1996. 8. 13	阔叶树 散孔材　(diffuse-porous wood)	B	板目材
第五天井 涂漆木柄片Ⅱ	1996. 8. 13	不明		
第五天井 涂漆木柄片Ⅳ	1996. 8. 13	不明		
第五天井 涂漆木柄片Ⅴ	1996. 8. 13	桧科　(CUPRESSACEAE)	①	
第五天井 涂漆木柄片Ⅶ	1996. 8. 13	桧科　(CUPRESSACEAE)	①	
第五天井 涂漆木柄片Ⅷ	1996. 8. 13	阔叶树 榆树科 光叶榉树属? (ring-porous wood, *Ulmus*?)	A	柾目材
第五天井 涂漆木柄片Ⅸ	1996. 8. 13	阔叶树 散孔材　(diffuse-porous wood)	B	板目材
第五天井 涂漆木柄片Ⅹ	1996. 8. 13	针叶树　(conifer)	④	板目材
第五天井 涂漆木柄片Ⅺ	1996. 8. 13	不明		
第五天井 涂漆木柄片Ⅻ	1996. 8. 13	针叶树　(conifer)	④	板目材
第五天井 涂漆木柄片ⅩⅢ③	1996. 8. 13	松树科 枞属　(*Abies*)	③	
第五天井 涂漆木柄片ⅩⅢ④	1996. 8. 13	桧科　(CUPRESSACEAE)	①	
第五天井 涂漆木柄片ⅩⅢ⑤	1996. 8. 13	松树科 枞属　(*Abies*)	③	
第五天井 涂漆木柄片ⅩⅢ⑥	1996. 8. 13	松树科 枞属　(*Abies*)	③	
第五天井 铺首	1996. 8. 13	阔叶树　(hard wood)	C	大部分土
第五天井 M	1996. 7. 25	松树科 枞属　(*Abies*)	③	
不明	1996. 7. 21	桧科　(CUPRESSACEAE)	①	夫人棺?

第十六章　关于田弘墓几个问题的讨论

第一节　墓室结构

田弘墓是固原西郊发掘的北周墓中的一座，其墓葬结构和其他已发掘的北周墓基本一致，同时也表现出一些自身特点和差异。该墓的发掘，对于了解北周墓葬特征的形成、发展提供了新的参考资料。

田弘墓由封土、墓道、天井、过洞、甬道、墓室几部分组成，为长斜坡墓道、多天井的洞室墓，全长 52.21 米。封土保留形状基本呈圆形，残存高度 4 米左右。在封土南侧即墓道方向，封土向前延伸，基本覆盖了接近墓室的第五天井。长斜坡墓道从开口处至第五天井内变成平底，四壁均经过铲平修整，没有绘制壁画。内部填土下部疏松，上部略加夯实。每个过洞基本为拱形顶，宽度较天井稍窄，平面长度略有差异。共有 5 个天井，平面呈长方形，每个天井的长度有差别，宽度基本一致。第三、四天井过洞早期塌陷以后，又经过了重新整修，使两个天井连为一体。第四、五天井过洞内有封门墙，用 5 层条砖封砌。外侧条砖斜“人”字形垒砌，内部封砖为长条砖，横向错纹平铺。每排交错迭压，多用残旧砖封砌。墓道、过洞、天井、甬道内没有设置壁龛。甬道位于墓室南壁中央，平面呈长方形，顶部塌陷，结构不清。长条砖纵向错纹平铺，与墓室铺地砖水平相连，与第五天井相接的铺地砖为双层。甬道中央有木质封门，内侧为土坯封墙。甬道内开始出现壁画，内容不详，绘制风格与主室内壁画风格相近。

墓室为多室墓，由主室、后室和侧室组成，主室平面呈方形，顶部坍塌。四壁平直，保存部分壁画，内容为群体人物，北壁两侧有侍卫形象。主室北侧放置夫人棺一具，形状为长方形，其侧殉葬有狗，随葬的陶器置于西壁下。后室和侧室平面都基本呈长方形，顶已不存，可能是拱形顶。铺地砖高于主室，长条砖平铺和主室内铺地砖形成一个整体，贴近壁画的铺地砖均掏挖于壁下。后室有木门，内置主人棺木一具，形状呈梯形，头大尾小，其墓室内只保存几件残陶俑。

相对于其他时期的墓葬数量，目前北周墓葬发掘和发表的材料较少，而且主要集中于陕西咸阳地区和宁夏固原地区。除 20 世纪 50 年代发掘的咸阳底张湾建德元年（公元 572

年）步六孤氏墓[①]和陕西华县的一座土洞墓[②]外，北周墓葬的发现主要是在20世纪80年代以后。按墓葬埋葬年代排列如下：

1. 保定四年（公元564年），陕西咸阳渭城乡坡刘村，骠骑大将军拓跋虎夫妇合葬墓[③]。

2. 保定五年（公元565年），陕西咸阳机场，隋上将军王士良夫妇合葬墓[④]。宁夏固原南郊乡王涝坝村，大将军大都督宇文猛墓[⑤]。

3. 天和四年（公元569年），宁夏固原西郊乡深沟村，柱国大将军李贤夫妇合葬墓[⑥]。

4. 建德三年（公元574年），陕西咸阳机场，骠骑大将军叱罗协墓[⑦]。

5. 建德四年（公元575年），宁夏固原西郊乡大堡村，柱国大将军田弘夫妇合葬墓。

6. 建德五年（公元576年），陕西咸阳机场，仪同大将军王德衡墓[⑧]。

7. 建德七年（公元578年），陕西咸阳机场，谯忠孝王宇文俭墓[⑨]。

8. 宣政元年（公元578年），陕西咸阳底张镇除马村，北周武帝宇文邕墓[⑩]。陕西咸阳机场，骠骑大将军若干云墓[⑪]、大都督独孤藏墓[⑫]。

9. 大成元年（公元579年），陕西咸阳机场，上柱国尉迟运墓[⑬]。

10. 大象二年（公元580年），陕西长安县韦曲镇，上柱国韦孝宽夫妇合葬墓[⑭]。

此外还有咸阳机场三、四、五、十一、十三号墓[⑮]等。其中王士良夫妇合葬墓始建于保定五年（公元565年），王士良的埋葬时间为隋开皇三年（公元583年）。尉迟运夫妇合葬墓开凿于大成元年（公元579年），其妻贺拔氏的埋葬时间为隋开皇九年（公元589年）。

除王士良夫妇合葬墓和咸阳机场十三号墓外，均为长斜坡墓道带天井的土洞墓，由封土、墓道、天井、过洞、甬道、墓室几部分组成。墓葬长度不等。最长的是叱罗协墓，全长68.25米，是已知发掘的规模最大的北周墓葬；最短的是咸阳机场五号墓，全长10.9米。墓向均为南北向。尚保存封土的只有固原西郊的李贤墓、宇文猛墓和田弘墓，封土形状基本呈不规则馒头状，逐层夯筑。墓道的修造方法基本一致，过洞为拱券顶。天井数目不等，多为三或五个，少的如咸阳机场五号墓，只有一个天井。叱罗协墓有6个天井，是

① 宿白：《宁夏固原北周李贤墓札记》，《宁夏文物》1989年第3期。
② 同①。
③ 负安志：《中国北周珍贵文物》，陕西人民美术出版社，1992年。
④ 同③。
⑤ 宁夏文物考古研究所：《固原北周宇文猛墓发掘简报》，《宁夏考古文集》，宁夏人民出版社，1994年。
⑥ 宁夏回族自治区博物馆：《宁夏固原北周李贤夫妇墓发掘简报》，《文物》1985年第11期。
⑦ 同③。
⑧ 同③。
⑨ 刘呆运：《北周谯忠孝王宇文俭墓彩绘陶俑》，《收藏家》1999年第3期。
⑩ 陕西省考古研究所、咸阳市考古研究所：《北周武帝宇文邕发掘简报》，《考古与文物》1997年第2期。
⑪ 同③。
⑫ 同③。
⑬ 同③。
⑭ 戴应新：《北周韦孝宽夫妇合葬墓》，（台湾）《故宫文物月刊》，1998年。
⑮ 同③。

已知北周墓天井数量最多的一座。天井平面一般呈长方形，为直壁竖井式，底部和上部宽度大致相当，个别为底大口小的覆斗形。每座墓葬天井的大小、间距均有差别，天井内夯土略加夯实。个别在天井或甬道内开设壁龛。甬道平面呈长方形，个别用铺地砖。甬道内封门有木、石两种，并有砖或土坯封墙。墓室有单室、双室、多室之分，以单室墓居多。

在咸阳和固原两地区，北周墓葬形制并没有大的地域差异，墓道和墓室的修建基本遵循了共同的建造方式。固原地区3座北周墓均保留有圆形封土，咸阳地区的墓葬也存在封土迹象，封土的消失应是后代人类的活动而造成的。地面上应有石像生或神道碑。尉迟运和贺拔氏夫妇合葬墓的墓上有石刻，如石羊、石马、石虎等。宇文猛墓的盗洞内发现有神道碑残块。田弘墓上的神道碑已不存，但在有关文献中，有田弘墓神道碑的记载①。

可以看出，长斜坡墓道、多天井的土洞墓这一墓葬形式在北周时期初步形成，从而确立了这一时期墓葬的时代特征。该特征的出现有以下两个方面的因素。一是时间跨度相对较短。从公元557年宇文觉取代西魏建立北周，到公元581年外戚杨坚废周建隋，北周建国只有短短的25年。在咸阳地区和固原地区发掘的纪年墓有13座，时代最早的是保定四年（公元564年）的拓跋虎墓，最晚的是大象二年（公元580年）的韦孝宽夫妇合葬墓。这期间也只有16年的时间，时间跨度较小，相互间也没有明显的承袭关系。二是墓葬规格较高。13座纪年墓按照北周官制，除大都督独孤藏为右八命外，有至尊无上的北周武帝宇文觉，太祖文皇帝宇文泰之子——谯忠孝王宇文俭，其他皆为柱国大将军、大将军、上柱国、骠骑大将军等高官显贵，官品均在右（正）九命以上。由此表明，这种形式的大型墓葬，应是北周时期的最高墓葬形式。即使是咸阳机场的6座没有纪年的墓葬，规模相对较小，无封门，无壁龛，单室土洞，墓葬等级相对较低，但墓葬的总体特征仍是一致的，也说明这一墓葬形式是逐步流行于北周时期。

当然，除其共性外，田弘墓也保留了自身的墓葬特点，主要有以下几个方面：

1. 田弘墓的封土向墓道方向延伸，基本上覆盖了与墓室相连的第五天井，这是保留了封土的北周墓葬所不具备的。

2. 田弘墓的斜坡墓道在进入第五天井时，变成水平地面与甬道相连。王德衡墓也是在靠近甬道的最后一个天井处变成水平地面，而大多数斜坡墓道是在与甬道相接处变成水平地面。

3. 田弘墓的墓道壁和天井壁基本保持垂直，下收幅度较小。多数墓一般在靠近墓室的天井侧壁斜收，幅度相对较大。叱罗协墓的天井有的是底大口小的覆斗形；独孤藏墓天井有的两侧壁均为内斜收，底部宽度大于口部宽度；尉迟运墓的天井有的一侧垂直，另一侧壁斜收。

4. 田弘墓在天井、过洞、甬道内均没有开凿壁龛。北周墓只有少数墓使用壁龛，例如，叱罗协墓在五、六天井底部两壁相对开设壁龛，武帝孝陵也在四、五天井底部两壁相对开设壁龛。宇文猛墓在天井底部有壁龛一个，李贤墓壁龛则位于甬道内。

5. 田弘墓的第四、五天井间过洞内，有砖砌封门墙，多数北周墓在过洞没有这种设

---

① 负安志：《中国北周珍贵文物》，陕西人民美术出版社，1992年。

施。李贤墓在 3 个过洞内用土坯夹砖封砌，韦孝宽墓在天井和甬道相连处有砖砌封墙。

6. 田弘墓在墓道内没有绘制壁画，壁画绘制在甬道到墓室内。现知只有李贤墓和田弘墓保存有壁画。李贤墓从墓道到墓室都有壁画，内容为屏风式单幅人物，色彩浅淡。田弘的墓室内壁画为群体人物形象，色彩鲜艳。

7. 只有田弘墓和独孤藏墓为三室墓，田弘墓的主室四壁为直壁。

8. 从甬道到墓室全部使用铺地砖的只有田弘墓、武帝孝陵和李贤墓。叱罗协墓只在墓室有铺地砖，其他墓均无铺地砖。

9. 田弘墓两具棺木直接放置于铺地砖上，而有些则将棺木放置于棺床上。宇文猛墓有砖砌棺床，王德衡墓和尉迟运墓则使用生土棺床。

从田弘墓和其他的北周墓葬来看，此时尽管已确立了长斜坡、多天井的土洞墓这一基本墓葬形式，但尚不规范，仍处在逐步完善的过程中。这种不规范体现在墓葬的规模与主人的身份不相符、天井的数量和制作、墓室的大小、数量等方面。

总之，北周墓葬形制在东汉、北魏以来土洞墓的基础上加以发展，基本确立为长斜坡。多天井土洞墓是北周时期的墓葬特征，这也是这一时期最高等级的墓葬形式。经过逐步发展、完善，一直延续到隋代，盛行于初唐。

（卫　忠）

第二节　田弘墓志疏证

田弘，《周书》卷二七、《北史》卷六五均有传[①]，史称“周文接丧乱之际，乘战争之余，发迹平凉，抚征关右。于时外虞孔炽，内难方殷，羽檄交驰，戎轩屡驾，终能荡清逋孽，克固鸿基。虽禀算于庙堂，实责成于将帅”。田弘等“并兼资勇略，咸会风云，或效绩中权，或立功方面，均分休戚，同济艰危，可谓国之爪牙，朝之御侮者也”[②]。他是一位对北朝晚期历史有重要影响的人物。田弘死后，北周著名文人庾信撰有《周柱国大将军纥干弘神道碑》（以下简称《神道碑》）传世[③]，今又有《田弘墓志》（以下简称《墓志》）出土，现以新获《墓志》为主，辅以《神道碑》，并参稽史传，略加考释，或对于北朝晚期历史的研究有所益助。

公讳弘，字广略，原州长城郡长城县人也。

《周书》卷二七《田弘传》载：“田弘字广略，高平人也”。《北史》本传卷六十五亦同。庾信《神道碑》亦称其为“原州长城县人也”。《魏书》卷一〇六《地形志下》载：

---

① 《周书》卷二七《田弘传》，第 449～450 页；《北史》卷六五《田弘传》，第 2314～2315 页。《北史》的田弘比《周书》简略，此以《周书》为主。以下所引均不再一一注明页码。

② 《北史》卷六五《田弘传》“史臣曰”，第 2315 页。

③ 《庾子山集》卷一四《周柱国大将军纥干弘神道碑》，第三册，许逸民校点本，第 834～852 页，中华书局，1980 年。本文所引《神道碑》基本依许氏校点本，个别字依《文苑英华》卷九〇五改（中华书局影印本，1982 年，第 4761～4763 页），以下所引《神道碑》不再一一注明页码。

“原州，太延二年置镇，正光五年改置，并置郡县。治高平城。领郡二，县四。高平郡，领县二：高平、里亭。长城郡，领县二：黄石、白池。”① 其中只有长城郡并无长城县。另据《隋书》卷二九《地理志上》“平凉郡”条载：“百泉，后魏置长城郡及黄石县，西魏改黄石为长城。”② 由此可知，所谓长城县，是由西魏时期的黄石县改置。《太平寰宇记》卷三二载：废帝二年（公元553年），改为长城县③。长城郡与长城县当属一地，《隋书》卷二九《地理志》亦云，长城郡，“开皇初郡废，大业初改为百泉”④。其具体位置据《元和郡县图志》卷三《关内道三》“原州”条载：“百泉县，上。西至州九十里。本汉朝那县地，故城在今县理西四十五里。后魏孝明帝于今县西南阳晋川置黄石县，隋炀帝改为百泉县，武德八年移于今所。”⑤ 以此里距推知，黄石县（即后来的长城县）治地当在今宁夏回族自治区彭阳县红河乡，据考古工作者调查，彭阳县境内有战国秦长城遗迹多处⑥，长城郡、县之名或由此而来。

本姓田氏，七族之贵，起于沙麓之峁；五世其昌，基于凤皇（凰）之繇。

《神道碑》亦称其“本姓田氏”，此针对弘当时姓而言。《神道碑》题衔为“周柱国大将军纥干弘神道碑”，纥干弘即田弘，《墓志》则作“大周少师柱国大将军雁门襄公墓志铭”。史载纥干之姓属赐姓，《周书》本传：“从太祖复弘农，战沙苑，解洛阳围，破河桥阵，弘功居多，累蒙殊赏，赐姓纥干氏。”《北史》本传简称：“累功赐姓纥干氏。”其后人《唐纥干夫人墓志》载：“十二代祖讳弘，事周有勋，策拜司空、襄、蔡六州节度使，封雁门公，仍赐姓纥干氏。”“初，《官氏志》有纥干，与后魏同出于武川，孝文南迁洛阳，改为干氏。逮周氏之赐，则与彼殊途，实以司空才冠一时，尽忠王业，虏言‘纥干’夏言‘依倚’，为国家之依倚。”⑦《魏书》卷一一三《官氏志》“内人诸姓”载：“纥干氏，后改为干氏。”⑧ 林宝《元和姓纂》卷一〇“十一没”条称：纥干代人，孝文帝改为干氏⑨。

纥干氏与乞伏鲜卑有密切关系。《晋书》卷一二五《乞伏国仁载记》云：“乞伏国仁，陇西鲜卑人也。在昔有如弗斯、出连、叱卢三部，自漠北南出大阴山，遇一巨虫于路，状若神龟，大如陵阜，乃杀马而祭之，祝曰：‘若善神也，便开路；恶神也，遂塞不通。’俄而不见，乃有一小儿在焉。时又有乞伏部有老父无子者，请养为子，众咸许之。老父欣然

① 《魏书》卷一〇六下《地形志下》，第2622页。

② 《隋书》卷二九《地理志上》，第812页。

③ 乐史：《太平寰宇记》卷三三“原州”条，金陵书局光绪刻本，第5页。

④ 同②。

⑤ 《元和郡县图志》卷三《关内道三》，第59～60页。

⑥ 宁夏回族自治区博物馆等《宁夏境内战国秦汉长城遗迹》，载文物编辑委员会编：《中国长城遗迹调查报告集》，第45～51页，文物出版社，1981年。

⑦ 《唐故李氏（克谐）夫人河南纥干氏墓志并序》，以下简称《唐纥干夫人墓志》，载河南省文物研究所等编：《千唐志斋藏志》下册，第1183页，文物出版社，1983年。录文载周绍良、赵超：《唐代墓志汇编》下册，第2453页，上海古籍出版社，1992年；吴刚主编：《全唐文补遗》第一辑，第408～409页，三秦出版社，1993年。

⑧ 《魏书》卷一一三《官氏志》，第3010页。

⑨ 林宝：《元和姓纂（附四校记）》卷一〇，第二册，第1525页。

自以有所依凭，字之曰纥干。纥干者，夏言依倚也。”[①]

如弗即乞伏，乞伏等四部统主名为纥干，纥干是鲜卑语，汉语的意思是“依倚”。虽然乞伏鲜卑的“开国神话，未尽可信；然据此可窥见西秦之初，由四部联合而起，其一乃乞伏部也”[②]。《十六国春秋·西秦录》尝言：“乞伏部老父无子者，请养为子，众许之。（略）字曰纥干，纥干，华言依倚也，后因为氏。”[③] 纥干原为一山名。《北梦琐言》卷一五载：唐昭宗流亡洛阳，“既入华州，百姓呼万岁，帝泣谓百姓曰：‘百姓勿唱万岁，朕无能与尔等为主也’。沿路有‘思帝乡’之词，乃曰：‘纥干山头冻杀雀，何不飞去生乐处？况我此行悠悠，未知落在何所。’言讫，泫然流涕”[④]。

纥干山亦作纥真山[⑤]。纥真山位于唐时云中县，《元和郡县图志》卷一四“云州云中县”条载：“纥真山在县东三十里。虏语纥真、汉言三十里。其山夏积霜雪。”[⑥] 三十里或为千里误[⑦]。墓志无载其赐姓之事，或以为与乞伏部有联系。乞伏部纥干，“四部服其雄武，推为统主，号之曰乞伏可汗托铎莫何。托铎者，言非神非人之称也。其后有祐邻者，即国仁五世祖也。泰始初，率户五千迁于夏缘，部众稍盛。鲜卑鹿结七万余落，屯于高平川，与祐邻迭相攻击。鹿结败，南奔略阳，祐邻尽并其众，因居高平川。祐邻死，子结权立，徙于牵屯”[⑧]。

高平川即今之固原清水河[⑨]，牵屯即牵屯山（今之六盘山）[⑩]。田弘之祖上可能随徙高平，田姓可能属其复姓。北周盛行复姓、赐姓，有的所谓“赐姓”实际就是复姓，如李穆赐姓“搶拔氏”[⑪]，其实根据新获其兄《李贤墓志》记载，其祖上即为鲜卑“建国搶拔，因以为氏”[⑫]。田弘之祖上或出鲜卑乞伏部，被赐姓“纥干”，寓意“依倚”，周太祖曾云：

---

① 《晋书》卷一二五《乞伏国仁载记》，第3113页。文中括号内的“与”、“引”二字，据标点本校勘记补引。《古今姓氏书辨证》三十七引《西秦录》：“有乞伏氏与斯引氏，自漠北出阴山”。周伟洲称：“据上引文可知，原漠北有四个部落：如弗（乞伏）、斯引、出连、叱卢。从漠北南出大阴山（今内蒙古阴山山脉）”。参见周伟洲：《南凉与西秦》，第113页，陕西人民出版社，1987年。

② 姚薇元：《北朝胡姓考》之《内篇》第三“内人诸姓·扶氏”条，第108页。

③ 邓名世：《古今姓氏辨证》卷三七“纥干氏”条引《西秦录》，第519页。

④ 孙光宪：《北梦琐言》卷一五，从书集成本，第123页。《新五代史》卷二一《寇彦卿传》载：“太祖迫昭宗迁都洛阳，昭宗彷徨不忍去，谓左右为俚语云：‘纥干山头冻死雀，何不飞去生乐处？’相与泣下沾襟”（中华书局本，第220页）。

⑤ 《太平御览》卷四五《地部》“纥真山”条引《郡国志》云：“夏恒积雪，故彼人语曰：纥真山头凉死雀，何不飞去生乐处？”（第216页）。

⑥ 《元和郡县图志》卷一四《河东道三》，第401页。

⑦ 乐史：《太平寰宇记》卷五一《河东道朔州鄯阳县》引杨果《冀州图》作“虏语纥真，华言千里”。

⑧ 《晋书》卷一二五《乞伏国仁载记》，第3113页。

⑨ 郦道元：《水经注》卷二《河水注》载，高平川水“东北流迳高平县故城东，汉武帝元鼎三年，安定郡治也”（陈桥驿校注本，上海古籍出版社，第42页）。高平县故城即今宁夏固原城，高平川水即流经城东之清水河。

⑩ 牵屯山在高平县境，杜佑《通典·州郡典三》“高平县”条注云：“汉高平县有笄头山，语讹亦曰汧屯山”（第4521页）。牵屯山当系汧屯山之语讹，即今之六盘山。

⑪ 《周书》卷三十《于翼传附李穆传》，第528页。据该书校勘记云：“赐姓拓跋氏，诸本‘拓’作‘搶’“殿本依北史改”（第534页）。据李贤墓志此属误改，‘拓’‘搶’属两字。（参见陈连庆：《中国古代少数民族姓氏研究》，第93页，吉林文史出版社，1993年。）

⑫ 宁夏回族自治区博物馆等：《宁夏固原北周李贤夫妇墓发掘简报》，《文物》1985年第11期，附《李贤墓志》，第22页。录文误为“拓拔”，今据志石改。

"人人如纥干弘尽心，天下岂不早定。"①

"五世其昌，基于凤凰之繇。"《左传》庄公二十二年，陈公子完奔齐。"初，懿氏卜妻敬仲，其妻占之，曰："吉。是谓凤凰于飞，和鸣锵锵，有妫之后，将育于姜。五世其昌，并于正卿。八世之后，莫不与京。"（略）及陈之初亡也，陈桓子始大于齐。其后亡也，成子得政"②。

杜预注："成子，田常也，敬仲八世孙。"意其为田氏之后。田氏有齐国后，世称王。汉兴齐国亡。王安之后，"齐人称'王家'，因以为氏"。汉武帝时，王翁孺因罪免，"仍徙魏郡元城委粟里，为三老，魏郡人德之。元城建公曰：'昔春秋沙麓崩，晋史卜之，曰：阴为阳雄，土火相乘，故有沙麓崩。后六百四十五年，宜有圣女兴。其齐田乎！今王翁孺徙，正直其地，日月当之。元城郭东有五鹿之虚，即沙鹿地也。后八十年，当有贵女兴天下。'"③ 此借元城老者之口道出元后之兴的必然，李奇注卜相云："此龟繇文也。阴，元后也。阳，汉也。王氏舜后，土也。汉，火也。故曰土火相乘，阴盛而沙麓崩。"张晏注云："阴数八，八八六十四。土数五，故六百四十五岁也。《春秋》僖十四年，沙麓崩，岁在乙亥，至（哀帝元寿二年）哀帝崩，元后摄政，岁在庚申，沙麓崩后六百四十五岁。"④ "《墓志》借此意寓齐田起于魏郡沙麓。

千秋陈父子之道，人主革心；延年议社稷之计，忠臣定策。

田千秋，汉武帝时丞相，因得可乘小车入宫殿之优待，故名车千秋。"千秋为高寝郎，会卫太子为江充所谮败，久之，千秋上急变讼太子冤，曰：'子弄父兵，罪当笞；天子之子过误杀人，当何罪哉！臣尝梦见一白头翁教臣言。'是时，上颇知太子惶恐无他意，乃大感悟，召见千秋。至前，千秋长八尺余，体貌甚丽，武帝见而说之，谓曰：'父子之间，人所难言，公独明其不然。此高庙神灵使公教我，公当遂为吾辅佐。'立拜千秋为大鸿胪"⑤。

田延年，汉朝酷吏，霍光属下，议社稷之计为昌邑王刘贺之事。"贺者，武帝孙，昌邑哀王子也。既至，即位，行淫乱。光忧懑，独以问所亲故吏大司农田延年。延年曰：'将军为国柱石，审此人不可，何不建白太后，更选贤而立之?'光曰：'今欲如是，于古尝有此否，延年曰：'伊尹相殷，废太甲以安宗庙，后世称其忠。将军若能行此。亦汉之伊尹也。'光乃引延年给事中，阴与车骑将军张安世图计"⑥。"与公卿议废之，莫敢发言，延年按剑，廷叱群臣，即日议决"。"宣帝即位，延年以决疑定策封阳成候"⑦。

公以星辰下降，更禀精灵，山岳上升，偏承秀气。

《周书》卷二七《田弘传》称其："少慷慨，志立功名，膂力过人，敢勇有谋略。"《神道碑》云："公以胎教之月，岁德在寅；载诞之辰，星精出昴。是以月中生树，童子知言；

---

① 《庾子山集》，第838页，中华书局，1980年。

② 《春秋左传集解》第三，第180～183页，上海人民出版社，1977年。

③ 《汉书》卷九八《元后传》，第4014页。

④ 同③。

⑤ 《汉书》卷六八《车千秋传》，第2883～2884页。

⑥ 《汉书》卷六八《霍光传》，第2937页。

⑦ 《汉书》卷九十《酷吏传》，第3665页。

水上浮瓜，青衿不戏。而受书黄石，意在王者之图；挥剑白猿，心存霸国之用。”

淮阴少年，既知习勇；颖川月旦，即许成名。

“淮阴少年”，即汉之大将韩信。信，淮阴人，年少曾受胯下之辱[①]，后终成大业。“颍川月旦”指东汉许劭、许靖。许劭“少峻名节，好人伦，多所赏识”。“初，劭与靖俱有高名，好共核论乡党人物，每月辄更其品题，故汝南俗有‘月旦评’焉”[②]。

永安中，从陇西王入征，即任都督。

《周书》卷二七《田弘列传》云：“魏永安中，陷于万俟丑奴。尔朱天光入关，弘自原州归顺，授都督。”《北史》本传亦云：“初陷万俟丑奴。尔朱天光入关，弘自原州归顺。”正光末年，高平人胡琛、莫折太提举行暴动后，胡琛被诱杀，万俟丑奴继任首领，建义元年（公元528年），“高平镇人万俟丑奴僭称大位，署置百官”[③]，响应者甚众。陷于万俟丑奴则是一种婉转的说法，实际上田弘勇谋过人，从镇民暴动当属情理之中。朝廷遣雍州刺史尔朱天光征讨，墓志中提到的陇西王即尔朱天光[④]。《巩宾墓志》亦称其“永安二年，从陇西王尔朱天光入关，任中兵参军，内决机筹，外总军要”[⑤]。《神道碑》曰：“魏永安中，任子都督，翻原州城，受陇西王节度。”此从《墓志》，田弘所任为都督。《魏书》卷一一三《官氏志》载：“永安已后，远近多事，置京机大都督，复立州都督，俱总军人。”[⑥] 永安中，尔朱天光并未封陇西王。

永熙中，奉迎魏武帝迁都，封鹑阴县开国子，转帅都督，进爵为公。

《神道碑》亦作：“永熙中。奉迎魏武入关，封鹑阴县开国子，邑五百户。”《周书》本传云：“又以迎魏孝武功，封鹑阴县子，邑五百户。”永熙三年（公元534年），高欢率兵越黄河，直逼洛阳。《魏书》卷一一《废出三帝纪》云：“帝亲总六军十余万众次于河桥。”[⑦] 高欢引军东渡。宇文泰迎帝于东阳，入长安，以雍州公廨为宫。迎奉魏孝武帝入关，田弘似李贤部属。《周书》卷二五《李贤传》记载：“魏孝武西迁，太祖令贤率骑兵迎卫。时山东之众，多欲逃归。帝乃令贤以精骑三百为殿，众皆惮之，莫敢亡叛。封下县公，邑一千户[⑧]。”田弘或以此功封鹑阴县子，邑五百户。《魏书》卷一〇六下《地形志》“平凉郡”条云：“鹑阴，郡治”，“有瓦亭、泾阳、平凉城”[⑨]。《通典·职官典》后周官品条云：“正六命，子爵。”[⑩] 其食邑并无定数，在二百户至两千户之间[⑪]。

“转帅都督，进爵为公。”《神道碑》记其在大统三年（公元536年）。《通典》卷三二

---

① 《汉书》卷三四《韩信传》，第1861页。

② 《后汉书》卷六八《许劭列传》，第2234～2235页。

③ 《魏书》卷一〇《孝庄帝纪》，第259页。

④ 《魏书》卷一一《前废帝纪》，第276页；《魏书》卷七五《尔朱天光传》，第1673页。

⑤ 赵万里：《汉魏南北朝墓志集释》，图版三九二，科学出版社，1956年。

⑥ 《魏书》卷一一三《官氏志》，第3004页。《通典》卷三三《职官典》，在其后亦云“立府置佐”，第893页。

⑦ 《魏书》卷一一《废出三帝纪》，第291页。

⑧ 《周书》卷二五《李贤传》，第415页。

⑨ 《魏书》卷一〇六下《地形志》，第2619页。

⑩ 《通典》卷三九《职官典二十一》“后周官品”条，第1065页。

⑪ 王仲荦《北周六典》卷八，下册，第555～556页所引史籍、碑志，中华书局，1980年。

《职官典》云："后周又有大都督、帅都督、都督。"[①] 西魏大统中，始以大都督、帅都督、都督领乡兵[②]。县公，命数未详，"非正九命则当九命尔"[③]。

太祖文皇帝始用勤王之师，将有兵车之会，公于高平奉见，即陈当世之策。太祖喜云："吾王陵来矣。"

东汉初年，隗嚣割据，光武帝刘秀亲征，建武八年（公元32年）"闰月，帝自征嚣，河西（太守）［大将军］窦融率五郡太守与车驾会高平"[④]。此喻宇文泰在原州讨伐侯莫陈悦。宇文泰领兵讨伐侯莫陈悦当在永熙三年（公元534年），其年"三月，太祖进军至原州。众军悉集，谕以讨悦之意，士卒莫不怀愤"[⑤]。田弘于此时奉见宇文泰。王陵，西汉高祖时大臣，初不肯追随刘邦，史称其"好直言"，反对吕后一系为王。宇文泰称其"吾王陵来矣"，可能喻王陵"本无从汉之意"[⑥]，后又尾随刘邦。《神道碑》称："太祖以自着铁甲赐公，云：'天下若定，还将此甲示寡人。'"[⑦] 当在同时。《周书》本传云："及太祖初统众，弘求谒见。乃论世事，深被引纳，即处以爪牙之任。"

天水有大陇之功，华阳有小关之捷。

宇文泰欲破侯莫陈悦，"军出木峡关，大雨雪，平地二尺。太祖知悦怯而多猜，乃倍道兼行，出其不意"。悦"闻大军且至，退保略阳，留一万余人据守水洛。太祖至水洛，命围之，城降"。其部下"劝悦退保上邽以避之"，南秦州刺史李弼为宇文泰内应，"太祖纵兵奋击，大破之，虏获万余人，马八千疋。"宇文导"至牵屯山追及悦，斩之"[⑧]。田弘当参加此役。

西魏大统三年（公元537年），东魏遣其将窦泰出兵潼关，宇文泰率兵出战。"癸丑旦，至小关，窦泰卒闻军至，惶惧，依山为阵，未及成列，太祖纵兵击破之，尽俘其万余众，斩泰，传首至长安"[⑨]。

襄城则不伤噍类，高壁则不动居民。并辔援桴，飞鸡燧象。虽以决胜为先，终取全军为上。

《汉书·高帝纪上》载："项羽为人慓悍祸贼，尝攻襄城，襄城无噍类，所过无不残灭。"如淳注："无复有活而噍食者也。青州俗呼无子遗为无噍类。"[⑩] 可能用此典来喻北周攻克襄城事。《周书·文帝纪下》载，西魏大统四年（公元538年）东魏大将侯景攻陷广州，后西魏"都督袭广州，拔之。自襄、广以西城镇复内属"[⑪]。襄城即今河南襄城县城

---

① 《通典》卷三二《职官典十四》"都督"条，第894页。
② 王仲荦：《北周六典》卷九，下册，第580页，中华书局，1980年。
③ 同②，第548页。
④ 《后汉书》卷一《光武帝纪下》，第53页。
⑤ 《周书》卷一《文帝纪上》，第8页。
⑥ 《汉书》卷四十《王陵传》，第2045～2047页。
⑦ 《周书》本传云："太祖常以着铁甲赐弘云：'天下若定，还将此甲示孤也。'"
⑧ 《周书》卷一《文帝纪上》，第9页。
⑨ 《周书》卷二《文帝纪下》，第22页。
⑩ 《汉书》卷一《高帝纪上》，第16～17页。
⑪ 同⑨，第26页。

关[1]。刘志"齐神武举兵入洛，魏孝武西迁。志据城不从东魏，潜遣间使，奉表长安"。"后齐神武遣兵攻围，志力屈城陷，潜遁得免"。"志纠合义徒，举广州归国"[2]。《高湛墓志》亦载："天平之始，襄城阻命，君文武两兼，忠义旧发，还城斩将，蛮左同归。朝廷嘉其能，缙绅服其义。"高湛"临难殉躯，奄从非命"，大象元年（公元538年）正月廿四日终于家，春秋四十三[3]。

周建德五年（公元576年），周武帝宇文邕率军至晋州。"甲寅，齐王遣其丞相高阿那肱守高壁。帝麾军直进，那肱望风退散"[4]。"不动居民"或指高壁战后。"飞鸡燧象"为两种火攻战术。《太平御览》卷九一八引《晋中兴书》云：晋代殷浩燃"及取百鸡，以长绳连之脚，皆系火，一时驱放，群鸡骇散飞过，渐集羌营。因其惊乱，纵兵击之"[5]。春秋时，楚昭王燃火炬系于象尾，群象惊奔，遂退吴国军队。或指战争中不惜手段，目的是全胜为上。

大统十四年，授持节、都督原州诸军事、原州刺史。

志称授持节、都督原州诸军事。《神道碑》称："大统十四年，授使持节、都督原州诸军事、原州刺史。"持节与使持节稍有不同。《宋书》卷三九《百官志》载："前汉遣使，始有持节。""魏文帝黄初二年，始置都督诸军事，或领刺史。""晋世则都督诸军为上，监诸军次之，督诸军为下，使持节为上，持节次之，假节为下，使持节得杀二千石以下；持节杀无官位人，若军事得与使持节同"[6]。西魏制度或略同。原州是宇文泰起家之根据地，授原州刺史者多为宇文的亲信。大统八年（公元542年），李贤授原州刺史[7]。大统九年（公元543年），蔡祐授青州刺史，转原州刺史[8]。

虽为衣锦，实曰治兵。乞留将军，非但南部将校；争迎州牧，岂直西河童子。又增封一千三百户。

《神道碑》云："仙人重返，更入桂阳之城；龙种复归，还寻白沙之路。公此衣锦，乡里荣之。"田弘为原州刺史，"如苏君之复返桂阳，庞奂之还归襄水也"[9]。《周书》本传称："以弘勋望兼至，故以衣锦荣之。"《史记》卷七《项羽本纪》载，项羽思东归，曰："富贵不归故乡，如衣锦夜行"[10]。虽为衣锦还乡，实所为军事之需。东汉郭伋"在并州，素结恩德，及后入界，所到县邑，老幼相携，逢迎道路。所过问民间疾苦，聘求耆德雄俊，设几杖之礼，朝夕与参政事。始至行部，到西河美稷，有童儿数百，各骑竹马，道次迎释。伋问'儿曹何自远来'。对曰：'闻使君到，喜，故来奉迎。'伋辞谢之"[11]。田弘的食邑在前

① 王仲荦：《北周地理志》卷五，第440页，中华书局，1980年。
② 《周书》卷三六《裴果传附刘志传》，第649页。
③ 赵超：《汉魏南北朝墓志汇编》，第332～333页，天津古籍出版社，1992年。
④ 《周书》卷六《武帝纪下》，第97页。
⑤ 《太平御览》卷九一八引《晋中兴书》，第4071页。
⑥ 《宋书》卷三九《百官志上》，第1225页。
⑦ 《周书》卷二五《李贤传》，第416页。
⑧ 《周书》卷二七《蔡祐传》，第444页。
⑨ 《庾子山集》，第838页，中华书局，1980年。
⑩ 《史记》卷七《项羽本纪》，第315页。
⑪ 《后汉书》卷三一《郭伋传》，第1092～1093页。

五百户上，又增封一千三百户。

侍从太祖，平窦军，复恒（弘）农，破沙苑，战河桥，经北芒（邙），月晕星眉，看旗听鼓，是以决胜千里，无违节度。

这句话追述大统十三年（公元547年）以来田弘所经历的战事。宇文泰在小关将窦泰军击败，斩首。率李弼、独孤信等十二将东伐。“至弘农。东魏将高干、陕州刺史李徽伯拒守。于时连雨，太祖乃命诸军冒雨攻之。庚寅，城溃，斩徽伯，虏其战士八千”。“冬十月壬辰，至沙苑，距齐神武军六十余里”。“兵将交，太祖鸣鼓，士皆奋起。（略）大破之，斩首六千余级，临阵降者二万余人”。大统四年（公元538年），东魏将侯“景等北据河桥，南属邙山为阵，与诸军合战。太祖马中流矢，惊逸，遂失所之，因此军中扰乱。都督李穆下马授太祖，军以复振。于是大捷”[①]。以上战斗关乎西魏政权的存亡，著名将领均曾参加，“平窦军、复弘农、破沙苑、战河桥”，几乎成为追述一些将军经历的定式范语，出现在许多传记、墓志之中。

乃授使持节，车骑大将军，仪同三司。

《周书》本传云：“太祖在同州，文武并集，乃谓之曰：‘人人如弘尽心，天下岂不早定。’即授车骑大将军、仪同三司。”《神道碑》称：“其必有元勋，常蒙别赏。太祖在同州，文物并集，号令云：‘人人如纥干弘尽心，天下岂不早定。’即授车骑大将军、仪同三司。”此以后地名述前事，华州，魏废帝三年（公元554年）改置州郡时，才改为同州[②]。宇文泰辅政西魏，多居同州，胡三省《通鉴》注谓，其地扼关河之要，齐人来侵，便于接应[③]。大统十四年（公元548年）夏五月，宇文泰还华州[④]。田弘升迁当在此后，田弘一年间二次升职，可见其“常蒙别赏”并非诓语。车骑大将军、仪同三司即后来正九命[⑤]。

寻而金墉阻兵，轵关须援，赐以白虎之诏，驰以追锋之车。武安君来，即勇三军之气，长平候战，果得壮士之心。

《周上柱国齐王宪神道碑》载：宇文宪“保定四年，与大司马蜀国公围金墉城”[⑥]。金墉城在今河南洛阳市东北。《周书》卷一二《齐炀王宪传》亦云：保定中，“及晋公护东伐。以尉迟迥为先锋，围洛阳。宪与达奚武、王雄等军于邙山。自余诸军，各分守险要。齐兵数万，奄出军后，诸军恇骇，并各退散。唯宪与王雄、达奚武率众拒之”[⑦]。同年，“大军围洛阳，诏（杨）檦率义兵万余人出轵关”。轵关在今河南省济源西北，为豫、晋交通要冲。杨檦轻敌，深入敌境又无设防，“齐人奄至，大破檦军。檦以众败，遂降于齐”[⑧]。田弘当是奉诏增援，三国魏景初二年（公元238年），诏帝（司马懿）“便道镇关中；及次白屋；有诏召帝，三日之间，诏书五至。手诏曰：‘间侧息望到，到便直排閤入，视吾

① 《周书》卷二《文帝纪下》，第22～25页。
② 同①，第34页。
③ 王仲荦：《北周地理志》卷五，第55页，中华书局，1980年。
④ 同①，第31页。
⑤ 《周书》卷二四《卢辩传》，第404页。
⑥ 《庾子山集注》，第737页，中华书局，1980年。
⑦ 《周书》卷一二《齐炀王宪传》，第188页。
⑧ 《周书》卷三四《杨标传》，第593页。

面。’帝大遽，乃乘追锋车昼夜兼行，自白屋四百余里，一宿而至”[①]。封武安君者甚众，李牧、苏秦、白起均曾封武安君，此或指赵将李牧。《史记》卷八一《廉颇蔺相如列传》载：“李牧者，赵之北边良将也。常君代雁门，备匈奴。”匈奴每入，李牧收保不战，赵王怒，使人代牧。后匈奴每进，战争不利，边无宁日。“复请李牧”。“李牧至，如故约”。“单于闻之，大率众来入。李牧多为奇陈，张左右翼击之，大破匈奴十余万骑”。“其后十余岁，匈奴不敢近赵边城”。封李牧为武安君[②]。以喻田弘出现在关键时刻。长平侯即卫青，卫青“出云中以西至高阙。遂略河南地，至于陇西，捕首虏数千，畜数十万，走白羊、楼烦王。遂以河南地为朔方郡。以三千八百户封青为长平侯”[③]。

魏前元年，迁骠骑将军，开府梁汉之南，岷江以北，西穷绵竹，东极夷陵。补置官人，随公处分。加侍中。

《神道碑》云：“前魏元年，转骠骑大将军开府。祁连犹远，即受冠军之侯，沙幕未开，元置长平之府。”《墓志》、《神道碑》提到的骠骑将军、骠骑大将军尚差一阶。田弘原为车骑大将军，仪同三司，到骠骑大将军，虽然依西魏官品制度同在一阶，实际上仍有较大的差距。《神道碑》称“转”，可能考虑二者同属一阶；《墓志》称“迁”，当以实际情况为依据。虽然骠骑将军比车骑大将军低一级，但升迁可能针对“开府”而言。骠骑将军配开府，在《唐乙速孤神庆碑》上也有类似的情况。“祖安前锋都督，周右武侯右六府骠骑将军，开府仪同三司”[④]。唐长孺曾经提出质疑：“在军号上我想他漏掉一个‘大’字，在周代骠骑将军是不能与开府相结合的。”[⑤]

《墓志》即称“迁骠骑将军”，笔者认为，可能也是漏了一个“大”字。这种推测有《神道碑》佐证。骠骑大将军、车骑大将军是否有统属关系，或正副关系，或者属并行设府，学术界多有争论[⑥]。《周书》本传记：“魏废帝元年，加骠骑将军，开府仪同三司。”废帝元年即公元552年，此时将军开府仍是一件相当重要的事。“西魏大统八年。宇文仿周典，作六军，合为百府”[⑦]。“初置府，不满百，每府有郎将主之，而分属二十四军，每军以开府一人将焉。每二开府属一大将军，二大将军属一柱国大将军，仍加号使持节大都督以统之”[⑧]。开府将军的开府地，早已引起人们的特别关注[⑨]。田弘虽为原州刺史，但其开府地却在汉州之南（今四川德阳），岷江以北，西至绵竹[⑩]（今四川绵竹县），东到夷陵[⑪]。

① 《晋书》卷一《宣帝纪》，第13页。

② 《史记》卷八一《廉颇蔺相如列传》，第2449～2451页。

③ 《史记》卷一一一《卫将军骠骑列传》，第2923页。

④ 王昶：《金石萃编》卷六一，第4页，上海扫叶山房本，1921年。

⑤ 唐长孺：《魏周府兵制度辩疑》，载《魏晋南北朝史论丛》，第274页，生活·读书·新知三联书店，1978年。

⑥ 唐长孺：《魏晋南北朝史论丛》，第268页；谷霁光：《府兵制度考释》，第53～54页，上海人民出版社，1978年。

⑦ 《玉海》卷一三七引《后魏书》，江苏古籍出版社，第2559页，上海书店影印本，1988年。

⑧ 《玉海》卷一三八引李泌《邺侯家传》，第2569页，上海书店影印本，1988年。

⑨ 谷霁光：《府兵制度考释》，第59～60页。

⑩ 汉州依《禹贡》其在梁州之域，所以称“梁汉”，绵竹县属汉州辖。参见《元和郡县图志》卷三一《剑南道上》，第777～778页。

⑪ 夷陵，史载“周武帝以州居三峡之，因改名硖州”。参见《元和郡县图志》卷一《阙卷逸文》之“山南道”，第1053～1054页。

这是一条非常值得重视的材料，首次提及开府将军的具体开府范围。

“补置官人，随公处分”。沿用魏以来开府置佐的旧制。《魏书》卷一一三《官氏志》记载，神䴥元年（公元428年）诏：“诸征镇大将依品开府，以置佐吏。”① 开府所置佐僚有开府长史、司马、司录，正六命；开府府列曹参军，四命；开府府参军，三命②。其开府者又加侍中③。《周书》卷二《文帝纪下》载：“西魏废帝元年“夏四月，达奚武围南郑，月余，梁州刺史、宜丰侯萧循以州降。”④ 田弘当随达奚武南下伐蜀。《周书》卷四四《李迁哲传》载：“魏恭帝初，直州人乐炽，洋州人田越、金州人黄国等连结为乱。太祖遣雁门公田弘出梁汉，开府贺若敦趣直谷。”⑤《周书》卷三三《赵文表传》载：“魏恭帝元年，从开府田弘征山南，以功授都督。复从平南巴州及信州，迁帅都督。”⑥ 据《周书》卷四四《扶猛传》载，扶猛“又从田弘破汉南诸蛮”⑦。《神道碑》载：“梁信州刺史萧韶、宁州刺史谯淹等，犹处永安，称兵渔阳，公受命中军，迅流下濑，遂得朝发白帝，暮宿江陵，猿啸不惊，鸡鸣即定。西平反羌，本有渔阳之勇；凰州叛氐，又习仇池之气。公推锋进上，白刃交前，万死一决，凶徒多溃。身被一百余箭，伤肉破骨者九创，马被十槊，露布甲上。朝廷壮焉。”《周书》本传云：“平蜀之后，梁信州刺史萧韶等各据所部，未从朝化，诏弘讨平之。又讨西平叛羌及凤州叛氐等，并破之。弘每临阵，摧锋直前，身被一百余箭，破骨者九，马被十稍，朝廷壮之。信州群蛮反，又诏弘与贺若敦等平之”。《志》较《神道碑》平蜀等战均未述，当属有意省略。

魏祚乐推，周朝受命，进爵雁门郡公，食邑通前三千七百户。文昌左星，初开上将之府；陵云复（复）道，始列功臣之封。

《神道碑》云：“周受维新之命，乃进爵封雁门郡公，食邑通前二千七百户。”《周书》本传记：“孝闵帝践阼，进爵雁门郡公，邑通前二千七百户。”郡公，正九命⑧。食邑户比《神道碑》少一千户，《周书》当循此而来。当以墓志为是，因为后两次增邑千户称“通前六千户”。雁门郡汉属太原郡，北魏治郡（今山西雁门）。文昌，《星经》云：文昌六星如羊月形，在北斗魁前，其六星各有名。其为斗魁上六星的总称，《史记》索隐云：“《文耀钩》曰：‘文昌宫为天府’。《孝经援神契》云：‘文者精所聚，昌者扬天纪’。辅拂并居，以成天象，故曰文昌。”文昌左星即文昌宫第一星，“一曰上将”⑨。其开府又称“初开上将之府”。《史记》卷一一七《司马相如列传》载，司马相如“既奏《大人之颂》，天子大说，

---

① 《魏书》卷一一三《官氏志》，第2975页。
② 《周书》卷二四《卢辩传》，第405～406页。
③ 同②，第407页。
④ 《周书》卷二《文帝纪下》，第33页。另《周书》卷一九《达奚武传》，对此平蜀战役描述甚详，参见第304页。
⑤ 《周书》卷四四《李迁哲传》，第790页。
⑥ 《周书》卷三三《赵文表传》，第581页。
⑦ 《周书》卷四四《扶猛传》，第796页。
⑧ 关于北周郡公品命，史书无载。《魏书》卷一一三《官氏志》记载，太和二十三年职令：开国郡公，第一品。开国县公，从第一品（第2994页）。王仲荦推测：“北周封爵之制，多沿袭北魏，北魏之第一品，准北周之正九命，故北周之开国公，当是正九命也。”参见王仲荦《北周六典》卷九，下册，第542页。
⑨ 《史记》卷二七《天官书》，第1293～1294页。

飘飘有凌云之气，似游天地之闲意”[①]。“凌云复道”，复道即楼阁间有上下二重架空通道，俗称天桥。

保定三年，都督岷、兆（洮）二州五防诸军事、岷州刺史。

《神道碑》曰：“保定元年，授使持节，都督岷州诸军事，岷州刺史”。“公不发私书，不然官烛。兽则相负渡江，虫则相衔出境。”《周书》本传称：“保定元年，出为岷州刺史。弘虽为武将，而动遵法式，百姓颇安之。”据《隋书》卷二九《地理表》载，临洮，西魏置，曰溢乐，并置岷州及同和郡。开皇初郡废[②]。《太平寰宇记》卷一五五载：后魏大统十年，置岷州，以南有岷山，因以为名[③]。兆州或为洮州之误，后周武帝逐吐谷浑，以置洮阳郡，寻立洮州[④]。《周书》卷五《武帝纪上》载，保定元年（公元 561 年）二月，“于洮阳置洮州”[⑤]。《神道碑》与《墓志》二者并无矛盾之处。保定元年（公元 561 年）四月，田弘出任使持节、都督岷州诸军事，三年为“都督岷、洮二州五防诸军事、岷州刺史”。

朝廷有晋阳之师，追公受脤。太原寒食之乡，呼河守冰之路，无钟远袭，走马凌城，奇决异谋，斯之谓矣。拜大将军，增邑千户，余官如故。

《周书》本传云：保定“三年，从隋公杨忠伐齐，拜大将军，明年，又从忠东伐”。《周书》卷一九《杨忠传》载，保定“三年，乃以忠为元帅，大将军杨纂、李穆、王杰、尔朱敏及开府元寿、田弘、慕容延等十余人皆隶焉。又令达奚武帅步骑三万，自南道而进，期会晋阳”[⑥]。《隋书》卷三〇《地理志》载：“晋阳，后齐置，日龙山，带太原郡。”[⑦]《左传》闵公二年曰：“帅师者，受脤于庙，受命于社。”[⑧] 据梁宗懔《荆楚岁时记》载：“去冬节一百五日，即有疾风甚雨，谓之寒食，禁火三日，造饧大麦粥。”意纪念介之推，太原有介之推祠[⑨]，所以又称“寒食之乡”。

“呼河守冰之路”，呼河即滹沱河，“西自代州五台县界流入，南去县百里[⑩]。”《周书·杨忠传》亦载：“四年正月朔，攻晋阳。是时大雪数旬，风寒惨烈。”[⑪] 凌城即大陵城，在文水县境。“大陵城，汉大陵县也，在县东北十里。”[⑫]《神道碑》云：保定“四年，拜大将军，余官如故。”大将军，正九命，北周时始以大将军为勋官[⑬]。

玉关西伐，独拜于卫青，函谷东归，先登于韩信。方之此授，异代同荣。

《神道碑》称：“卫青受诏，未入玉门之关；窦宪当官，犹在燕山之下。”《周书》本

① 《史记》卷一一七《司马相如列传》，第 3063 页。
② 《隋书》卷二九《地理志上》，第 820 页。
③ 《太平寰宇记》“岷州”条。王仲荦疑为大统十年当作十六年（参见王仲荦《北周地理志》，第 186 页）。
④ 《隋书》卷二九《地理志上》，第 820 页。
⑤ 《周书》卷五《武帝纪上》，第 64 页。
⑥ 《周书》卷一九《杨忠传》，第 318 页。
⑦ 《隋书》卷三十《地理志中》，第 854 页。
⑧ 《春秋左传集解》第四《闵公》，第 226 页。
⑨ 《元和郡县图志》卷一三《河东道二》“太原县”条称：“介之推祠，在县东五十里。”第 366 页。
⑩ 《元和郡县图志》卷一三《河东道二》，第 375 页。
⑪ 同⑥，第 318 页。
⑫ 《元和郡县图志》卷一三《河东道二》，第 371 页。
⑬ 王仲荦：《北周六典》，第 575 页。

传，保定四年（公元 564 年）东伐后，“师还，乃旋所镇。”元朔五年（公元前 124 年），卫青伐匈奴。“至塞，天子使使者持大将军印，即军中拜车骑将军青为大将军，诸将皆以兵属大将军，大将军立号而归”[①]。汉初，刘邦拜韩信为大将。“汉二年，出关，收魏、河南，韩、殷王皆降”。《史记》正义云：“出函谷关”[②]。用此二典来表明田弘授大将军。田弘之子田仁恭“从护征伐，数有战功，改封襄武县公，邑五百户。”[③]“异代同荣”或指父子同授。

江汉未宁，蹔劳经略，更总四州五防诸军事。而庞德待问，先言入蜀之功；羊祜来朝，即见平吴之策。白帝加兵，足惊巴浦。荆门流旆，实动西陵。既而越舸凌江，咸中火箭，吴兵济汉，并值胶船。

《神道碑》载：“天和二年，被使南征，带甲百万，轴轳千里，江源水起，海若乘流。船官之城，登巢悬爨，吴兵习流，长驱战舰，风灰箭火，倏忽凌城。公以白羽麾军，朱丝度水。七十余日，始得解衣。朝廷以晋残克夏阳，先通灭虢之政；秦开武遂，始问吞韩之谋。”《周书》本传：“天和二年，陈湘州刺史华皎来附。弘从卫公直赴援，与陈人战，不利，仍以弘为江陵总管。”即《墓志》所云：“更总四州五防诸军事”。《隋书·地理志下》“南郡”条载：“旧置荆州。西魏以封梁为蕃国，又置江陵总管府。”[④]

“而庞德待问，先言入蜀之功”。庞德，三国时魏将，为蜀将关羽所斩[⑤]，事迹与之不合。此庞德或即庞德公。《襄阳记》曰：“诸葛孔明为卧龙，庞士元为凤雏，司马德操为水镜，皆庞德公语也。德公，襄阳人。孔明每至其家，独拜床下，德公初不令止。”[⑥]“羊祜来朝，即见平吴之策。”羊祜，西晋大将，《晋书·羊祜传》载：“帝将有灭吴之志，以祜为都督荆州诸军事、假节、散骑常待、卫将军如故。”祜练兵备战后上疏平吴之策，“帝深纳之”[⑦]。比喻田弘手下人才济济。“白帝加兵，足惊巴浦；荆门流旆，实动西陵。”白帝即白帝城，后汉公孙述称帝尚白，此城因名。《晋书》卷四三《王濬传》载：“武帝谋伐吴诏濬修舟舰”，“濬造船于蜀，其木柿蔽江而下”[⑧]。郦道元《水经注》卷三四《江水》载：“江水又东历荆门、虎牙之间，荆门在南，上合下开。”[⑨]此言战前准备充分。《周书·武帝纪上》载：天和二年（公元 567 年），“陈湘州刺史率众来附，遣襄州总管卫国公直率柱国绥（国）[德]公陆通、大将军田弘、权景宣、元定等将兵援之，因而南伐”[⑩]。《周书》卷一三《宇文直传》载：“天和中，陈湘州刺史华皎举州来附，召直督绥德公陆通、大将军田弘、权景宣、元定等兵赴援，与陈将淳于量、吴明彻等战于沌口。”[⑪]《周书》卷二九

① 《史记》卷一一一《卫将军骠骑列传》，第 2925 页。
② 《史记》卷九二《淮阴侯列传》，第 2611～2613 页。
③ 《隋书》卷五四《田仁恭传》，第 1364 页。
④ 《隋书》卷三一《地理志下》，第 888 页。
⑤ 《三国志·魏书》卷一八《庞悳传》，第 545～546 页。
⑥ 《三国志·蜀书》卷三七《庞统传》裴注引《襄阳记》，第 953～954 页。
⑦ 《晋书》卷三四《羊祜传》，第 1014～1019 页。
⑧ 《晋书》卷四二《王濬传》，第 1208 页。
⑨ 郦道元《水经注》卷三四《江水》，陈桥驿点校本，第 649 页，上海古籍出版社，1990 年。
⑩ 《周书》卷五《武帝纪上》，第 74 页。
⑪ 《周书》卷一三《宇文直传》，第 202 页。

《高琳传》载：天和“三年，迁江陵［副］总管，时陈将吴明彻来寇，总管田弘梁主萧岿出保纪南城，唯琳与梁仆射王操固守江陵。”[①]

尔后乘驵兆（洮）河，观兵墨水，白兰拓境，甘松置阵，板载十城，蕃篱千里。论龙涸之功，增封千户，并前合六千户。蜀侯见义，求静西江，浑王畏威，清蕃南国。

《墓志》所言为追述田弘征吐谷浑等事。《神道碑》云：“浑王叛换，梗我西疆，宕羌首窜，藩篱攜二，公受脉于社，偏师远袭，扬旍龙涸，系马甘松，二十五王靡旗乱辙，七十六栅鹑奔雉窜。既蒙用命之赏，乃奉旋师之乐。”《周书》本传载：“吐谷浑寇西边，宕昌羌潜相应接，诏弘讨之，获其二十五王，拔其七十［六］栅，遂破平之。”《北史》卷九六《吐谷浑传》载：“吐谷浑遂从上陇，止于枹罕，自枹罕暨甘松，南界昂城、龙涸，从洮水西南极白兰，数千里中，逐水草，庐帐而居，以肉酪为粮。”[②]《周书》卷五〇《异域传》记载：保定四年（公元564年），“弥定寇洮州，总管李贤击走之，是岁，弥定又引吐谷浑寇石门戍，贤复破之。高祖怒，诏大将军田弘讨灭之，以其地为宕州”。弥定为宕昌羌，“白兰者，羌之别种也。”[③]

“蜀侯见义，求静西江”。西江为西来之大江，即长江之西段[④]。《周书》卷四四《李迁哲传》载，李迁哲与田弘同讨信州，“凡下十八州，拓地三千余里。时信州为蛮酋向五子王等所围，弘又遣迁哲赴援。”[⑤] 蜀侯或指蛮酋，返归信州白帝城。“浑王畏威，清蕃南国。”浑王当指吐谷浑龙涸王莫昌。天和元年（公元566年）五月庚辰，“吐谷浑龙涸王莫昌率户内附，以其地为扶州。”[⑥]《神道碑》、《周书》本传均作增封五百户，《墓志》作增封千户，并前合六千户，似可信从。

月硖治兵，收功霸楚，熊山积仗，克复全韩。

熊山，当指熊耳山。《后汉书·郡国志》载：卢氏有熊耳山[⑦]。在虢州卢氏县南五十里[⑧]。庾信有《答赵王启》首句为“仰承张幕全韩，连营上地。[⑨]”宜阳，为韩国故城，全韩亦指宜阳。《神道碑》云：“是以驰传追公，以为仁寿城主。齐将段孝先、斛律明月出军定陇，以为宜阳之援，公背洛水而面熊山，陈中军而疏行首，乘机一战，宜阳衔壁。”《周书》本传云：“寻以弘为仁寿城主，以逼宜阳。齐将段孝先、斛律明月出军定陇以为宜阳援，弘与陈公纯破之，遂拔宜阳等九城。”元和六年（公元571年），“陈国公纯、雁门公田弘率师取齐宜阳等九城”[⑩]。《周书》卷一三《宇文纯传》载，“督雁门公田弘拔齐宜阳等

① 《周书》卷二九《高琳传》，第297页。
② 《北史》卷九六《吐谷浑传》，第3179页。《魏书》卷一百零一该传已佚，今本据《北史》补入，此采《北史》。
③ 《周书》卷四九《异域传上》，第892～894页。
④ 另一西江或名郁江水，又名蛮江水，珠江干流之一，与北周战事无涉。参见《元和郡县图志》卷三八，第951页。
⑤ 《周书》卷四四《李迁哲传》，第791页。
⑥ 《周书》卷五《武帝纪上》，第72页。
⑦ 《后汉书》志一九《郡国志》，第3401页。
⑧ 李泰等：《括地志辑校》卷三，贺君次点校本，第111页，中华书局，1980年。
⑨ 《庾子山集注》卷八，第560页，中华书局，1980年。
⑩ 同⑥，第78页。

九城”[①]。不过，北齐的记载并不一样。《北齐书》卷一七《斛律金传附斛律光传》载，武平二年（公元 571 年，即天和六年），“周遣其柱国纥干广略围宜阳。光率步骑五万赴之，大战于城下，乃取周建安等四戍，捕虏千余人而还”[②]。另外，仁寿城主亦是一个值得注意的职务，北周某某城主或为一实际职务，田弘此前已官职甚众，何以“是以弛传追公，以为仁寿城主”？解释只有一个，城主亦是较重要的职务。韦孝宽曾为玉壁城主[③]。仁寿城，西魏置陵州[④]。天和六年，授柱国大将军。建德二年拜大司空。

楚之上相，以黄歇为贤；汉之宗卿，以王梁为膺谶。寻解司空，授少保。匡衡加答拜之礼，张禹受绝席之恩，郁为帝师，得人盛矣。

黄歇，“春申君者，楚人也，名歇，姓黄氏。游学博闻，事楚顷襄王，顷襄王以歇为辩，使于秦”[⑤]。楚相黄歇，号春申君[⑥]。《索隐》述赞：“黄歇辩智，权略秦楚。”[⑦] 王梁，“王梁字君严，渔阳（安）［要］阳人”。“从平河北，拜野王令，与河内太守寇恂南拒洛阳，北守天井关，朱鲔等不敢出兵，世祖以为梁功。及即位，议选大司空，而《赤伏符》曰‘王梁主卫作玄武’。注曰：‘玄武，北方之神，龟蛇合体’。玄武水神之名，司空水土之官也。于是擢拜梁为大司空，封武强矣”[⑧]。王梁应议出任司空。《神道碑》云：“进柱国大将军，司勋之册也。建德元年，拜大司空。二年，迁少保。姬朝三列，少保为前；炎正五官，冬官为北。频烦宠命，是谓能贤。”《周书》本传记：“进位柱国大将军。建德二年，拜大司空，迁少保。”《周书》卷五《武帝纪上》载：天和六年（公元 571 年）春正月“丁卯，以大将军张掖公王杰、谭国公会、雁门公田弘、魏国公李晖等并为柱国”。建德二年（公元 573 年）春正月“乙巳，以柱国、雁门公田弘为大司空。”[⑨]《神道碑》建德元年拜大司空稍误。柱国大将军为正九命。“功参佐命，望实俱重者，亦居此职。”大统十六年（公元 550 年）以后“功臣，位至柱国及大将军者众矣，咸是散秩，无所统御”[⑩]。田弘升任柱国已属后者。周制：授柱国大将军、开府、仪同者，并加使持节、大都督[⑪]。大司空，卢辩所建天、地、春、夏、秋、冬六官府，其中“冬官府领司空等众职”[⑫]。“大司空卿掌邦

---

① 《周书》卷一三《宇文纯传》，第 204 页。
② 《北齐书》卷一七《斛律金传附斛律光传》，第 224 页。
③ 《周书》卷三一《韦孝宽传》载，北齐“以玉壁冲要，先命攻之。连营数十里，至于城下”。“俄而孝征复谓城中人曰：‘韦城主受彼荣禄，或复可尔；自外军士，何事相随入汤火中耶’”（第 536～537 页）。另北周保定二年（公元 562 年）檀泉寺造像记云：“绛州刺史、龙头城主、开府仪同三司、丰利公、弟子宇文贞”（《山右石刻丛编》卷二）。谷霁光曾经讨论过这些材料对研究府兵制度的作用（参见谷霁光《府兵制度考释》，第 59～60 页）。
④ 参见《隋书》卷二九《地理志上》，第 828 页；《元和郡县图志》卷三三《剑南道下》，第 862 页。
⑤ 《史记》卷七八《春申君列传》，第 2387 页。
⑥ 《汉书》卷三一《陈胜传》引注应劭曰，第 1790 页。
⑦ 《史记》卷七八《春申君列传》，第 2399 页。
⑧ 《后汉书》卷二二《王梁传》，第 774 页。
⑨ 《周书》卷五《武帝纪上》，第 78、81 页。
⑩ 《周书》卷一六《侯莫陈崇传》，第 272～273 页。
⑪ 《周书》卷二四《卢辩传》，第 406 页。
⑫ 同⑪，第 404 页。

事，以五材九范之徒，佐皇帝富邦国。大祭祀行洒扫。庙社四望，则奉豕牲”①。北周置太师、太傅、太保三公，但并无僚佐，另少师、少傅、少保“兼置三孤以二之”②。

“匡衡加答拜之礼”。匡衡，西汉元帝大臣，精通经学，后经太子太傅萧望之，大司马、车骑将军史高的先后推荐，后为少傅③。“张禹受绝席之恩”。张禹，西汉成帝时大臣，善《论语》。“天子愈益敬厚禹。禹每病，辄以起居闻，车驾自临问之。上亲拜禹床下”④。喻田弘为帝师，得人臣之极。《通典·职官》云：“都督诸军事为总管，则总管为都督之任矣。”

三年，授都督襄、郢、昌、丰、塘（唐）、蔡六州诸军事、襄州刺史。下车布阵，威风歙然。猾吏去官，贪城解印。楼船校战，正论舟楫之兵；井赋均田，始下沮漳之餫。

《神道碑》云：“三年，授使持节、都督襄、郢、昌、丰、唐、蔡六州诸军事、襄州刺史。江、汉之间，不惊鸡犬；樊、襄之下，更多冠盖。”《周书》本传：“三年出为总管襄郢昌丰唐蔡六州诸军事、襄州刺史。”北周制，“其授总管刺史，则加使持节、诸军事，以此为常”⑤。襄州（今湖北襄阳）、郢州（今湖北钟祥）、昌州（今湖北枣阳）、唐州（今湖北随州）、蔡州（今湖北枣阳西南）⑥。唯其丰州值得另述，《隋书·地理志》记：武当，梁置兴州，后州改为丰州。《太平寰宇记》载：后魏废帝元年，改兴州为丰州。因丰城为名⑦。丰州治武当，在今湖北均县西北⑧。《后汉书·贾琮传》载：贾琮为冀州刺史，“旧典。传车骖驾，垂赤帷裳，迎于州界。及琮之部，升车言曰：‘刺史当远视广听，纠察美恶，何有反垂帷裳以自掩塞乎？’乃命御者褰之。百城闻风，自然竦震。其诸臧过者，望风解印绶去”⑨。《汉书·武帝纪》载：“遣伏波将军路博德出桂阳，下湟水；楼船将军杨仆出豫章，下浈水；归义越侯严为戈船将军，出零陵，下离水。”臣瓒曰：“《伍子胥书》有戈船也，以载干戈，因谓之戈船也。”师古曰：“以楼船之例言之，则非为载干戈也。”⑩ 用此来表明田弘出任襄州刺史之后的功绩。

既而，南中障疠，不宜名士，长沙太傅，遂不生还，伏波将军，终成永别。

《神道碑》云：“既而，三湘辽远，时遭鵩入；五溪卑温，或见鸢飞。旧疾增加，薨于州镇。”南方多瘴气，田弘可能亦患此病。《史记·原贾生列传》云：贾谊贬为长沙太傅，“贾生既辞往行。闻长沙卑湿，自以寿不得长，又以适去，意不自得。及渡湘水，为赋以吊屈原”。“贾生之死时年三十三矣”⑪。伏波将军，当为东汉马援。《后汉书·马援传》载：“初，援在交阯，常饵薏苡实，用能轻身省欲，以胜瘴气。”朱勃上书云：马援“又出征交

---

① 《太平御览》卷二〇八《职官部》引《后周书》，第1000页。其职责亦参见王仲荦《北周六典》，第465～468页。

② 郑樵：《通志·二十二略》“职官略第二”，第993页，中华书局，1995年。

③ 《汉书》卷八一《匡衡传》，第3331～3341页。

④ 《汉书》卷八一《张禹传》，第3347～3350页。

⑤ 《周书》卷二四《卢辩传》，第407页。

⑥ 王仲荦：《北周地理志》卷五，第470～488页，中华书局，1980年。

⑦ 《太平寰宇记》卷一四三“均州”条，第1页。

⑧ 王仲荦：《北周地理志》卷五，第422～423页，中华书局，1980年。王氏所引沣州或与丰州不同。关于沣州，亦可参见《元和郡县图志·阙逸文卷》“沣州”条，第1058页。

⑨ 《后汉书》卷三一《贾琮传》，第1112页。

⑩ 《汉书》卷六《武帝纪》，第186～187页。

⑪ 《史记》卷八四《贾谊列传》，第2492、2503页。

阯，土多瘴气，援与妻子生诀，无悔吝之心”。“师已有业，未竟而死，吏士虽疫，援不独存[①]。”

四年正月三日薨于州镇，春秋六十有五。天子举哀，三日废务。诏葬之仪，并极功臣之礼。有诏“赠少师，原、交、渭、河、兆（洮）、岷、鄯七州诸军事、原州刺史。谥曰：襄公。”其年四月廿五日归葬于原州高平之北山。

《神道碑》云：“天子画凌烟之阁，言念旧臣；出平乐之宫，实思贤傅。有诏赠某官，礼也。既以四年四月二十五日归葬于原州高平之镇山。”田弘于建德四年（公元575年）卒于襄州，终年六十五岁，以此推算他应生于北魏永平三年（公元510年）。大臣薨，《通典》卷八一“凶礼三”云：“晋武帝咸宁二年诏：‘诸王公大臣薨，应三朝发哀者，踰月举乐；其一朝发哀者，三日不举乐[②]。”“并极功臣之礼”。《神道碑》云：“属国玄甲，轻车介士，一依霍骠骑之礼，卫将军之葬。”西汉霍去病薨，“天子悼之，发属国玄甲军，陈自长安至茂陵，为冢像祁连山”[③]。卫青薨，“与主合葬，起冢像庐山”[④]。归葬，自秦汉以来成为一种重要的凶礼。《太平御览》引《汉书》云：“高祖下令，士卒从军死者为槥归其县，县给衣衾棺葬具，祠以少牢，吏亲葬。”[⑤]“高平之北山”或有误。《周书·于翼传附李穆传》云：李穆“征江陵功，封一子长城县侯，邑千户。寻进位大将军，赐姓拓跋氏。俄除原州刺史，又以贤子为平高郡守，远子为平高县令”[⑥]。高平在西魏时已改为平高。田弘葬地当在平高之西南，撰志者显然不了解平高附近地理环境。

公性恭慎，爱文武，无三或（惑），畏四知。

关于“三惑”，《后汉书·杨震传》载：杨震之子杨秉“尝从容言曰：‘我有三不惑：酒、色、财也”[⑦]。关于“四知”，杨震经昌邑，“故所举荆州茂才王密为昌邑令，谒见，至夜怀金十斤遗震。震曰：‘故人知君，君不知故人，何也？’密曰：‘暮夜无知者。’震曰：‘天知、神知、我知、子知。何谓无知！密愧而出’[⑧]。

世子恭，攀号扶侍，途步千里，毁瘠溜尘，有伤行路，呜呼哀哉！

《神道碑》云：“世子恭等，孝惟纯深，居丧过礼。对其苫寝，则梓树寒生；闻其悲泣，则巢禽夜下，呜呼哀哉。”“移茵返葬，提柩山行，刍灵陇水，哀挽长城。”“渺渺山河，茕茕胤子，泣血徒步，奔波千里。”田弘长子田恭，《北史》本传作：“仁恭字长贵。性宽仁，有局度。”《周书》本传曰：“子恭嗣，少有名誉，早历显位。”恭或为仁恭之双名单称[⑨]。田仁恭自襄阳护其父灵柩徒步千里回本籍原州。

有妫之后，言育于姜。长陵上相，淄水贤王。荣归历下，单据聊阳。安平烈烈，京兆

---

① 《后汉书》卷二四《马援传》，第846～848页。
② 《通典》卷八一《凶礼三》，第2203页，“天子为大臣及诸亲举哀议。”
③ 《史记》卷一一一《霍去病列传》，第2939页。
④ 《汉书》卷五五《卫青传》，第2490页。
⑤ 《太平御览》卷五五一“棺”条引《汉书》，第2494页。
⑥ 《周书》卷三十《于翼传附李穆传》，第528页。
⑦ 《后汉书》卷五四《杨震传》，第1775页。
⑧ 同⑦，第1760页。
⑨ 《周书》卷二七《田弘传》校勘记，第462页。

堂堂。乃祖乃父，重先累德。

“有妫之后，言育于姜”，为《左传》“有妫之后，将育于姜”之改写，意指田弘为虞舜之后，祖为妫姓，后为齐田。《三辅黄图》“秦汉风俗”条云：“高祖帝都长安，徙诸齐田、楚屈昭景及诸功臣于长陵”[①]。田儋，居狄城，“召豪吏子弟曰：‘诸侯皆反秦自立，齐，古之建国，儋，田氏，当王。’遂自立为齐王”[②]。田荣子田广为齐王，“齐初使华无伤、田解军于历下以距汉”[③]。《史记·田单列传》载：“田单走安平，令其宗人尽断其车轴末，而傅铁笼。已而燕军攻安平，城坏，齐人走，争涂，以辖折车败，为燕所虏，唯田单宗人以铁笼故得脱。”[④] 安平烈烈或指田单的安平之战。《颜氏家训》引《三辅决录》云：汉“灵帝殿柱题曰：‘堂堂乎张，京兆田郎。’盖引《论语》。偶以四言，目京兆人田风也。”[⑤]

驱传扬旌，燕南赵此。白马如电，玄旗如墨。箭下居延，泉惊疏勒。公之世载，幼志夙成，祥符岁德，庆表山精。

《后汉书·公孙瓒传》云：公孙瓒“尽有幽州之地，猛志益盛，前此有童谣曰：‘燕南垂，赵北际，中央不合大如砺，唯有此中可避世。’瓒自以为易地当之，遂徙镇焉”[⑥]。燕南赵北或由此而来，表示征战地域辽阔。公孙瓒“常与善射之士数十人，皆乘白马，以为左右翼。自号‘白马义从’。乌桓更相告语，避‘白马长史’。……遂远窜塞处”[⑦]。白马如闪电或喻此玄旗即黑旗。《太平御览》卷三四〇引《隋书》云：“司掌旗物之藏，通帛之旗六……一曰‘苍旗’，二曰‘青旗’，三曰‘朱旗’，四曰‘黄旗’，五曰‘白旗’，六曰‘玄旗’。画缋之旗六，以充王路之等。”[⑧]《史记·卫将军骠骑列传》载：“骠骑将军踰居延至祁连山，捕首虏甚多。天子曰：‘骠骑将军踰居延，遂过小月氏，攻祁连山，得酋涂王。”[⑨] 箭下居延或指此事。《后汉书·耿弇传附耿恭传》载：耿“恭以疏勒城傍有涧水可固，五月，乃引兵据之。七月，匈奴复来攻恭，恭募先登数千人直驰之，胡骑散走，匈奴遂于城下拥绝涧水。恭于城中穿井十五丈不得水，吏士渴乏，笮马粪汁而饮之。恭仰叹曰：‘闻昔贰师将军拔佩刀刺山，飞泉涌出；今汉德神明，岂有穷哉。’乃整衣服向井再拜，为吏士祷。有顷，水泉奔出，众皆称万岁”[⑩]。泉惊疏勒当为取恭事。《周书》本传称其“少慷慨，立志功名”，“幼志夙成”，或喻类似。

纯深成性，廉节扬名。忠泉涌剑，孝水沾缨。勇气沉深，雄图超忽。削树龟林，乘冰马窟。

“忠泉涌剑”，上引耿恭言“闻昔贰师将军拔佩刀刺山，飞泉涌出”，带有神话色彩。

---

① 《三铺黄图校注》卷一“秦汉风浴”条，何清谷校注本，第 64 页，三秦出版社，1998 年。
② 《史记》卷九四《田儋列传》，第 2643 页。
③ 同②，第 2646 页。
④ 《史记》卷八二《田单列传》，第 2453 页。
⑤ 王利器：《颜氏家训集解》卷三，第 206 页，中华书局。徐坚等《初学记》卷一二引《三辅决录注》：田凤“为尚书郎，容仪端正。入奏事，灵帝目送之，题柱曰：堂堂乎张，京兆田郎。”第 270 页，中华书局，1989 年。
⑥ 《后汉书》卷七三《公孙瓒传》，第 2362 页。
⑦ 同⑥，第 2359 页。
⑧ 《太平御览》卷三四〇引《隋书》，第 1560 页。
⑨ 《史记》卷一一一《卫将军骠骑列传》，第 2931 页。
⑩ 《后汉书》卷一九《耿弇传附耿恭传》，第 720～721 页。

《汉书·李广利传》云：大“宛城中无井，汲城外流水，于是遣水工徙其城下水交空以穴其城”①。“孝水沾缨”，当从潘安仁《西征赋》中“澡孝水而濯缨，嘉美名之在兹”② 句而来。“削树龟林，乘冰马窟”。龟林，庾信《贺娄慈碑》云：“故以辨折龟林，声驰鹿野”③。《周上柱国齐王宪神道碑》云：“山连鸟道，地尽龟林。”④《太平御览》引《外国林》云：“龟林地险，无平土，众龟居之。”⑤

“乘冰马窟”，古诗有《饮马长城窟行》，唐李善注云：“郦善长《水经注》曰：余至长城，其下往往有泉窟，可饮马。古诗《饮马长城窟行》，信不虚也。”⑥ 另外，《太平寰宇记》“襄州干德县”条下有“马窟山，在县东南六里下有窟。按《南雍州记》：汉时有马百匹，从此窟出，旧名马头山，敕改为马窟”⑦。或即此马窟。

兵戈须主，公乃登坛。长城远袭，地尽邯郸。

公乃登坛，似取登坛拜将之意。《后汉书·耿弇传》记载，耿“弇因说护军朱祐，求归发兵，以定邯郸”。“祐等遂从拔邯郸”⑧。

赤蚊玄锋，含沙吹蛊。惜乏芝涧，嗟无菊浦。

《楚辞·招魂》云：“赤蚁若象，玄蜂若壶些。”红色巨蚁象之硕大，黑色毒蜂腹如葫芦，传说中均能致人死命。《昭明文选》鲍照《苦热行》：“含沙射流影，吹蛊痛行晖。”李善注：“吹蛊即飞蛊也。顾野王《舆地志》曰：‘江南数群，有畜蛊者，主人行之以杀人，行食饮中，人不觉也。’”⑨“惜乏芝涧”，芝，《尔雅》郭注云：“芝，一岁三华，瑞草”⑩。“嗟无菊浦”，《后汉书·郡国志》志二二郦侯国引《荆州记》云：“县北八里有菊水，其源旁悉芳菊，水极甘馨。又中有三十家，不复穿井，仰饮此水，上寿百二十三十，中寿百余，七十者犹为夭。汉司空王畅、太傅袁隗为南阳，县月送三千余石，饮食、澡浴悉用之。太尉胡广父患风羸，南阳恒汲饮此水，疾遂瘳”⑪。

黄肠反葬，玄甲西从。旌旄寂拥，帷盖虚重。

黄肠即黄肠题凑，《汉书·霍光传》载：霍光薨，“赐金钱，缯絮，绣被百领，衣五十箧，璧珠玑玉衣，梓宫、便房、黄肠题凑各一具”。苏林注：“以柏木黄心致累棺外，故曰黄肠。木头皆内向，故曰题凑。”如淳注：“内梓官，次楩椁、柏黄肠题凑。”⑫“玄甲”，《汉书·霍去病传》记载，霍去病“上悼之，发属国玄甲，军陈长安至茂陵”。颜师古注：

---

① 《汉书》卷六一《李广利传》，第 2700 页。
② 潘安仁：《西征赋》，引自萧统：《文选》卷十，第 149 页，中华书局影印本，1983 年。
③ 《庾子山集》，第 867 页，中华书局，1980 年。
④ 同③，第 749 页。
⑤ 《太平御览》卷五七引《外国图》，第 276 页。
⑥ 《饮马长城窟行》，《文选》卷二七，第 389 页下栏。
⑦ 《太平寰宇记》卷一四五“襄州条”，光绪八年，金陵书局刻本，第 12 页。
⑧ 《后汉书》卷一九《耿弇传》，第 704～705 页。
⑨ 《苦热行》，《文选》卷二六，第 404 页下栏。
⑩ 郝懿行：《尔雅义疏》“之下释草”，第 952 页，上海古籍出版社影印本，1983 年。
⑪ 《后汉书》志二二《郡国志》“南阳郡”条注引《荆州记》，第 3478 页。
⑫ 《汉书》卷六八《霍光传》，第 2948～2949 页。

"玄甲，谓甲之黑色也"①。

世子使持节、骠骑大将军、开府仪同三司、大都督、司宪恭。次息大都督、贝丘县开国侯备。

《隋书·田仁恭传》记载，仁恭"在周，以明经为掌式中士。后以父军功，赐鹑阴子。大冢宰宇文护引为中外兵曹。后数载，复以父功拜开府仪同三司，迁中外府掾。从护征伐，数有战功，改封襄武县公，邑五百户"②。"保定元年以（宇文）护为都督中外诸军事，令五府总于天官"③。田弘逝时仁恭官职或以父军功拜。司宪，北周时属秋官府，《通典》卷二四《职官六》"御史台"条记载："后周曰司宪，属秋官府。隋及大唐皆曰御史台。""后周有司宪中大夫二人，掌司寇之法，辨国之五禁，亦其任也"④。司宪中大夫，正五命⑤。中外诸军事府掾，命数不详，称"迁"当在司宪之上。田仁恭其父在世时实授职甚低，"大象末，位至柱国、小司马。朝廷又追录弘勋，进公爵观国公"⑥。《隋书》本传则称进爵观国公为隋朝⑦。"次息"，当作第二个亲生子解。曹植《封二子为公谢恩章》中云："诏书封臣息男苗为高阳公，志为穆乡公。"⑧ 田弘次子或曰田备，其官职为大都督、贝丘县开国侯，似无实职。贝丘县，《后汉书·郡国志》"清河国"条，其有贝丘⑨。"《元和郡县图志·河北道一》记："周武帝建德六年平齐，于此置贝州，因邱以为名。"⑩ 建德四年（公元 575 年）田弘卒时，该地并不在北周辖境，而为北齐所属。《隋书》卷三〇《地理志中》载："清平，开皇六年置，曰贝丘，十六年改曰清平。"⑪ 当属侨置县，但称隋时始有贝丘县似有不妥之处，或误。县开国侯，北周正八命，大都督则为八命⑫。

墓志之始主要是记录死者业绩，"雕琢文字，已非本义。撰者题姓名更为后起之例"。"降至六朝，题撰书姓名者渐多"⑬。虽然有这样的认识，但以大量北朝墓志而言，撰者题名的情况属于极个别，更何况当时的题名目的在于表示和死者的关系非同一般，即所谓"题名以见风义，非表其文而然"⑭。

《田弘墓志》亦属没有题名撰者之例，虽然我们已经知道《神道碑》为庾信所撰。其后人墓志为我们提供了这方面的确切资料，唐咸通十二年（公元 871 年）《唐纥干夫人墓志》载："夫人其先本姓田氏"。"十二代祖讳弘，事周有勋"。"义城公，庾开府撰墓志及

① 《汉书》卷五五《霍去病传》，第 2489 页。
② 《隋书》卷五四《田仁恭传》，第 1364 页。
③ 《周书》卷一一《晋荡公护传》，第 168 页。
④ 《通典》卷二四《职官六》，第 659、665、666 页。亦参见王仲荦：《北周六典》，第 406～407 页。
⑤ 王仲荦：《北周六典》，第 406～407 页，中华书局，1980 年。
⑥ 《周书》卷二七《田弘传》，第 450 页。
⑦ 同②，第 1364～1365 页。
⑧ 赵幼文：《曹植集校注》卷二，第 247 页，人民文学出版社，1998 年。
⑨ 《后汉书》志二十《郡国志二》，第 3436 页。
⑩ 《元和郡县图志》卷一六《河北道一》，第 463 页。
⑪ 《隋书》卷三〇《地理志中》，第 847 页。
⑫ 《通典》卷三九《职官二十一》，第 1064～1065 页。
⑬ 叶昌炽撰、柯昌泗评：《语石·语石异同评》卷六，第 385～386 页，中华书局，1994 年。
⑭ 同⑬。

神道碑，具述锡（赐）姓之由，《北史》、《周书》备叙勋烈①。这样亦可肯定《墓志》与《神道碑》同为庾信撰写。庾信（公元513～581年）字子山，本是被强留于北方的南朝使臣，其父庾肩吾是著名的宫体诗作家②。庾信官至骠骑将军、开府义城公③。青年时写过许多淫靡绮丽的宫体诗赋，与同时著名作家徐陵齐名，世人并称其两家父子诗风为“徐庾体”。他们作品讲究形式，善长用典，行文骈俪。“当时后进，竞相模范。每有一文，都下莫不传诵”④。周武帝等喜好文学，庾信受到极大礼遇，“至于赵、滕诸王，周旋款至，有若布衣之交。群公碑志，多相托焉”⑤。田弘《墓志》、《神道碑》或亦是“多相托焉”的结果。墓主的相同经历在《墓志》和《神道碑》中被分别侧重展现，两者既有联系，又不雷同，表现出庾信高超的文字驾驭能力。《神道碑》重于述事，《墓志》则将田弘履历中大量事件用历史典故隐喻，文辞华丽，朗朗上口，是一篇重要的新获庾信佚文，与《神道碑》堪称“双壁”。

田弘之后人，田仁恭有三子，长子田世师、次子田德懋。其中田德懋以孝友著称于世，《隋书·孝义传》中有传⑥。田弘后人在初唐亦有，唐开元年《大唐御史台精舍碑》碑阴题名“殿中侍御史并内供奉”，中均有田贞干⑦。邓名世《古今姓氏书辨证》九：后周赐雁门公田弘，姓纥干氏，隋初复旧，玄孙正干。劳格注，不详官历，“正”宋人避讳改⑧。《唐纥干夫人墓志》载：其“高祖植，皇任颍王友。曾祖著，皇仆寺丞，累赠礼部尚书。祖臮，皇河阳节度使，封雁门公，赠吏部尚书。父濬，贝任工部员外兼侍御史，封雁门县男，食邑三百户，赐绯，充魏博节度掌书记”。“夫人即濬长女”。“夫人三弟：日绘、日就、日昱，皆太庙齐郎。一妹。”纥干夫人之高祖植与田世师之间尚有五代之差。林宝《元和姓纂》卷一〇“纥干氏”条载：“河南，贞观有纥干承墓，贞元仆寺丞，纥干遂，其后也。生俞，渭南县尉”。岑仲勉《四校记》云：纥干著“此作遂，殆误。”“‘俞’为‘臮’讹。渭南尉，元和七年之见官也。亦见《樊川集》”⑨。其中著、臮与遂、俞二名均不相符，唯著之职官与遂相合，称著即遂臮即俞。林宝撰《元和姓纂》时距贞元颇近，或者即同时代人，二名均误云甲即乙，恐难令人采信。称岑说甚确者则推测：“疑《元和姓纂》

① 《唐故李氏（克谐）夫人河南纥干氏墓志并序》，《千唐志斋藏志》下册，第1183页。录文载《唐代墓志汇编》下册，第2453页；《全唐文补遗》第一辑，第408～409页。

② 《北史》卷八三《庾信传》，第2793页。

③ 《庾子山集》，“滕王逌原序”，第61页，中华书局，1980年。

④ 同②。

⑤ 同②，第2734页。

⑥ 《隋书·孝义传》卷七二《田德懋传》载：“田德懋，观国公仁恭之子也。少以孝友著名。开皇初，以父军功，赐爵平原郡公，授太子千牛备身。丁父艰，哀毁骨立，庐于墓侧，负土成坟，上闻而嘉之，遣员外散骑侍郎元志就吊焉。复降玺书曰：‘皇帝谢田德懋。知在穷疾，哀毁过礼，倚庐墓所，负土成坟。朕孝理天下，思弘名教，复与汝通家，情义素重，有闻孝感。嘉欢兼深。春日暄和，气力何似？宜自抑割，以礼自存也。’并赐缣二百疋，米百石。复下诏表其门闾。后历太子舍人，义州司马。大业中，为给事郎、尚书驾部郎，卒官。”第1663页。

⑦ 赵钺、劳格：《唐御史台精舍题名考》卷一“碑阴题名”条，张忱石点校本，第4页，中华书局，1997年。

⑧ 邓名世：《古今姓氏书辨证》卷九，丛书集成本，第121页。

⑨ 林宝：《元和姓纂（附四校记）》卷十，第1526页。

‘纥干承基’与‘贞元’间有脱文，本不连读，故不必牵连为说也。”[①] 似亦需要确凿之证据。纥干植以下名多不见于史，不过纥干著《全唐诗》卷七六九收其四首诗[②]。纥干臮，《新唐书·艺文志》载：“《序通解录》一卷，字咸一，大中江西观察使。”[③] 纥干濬《全唐文》卷八一三收其撰《赠太尉韩允忠神道碑》一文[④]。根据以上材料，我们可以编出田弘一系世系表（表八）：

表八　　　　田弘一系世系表

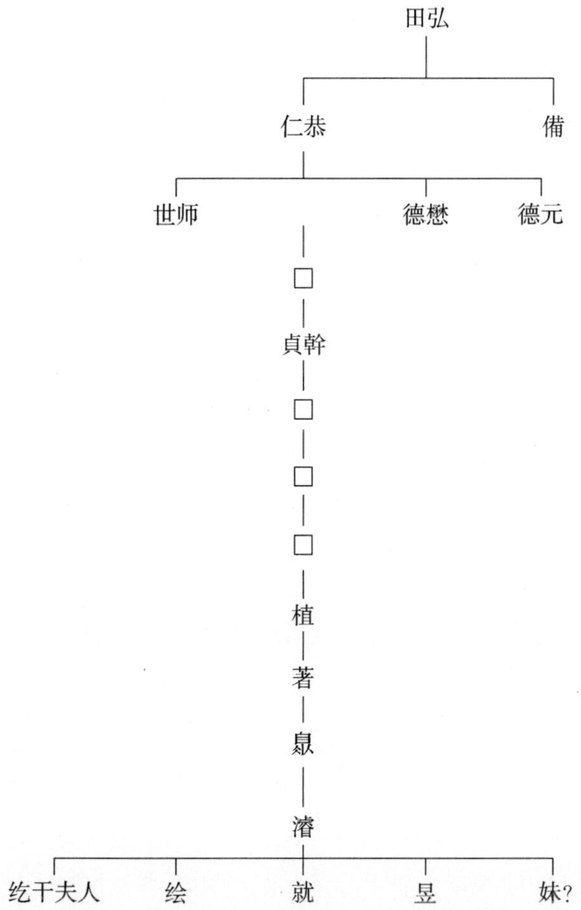

补记：田弘之子田仁恭有三子，另一为田德元。田德元墓曾于 1954 年在陕西西安郭家滩被发掘，墓中出土有田德元墓志一方。志云：“隋故豫章郡掾田府君墓志　　君讳德元字龙光，平凉百泉县人也。（略）祖广略，周柱国、太保、现国襄公。父仁恭，随上柱国、司空公、现国敬公。（略）仁寿二年，起家授凉州总管府掾。（略）大业三年授豫章郡西曹掾。（略）大业七年六月廿二日，终于官舍，春秋卌有一。（略）以七年十二月壬子朔二日癸酉，归葬于大兴县浐川白鹿原。”（参见陕西省文物管理委员会：《西安郭家滩隋墓清理简报》，《文物参考资料》，1957 年第 8 期；录文见罗新、叶炜《新出魏晋南北朝墓志疏证》，第 587～590 页，中华书局，2005 年。）

（罗　丰）

第三节　壁画

北朝后期是继东汉之后中国历史上又一个壁画墓兴盛的时代。以 1983 年 10 月太原北齐娄睿墓壁画资料的发表为契机，北朝后期壁画墓的研究引起了学术界的重视。此前，

① 叶国良：《唐代墓志考释八则》，《台大中文学报》第七期，第 21～25 页，1995 年 4 月。
② 《全唐诗》卷七六九，第 8731～8732 页，以下亦参见叶国良：《唐代墓志考释八则》，第 21～25 页。
③ 《新唐书》卷五九《艺文志》，第 1522 页。
④ 《全唐文》卷八一三，第 1 页上栏，《唐纥干夫人墓志》亦为其父纥干濬撰写，“是父为嫁女撰志也，例不多见”。参见叶国良：《唐代墓志考释八则》，第 21～25 页。

1954 年全国出土文物展览会上展出过咸阳底张湾北周建德元年（公元 572 年）墓的一幅女子人像画像[①]。西魏—北周壁画墓资料的公布虽然早于东魏－北齐，但在 1985 年 11 月宁夏固原李贤墓的资料发表之前，学术界对其所知甚少。既便是现在，由于西魏—北周墓葬壁画的资料比较零散，画面的豪奢程度又略逊于东魏—北齐，所以，其研究成果远逊于后者。

田弘墓的墓室主室四壁用红黑两色绘有侍卫、侍从图像，后室东、西侧壁面亦绘有纵向的朱色条带，人物画的布局与造型均有别于李贤墓等，可以填补西魏—北周墓葬壁画史的空白，是继李贤墓之后北周墓葬壁画的又一重要发现。

一、田弘墓壁画的内容与布局

田弘墓的壁画发现于甬道东西壁、主室东西北壁，以及后室东西壁、东侧室南北壁面上，可辨认的均为人物形象与建筑物的梁柱。主室北壁后室入口（彩版一三）两侧，对称绘有两个男性立像。四人皆为上身穿交领宽袖红袍，下着白色裤，侧身站立，面向安置着田弘棺木的后室的墓门，应当属于守护的门吏之类。东侧第一人的头部缺失，第二人头戴平巾帻。两人皆拱手而立，手中是否仗剑已不得而知。下身穿着裤褶，膝部上方似束以绳带，足蹬黑履。西壁二人衣服、姿势与东壁类同，冠式不清（似无冠束发），第一人双手仗剑。

东壁侧室入口的北侧壁面下部，残存两人腿部。裤褶束绳带，双脚并拢，足尖朝南，应是面南侧身的两个男性人物立像。

西壁情况较复杂。西壁北侧上部塌毁，下部至少可确认有 5 个面南侧身仗刀站立的武士。其中三人腿部、红袍下垂的广袖清晰可辨，衣服与绘于北壁者相同。西壁南侧墓壁崩塌，绘有人物头部的壁面滑落至墙脚，两大碎块堆积在相当于人物腿部的高度。其中南侧碎块上残存 4 个人的头部，前排的两人头部下颌缺损，均为头戴平巾帻的男性。后排人物仅余下颌以及胸颈部，涂红唇。右侧者无胡须，似为女性，身穿白色衣衫。北侧碎块仅余一男子头像，冠饰不明，头侧竖立一个置于套中的矛槊节仗之类器具。此外，墓壁转角处绘有红色宽带，形成画面分界线。绘有红色衣袍的壁面堆积在头部碎块的上方。因碎裂严重，难以推测其全貌。

二、西魏—北周的墓葬壁画资料

为了便于对田弘墓的壁画进行研究和比较，现将已发表的西魏—北周壁画墓资料整理如下：

1. 陕西咸阳胡家沟西魏大统十年（公元 544 年）侯义墓

墓主身份为太师开府参军事，其时宇文泰的复古改制尚未实行[②]，官制仍北魏之旧。

---

① 张铁弦：《谈全国出土文物展览中的北方发现品》，《文物参考资料》1954 年第 10 期，图版 93～98。

② 宇文泰依据《周礼》行六官之法事，发生在西魏恭帝三年（公元 556 年），参照《周书》卷二四《卢辩传》。

《魏书》官氏志对这一职务的品秩没有明确记载，估计为从四品的官吏[①]。墓葬的地下部分为斜坡式墓道单室土洞结构。在其甬道两壁，在白粉底层上用红黑两色绘有壁画，多已剥落。靠近墓室处隐约可见用黑色绘出的树木人马，西壁中部有两道相距16厘米的红色弧线。墓室四壁及顶部涂白粉，上绘壁画，也已剥落。墓顶可见朱红色星座残迹[②]。

2. 宁夏固原南郊乡北周保定五年（公元565年）宇文猛墓

据发掘简报，墓主身份为大将军（正九命），都督原盐灵会交五州诸军事原州刺史。墓葬的地下部分为五天井斜坡式墓道单室土洞结构。其第五天井东壁残存一幅站立的武士图，双手于胸前拄一长刀。人物高0.9米，侧身北向，头戴平巾帻[③]，上身穿交领红袍，袖袍宽大，下身着裤褶。甬道与墓室壁面可见红黑白三色的壁画残迹，但内容不明。

3. 宁夏固原南郊乡北周天和四年（公元569年）李贤墓

墓主身份为使持节柱国大将军大都督泾秦河渭诸军事原州刺史河西桓公，为正九命。墓葬的地下部分为三天井斜坡式墓道单室土洞结构。在第一过洞及甬道口外拱券的上方，用红黑线勾绘双层门楼；第二、三过洞拱券上方绘有单层门楼。墓道两壁残存正视武士图18幅，高1.4～1.7米之间。第一过洞口外2幅、过洞内6幅、天井内10幅。以白粉为底色，用墨线勾画人物轮廓与衣纹，面部用红色颜料晕染。除第一过洞口外2幅外，四周均绘红色宽带为边框，形成彼此独立的挂轴式布局。武士皆头戴平巾帻，下身穿着裤褶，上身有的穿着铠甲，有的穿交领袍。持刀方法有3种，一为右手依肩持刀，二为左手依肩持刀、右手抚穗，三为双手拄刀。墓室四壁在高1.75米，宽0.6～0.9米的红色边框中，原本绘有20幅侍从伎乐图。因塌方，现仅西壁与南壁残存4幅。其中西壁南端第一幅为拂尘侍女，第二幅为执团侍女，南壁西端残存一个双环发髻女性头像，东端绘一双手持桴的击鼓女伎。墓顶全部塌毁，壁画内容不详。

4. 陕西咸阳底张湾北周建德元年（公元572年）墓

墓主姓名、墓葬规模、形制等资料一概没有发表。《文物参考资料》1954年第10期介绍全国出土文物展览会时，刊出墓室北壁壁画的黑白图版一张。为一女子画像，发髻宽而不高，脸庞圆润，身材苗条。上身着交领广袖衫，胸上部束带，下穿长裙，袖手站立。

5. 陕西咸阳北斗乡北周建德四年（公元575年）叱罗协墓

墓主身份为骠骑大将军开府仪同三司大都督南阳郡开国公，为正九命。墓葬的地下部分为六天井斜坡式土洞结构，第五、六天井的侧壁设4个小龛，主室后设长方形副室。据发掘报告记载，瓦墓道（包括过洞）东、西壁面涂有0.2厘米厚的白粉层，沿壁脚与高2米左右处，用红色绘出两条平行的宽带，宽带中绘有壁画。由于水浸，壁画全部剥落。过

---

① 《魏书》卷一一三，官氏志记地位接近于太师的大司马、大将军、太尉、司徒参军事有咨议参军事（从四品上）、录事参军事（第六品上）、列曹参军事（从六品上）等别。

② 咸阳市文管会、咸阳博物馆：《咸阳市胡家沟西魏侯义墓清理简报》，《文物》1987年第12期。

③ 发掘者认为，该武士头顶所戴为圆顶直脚幞头，罗丰认为所戴为小冠，今从后者。据现有资料，直脚幞头应出现于晚唐五代。宇文猛墓武士图冠部的所谓“直脚”，实际是横插在发髻中的笄，也见于山东省济南市马家庄北齐道贵墓壁画，不过道贵墓的冠顶不下凹。小冠亦称“平巾帻”，流行于北朝后期与隋代武人之中，有样式差别。《隋书》卷一二记载，礼仪七云：“承武弁者，施以笄导，谓之平巾。”参照《宁夏考古文集》，宁夏人民出版社，1994年。

洞及甬道口外拱券上方彩绘楼阁。遗憾的是，该报告未能刊出楼阁壁画的照片或线图，仅在墓葬剖面图的第六过洞东壁面上，标出一幅人物上半身像。因图过小，又无文字说明，人物性别及服饰器用均不得而知。墓室四壁也有壁画痕迹，遗憾的是，发掘者未进行详细报告①。

6. 陕西咸阳底张湾北周建德五年（公元576年）王德衡墓

墓主身份为使持节仪同大将军（九命）新市县开国侯，墓葬的地下部分为三天井斜坡式单室土洞结构。报告云，在“墓室四壁有壁画痕迹，全已剥落，无法辨认，仅能看出在墓室四壁的底部高11厘米的地方，绘有红色宽带纹沿四壁一周”②。

7. 陕西咸阳底张湾北周宣政元年（公元578年）若干云墓

墓主身份为骠骑大将军上开府仪同大将军任城郡公，为正九命。墓葬的地下部分为三天井斜坡式土洞结构，主室后设长方形副室。墓道由南向北高1.6米的东西壁面上，均涂有白粉层。过洞与天井高1.7米的壁面上，亦涂白粉层，但都未见彩绘壁画③。

8. 陕西省咸阳市底张湾北周宣政元年（公元578年）独孤藏墓

墓主身份为大都督武平县开国公（九命?）金州刺史。墓葬的地下部分为三天井斜坡式土洞结构，主室后部与东部设长方形副室。墓道（包括过洞）东、西壁面涂有白粉层，沿壁脚与高1.36米左右处，用红色绘出两条平行的宽带。主室四壁亦涂白粉，白粉层上残留有黑红两色的条状绘画。侧室入口缘周，绘宽4厘米的红色宽带④。

9. 陕西咸阳底张湾北周大成元年（公元579年）尉迟运、贺拔氏合葬墓

墓主尉迟运的身份为使持节上柱国卢国公，为正九命。墓葬的地下部分为五天井斜坡式墓道单室土洞结构。墓道的过洞口缘四周绘有红色宽带。墓室四壁有彩色壁画痕迹，内容已无法辨认⑤。

10. **陕西咸阳底张湾王士良、董荣晖合葬墓**

墓主董荣晖下葬于北周保定五年（公元565年），王士良葬于隋开皇三年（公元583年），身份为使持节上大将军并州刺史广昌郡开国公。发掘者认为，该墓为董荣晖下葬时所造建。墓葬的地下部分为竖穴式土洞结构，主室后部设有长方形副室。墓道东、西壁底部高2.3、宽1.9米的范围内，涂有白粉层，残留红黑两色壁画痕迹。与甬道连接处，绘出宽20厘米的宽带。甬道两壁涂白粉层，未见壁画。主室曾绘有壁画，但已全部剥落。副室三壁面涂有白粉，无壁画⑥。

以上列举了10个墓例，旨在说明壁画墓在西魏—北周高级贵族墓中占有极高比例。上述诸例中，除若干云墓是否存在壁画没有确认之外，侯义、宇文猛、李贤、叱罗协、王德衡、独孤藏、尉迟运夫妇、王士良夫妇墓和咸阳底张湾建德元年墓的墓室或墓道都残存

① 负安志：《中国北周珍贵文物》，陕西人民美术出版社，1992年。
② 同①。
③ 同①。
④ 同①。
⑤ 同①。
⑥ 同①。

壁画痕迹。换而言之，除北周武帝孝陵等个别墓例之外，迄今发现的高级贵族墓几乎都绘有壁画。但问题是壁画的保存状态不理想，迄今只有李贤墓的比较清楚，这与东魏—北齐的故邺都、晋阳、齐青州等地的壁画墓相比，形成极大反差。

三、田弘墓壁画相关问题的探讨

1. 北周墓壁画的布局

与迄今发现的北周墓相比，田弘墓壁画的布局有以下特征：

第一，墓室、墓道各部位壁画的配置。李贤、叱罗协墓的墓道绘有侍卫、侍从、门楼，象征邸宅的多重院落，宇文猛墓的墓道也绘有侍卫图。田弘墓的墓道不做壁画，北壁、东壁、西壁北侧绘侍卫，西壁南侧绘侍从群像，其中可能包括女性，这无疑是基于以主室象征宅院的想法。参照侯义墓例我们推测，田弘墓的墓顶可能绘有天象图。李贤墓因只有一个墓室，在安置棺柩的四壁绘有侍女、伎乐。田弘墓的棺室是后室，入口处绘有侍卫，棺室只绘简化的木结构建筑的梁柱。

第二，构图与视角。田弘墓发掘之前，李贤墓被作为北周壁画墓的典型例证加以引用，往往造成一种错觉，即北周墓葬中只绘有单幅正面人物像，不存在东魏—北齐那种由群像构成的横卷式壁画。田弘墓壁画则可以代表北周壁画墓的另一种构图方式。残存壁画均为侧身立像，与李贤墓的正面立像形成鲜明对照，与宇文猛墓相近。而且，西壁人物群像成功地处理了前后遮挡等关系。群像的绘制在东魏—北齐墓中十分常见，在北周墓葬壁画中尚属首例。

第三，服饰。田弘墓侍卫中未见着明裆铠者，而李贤墓着明裆铠的武士居多。田弘墓用鲜红与墨黑两色作画，强调对比度，着意表现服饰鲜丽的色调。

田弘墓与李贤墓同处于固原南郊，前者年代仅晚于后者 6 年，但画风截然不同，应是不同工匠集团的作品。

2. 西魏—北周墓葬壁画与石窟壁画的关系

原州附近的须弥山石窟中未发现北周时代的壁画，很难使用同一地域的资料进行比较。但是，在敦煌莫高窟的人物壁画中不乏比较资料。田弘墓人物眉下涂红线，颊部采用类似晕染的手法涂红色圆点，与敦煌西魏 288 窟供养人像、北周 296 窟本生图中俗人像、461 窟弟子像的面部画法近似[①]。这说明，北周时代，原州与临近西域的敦煌地区的画工集团之间存在某种交流。

3. 西魏—北周与东魏—北齐墓葬壁画内容的比较研究

河北磁县大冢营村东魏武定八年（公元 550 年）茹茹公主墓和湾漳村推定北齐文宣帝武宁陵的墓道中，均发现了列戟图[②]。在西安地区，唐代三品以上高级官僚及贵族墓中，列戟图成为墓主宅邸门阙等级的标志。列戟制度应源于北朝，完善于唐代。文献资料表

---

① 参照本书第九章第一节。

② 磁县文化馆：《河北磁县东魏茹茹公主墓发掘简报》，《文物》1984 年第 4 期；中国社会科学院考古研究所、河北省文物研究所邺城考古工作队：《河北磁县湾漳北朝墓》，《考古》1990 年第 7 期。

明，不仅东魏—北齐，北周也曾存在列戟制度。《周书》卷一九《达奚武传》记载："武贱时，奢侈好华饰。及居重位，不持威仪，行常单马，左右止一两人而已。外门不施戟，恒昼掩一扉。"达奚武卒于天和五年（公元570年），比李贤晚一年。这说明，李贤及田弘生活的时代，朱门列戟的做法已经很流行，但是好像还未形成硬性制度。然而，无论李贤墓的墓道还是田弘墓的主室，这些象征宅院的设施中，都没有像东魏—北齐墓那样绘出列戟。隋代虽然也有列戟制度，但是未发现列戟壁画①，隋唐国家的丧葬礼仪制度多采用"东齐"仪注，唐墓壁画的列戟图似乎应源于东魏—北齐地区。

东魏—北齐的河北磁县茹茹公主墓、高洋墓，山西太原娄睿墓、金胜村墓，山东临朐崔芬墓等墓道入口、甬道门墙或墓室四壁上段，均绘有四神图及畏兽神禽像，这无疑是继承了北魏洛阳石棺画的传统，西魏—北周壁画中则只绘凡间俗人，这是壁画内容上的一个显著差别。

综上所述，田弘墓壁画的发现为研究西魏—北周墓葬壁画的全貌提供了新的重要资料。

（苏　哲）

第四节　铜钱和东罗马金币

一、田弘墓出土的金币

共有5枚，以皇帝来区分可分为4种。

1. 列奥一世（Leo Ⅰ，the Thracian，公元457～474年在位）金币　1枚

列奥一世金币据说在内蒙古毕克镇墓（公元6世纪，1959年发掘）② 出土过。由其残存铭文判断，其为安那斯塔修斯一世金币的可能性很高。如果这不是列奥一世金币，那么田弘墓就是出土的唯一一例。

2. 查士丁一世（Justin Ⅰ，公元518～527年在位）金币　1枚

查士丁一世金币在河北磁县茹茹公主墓、陕西咸阳贺若厥墓里均有出土。

（1）河北磁县东魏茹茹公主墓（公元550年葬，1978～1979年发掘）③

茹茹公主墓中出土的2枚拜占庭金币中的1枚，便是查士丁一世金币。直径1.8厘米，重3.2克，无孔。

铭的表面：DN（Dominus Noster，我们的主宰）IVSTI/NVS（Justin，查士丁）

---

① 《隋书》卷五七《薛道衡传》："后高祖（隋文帝）善其称职，谓杨素、牛弘曰：'道衡老矣，驱使勤劳，宜使其朱门陈戟'。于是进位上开府，赐物百段。"

② 内蒙古文物工作队：《呼和浩特市附近出土的外国金银币》，《考古》1975年第3期。

③ 磁县文化馆：《河北磁县东魏茹茹公主墓发掘简报》，《文物》1984年第4期。

PPAVG（perpetuus Augustus，永远的皇帝）

反面：VICTORI/A（Victoria，胜利）AVGGG（Auggg，皇帝们）［］（发行所记号）/CON（Constantinople，君士坦丁堡）OB（Obrysum，印记）。

（2）陕西咸阳唐代贺若厥墓（公元621年葬，独孤罗之妻，1988年发掘）①

贺若厥墓的墓主身上出土了查士丁一世索里斯金币。直径2厘米，重4.1克，有2孔。贺若厥是独孤罗（公元600年葬）的妻子，独孤罗是北周柱国大将军独孤信的儿子。这枚金币也是1996年随“大唐王朝之华”展览来日展出的3枚拜占庭金币中的1枚②。

铭的表面：DN（Dominus Noster，我们的主宰）IVSTI/NVS（Justin，查世丁）PPAVG（perpetuus Augustus，永远的皇帝）

反面：VICTORI/A（Victoria，胜利）AVGGG（Auggg，皇帝们）B（第2发行所记号）/CON（Constantinople，君士坦丁堡）OB（Obrysum，印记）。

3. 查士丁尼一世摄政期（Justinian Ⅰ，the Great，co—regent，公元527年）的查士丁与查士丁尼共治金币　2枚

查士丁尼一世摄政期金币在河北赞皇李希宗墓中出土过。

河北赞皇东魏李希宗墓（公元576年葬，1975～1976年发掘）③

李希宗（东魏司空，公元501～540年）夫妻墓中，北齐武平6年（公元576年）殁葬的妻子，崔氏的尺骨附近，出土了3枚拜占庭金币。其中2枚是查士丁尼一世摄政期索里斯金币，下面分别加以介绍。

第一枚直径1.68厘米，重2.49克，无孔。

铭的表面：DN（Dominus Noster，我们的主宰）IVSTIN（Justin，查士丁）ET（和）IVSTINIAN（Justinian，查士丁尼）［PPAVG］（perpetuus Augustus，永远的皇帝）/CON（Constantinople，君士坦丁堡）OB（Obrysum，印记）

反面：VICTORI/A（Victoria，胜利）AVGGG（Auggg，皇帝们）△（第4发行所记号）/CON（Constantinople，君士坦丁堡）OB（Obrysum，印记）。

第二枚直径1.7厘米，重2.6克，无孔。

铭的表面：DN（Dominus Noster，我们的主宰）IVSTIN（Justin，查士丁）ET（和）IVSTINIAN（Justinian，查士丁尼）［PPAVG］（perpetuus Augustus，永远的皇帝）/CON（Constantinople，君士坦丁堡）OB（Obrysum，印记）

反面：VICTORI/A（Victoria，胜利）AVGGG（Auggg，皇帝们）［］（发行所记号不明）/CON（Constantinople，君士坦丁堡）OB（Obrysum，印记）。

4. 查士丁尼一世（Justinian Ⅰ，the Great，公元527～565年在位）金币　1枚

查士丁尼一世大帝期的金币只有田弘墓出土。

---

① 贠安志：《陕西长安县南里王村与咸阳飞机场出土大量珍贵文物》，《考古与文物》1993年第6期。

② 朝日新闻社：《大唐王朝的华都·长安的女性们》，朝日新闻社，1996年。

③ 罗丰：《固原南郊隋唐墓地》，第154～155页，文物出版社，1996年。

二、中国出土的东罗马金币

1. 狄奥多西斯二世（Theodosius Ⅱ，公元408～450年）金币

（1）河北赞皇东魏李希宗墓（公元576年葬，1975～1976年发掘）①

李希宗（东魏司空，公元501～540年）夫妻墓中，妻子崔氏的尺骨附近出土3枚拜占庭金币，其中1枚是狄奥多西斯二世索里斯金币。直径2.1厘米，重3.6克，有2孔。

铭的表面：DN（Dominus Noster，我们的主宰）THODO/SIVS（Theodosius，狄奥多西斯）PFAVG（Pius Felix Augustus，虔敬至福的尊严者　皇帝）

反面：VOTXX（Vota XX，宣誓典礼20周年）/MVLTXXX（Multiplica XXX，增加到30年）/CON（Constantinople，君士坦丁堡）OB（Obrysum，印记）。

2. 列奥一世（Leo Ⅰ the Thracian，公元457～474年在位）金币

（2）只有宁夏固原北周田弘墓（公元575年葬，1996年发掘）出土

3. 安那斯塔修斯一世（Anastasius Ⅰ，公元491～518年在位）金币

（1）内蒙古毕克镇墓（6世纪，1959年发掘）②

土默特左旗毕克镇墓的遗体尺骨附近，出土了安那斯塔修斯一世索里斯金币。直径1.4厘米，重2.0克，无孔。报告称其为列奥一世金币，由残存铭文判断，应为安那斯塔修斯一世金币。

铭的表面：DN（Dominus Noster，我们的主宰）ANASTA/SIVS（Anastasius，安那斯塔修斯）[PPAVG]（perpetuus Augustus，永远的皇帝）

反面：VICTORI/A（Victoria，胜利）AVGGG（Auggg，皇帝们）[]（发行所记号不明）/CON（Constantinople，君士坦丁堡），OB（Obrysum，印记）。

（2）陕西西安何家村（1966年发掘）③

何家村出土了安那斯塔修斯一世索里斯金币，无孔。

铭的表面：DN（Dominus Noster，我们的主宰）ANASTA/SIVS（Anastasius，安那斯塔修斯）PPAVG（perpetuus Augustus，永远的皇帝）

反面：VICTORI/A（Victoria，胜利）AVGGG（Auggg，皇帝们）[]（发行所记号不明）/CON（Constantinople，君士坦丁堡），OB（Obrysum，印记）。

（3）河北磁县东魏茹茹公主墓（公元550年葬，1978～1979年发掘）④

茹茹公主墓出土的2枚拜占庭金币中的1枚，便是安那斯塔修斯一世索里斯金币。直径1.6厘米，重2.7克，无孔。

铭的表面：DN（Dominus Noster，我们的主宰）ANASTA/SIVS（Anastasius，安那

---

① 石家庄文物发掘组：《河北赞皇东魏李希宗墓》，《考古》1977年第6期；夏鼐：《赞皇李希宗墓出土的拜占廷金币》，《考古》1977年第6期。

② 内蒙古文物发掘组：《呼和浩特市附近出土的外国金银币》，《考古》1975年第3期。

③ 王长启：《西安新发现的东罗马金币》，第38页，1991年。

④ 磁县文化馆：《河北磁县东魏茹茹公主墓发掘简报》，《文物》1984年第4期。

斯塔修斯）PPAVG（perpetuus Augustus，永远的皇帝）

反面：VICTORI/A（Victoria，胜利）AVGGG（Auggg，皇帝们）[]（发行所记号不明）/CON（Constantinople，君士坦丁堡），OB（Obrysum，印记）。

（4）陕西西安东郊（1979年收购）[①]

1979年12月，陕西省西安市东郊金属回收公司收购了安那斯塔修斯一世索里斯金币1枚。直径1.7厘米，重2.4克，无孔。这枚金币于1992年"中国金银玻璃展"来日，目录解说中将其表铭"DNTIIEDOSIVSPFAVG"判读为"第奥多塞斯"（特奥多西乌斯?）[②]，这是错误的。

铭的表面：DN（Dominus Noster，我们的主宰）ANASTA/SIVS（Anastasius，安那斯塔修斯）PPAVG（perpetuus Augustus，永远的皇帝）

反面：VICTORI/A（Victoria，胜利）AVGGG（Auggg，皇帝们）[]（发行所记号不明）/CON（Constantinople，君士坦丁堡），OB（Obrysum，印记）。

（5）陕西西安西郊机场（1979年发掘）[③]

1979年，西安市西郊机场出土了安那斯塔修斯一世索里斯金币1枚，无孔。这枚金币是随1996年"大唐王朝之华"展览来日的3枚拜占庭金币中的1枚[④]。

铭的表面：DN（Dominus Noster，我们的主宰）ANASTA/SIVS（Anastasius，安那斯塔修斯）PPAVG（Perpetuus Augustus，永远的皇帝）

反面：VICTORI/A（Victoria，胜利）AVGGG（Auggg，皇帝们）[]（发行所记号不明）/CON（Constantinople，君士坦丁堡），OB（Obrysum，印记）。

（6）陕西西安堡子村[⑤]

西安市堡子村出土了安那斯塔修斯一世索里斯金币1枚，无孔。这枚金币也是随1996年"大唐王朝之华"展来日的3枚拜占庭金币中的1枚。

铭的表面：DN（Dominus Noster，我们的主宰）ANASTA/SIVS（Anastasius，安那斯塔修斯）PPAVG（Perpetuus Augustus，永远的皇帝）

反面：不明

4. 查士丁一世（Justin Ⅰ，公元518～527年在位）金币

（1）河北磁县东魏茹茹公主墓（公元550年葬，1978～1979年发掘）[⑥]

（2）陕西咸阳唐代贺若厥墓（公元621年葬，独孤罗之妻，1988年发掘）[⑦]

（3）宁夏固原北周田弘墓（公元575年葬，1996年发掘）

5. 查士丁尼一世摄政期（Justinian Ⅰ，co—regent，公元527年）金币

---

① 王长启：《西安新发现的东罗马金币》，第38页，1991年。

② 宿白：《中国的金银玻璃》，NHK大阪放送局，1992年。

③ 王长启：《西安新发现的东罗马金币》，第38页，1991年。

④ 朝日新闻社：《大唐王朝的华都·长安的女性们》，朝日新闻社，1996年。

⑤ 朝日新闻社：《大唐王朝的华都·长安的女性们》，朝日新闻社，1996年。

⑥ 磁县文化馆：《河北磁县东魏茹茹公主墓发掘简报》，《文物》1984年第4期。

⑦ 负安志：《陕西长安县南里王村与咸阳飞机场出土大量珍贵文物》，《考古与文物》1993年第6期。

（1）河北赞皇东魏李希宗墓（公元576年葬，1973年发掘）①　2枚

（2）宁夏固原北周田弘墓（公元575年葬，1996年发掘）　2枚

6. 查士丁尼一世大帝期（Justinian Ⅰ，the Great，公元527～578年在位）金币

只有宁夏固原北周田弘墓（公元575年葬，1996年发掘）出土

7. 查士丁二世（Justin Ⅱ，公元565～578年在位）金币

（1）陕西咸阳隋代独孤罗墓（公元600年葬，贺若厥之夫，1953年发掘）②

咸阳市底张湾的独孤罗墓中，出土了查士丁二世索里斯金币。直径2.1厘米，无孔。

铭的表面：DN（Dominus Noster，我们的主宰）I/VSTI/NVS（Justin，查士丁）PPAVG（perpetuus Augustus，永远的皇帝）

反面：VICTORI/A（Victoria，胜利）AVGGG（Auggg，皇帝们）ε（第5发行所记号）/CON（Constantinople，君士坦丁堡）OB（Obrysum，印记）。

（2）宁夏固原唐代史道洛墓（公元658年葬，1995年发掘）③

在史道洛（唐代的左亲卫，公元655年殁，公元658年葬）墓中，出土了查士丁二世索里斯金币。直径2.1厘米，有2孔。

铭的表面：DN（Dominus Noster，我们的主宰）I/VSTI/NVS（Justin，查士丁）PPAVG（perpetuus Augustus，永远的皇帝）

反面：VICTORI/A（Victoria，胜利）AVGGG（Auggg，皇帝们）H（第8发行所记号）/CON（Constantinople，君士坦丁堡）OB（Obrysum，印记）。

8. 佛卡斯（Phocas，公元602～610年在位）金币

（1）河南洛阳唐代安菩夫妻墓（公元709年葬，1981年发掘）④

在洛阳市龙门安菩墓中，出土了佛卡斯金币。直径2.2厘米，重4.3克，无孔。

铭的表面：DN（Dominus Noster，我们的主宰）FOCAS（Phocas，佛卡斯）PERPAVG（perpetuus Augustus，永远的皇帝）

反面：VICTORI/A（Victoria，胜利）[AV] GG（Augg，皇帝们）ε（第5发行所记号）/CON（Constantinople，君士坦丁堡）OB（Obrysum，印记）。

9. 和拉克力乌斯（Heracalius，公元610～641年在位）金币

陕西西安何家村窖藏（唐长安城兴化坊，公元756年埋藏?）⑤

1969年发掘的何家村窖藏⑥的壶中，出土了和赫拉克利斯金币。

---

① 夏鼐：《赞皇李希宗墓出土的拜占廷金币》，《考古》1977年第6期。

② 夏鼐：《咸阳底张湾隋墓出土的东罗马金币》，《考古学报》1959年第3期；陈志强：《咸阳底张湾隋墓出土拜占廷金币的两个问题》，《考古》1996年第6期。

③ 原州联合考古队：《唐史道洛墓　原州联合考古队发掘调查报告1》，（东京）勉诚出版，1999年。

④ 洛阳市文物工作队：《洛阳龙门安菩夫妇墓》，《中原文物》1982年第3期。

⑤ 洛阳市文物工作队：《洛阳龙门安菩夫妇墓》，《中原文物》1982年第3期。

⑥ 陕西省博物馆：《西安南郊何家村发现唐代窖藏文物》，《文物》1972年第1期。

三、东罗马帝国金币的流入中国

1. 金币的流入量和流入时期

如上所述，并非所有时期的东罗马金币都流入中国。从现有的出土例证来看，阿尔卡第乌斯（Arcadius，公元395～408年在位）之前的没有出土，从狄奥多西斯二世（Theodosius Ⅱ，公元408～450年在位）开始，跳过马恩（Marcian，公元408～450年在位），续至列奥一世（Leo Ⅰ，the Thracian，公元457～474年）。其后从列奥二世（Leo Ⅱ，公元473年摄政～474年）、差诺（Zeno，the Isaurian，公元474年摄政～475年），至巴西利古斯（Basiliscus，公元475～476年）的不安定期及差诺复位期（Zeno，Restored，公元476～491年）都没有出土，当中有间隔。

但是，之后的安那斯塔修斯一世（Anastasius Ⅰ，公元491～518年在位）至查士丁一世（Justin Ⅰ，公元518～527年在位）、查士丁尼一世（Justinian Ⅰ，the Great，公元527年摄政，公元527～565年在位）、查士丁二世（justin Ⅱ，公元565～578年在位），均有连续出土，并且在这一时期有相当集中的流入。

此后，从逖贝力乌斯二世（Tiberius Ⅱ Constantine，公元578年摄政，公元578～582年在位）至马西恩（Maurice，公元582年摄政，公元582～602年在位），没有出土他们的金币。之后佛卡斯（Phocas，公元602～610年）和赫拉克利斯（Heracalius，公元610～641年在位）有连续出土，然后就再也没有流入中国。

流入中国的金币数量并不一定与东罗马的金币发行量一致，这可能是受到了位于中国和东罗马之间的萨珊等国与这两国的关系的影响。

2. 流入的年代差异

值得注意的是，东魏茹茹公主墓、北周田弘墓、北齐李希宗墓等，出土了复数的金币。

茹茹公主墓中出土的查士丁一世（公元518～527年在位）金币，是在公元550年葬的墓中出土的，其年代差距23～32年。此外，查士丁尼一世（公元527～565年在位）的金币可分为3期①，田弘墓出土的金币属于第2期。第2期金币的制造年代虽说并不确定，假设其为公元540～555年的话，那么年代差为20～35年。

李希宗墓中出土的查士丁尼一世摄政期（公元527年）金币，是从公元576年埋葬的墓中出土的，因此其年代差为49年。

以上几例均可以认为其年代差为20～50年，也就是说死者生前入手，并且作为随葬品埋入墓中的。

3. 中国出土的拜占庭金币的制造地

出土金币的铭纹中，[CON] 和 [CONOB] 并不一定显示其制造地（mint），君士坦丁堡以外，从查士丁一世期（公元527～565年在位）至公元620年以前的赫拉克利斯期

① Whitting，P. D. 1973，pp. 58，76，Pls. 78～79，102～105

（公元610～641年）的南西班牙，7世纪前半的阿力克桑德力亚（公元642年阿拉伯统治，公元645～646年收复）等地区也有流通①。但是在君士坦丁堡制造的金币上，A，B，Γ，Δ，ε，S，Z，H，Θ，I等10种发行所的记号已经得到确认②。中国出土的金币上，A，B，Γ，Δ，ε，H，I等7种记号也得到了确认。因此可以认为，中国出土的金币，大多是君士坦丁堡的发行所制造的。

（谷一　尚）

四、田弘墓出土的铜钱

田弘墓出土的三类钱币中，五铢钱的流行时间最长，前后达数百年，经钱币学家有序排列，其年代先后大体可知③。但经过考古发掘材料校正的基本限于汉代五铢④，魏晋以降纪年墓内出土甚少，或者未能引起注意。这枚五铢与陕西咸阳西魏侯义墓⑤、北周若干云墓⑥、王德衡墓⑦、王士良墓⑧出土的五铢十分相似。西魏、北周五铢的主要特征是宽郭方穿，“五”字交笔较直，“朱”字上下两笔方折，“五”字旁方穿有一直竖。《北史·魏本纪》卷五记载，大统六年（公元540年）“二月，铸五铢钱”⑨。大统十二年（公元546年）“三月铸五铢钱”⑩。北周时期，五铢钱亦流行，田弘墓出土的五铢钱，当是五铢钱的通行式样，与侯义、王德衡等墓出土的五铢相比，周郭较窄，穿没有四决，时代可能稍晚一些。

关于永安五铢，《魏书》卷一一〇《食货志》记载：“至永安二年秋，诏更改铸，文曰‘永安五铢’，官自立炉，起自九月三年正月而至⑪”。官方记载的永安五铢铸时甚短，但在北魏以后的西魏、东魏、北齐，均铸有永安五铢⑫。按照已经排出的永安五铢谱系，这枚永安五铢与咸阳西魏大统十年（公元544年）侯义墓⑬出土的永安五铢十分相似，因此，该钱是西魏或北周铸造的可能性很大，属于有纪年墓中出土“永安五铢”最晚的一例。

仅从遗留的数量而言，布泉在三类钱中最多，亦反映出北周流行这种币。《周书》卷五《武帝纪》记载，北周武帝保定元年（公元561年）秋，七月“更铸钱，文曰‘布泉’，

---

① Whitting，P. D. 1973，pp. 68～71
② Whitting，P. D. 1973，pp. 68
③ 洛阳地区考古发掘队：《洛阳烧沟汉墓》，第216～227页，科学出版社，1959年。
④ 同③，第226页。
⑤ 咸阳市文管会、咸阳博物馆：《咸阳市胡家沟西魏侯义墓清理简报》，《文物》1987年第12期。
⑥ 负安志：《中国北周珍贵文物》，第36～60页，陕西人民美术出版社，1992年。
⑦ 同⑥，第60～70页。
⑧ 同⑥，第109～130页。
⑨ 《北史》卷五《魏本纪》，第177页，中华书局，1994年。
⑩ 同⑨，第79页。
⑪ 《魏书》卷一一〇《食货志》，第2865～2866页，中华书局，1974年。
⑫ 杜维善：《永安五铢断代纠谬》，《中国钱币论文集》第三集，第233～249页，中国金融出版社，1998年。杜氏亦云：“从陕西省咸阳市和长安县十四座北周墓葬全不出永安五铢可以证实”，“西魏文帝大统六年以后基本上不再铸造永安五铢”。这一结论略有粗糙之嫌。
⑬ 咸阳市文管会、咸阳博物馆：《咸阳市胡家沟西魏侯义墓清理简报》，《文物》1987年第12期。

以一当五，与五铢并行”①。建德三年（公元 574 年）六月“壬子，更铸五行大布钱，以一当十，与布泉钱并行”②。次年秋七月“已末，禁五行大布钱不得入关，布泉钱听入不听出”③。建德五年（公元 576 年）正月，废布泉钱④。田弘葬时，布泉已接近废弃。布泉出土于夫人棺内，田弘夫人葬时当比田弘晚，但究竟晚至何时尚不得而知。建德四年，布泉废。宣帝大象元年（公元 579 年）十一月“丁巳，初铸永通万国钱，以一当十，与五行大布并行”⑤。布泉、五行大布、永通万国为钱币界所说的“北周三泉”。实际上，就官方立场而言，布泉与五铢并行，亦与五行大布共存，永通万国则只与五行大布并行流通。田弘墓虽遭盗掘，夫人棺中以布泉为随葬钱之最晚，虽不可以此来推测夫人随葬的确切年代，但无疑是一种值得注意的现象。结合其他物品分析，对夫人随葬时间的判定或许有一定的帮助。

（罗　丰）

第五节　云母

一、云母饰片的制作方法

在云母片上贴好金箔之后，用小刀镂刻出花纹，这样贴有金箔的云母片就做好了。按照如此的推测，将刻成花纹的金箔放大 50 倍来看，发现残存下来的金箔有一部分已经卷成了毛边状。此外还有一种可能，就是事先将很薄的金箔按照纸样刻出花纹，然后再将其放到云母片上。这一点还有待将来的考证。如前章所述，由于云母已经断为碎片，所以无法对云母片的全形进行复原。

在中国考古学中，关于云母片出土的例子并不少见，除此之外，将稍厚一些的金箔刻出各种各样的花纹，镶嵌在漆器、铜器等上面，像这样的平脱技法的例子也是不少见的⑥。但是像田弘墓中出土的这种在云母片的一面上贴有金箔，在另一面上涂有颜色，通过透明的云母片将涂有的颜色反映到金箔上，这样的技法还是非常罕见的。

二、关于云母

云母是一种矿物，为造岩矿物的一种，其中人们了解最多的是花岗岩中的云母。作为

① 《周书》卷五《武帝纪上》，第 65 页，中华书局，1974 年。
② 同①，第 85 页。
③ 《周书》卷六《武帝纪下》，第 92 页，中华书局，1974 年。
④ 同③，第 94 页。
⑤ 《周书》卷七《宣帝纪》，第 121 页，中华书局，1974 年。
⑥ 王世襄：《漆休饰录解说》，第 77～79 页，文物出版社，1983 年。

矿物的云母，其特征为可以剥离成无限薄的薄片，甚至成为粉末。粉末状的云母闪着亮光。

云母在矿物中属于云母族，拥有众多的种类，如白云母、黑云母、金云母、铁云母等，稀少品种还有珍珠云母和鳞云母等，由于它们的化学式不同，所以，其透明度和色调以及耐酸性也不同。

白云母由于一层层堆积得较厚，所以看起来如同白色，若将其一层层剥离开，这时的云母片则近乎透明。田弘墓中出土的云母即为白云母。云母一般出产于火成岩、变成岩、堆积岩等岩石中，如果是大的结晶体的话，直径可以达到 4 米，甚至 10 米。固原周边的六盘山至今仍然是云母的采集地。

由于云母具有良好的绝缘性，所以，近代以来多将云母用于电器绝缘，具有代表性的是空调和真空管。另外，由于云母的导热性很差，所以也被用于电炉和煤气炉的小窗上。稍微大一些的云母板还可以用来做窗板和各种计器。此外，鉴于其透明度高、取光良好，它还可以用来做屋顶。在欧洲，被用于玻璃窗上的云母板产自乌拉尔，是经由莫斯科运送过来的。所以，白云母在西语中来自莫斯科语源。绢云母将其捣碎晾干，可成为颇具润滑性的粉末，可以用来做化妆品的原料，加入一些油性物质以后，可制作成香粉。由此可见，云母的用途十分广泛①。

三、东亚云母饰品的出土情况

中国有关的出土例子较少，但是，在洛阳烧沟汉墓的报告中有过记载②。在蒋若是先生的倾心关注下，第 4 号墓和第 1002 号墓各出土了 41 片和 4 片的云母，均附有照片。云母片较厚，而且经过了剪裁，大概曾经被镶嵌在器物上。

镶嵌金箔的器物较多，可以被看做是漆器，由于漆器已经腐朽，所以只剩下了镂刻后的金箔。湖南省长沙岭家西汉墓的金箔装饰为这方面的代表③。云母也好，金箔装饰也好，这方面的例子虽然很多，但报告似乎很少④。

在对朝鲜半岛西海岸的新罗古都——庆州的古墓发掘中，出土了大量的被镂刻为三角形和水滴形的云母片。在被认定为公元 450 年的皇南大冢（北坟）⑤ 和被认定为公元 500 年左右的天马冢⑥中，出土了大量的云母片，其他的例子也很多。这些将云母进行镂刻，借助其透明性，既可以改变内部物体的光泽又可以使其发光的技法，与镂雕金属构件的道理是一样的。

日本的正仓院中也收藏有云母片，但并不知道其原有用途。有关古坟方面，曾有过在

① 这一部分的参考资料为堀秀道：《有趣的矿物学》，草思社，1990 年；益富寿助：《矿物》，保育社，1974 年。
② 中国科学院考古研究所编：《洛阳烧沟汉墓》，科学出版社，1959 年。
③ 湖南省博物馆：《长沙汤家岭西汉墓清理报告》，《考古》1966 年第 4 期。
④ 罗丰先生提供了有关固原史氏墓地出土的素纹云母片方面的资料。
⑤ 金正基：《皇南大冢（北坟）》，文物管理局，1985 年。
⑥ 金正基：《天马冢》，文物管理局，1975 年。

奈良县珠域山 2 号坟的石棺中，棺底铺有大量云母片的记载[①]。

从奈良时代至平安时代，还有将云母片卷在经帙的表布和里布之间的。其目的一方面是防潮，另一方面云母自身的光泽可以通过表布的缝隙之间透过来，起到美化的作用。云母还有另外一个用途，在制纸时，将云母粉撒上去，可以使纸具有一定的光泽。

四、中国文献关于云母的记载

除了装饰用途外，云母还可作为长生不老的仙药。晋葛洪（公元 283～363 年）的《抱朴子·内篇》中，有很多关于长生不老的神仙道教这方面的记述。在《仙药》卷一一中，有“仙药之上者丹砂、次则黄金、次则白银、次则诸芝、次则王玉、次则云母、次则明珠、次则雄黄、次则太乙禹馀粮”的记载，其中云母是排在第六位的仙药。同样的仙药卷中，也谈到“又云母有五种，而人多不能分别也”，对五种云母做了解说，并记载了云母的服用方法。此外，还有“又云，服之十年，云气常覆其上”[②] 的说法，意思是连续服用云母液十年，则可以仙气灌顶，甚至有服用云母后可以乘云升天的神话[③]。在与本草有关的古籍中，有关云母被用作仙药的记载有很多，而且记叙越来越丰富。如上所述有关五种云母的记载，虽然起源于《抱朴子》，但是从现在矿物学的角度来看，也是成立的。云母的种类有很多，其颜色和透光率均不同。在《太平御览·珍宝七》中，记载“云母有五名”，“白而微青，名曰云英”。在《御览》中，云母被称作“云英”。

由于云母用途广泛，在晋代不仅被用于药，还被用在居宅和屏风上。晋代陆机的《邺中记》中，记载了作为邺的名物的铜爵台、金凤台、冰井台这三台。在有关西台的记载中，“西室高六十丈，上作铜凤，窗皆铜笼疏、云母幌，日之初出，乃流光昭耀”[④]。意思是说在 150 米（60 丈）的高台上有一座建筑物，屋上装饰有铜凤，窗上张有铜线的网，还悬挂着帷幔（幌）。此处出现了云母，云母板被用在了窗玻璃上，阳光照过来，云母闪闪发亮。

《晋书》卷二五《舆服志》中，有在车窗上嵌有云母板的记载。皇帝的车以及皇太子的车均有“云母车”，“此云母车饰犊车，臣下不得乘，以赐王公耳”。这种车是用小牛来拉车的，车窗上嵌有云母板。臣子们是不能乘用的，是用来赐给诸侯王的。

西晋末的荡荫之役以后，张方拥立惠帝（公元 290～306 年）。惠帝返回洛阳时，张方在山下率领万余士兵，“奉云母与及旌旗之饰，卫帝而进”。这是只有皇帝才能够乘坐的乘舆，镶在乘舆上面的云母片就像如今的彩色玻璃一样，闪耀着美丽的光彩。

西晋时对光很感兴趣，例子很多，《晋书》卷一一三《符坚传》中就有这方面的记载。前秦第三代皇帝符坚（公元 338～385 年）在灭掉前燕、前凉以后，在淝水与晋对峙时大败而归。“坚自平诸国之后，国内殷实，遂示人以侈，悬珠帘于正殿，以朝群臣，宫宇车

---

① 伊达宗泰：《珠城山古坟》，奈良县教育委员会，1956 年。

② 王明：《抱朴子内篇考释》，中华书局，1980 年。

③ 村上稼实：《抱朴子》，明德出版社，1967 年。

④ 王云五编：《邺中记》，丛书集成，商务印书馆，1931 年。

乘，器物服御，悉以珠玑、琅玕、奇宝、珍怪饰之”。在宫的正殿有珠帘，从后段的记述中可以看出，珠帘五颜六色、各式各样。古代以来，虽然有将冕冠上的旒用于建筑方面的例子，但我认为，与冕还是不一样的。

与乘舆相近的辇如同在“女史箴图”和司马金龙墓[①]出土的漆屏风上所描绘的，在乘舆中装配有长椅子样的东西，乘舆与辇的构造极为相似[②]。在“女史箴图”中，辇的上面覆盖有一层金网一样的东西。《邺中记》中有关这方面的记载，是将云母片和绢贴在金网上，既可以防尘，又可以增加光泽，关于云母片的应用，大概已经成为了一种常识。

到了唐代，在诗词中屡屡提及云母屏和云母屏风，两者都是固定的，但在可折性上有所差别。唐代屏风的遗物在正仓院中有收藏[③]，其尺寸在“东大寺献物帐”中有记载，“屏风帐”残存了下来[④]，从中可以看出大型屏风的实态。另外，北周以后的壁画也多采用了屏风式。根据唐代段成式《寺塔记》中的记载，在弘善寺（常乐场赵景公寺），“又有嵌七宝字多心经小屏风、盛以宝函”，由此可以看出，确实存在着一种极小的屏风[⑤]。李商隐的“嫦娥”以及杜甫的诗中，也多有这方面的描述。云母屏风并不是到了唐代才开始的，在汉代就已经出现了，但那是用在皇帝与臣子之间，目的在于衬托出皇帝与臣子在地位上的差别（《汉书·王莽传》）。

此外，云母也曾被当作翳来使用。在《王莽传》中，常有关于翳和云母屏风的描写。有关实物在文献中虽然没有记载，但在唐代以后的绘画资料中多有体现。翳是一种很长的团扇。在“簪花仕女图”中，从右边数第三个仕女手中拿的罗布样的上面，画有牡丹花的即为翳。此外，在唐代周昉的“挥扇仕女图”中，右端的男子手中拿的长柄团扇也为翳。“韩熙载夜宴图”中的第四段为主人坐在椅子上，右手拿一短柄团扇，旁边的侍子手拿长柄的翳。从这两幅绘画作品来看，扇面都是用具有透视效果的物质来制作的。

五、田弘墓出土的云母片

田弘墓出土的云母片花纹独特，是用一种剪纸（剪金箔）的手法贴上去的。如报告中所述，云母片并不很大，是比10厘米稍大一些的方形，在上面有一直径小于10厘米的圆形剪金箔，可以通过罗（纱）固定住。由于其复原工作比较困难，所以上述关于复原的记载只是一种猜测。

云母片大部分出土于第五天井的最下层，即本来的地面附近，所以看作是第五天井的随葬品。主室中只出土了两片云母，第三、四天井中出土了少量的小碎片，但这是第四过道封门内侧的东西，是在追葬时粘在脚部带出来的。这样看来，在追葬时就已经有一部分

① 司马金龙墓（公元484年）中出土的漆画屏风为朱红色的底板，绘画过程中使用了多种颜色，金网加饰上去以后，使画面看上去如同真的一样。

② 孙机：《中国古舆服论丛》，《乘舆与辇混乱之处的解析》，第263页，文物出版社，1993年。

③ 作为北仓103的云母粉与包纸合计，共重84.1克。

④ 天平胜宝八岁七月二十六日献物帐（屏风花毡等帐），北仓159号。

⑤ 秦岭云点板：《寺塔记》，中国美术论著丛刊，人民美术出版社，1963年。

云母成为了碎片状，从原有的器物上掉了下来。假设这是主室的随葬品的话，那么在主室中也应该散布有少量的碎片。也许最开始这些云母均为第五天井的随葬品，这样一来，云母片是从伴有金铜环的木柄上脱离下来的这一想法就不能成立了。在最初的发掘以后，第五天井由于雨水的浸入，有机质发生了腐败。

报告中Ⅰa类铁钉中，被折弯的呈L状的铁钉与云母相同，从第五天井的东北部出土了很多。L形铁钉的使用方法并不多，在古代铁钉不是直接被钉进去，而是先用锥子等凿出小孔，然后再将铁钉打进去，必要的时候还会将铁钉前部弄弯。

第五天井中乘舆和辇作为随葬品，其中台的部分可能使用了大量的L形铁钉，这一部分在盗掘时被做成了格子状的梯子。做法是在宽8厘米左右的木材上打孔之后，将涂有黑漆的木柄插入进去。

司马金龙墓出土的漆画屏风中，辇的椅子背上画有黄色的纹样，底色为红色，或者这红色也可能是为了表现一种透视的效果。辇和台棒连接的部分有斜板，斜板处画有装饰性的花纹。网上画有黄色和黑色的图案，部分还透出红色。这些图案是由圆形和方形组成的①，这显然不同于田弘墓中的云母板上的忍冬纹。

在发掘司马金龙墓的初始，并没有认为大面积的云母板是用来做屏风的，而是把它作为天盖的一部分来考虑②。由于是大型的随葬品，故难以放入狭窄的墓室，所以大概需要先将这台云母乘舆的台木和上部分离开以后，才有可能放进去随葬。田弘有否云母乘舆（辇）不能判定。今后要充分注意已经成为断片的云母③，期待着能有新的发现。

（菅谷文则）

① 在天盖上有很多绘画资料和石刻佛像的遗例，韩国出土的松林寺舍利塔和漆隆寺金堂的天盖等也有实物的遗例。法隆寺橘夫人厨子现在虽然也有柱子支撑，但原来是一根很细的八角形的柱子。伊势神宫神宝的翳和支撑盖的涂漆木柄也是很细的，直径在3～4厘米，松林寺舍利塔也是很细的一根圆柱。

② 出土文物展览工作组：《文化大革命期间出土文物》，1973年。有中文版和日文版两种，其中均有鲜明的照片。

③ 李时珍在本草纲目中谈到，挖掘云母的工人在挖掘云母时如果发出大的声音，在劈开时很容易将云母损坏，所以考古发掘时也是同样。

第十七章　结　语

田弘墓的发掘是近年来北朝晚期考古最重要的发现之一，就其发掘研究成果而言，有以下两个方面值得总结。

一、田野工作方法

1. 以往国内田野考古中，封土发掘是一个相当薄弱的环节。本次发掘前，首先对封土现状进行详尽的实测。实测图表明，田弘墓在营造之前，先期进行地面修整。封土发掘后的结果显示，封土的堆筑大约经过了4次工序，其原直径为31米左右，高度约为5米。封土与墓室的关系先亦经过严密设计，即封土的正中心相对应的是墓葬后室田弘棺的中心，由此我们知道建墓者的营造理念。

2. 夫妇合葬是北朝隋唐时期大中型墓葬的一个重要特征，过去的考古发现中，除在墓室里发掘出不同遗物和墓志记载而外，人们对在所谓二次埋葬的过程并不清楚。本次发掘中，我们为了解二次葬在田野中的表现，从墓道至第五天井预留了一个纵向剖面。纵向剖面显示，墓道至第三过洞在初次埋葬后即被回填，此后并无重新挖开的迹象。第三天井与第四天井之间的第四过洞在营造之初与再次葬之间曾经塌落，两天井被连在一起，二次葬即由此进入墓室。

3. 本次发掘中较为关注一些稍纵即逝的迹象，如纱冠涂漆木柄、云母屏风等，均被仔细注意到了。其中云母片出土时密集堆放，整体取回后，经过精心的缀合复原，获得了一些完整的图案，进而得知这样一个十分有用的结论。

4. 墓葬被盗是中国古墓一个普遍的现象，但在考古发掘中，盗洞往往被忽视。在唐史道洛墓盗洞发掘时，我们曾获得大量的动物骨骼。田弘墓的盗洞中，我们又清楚地了解了盗墓者在盗窃墓志时向上运输的方法，即不断地挖侧洞换力，向上移动，最后由于突发原因，盗者放弃墓志向上搬运。

二、重要收获

1. 十六国晚期以后，有天井的墓葬开始在西北地区出现，北魏时大约形成基本格局。降至北周，长墓道、多天井、土洞墓成为当时流行的形制。已发掘的土洞墓以单室居多，多室基本只有咸阳独孤藏墓和现在的田弘墓。北周墓虽多有壁画，但除李贤墓保存较好外，其余只残存痕迹，并无完整画面。绘画时，人物面部两颊的处理方法与李贤墓壁画晕染的方法稍有不同，而与敦煌壁画中某些人物画法相似。另外，田弘墓群像画面也丰富了我们对北周墓室壁画的认识。

2. 田弘墓出土的5枚东罗马金币，是近年来关于中西文化交流实物重要的发现，仅以数量而言，在中国考古发现中尚属首例。根据铭文，5枚金币分别来自A.S.I等3个制造局。3枚金币表面分别有2～4个不等的穿孔，表明金币流入中国后，其原有的货币职能有某种程度的转变，为防止遗去而钻孔。流入中国距离其打造时间已有二十至五十年之多，当然它们被集中的时间或许不是一次。

3. 第五天井出土的漆盘，是用卷胎技法制成。卷胎技法是漆器制作中一种非常复杂的工艺技法，现已失传。日本正仓院所藏的漆胡瓶就采用了这种技法。韩国、日本八世纪的遗址中都有过类似的出土物，田弘墓中出土的漆器，是目前所发现的这种技术的最早实物。

4. 田弘墓志亦是本次发掘的重要收获之一，依照过去史籍记录，田弘神道碑和墓志都是由北周的著名作家庾信撰文，墓志神道碑与在叙述田弘事迹时互有侧重，文辞华丽，是一篇新获的重要的庾信佚文。

5. 田弘人骨材料鉴定结果表明，田弘的人骨右侧肱骨上有一小型穿孔，是由尖状利器所刺，与文献中田弘多次受伤的记载相吻合。人骨种族特征基本上维系在北亚蒙古人种的特征范围之内。如果这一结论正确，田弘属于北方少数民族的可能性很大，这亦可弥补文献材料之不足。

遗物登记表　凡例

1. 〔 〕内数值为残存值，〈 〉内数值为复原值。

2. 瓷器的颜色对应如下

号码	中文
P6	浅茶色
P8	浅黄色
P16	浅绿蓝色
Ltg2	泛灰粉红色
Ltg6	米黄色
Ltg8	灰黄色
Ltg10	泛灰黄绿色
Bk1. 0	黑色
Bk8	黑色
Dkgy2. 4	深灰色
Dkgy3. 5	深灰色
G4	灰褐色
G6	灰褐色
G8	泛灰橄榄色
G10	泛灰橄榄绿色
Mgy4. 5	灰色

Mgy5. 5	灰色
Mgy6. 5	灰色
d4	浅红褐色
d6	浅黄褐色
d8	橄榄黄色
Dk4	深红褐色
Dk6	深黄褐色
Dk8	橄榄色
lt6	浅橙黄色
lt8	浅黄色
w9. 5	白色
Ltgy6. 5	灰色
Ltgy7. 5	浅灰色
Ltgy8. 5	浅灰色
b4	浅红橙黄色
Dp6	泛褐金黄色
Dp8	橄榄黄绿色

（财团法人日本色彩研究所监修，1989）

3. 铁钉的测量点示意图

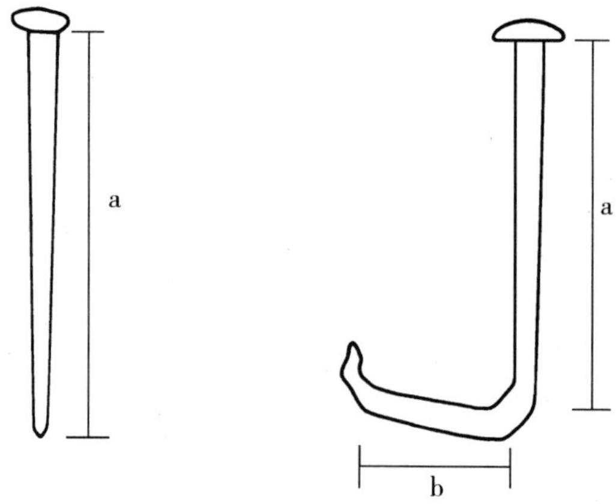

a. 头下至屈曲部　b 屈曲部至先端

附表1

上层遗迹出土瓷器登记表

标本号	出土地点	器种	尺寸(cm)				色调			胎土	烧成	调整	备注
			器高	口径	底径	器厚	釉	断面	露胎				
H1：1	H1	白瓷碗	6.5	〈18.8〉	〈6.6〉	0.5	p8 g9	Itg6	Itg6	密黑色粒，含白色粒少量	良好	镟铲成形。外壁体部下部至底部刮削	残存1/5。圈足内面以外施釉
H1：2	H1	褐釉碗	7.5	〈19.8〉	5.8	0.5	Bk1.0	Itg8	Itg8	密白色粒，含褐色粒多量	良好	镟铲成形。外壁体部下部至底部刮削	残存1/3。圈足端部、圈足内面以外施釉
H1：3	H1	褐釉碟	3.15	〈9.2〉	〈4.2〉	0.3	Bk1.0	dkgy2.4	g4	含密白色粒少量	良好	镟铲成形	残存约1/4。内面施釉，外壁只有底部施釉
H1：4	H1	褐釉罐	〔8.4〕	–	–	0.5	Bk1.0	Itg8	–	密黑，含白色粒少量	良好	镟铲成形。用棒状物体压制，把手手制	肩部至腹部残存。全面施釉
H1：5	H1	褐釉碗	〔3.1〕	–	〈5.0〉	0.3	Bk1.0	dkgy2.4	g4	含白色粒少量	稍不良	镟铲成形。高台刮削	底部至体部破片。圈足附近的釉削去
H1：6	H1	青瓷碗	〔4.1〕	–	5.6	0.6	g10	mGy6.5	d6	黑，含白色粒少量	良好	镟铲成形。高台刮削	底部至体部破片。全面施釉后圈足端部釉削去
H1：7	H1	褐釉瓶	〔2.3〕	–	〈9.0〉	0.5	Bk1.0 dk6	Itg8	Itg8	黑，含白色粒少量	良好	镟铲成形。高台刮削	底部破片。圈足约1/4残存。圈足未施釉，圈足下部砂附着
H1：8	H1	白瓷碗	〔3.9〕	–	6.6	0.5	p8 Itg8	Itg6	Itg6	黑，含白色粒少量	良好	镟铲成形。外壁下部至底刮削	底部至体部破片。圈足至底部一部未施釉
H2：1	H2	青瓷碗	〔3.4〕	〈18.0〉	—	0.3	Itg10	mGy6.5	–	含白色粒少量	良好	镟铲成形	体部至口缘部破片，口缘约1/8残存。全面施釉
H2：2	H2	白瓷碗	8.4	18.0	〈6.8〉	0.4	p8 Itg8	Itg6	Itg6	白，含褐色粒少量	良好	镟铲成形。高台刮削	残存约2/3。底部以外施釉，圈足的釉部分剥落
H2：3	H2	白瓷碗	〔5.4〕	〈18.2〉	–	0.3	p8 Itg8	g8	–	黑，含白色粒少量	良好	镟铲成形。外壁下部刮削	体部至口缘部破片。口缘约1/8残存。全面施釉
H2：4	H2	白瓷碗	7.4	〈17.6〉	〈6.6〉	0.4	p8 dk8	Itg6	Itg6	白，黑，含褐色粒少量	良好	镟铲成形。外壁下部刮削	残存1/4。圈足至底部未施釉

续附表 1

标本号	出土地点	器种	尺寸(cm)				色调			胎土	烧成	调整	备注
			器高	口径	底径	器厚	釉	断面	露胎				
H2：5	H2	青瓷碟	2.9	〈10.3〉	3.7	0.3	Itg10	mGy6.5	P6	黑，含褐色粒少量	良好	辘轳成形。外有指头压痕	1/2残存。全面施釉后，底部回转刮削
H2：6	H2	褐釉瓶	〔6.7〕	–	〈8.9〉	0.5	dkgy2.4 g6	Itg8	Itg8	黑，含白色粒少量	良好	辘轳成形。外壁下部刮削	底部至体部破片。全面施釉后，圈足端部釉削去
H2：7	H2	褐釉瓶	〔9.9〕	–	〈11.2〉	1.4	g6 Bk1.0	mGy6.5	Itg8	黑，含白色粒少量	良好	辘轳成形。外壁下部刮削	底部至体部破片。内面、外面施釉
H2：8	H2	白瓷碗	〔3.8〕	–	6.7	0.5	p8 Itg8 Itg6	p6	p6	黑，含褐色粒	良好	辘轳成形。外壁下部至底部刮削	底部至体部破片。全面施釉后圈足端部的釉削去
H2：9	H2	白瓷碗	〔3.1〕	–	〈6.4〉	0.4	p8 Itg8 G8	Itg8	Itg6	白，黑，含褐色粒少量	良好	辘轳成形。外壁刮削	底部至体部破片。圈足端部至高台内未施釉
H2：10	H2	白瓷碗	〔2.85〕	–	6.0	0.4	Itg8 p8	g4	g4	黑，含白色粒少量	良好	辘轳成形。外壁下部刮削	底部至体部破片。圈足以外施釉，圈足端部静止刮削
H2：11	H2	青瓷灯	〔2.6〕	〈5.8〉	–	0.3	Itg8	Itg6	Itg6	含黑色粒少量	良好	辘轳成形。外壁纵方向刮削	口缘部残存约1/3。内面体部以外施釉
H2：12	H2	褐釉碗	〔2.0〕	–	〈5.4〉	0.4	Bk1.0	Itg8	Itg8	黑，含褐色粒少量	良好	辘轳成形。外壁下部回刮削	底部至体部破片。底部残存约1/2。下腹部及底部、体部下半未施釉
H2：13	H2	白瓷碗	〔2.1〕	–	〈6.3〉	0.5	p8 Itg8	p6	Itg6	黑色粒多量，含白色粒少量	良好	辘轳成形。外壁刮削	底部至体部破片。圈足端部至圈足内未施釉
H2：14	H2	白瓷碗	〔1.9〕	–	〈6.6〉	0.4	p6	Itg6	p6	黑，含白色粒少量	良好	辘轳成形。外壁旋转压磨	底部至体部破片。全面施釉。圈足内部砂附着
H2：15	H2	褐釉灯台	4.9	4.4	3.2	0.3	Bk1.0	Itg8	Itg8	黑，含褐色粒少量	良好	辘轳成形。外壁下半部旋转压磨	大约完整。杯部外面上半至内面口缘部施釉
H2：16	H2	褐釉碗	〔3.5〕	〈5.0〉	–	0.4	g8	Itg6	Itg6	黑，含褐色粒少量	良好	辘轳成形。外壁下部刮削	体部至底部破片。内面上半至外面上半施釉，底部釉削去

续附表 1

标本号	出土地点	器种	尺寸(cm)				色调			胎土	烧成	调整	备注
			器高	口径	底径	器厚	釉	断面	露胎				
H2：17	H2	褐釉灯盏	2.7	〈8.6〉	3.1	0.4	dkgy2.4	dkgy3.5	Itg6	黑，含白色粒少量	良好	镟铲成形	残存 1/2。内面施釉
H2：18	H2	青瓷碗	〔1.6〕	－	〈3.6〉	0.4	Itg10	Itg8 Itg6	It6	含黑色粒少量	良好	镟铲成形。高台削出	体部至底部破片。全面施釉后圈足端部釉削落。圈足内面附着砂
H2：19	H2	白瓷杯	〔1.7〕	－	〈3.6〉	0.4	P8	dkgy3.5	Itg6	含白色粒少量	良好	镟铲成形。外壁下部至底部刮削	底部至体部破片。内面、外面上半施釉
H4：1	H4	褐釉双耳罐	〔17.7〕	－	8.0	0.5	dkgy2.4	g6	g6	黑，含白色粒少量	良好	镟铲成形。外壁下部至底部刮削	底部至颈部破片。残存约 1/2。底部以外施釉
H4：2	H4	白瓷碗	7.0	18.6	6.3	0.4	p8	Itg6	Itg6	黑，含白色粒少量	良好	镟铲成形。外壁下部至底部刮削	口缘部分欠损。圈足端部、圈足内未施釉
H4：3	H4	白瓷灯台	7.2	5.2	4.0	0.4	w9.5	p6	p6	含黑色粒少量	良好	镟铲成形。外壁脚部旋转压磨后刮削	口缘有一处欠损。脚部、内面未施釉
H5：1	H5	灰釉灯盏	1.1	6.9	3.4	0.3	Itg8p8	Itg8	Itg8	白，含黑色粒稍多量	良好	镟铲成形	口缘有一处欠损。外面体部下部、底部以外施釉。釉剥离
H5：2	H5	白瓷灯盏	1.5	〈9.8〉	〈5.2〉	0.4	p8	p6	p6	白，含黑色粒少量	良好	镟铲成形	残存约 1/8。外面口缘部至内面施釉。
H5：3	H5	青瓷碗	〔5.0〕	〈14.4〉	－	0.3	Itg10	mGy6.5	－	黑，含白色粒少量	良好	镟铲成形。外壁印花纹	口缘残存约 1/2。全面施釉
H5：4	H5	白瓷碗	〔2.5〕	〈11.1〉	－	0.1	w9.5	w9.5	w9.5	含黑色粒少量	良好	镟铲成形	残存口缘。全面施釉
H5：5	H5	白瓷碟	〔0.9〕	－	〈6.6〉	0.4	p6	It6	It6	黑，含白色粒少量	良好	镟铲成形。外壁下部刮削，内壁印花纹	底部残存
H7：1	H7	褐釉瓶	〔3.5〕	－	－	0.9	Bk1.0	Itg6	－	含密1mm以下砂	良好	镟铲成形。外壁花纹	腹部下部残存。全面施釉有气泡。花瓣 16 片
H7：2	H7	白瓷碗	〔1.8〕	－	〈4.2〉	0.4	w9.5	w9.5	w9.5	密	良好	镟铲成形。高台刮削	圈足残存一部分。底部露胎

续附表 1

标本号	出土地点	器种	尺寸(cm)				色调			胎土	烧成	调整	备注
			器高	口径	底径	器厚	釉	断面	露胎				
H7：3	H7	青瓷碗	〔2. 25〕	–	〈2. 8〉	0. 5	Itg10	Itg6	p6	密	稍不良	辘轳成形。圈足削出	圈足残存。圈足端部以外全面施釉
H8：1	H8	青瓷碗	5. 9	〈12. 1〉	〈4. 6〉	0. 6	Itg10	ItGy7. 5	Itg6	密	良好	辘轳成形。内面模印花纹	残存 2/5。全面施釉后圈足端部釉削去
H8：2	H8	青瓷碗	6. 3	〈12. 2〉	〈4. 4〉	0. 4	g10 d6	ItGy7. 5	g4	密	良好	辘轳成形。内面模印花纹，内面圈足削出	1/3 残存。全面施釉后圈足端部釉削去。圈足内砂附着
H8：3	H8	青瓷碗	〔4. 4〕	–	4. 4	0. 4	Itg10	ItGy7. 5	g6	密	良好	辘轳成形。内面模印花纹，圈足削出	底部至体部破片。全面施釉后圈足端部釉削去。圈足内面砂附着
H8：4	H8	青瓷碗	〔7. 1〕	14. 4	–	0. 5	g10	mGy6. 5	–	密	良好	辘轳成形。外面模印花纹	残存 1/3。全面施釉。圈足欠损
H8：5	H8	青瓷碗	〔4. 7〕	–	4. 5	0. 5	g10	mGy6. 5	mGy 6. 5	密	良好	辘轳成形。外面模印莲瓣纹，圈足削出	底部至体部破片。圈足完整。全面施釉后圈足端部、圈足内釉削去
H8：6	H8	青瓷碗	〔4. 4〕	–	4. 6	0. 5	g8	mGy6. 5	ItGy 7. 5	密	良好	辘轳成形。外面模印莲瓣纹，圈足削出	底部至体部破片。圈足附近约 4/5 残存。全面施釉后圈足釉削去。圈足内面砂附着
H8：7	H8	青瓷碗	〔3. 5〕	–	4. 5	0. 4	g8	ItGy7. 5	ItGy 7. 5	密	良好	辘轳成形。外面模印莲瓣纹，圈足削出	底部至体部破片。圈足完存。全面施釉后圈足釉削去。圈足内面砂附着
H8：8	H8	青瓷碗	〔2. 8〕	–	〈4. 6〉	0. 5	g8	mGy6. 5	–	密	良好	辘轳成形。外面模印莲瓣纹，圈足削出	底部至体部破片。全面施釉后圈足釉削去。圈足内面砂附着
H8：9	H8	白瓷碗	〔1. 3〕	–	〈7. 2〉	0. 5	w9. 5	ItGy8. 5	w9. 5	密（含褐色粒少量）	良好	辘轳成形	底部破片。全面施釉

续附表 1

标本号	出土地点	器种	尺寸(cm)				色调			胎土	烧成	调整	备注
			器高	口径	底径	器厚	釉	断面	露胎				
H8：10	H8	白瓷灯盏	0.9	7.0	3.1	0.4	p8	Itg8	Itg8	密（含黑色粒少量）	良好	镟铲成形	口缘有欠损。外面未施釉
H8：11	H8	青瓷碗	7.7	20.2	5.7	0.3	Itg8	mGy6.5	Itg8	密	良好	镟铲成形后模印花纹，口缘部旋转压磨，圈足削出	残存 2/3。圈足端部以外施釉，圈足端部釉削落。耀州窑
H8：12	H8	青瓷碗	8.0	〈20.1〉	6.0	0.3	Itg10	ItGy7.5	ItGy7.5	密	稍不良	镟铲成形后模印花纹。圈足削出	1/3 残存。全体施釉后圈足端部釉削去。耀州窑
H8：13	H8	白瓷碗	6.5	18.6	6.8	0.5	p8Itg8	p6	p6	密（含黑色粒少量）	良好	旋转压磨。外面下部圈足刮削	残存 2/5。内面、外面 2/5 施釉
H8：14	H8	青瓷碗	4.9	〈18.4〉	〈5.4〉	0.5	Itg8	mgy6.5	Itg6	密	良好	镟铲成形后模印花纹。圈足削出	残存 1/3。全体施釉后圈足端部釉削去
H8：15	H8	青瓷碗	4.1	〈14.4〉	〈4.0〉	0.45	g8	Itg8	Itg6	密	良好	镟铲成形	残存 1/4。全体施釉后圈足端部釉削去
H8：16	H8	褐釉碗	〔2.6〕	－	〈5.2〉	0.5	Bk1.0	Itg8	Itg6	密（褐，含白色粒少量）	良好	镟铲成形。内部刮削，圈足旋转压磨，端部刮削	底部至体部破片。内面及外面 2/3 施釉
H8：17	H8	青瓷碗	〔2.8〕	－	〈5.4〉	0.4	g8	ItGy7.5	Itg6	密（含白色粒多量）	良好	镟铲成形	底部至体部破片。施釉后圈足端部釉削去
H8：18	H8	灰釉瓶	〔4.8〕	－	〈6.6〉	0.7	d8dk8	p6	p6	密（含黑色粒多量）	良好	镟铲成形。外面下部刮削，圈足刮削	底部至体部破片，圈足残存约 1/4。底部以外施釉
H8：19	H8	褐釉灯台	〔7.5〕	〈6.6〉	－	0.4	dkgy2.4	Itg6	Itg8	密（褐，含白色粒少量）	良好	镟铲成形	体部破片残存约 1/4。外面全体施釉，内面下方未施釉
H8：20	H8	青瓷碗	8.2	21.5	5.8	0.5	Itg10	mGy6.5	Itg2	密	良好	镟铲成形后模印花纹。圈足削出	口缘部一处欠损。圈足端部至底部未施釉。耀州窑

续附表 1

标本号	出土地点	器种	尺寸(cm)				色调			胎土	烧成	调整	备注
			器高	口径	底径	器厚	釉	断面	露胎				
H8：21	H8	青瓷碗	5.7	〈14.0〉	〈4.0〉	0.4	Itg10	ItGy7.5	p6	密	稍不良	镟铲成形。圈足削出	残存1/3。全体施釉后圈足端部釉拭去。高台内附着砂
H8：22	H8	褐釉瓶	〔3.4〕	–	–	0.7	Bk1.0	Itg6	–	密（含白色粒少量）	良好	镟铲成形	颈部破片。全面施釉
H8：23	H8	褐釉瓶	〔6.5〕	–	–	0.9	g6	Itg6	–	密(黑，含白色粒)	稍不良	镟铲成形	体部破片。全面施釉
H8：24	H8	绿釉瓶	〔3.3〕	–	〈9.6〉	0.9	Itg8	Itg6	d4	密(白，含褐色粒少量)	稍不良	镟铲成形。外面下部刮削	底部残存约1/4。外面体部下部、底部以外全面施釉
H9：1	H9	白瓷碗	3.85	〈11.8〉	〈5.0〉	0.3	p8	Itg8	w9.5	密	稍不良	镟铲成形。圈足削出	口缘残存1/7。外面下部至圈足外部以外施釉。底部墨描
H9：2	H9	青瓷碗	〔2.55〕	–	6.2	0.4	Itg10 Itg8	mGy6.5	Itg6	密（含细砂粒）	稍不良	镟铲成形。圈足削出	底部残存。全面施釉。圈足内部砂附着。高台端部烧焦
H10：1	H10	青瓷碗	〔3.2〕	–	〈5.3〉	0.4	g8 Itg8	mGy6.5	mGy6.5	密	良好	镟铲成形。圈足削出	底部破片。高台端部以外全面施釉
H10：2	H10	白瓷碗	〔3.65〕	〈19.5〉	–	0.3	g8 Itg8	mGy6.5	–	密	良好	镟铲成形。	口缘至体部破片。口缘残存约1/4。全面施釉。外面弦纹多道
H10：3	H10	白瓷碗	7.4	18.9	5.9	0.4	Itg8	Itg6	Itg6	密	良好	镟铲成形。圈足削出	残存2/3。圈足至圈足内未施釉。内面下部弦纹1条。底部墨书
H10：4	H10	青瓷灯	〔3.0〕	〈12.8〉	–	0.3	Itg8	Itg6	Itg6	密	良好	镟铲成形	口缘一处残存。全面施釉
H10：5	H10	青瓷碗	〔1.5〕	–	〈4.4〉	0.4	g10	mGy6.5	–	密	良好	镟铲成形。内壁模印菊花纹，圈足削出	体部至底部破片。全面施釉后圈足端部釉削去

续附表 1

标本号	出土地点	器种	尺寸(cm)				色调			胎土	烧成	调整	备注
			器高	口径	底径	器厚	釉	断面	露胎				
H10：6	H10	褐釉碗	〔1.4〕	–	2.8	0.4	dk6	Itg6	Itg6	密（含1mm以下砂）	良好	辘轳成形。内壁旋转压磨	底部残存。外面施釉
H11：1	H11	褐釉碗	8.2	〈18.4〉	〈6.3〉	0.3	d6	b4	b4	密(白,含褐色粒少量)	良好	辘轳成形。外壁下部刮削,圈足削出	口缘残存约 1/2。内外面上半施釉
H11：2	H11	白瓷碗	7.4	〈18.2〉	6.0	0.5	p8 Itg8	Itg6	Itg6	密(黑,含白色粒)	良好	辘轳成形。外壁下部至圈足刮削	口缘约 1/11 残存。圈足附近未施釉。高台内、底附着砂
H11：3	H11	白瓷碗	7.3	〈17.6〉	〈6.2〉	0.5	p8	Itg6	Itg6	密(黑,含白色粒少量)	良好	辘轳成形。外壁体部下部至圈足刮削	残存 1/5。圈足端部至圈足内未施釉
H11：4	H11	白瓷碗	〔5.1〕	–	〈6.2〉	0.4	Itg6 Itg8 g6	mGy5.5	mGy5.5	密（黑色粒，含白色粒）	良好	辘轳成形。外壁下部至底部刮削,圈足削出	底部至体部破片。圈足约 5/8 残存。圈足砂附着。全体施釉后高台端部釉削落
H11：5	H11	白瓷碗	〔3.4〕	–	4.3	0.4	p16	w9.5	–	密	良好	辘轳成形。外壁模印花纹	底部至体部破片。全面施釉,内面施纹饰。景德镇
H11：6	H11	褐釉碟	2.6	〈9.6〉	4.6	0.4	g4 Bk1.0	dkgy3.5	Itg8	密	良好	辘轳成形。口缘部、底部削出	1/2 残存。内面施釉,有斑点纹饰
H11：7	H11	青瓷碟	〔2.9〕	10.25	3.8	0.2	Itg10	mGy6.5	p6	密（含黑色粒少量）	良好	辘轳成形。外壁底部刮削	残存 2/3。内面印花纹。全面施釉。底部回转篦削
H11：8	H11	青瓷碗	〔1.7〕	–	5.4	0.4	Itg10	mGy6.5	–	密	良好	辘轳成形。内壁模印花纹。高台削出	底部至体部破片,圈足附近约 1/2 残存。内面印花纹。全面施釉,耀州窑
H11：9	H11	褐釉碗	〔2.6〕	–	〈6.2〉	0.4	Bk1.0g4	Itg8	Itg6	密（含黑色粒）	良好	辘轳成形。外壁下部至底部刮削,圈足削出	底部至体部破片。下腹部未施釉,圈足端部釉削。圈足内砂附着
H11：10	H11	白瓷碗	〔3.3〕	–	5.0	0.5	p8 Itg8	dkgy3.5 Itg6	Itg8	密	稍不良	辘轳成形。外壁下部刮削,圈足削出	底部至体部破片。圈足端部至内部未施釉

续附表 1

标本号	出土地点	器种	尺寸(cm)				色调			胎土	烧成	调整	备注
			器高	口径	底径	器厚	釉	断面	露胎				
H11：11	H11	白瓷碗	〔2.8〕	–	〈5.9〉	0.6	p8 Itg8	Itg6	Itg6	密（含黑色粒）	稍不良	辘轳成形。外壁下部至底部刮削，圈足削出	底部至体部破片。圈足内部附着砂。全体施釉后圈足端部釉削去
H11：12	H11	青瓷碗	〔2.95〕	–	4.6	0.4	Itg10 Itg8	mGy6.5	–	密	良好	辘轳成形。圈足削出	底部至体部破片。圈足残存约1/2。全面施釉后圈足端部釉削落。圈足砂附着
H11：13	H11	白瓷碗	〔2.1〕	–	4.7	0.4	p8 Itg8 Itg6	Itg8	Itg8	密	良好	辘轳成形。外壁底部刮削，圈足削出	底部至体部破片。圈足内、端部以外施釉。高台砂附着
H11：14	H11	褐釉灯盏	1.4	7.5	3.7	0.4	mGy4.5 Bk1.0 p8	Itg8	dkgy3.5	密（含黑色粒）	良好	辘轳成形	口缘部一处欠损。内面施釉
H11：15	H11	褐釉执壶	〔18.0〕	–	–	0.7	Bk1.0	Itg8	–	密(黑，含白色粒少量)	稍不良	辘轳成形。外壁饰莲瓣纹，体部下半刮削	体部至颈部破片，约1/3残存。体部下半未施釉
H11：16	H11	褐釉杯	〔3.0〕	–	4.3	0.5	Bk1.0	Itg6	Itg6	密	良好	辘轳成形。圈足刮削，端部刮削	底部至体部破片。圈足至圈足内未施釉。内面、圈足内砂附着
H11：17	H11	白瓷灯台	〔3.6〕	〈4.6〉	–	0.3	w9.5	d4	d4	密(黑，含白色粒少量)	良好	辘轳成形。外壁下部刮削，圈足端部刮削	杯部破片。口缘至体部残存约1/3。外面施釉。口缘部有纹样
H11：18	H11	白瓷灯台	〔5.5〕	〈4.9〉	3.3	0.3	p6 g6	dp6	dp6	密(黑，含白色粒少量)	良好	辘轳成形。外壁杯部下部至脚部旋转压磨刮削	口缘张出部分大半欠损。杯部外面施釉。口缘部有纹样
H11：19	H11	青瓷灯台	7.5	5.2	4.5	0.4	Itg10	ItGy7.5	mGy6.5 Itg6	密(黑，含白色粒少量)	良好	辘轳成形	口缘张出部大半欠损。内部、脚部下半未施釉
H11：20	H11	青瓷灯台	〔3.2〕	–	6.3	–	Itg10	Itg8	Itg8	密（含白色粒少量）	良好	辘轳成形	底部残存约1/2。端部砂附着

续附表 1

标本号	出土地点	器种	尺寸(cm)				色调			胎土	烧成	调整	备注
			器高	口径	底径	器厚	釉	断面	露胎				
H12：1	H12	白瓷碗	〔4.5〕	〈19.4〉	–	0.3	p6	Itg6	–	密	良好	辘轳成形	口缘残存1/4，底部欠损。全面施釉
H12：2	H12	白瓷碗	7.65	19.0	5.8	0.4	p8	Itg6	Itg6	密	良好	辘轳成形。外壁下部刮削，圈足削出	口缘残存约5/8。圈足内部以外施釉后，圈足端部釉削去。圈足内附着砂
H12：3	H12	青瓷碗	〔7.8〕	–	〈5.7〉	0.3	Itg10	mGy6.5	mGy6.5	密	良好	辘轳成形。圈足削出	底部欠损1/3。全面施釉。圈足内砂附着
H12：4	H12	青瓷碗	9.2	19.3	5.7	0.4	Itg10	mGy6.5	d4	密	稍不良	辘轳成形。外模印花纹，圈足削出	口缘残存约3/4。圈足全面施釉后，圈足端部釉削去。圈足内砂附着
H12：5	H12	青瓷碗	8.7	20.2	6.0	0.5	Itg10	mGy6.5	Itg8	密	良好	辘轳成形。圈足削出	大约完整。全面施釉后圈足端部削去釉
H12：6	H12	青瓷碗	〔4.7〕	〈11.8〉	–	0.3	Itg10 Itg8	mGy6.5	–	密	良好	辘轳成形。内壁模印花纹	口缘残存1/3。全面施釉
H12：7	H12	白瓷碟	3.1	〈11.3〉	〈3.8〉	0.4	p8	Itg8	w9.5	密	良好	辘轳成形。圈足削出	残存约1/2。全面施釉后外面下部至圈足端部釉削去
H12：8	H12	青瓷碗	〔1.5〕	–	〈6.2〉	0.4	g8	dkgy3.5	mGy5.5	密（含细砂粒）	良好	辘轳成形	底部残存，圈足完存。全面施釉
H12：9	H12	青瓷碗	〔2.2〕	–	〈4.5〉	0.3	Itg10 Itg8	mGy6.5	mGy6.5	密	良好	辘轳成形	残存2/5。圈足后附
采：1	第三天井	青瓷碗	〔2.7〕	〈11.0〉	–	0.2	BK8	–	–	密	良好	外壁模印花纹	全面施釉。外面弦纹
采：2	第三天井	白瓷瓶	〔5.0〕	〈13.8〉	5.4	0.8	p8	p6	w9.5	密	良好	圈足削出	全面施釉。内面下腹部砂附着
T1：1	T1	白瓷碗	7.0	〈19.8〉	〈6.8〉	0.3	p8 Itg8	Itg6	Itg6	密	良好	辘轳成形。圈足削出，内面刮削	残存1/4。圈足内、端部未施釉
T1：2	T1	白瓷碗	6.15	〈19.8〉	6.8	0.3	p6	Itg6	Itg6	密	良好	辘轳成形。圈足削出，内面刮削	残存1/5。圈足内未施釉，圈足内砂附着

续附表 1

标本号	出土地点	器种	尺寸(cm)				色调			胎土	烧成	调整	备注
			器高	口径	底径	器厚	釉	断面	露胎				
T1:3	T1	青瓷碟	〔4.3〕	17.5	–	0.4	g8	Itg6	–	密	良好	辘轳成形，模印花纹	体部至口缘部破片，残存约3/5。全面施釉
T1:4	T1	白瓷碗	〔4.4〕	〈18.6〉	–	0.3	p6	–	–	密	良好	辘轳成形	底部欠损。全面施釉
T1:5	T1	白瓷灯盏	1.1	7.1	3.4	0.3	p8 p6	p6	Itg6	密（含黑色粒少量）	良好	辘轳成形	口缘部一处欠损。内面、口缘部施釉
T1:6	T1	青瓷碗	〔6.9〕	〈20.4〉	–	0.45	g10	Itg8	–	密	良好	辘轳成形。内壁模印花纹	口缘至体部破片。口缘残存约1/7。全面施釉
T1:7	T1	白瓷碗	〔4.5〕	〈17.4〉	–	0.3	p8	mGy4.5	–	密	良好	辘轳成形	体部至口缘部破片。口缘残存约1/6。全面施釉
T1:8	T1、T2	青瓷碗	7.6	〈14.6〉	4.6	0.5	Itg10	Itg6	Itg6	密(黑，含白色粒少量）	良好	辘轳成形。外壁模印莲瓣纹，圈足削出	残存1/3。圈足以外施釉
T2:1	T2	白瓷碗	4.9	〈11.0〉	〈4.7〉	0.3	p8 Itg8	mGy4.5	dk4	密	良好	辘轳成形。内壁旋转压磨后模印花纹，圈足削出	残存1/3。全面施釉。圈足内部工具痕
T2:2	T2	白瓷灯盏	1.2	7.1	3.8	0.5	mGy6.5 Itg8	Itg6	Itg6	密(黑，含白色粒多量）	良好	辘轳成形	残存4/5。内面、口缘部施釉
T2:3	T2	褐釉瓶	〔6.5〕	–	–	0.6	Bk1.0	Itg6	g6	密（含白色粒少量）	稍不良	辘轳成形	体部破片。外面施釉。一个把手残存
T2:4	T2	青瓷碗	〔2.5〕	〈14.8〉	–	0.4	Itg10	mGy6.5	–	密	良好	辘轳成形	口缘至体部破片，口缘约1/3残存。全面施釉
T2:5	T2	青瓷碗	〔3.6〕	〈14.0〉	–	0.4	g8	mGy6.5	–	密	良好	辘轳成形	口缘至体部破片。口缘约1/6残存。全面施釉
T2:6	T2	青瓷碗	〔4.0〕	–	4.4	0.6	g8	Itg8	g6	密	良好	辘轳成形。圈足削出	底部至体部破片。圈足完存。全面施釉后圈足端部釉削去。圈足内砂附着

续附表 1

标本号	出土地点	器种	尺寸(cm)				色调			胎土	烧成	调整	备注
			器高	口径	底径	器厚	釉	断面	露胎				
T2：7	T2	青瓷碗	〔3.1〕	–	3.6	0.6	g10 g8	ltGy8.5	ltg6	密	良好	辘轳成形。圈足削出	底部至体部破片。圈足完存。全面施釉后圈足端部釉削去。圈足内砂附着
T2：8	T2	白瓷碗	〔3.45〕	〈12.0〉	–	0.3	w9.5	p6	–	密	良好	辘轳成形。	体部至口缘部破片。口缘部花瓣状。全面施釉
T2：9	T2	褐釉瓶	〔9.0〕	–	〈7.8〉	0.6	Bk1.0	ltg8	ltg6	密(黑,含白色粒)	良好	辘轳成形。外壁体部至底部刮削	底部至体部破片。圈足、圈足内未施釉
T2：10	T2	褐釉碟	5.1	〈16.6〉	〈6.0〉	0.45	g8	dkgy3.5	ltg6	密(黑,含白色粒少量)	良好	辘轳成形。外壁下部至底部刮削	残存1/5。内面、体部外面施釉
T2：11	T2	褐釉碗	〔3.2〕	–	〈5.2〉	0.4	g6	ltg8	ltg6	密（黑、白、含褐色粒）	良好	辘轳成形。外壁下部至底部刮削	底部至体部破片,底部残存约1/2。内面、外面体部施釉
T2：12	T2	白瓷碗	〔4.2〕	〈11.2〉	〈5.4〉	0.4	p8 ltg8	ltg6	ltg6	密（含黑色粒）	良好	辘轳成形。圈足刮削	底部至体部破片。圈足内未施釉
T2：13	T2	青瓷碗	〔3.1〕	–	4.4	0.5	g8 dk6	mGy6.5	dk6	密	良好	辘轳成形。圈足刮削	底部至体部破片,圈足完整。全面施釉后圈足端部釉削去
T2：14	T2	褐釉碟	〔3.2〕	〈17.8〉	–	0.3	dk6	ltg6	ltg6	密	良好	外壁刮削,内壁、口缘部打磨	体部至口缘部破片。下腹部、外面下半未施釉
T3：1	T3	青瓷碟	〔1.3〕	–	4.0	0.5	g8	mGy6.5	dkgy3.5	密（含黑色粒少量）	良好	辘轳成形。内壁模印花纹,圈足削出	底部至体部破片。圈足内砂附着
T3：2	T3	褐釉碗	〔3.2〕	–	6.3	0.4	p6	dkgy3.5	ltg6	密	良好	辘轳成形。圈足削出	底部至体部破片。圈足端部至圈足内未施釉。圈足内面下部工具痕
T3：3	T3沟	褐釉灯盏	2.7	〈8.7〉	3.6	0.3	Bk1.0	mGy4.5	dkgy2.4	密	良好	辘轳成形。外壁底部旋转压磨	残存1/4。内面施釉。内面全面气泡

续附表 1

标本号	出土地点	器种	尺寸(cm)				色调			胎土	烧成	调整	备注
			器高	口径	底径	器厚	釉	断面	露胎				
T3:4	T3 沟	白瓷碗	〔3.3〕	〈19.4〉	–	0.3	p8	dkgy3.5	–	密	稍不良	辘轳成形	体部至口缘部破片,口缘约1/16残存。全面施釉。外面有茶色斑点
T3:5	T3 沟	白瓷钵	〔6.5〕	〈11.2〉	–	0.3	w9.5	p6	w9.5	密	良好	辘轳成形	体部至口缘部破片。全面施釉。口缘部花瓣状
T3:6	T3	白瓷碟	〔1.45〕	–	〈3.6〉	0.4	w9.5	w9.5	Itg6	密	良好	辘轳成形。圈足端部刮削	底部至体部破片。全面施釉。圈足砂附着。圈足内部气泡
T3:7	T3	褐釉瓶	〔6.2〕	–	〈5.6〉	1.0	dk6	ItGy7.5	Itg8	密(含黑色粒少量)	良好	辘轳成形。圈足削出	底部至体部破片,底部残存约1/3。全面施釉后圈足回转刮削
T3:8	T3	褐釉瓶	〔4.4〕	–	〈5.4〉	0.4	Bk1.0	Itg8	Itg8	密(黑,含白色粒少量)	良好	辘轳成形。外壁下部至底部刮削,圈足削出	底部至体部破片,底部残存约1/2。内面、外面体部施釉
T3:9	T3	白瓷灯台	〔4.6〕	3.8	〈2.2〉	0.5	w9.5	w9.5	–	密(含黑色粒少量)	良好	辘轳成形	体部至口缘部破片,约1/2残存。全面施釉。定窑
T5:1	T5	灰釉不明	〔2.6〕	–	6.0	0.5	dp8	Itg6	Itg4	密(含黑色粒)	良好	辘轳成形。外壁体部至底部刮削,圈足回转刮削	底部破片。圈足完整。内面施釉
T5:2	T5	青瓷碗	〔4.4〕	〈12.9〉	–	0.35	Itg10	Itg8	–	密	良好	辘轳成形。内壁模印花纹	体部至口缘部破片,口缘部约1/4残存。全面施釉
	T	白瓷碗	7.5	〈18.0〉	〈6.2〉	0.3	p8	Itg6	Itg8	密(含黑色砂粒)	良好	辘轳成形。外壁下部刮削。圈足削出	残存1/3。圈足端部、圈足内未施釉
	T	青瓷器	〔1.3〕	–	4.4	0.4	dk8	ItGy8.5	Itg8	密	良好	辘轳成形。内壁模印花纹,圈足削出	底部破片,圈足完整。全面施釉后圈足回转刮削。圈足部釉附有爪痕
	T	青瓷碗	〔2.2〕	–	〈4.6〉	–	Itg10	Itg6	Itg6	密	良好	辘轳成形。圈足削出	底部至体部破片。全面施釉后圈足回转刮削。圈足内砂附着

附表 2

上层遗迹出土陶器登记表

标本号	出土地点	器种	尺寸(cm)				色调	胎土	烧成	制作	备注
			器高	口径	底径	器厚					
H1：9	H1	缸	〔14.5〕	〈67.0〉	－	1.0	浓灰色	密(含白色砂粒)	良好	外壁打磨，内壁拍打(直径3mm)，口缘部刮削	口缘至器身残存 1/4。有工具痕
H1：10	H1	盆	〔6.6〕	〈44.4〉	－	1.1	薄灰色	密	良好	轮制成形。外壁打磨，内壁旋转压磨	口缘部残存 1/5
H1：11	H1	盆	〔8.4〕	〈40.0〉	－	0.7	薄灰色	密	良好	外壁打磨，内壁旋转压磨	口缘部残存 1/4
H1：12	H1	盆	〔3.4〕	〈34.6〉	－	0.6	薄灰色	密(含白色粒，黑色粒少量)	良好	外壁打磨，内壁旋转压磨	口缘部残存 1/6
H1：13	H1	盆	〔3.4〕	〈24.9〉	－	0.6	灰色	密	良好	轮制成形。外壁打磨，内壁旋转压磨	口缘部残存 1/4。穿 2 孔
H1：14	H1	双耳罐	〔10.4〕	〈22.0〉	－	0.6	灰色	密(含白色砂粒)	良好	轮制压磨	口缘部残存 1/2，把手经过打磨
H1：15	H1	盆	〔6.4〕	－	〈35.6〉	1.0	灰色	密(含白色砂粒)	良好	器表经旋转刮削	体至底部残存 1/5
H1：16	H1	器底	〔3.8〕	－	〈17.4〉	0.6	浓灰色	密(含白色砂粒，黑色砂粒)	良好	外壁打磨，底部旋转刮削	底部残存 1/3
H1：17	H1	器底	〔4.1〕	－	〈11.3〉	0.7	薄灰色	密(含黑色黏土粒)	良好	外壁打磨，旋转刮削	体至底部残存 1/3
H1：18	H1	器底	〔5.0〕	－	〈36.0〉	0.7	灰色	密	良好	外壁打磨，下部刮削，内壁有梳子刮抹痕	残存底部
H2：20	H2	罐	〔6.0〕	27.4	－	0.6	黑灰色	密	良好	外壁打磨，内壁旋转压磨	口缘残存约 1/6
H2：21	H2	盆	〔2.8〕	〈38.0〉	－	0.5	灰色	密	良好	口缘部旋转打磨	口缘残存 1/6
H2：22	H2	盆	〔8.2〕	〈37.6〉	－	0.8	灰色	密	良好	外壁打磨，内壁旋转压磨	口缘至器身残存 1/3
H2：23	H2	盆	〔8.2〕	〈32.4〉	－	0.7	灰色	密	良好	外壁打磨，内壁旋转压磨	口缘至器身残存 1/6
H2：24	H2	盆	〔8.5〕	〈32.0〉	－	0.7	浓灰色	密	良好	外壁旋转打磨，内壁压磨	口缘部残存 1/5
H2：25	H2	盆	〔4.4〕	〈32.0〉	－	0.45	灰色	密	良好	外壁旋转打磨，内壁旋转压磨	口缘至器身残存 1/5
H2：26	H2	盆	〔4.8〕	〈34.0〉	－	0.7	浓灰色	密	良好	外壁旋转打磨，内壁旋转压磨	口缘至器身残存 1/6，内面有工具痕
H2：27	H2	盆	〔10.2〕	〈32.4〉	－	0.5	灰色	密	良好	外壁打磨，内壁旋转压磨。口缘部回转篦磨	体部至口缘部破片，残存 1/5

续附表 2

标本号	出土地点	器种	尺寸(cm)				色调	胎土	烧成	制作	备注
			器高	口径	底径	器厚					
H2：28	H2	盆	〔10.1〕	〈30.6〉	–	0.9	浓灰色	密	良好	外壁打磨，内壁旋转压磨	体部至口缘部破片，残存1/6
H2：29	H2	盆	〔5.1〕	〈30.4〉	–	0.5	灰色	密(含黑色砂粒)	良好	外部打磨，内壁旋转压磨	口缘至体部残存 1/5
H2：30	H2	盆	〔8.2〕	〈28.0〉	–	0.8	浓灰色	密(含砾少量)	良好	外壁打磨，内壁旋转压磨	口缘至体部残存 1/5。体部外面弦纹 1 条
H2：31	H2	盆	〔12.0〕	〈28.8〉	–	0.7	浓灰色	密(含砾)	良好	外壁打磨，内壁旋转压磨	口缘部至体部残存 1/4
H2：32	H2	盆	〔5.1〕	〈25.8〉	–	0.5	浓灰色	密	良好	外壁打磨，内壁旋转压磨	口缘部残存 1/5
H2：33	H2	盆	〔7.9〕	〈28.0〉	–	0.6	灰色	密	良好	外壁打磨，内壁旋转压磨	口缘部至体部破片残存1/6，暗纹
H2：34	H2	盆	〔6.5〕	〈24.8〉	–	0.7	灰色	密(含砾少量)	良好	外壁打磨，内壁旋转压磨	口缘部至体部残存 1/5
H2：35	H2	盆	〔7.5〕	〈19.6〉	–	0.6	浓灰色	密	良好	外壁打磨，内壁旋转压磨。口缘部回转篦磨	口缘部破片残存 1/5
H2：36	H2	瓶	34.5	5.2	13.2	0.8	灰色	密	良好	外壁打磨，内壁旋转压磨。下部篦削	残存 3/4
H2：37	H2	钵	〔22.5〕	〈46.8〉	–	0.8	薄灰色	密(含砾稍)	良好	口缘打磨，器体旋转压磨	残存 1/3，内面遍布工具痕
H2：38	H2	双耳罐	〔5.5〕	〈21.6〉	–	0.4	灰色	密	良好	外壁打磨，内壁压磨	旋转打磨后把手取付
H2：39	H2	双耳罐	28.2	20.6	15.3	0.7	灰色	密(含直径 1mm 程度白砾)	良好	外壁打磨，内壁旋转压磨	大约完整。纵方向打磨后把手取付
H2：40	H2	盆	15.0	〈55.8〉	〈30.4〉	0.9	浓灰色	密(含直径 2mm 以下砾)	良好	打磨	口缘至底部破片残存 1/3
H2：41	H2	盆	〔9.1〕	–	〈26.8〉	0.8	薄灰色	密(含直径 1mm 以下白色砂粒)	良好	打磨	底部破片残存 3/4
H2：42	H2	器底	〔14.5〕	–	〈13.4〉	1.2	薄灰色	密(含直径 1mm 以下白色砂粒)	良好	外壁打磨，内壁旋转压磨	体至底部破片残存 1/2，外饰弦纹
H2：43	H2	盆	〔7.2〕	〈30.8〉	–	0.9	灰色	密(含砾)	良好	打磨	口缘部破片残存 1/6。暗纹
H2：44	H2	盆	〔2.4〕	〈24.4〉	–	0.7	浓灰色	密	良好	外壁打磨，内壁旋转压磨	口缘部破片残存 1/5

续附表 2

标本号	出土地点	器种	尺寸(cm)				色调	胎土	烧成	制作	备注
			器高	口径	底径	器厚					
H2：45	H2	盆	〔8.4〕	〈34.0〉	–	0.8	薄灰色	密(含砾少量)	良好	外壁和口缘打磨,内壁旋转压磨	口缘至体部破片残存 1/3。外面暗纹
H2：46	H2	盆	〔7.5〕	〈34.8〉	–	0.8	灰色	密	良好	外壁和口缘打磨,内壁旋转压磨。	口缘部至体部破片残存 1/6
H2：47	H2	盆	〔4.3〕	〈26.2〉	–	0.6	浓灰色	密	良好	外壁打磨,内壁旋转压磨。	口缘部破片残存 1/6,暗纹
H2：48	H2	盆	〔3.8〕	〈24.6〉	–	0.5	浓灰色	密(含砾少量)	良好	调整不明。口缘部有暗纹	口缘部破片残存 1/4。口缘部暗纹
H3：1	H3	盆	〔6.0〕	〈43.4〉	–	0.8	薄灰色	密(含直径 1mm 以下白色砂粒)	良好	外壁旋转压磨	口缘至体部破片残存 1/6。外面炭化物附着,有指头痕
H3：2	H3	器底	〔4.8〕	–	〈11.2〉	0.5	灰色	密(含直径 1mm 白色砂粒)	良好	外壁打磨,内壁旋转压磨	体至底部破片残存 1/5
H3：3	H3	盆	〔7.8〕	–	〈28.0〉	0.7	灰色	密(含直径 0.5mm 程度白色砂粒)	良好	打磨	体至底部破片,残存 1/5
H4：4	H4	盆	〔24.8〕	46.8	–	0.7	薄灰色	密	良好	外壁和口缘打磨,内壁旋转压磨	口缘至体部破片残存 1/2
H4：5	H4	双耳罐	〔4.0〕	12.0	–	0.4	灰色	密	良好	打磨	口缘部破片。口缘约残存 1/3
H4：6	H4	双耳罐	〔5.3〕	〈18.2〉	–	0.5	灰色	密	良好	外壁打磨,内壁旋转压磨。	口缘部残存 3/4
H4：7	H4	盆	〔4.5〕	〈30.0〉	–	0.5	灰色	密	良好	内壁和口缘打磨,外壁旋转压磨	口缘部破片残存 1/5
H4：8	H4	执壶	19.3	7.2	–	0.3	褐色	密	良好	底部打磨,内壁调整不明	大约完整
H4：9	H4	盆	〔4.0〕	〈55.0〉	–	0.8	薄灰色	密	良好	旋转压磨,口缘打磨。	口缘部破片残存 1/5
H4：10	H4	器底	〔12.5〕	–	〈25.7〉	1.0	浓灰色	密	稍不良	外壁旋转压磨	体部破片残存 1/5
H4：11	H4	盆	13.4	〈30.1〉	18.8	0.8	浓灰色	密	良好	打磨	口缘部残存 1/3
H5：6	H5	缸	〔30.2〕	〈65.8〉	–	1.0	薄灰色	密	良好	外壁旋转压磨	残存 2/3

续附表 2

标本号	出土地点	器种	尺寸(cm)				色调	胎土	烧成	制作	备注
			器高	口径	底径	器厚					
H5 : 7	H5	缸	〔19.5〕	〈57.2〉	–	1.1	浓灰色	密	良好	外磨内压	口缘至体部破片，口缘约残存 1/8
H5 : 8	H5	盆	〔3.6〕	〈32.4〉	–	0.5	灰色	密	良好	旋转压磨	口缘部破片，残存约 1/10
H5 : 9	H5	盆	〔2.3〕	–	〈21.0〉	–	暗灰色	密	良好	旋转压磨，外壁刮削	底部破片
H7 : 4	H7	缸	〔6.0〕	〈69.6〉	–	1.2	灰色	密	良好	内、外壁均经压磨，口缘打磨	口缘部破片残存 1/5
H7 : 5	H7	缸	〔4.0〕	〈54.0〉	–	0.9	黑灰色	密（含直径 0.5mm 程度白色砂粒）	良好	旋转压磨	口缘部破片
H7 : 6	H7	器底	〔3.3〕	9.4	–	0.4	薄灰色	密	良好	旋转压磨	口缘部破片残存 1/3
H8 : 25	H8	盆	〔4.8〕	〈52.7〉	–	0.6	薄灰色	密	良好	旋转压磨，口缘打磨	口缘部破片残存 1/5
H8 : 26	H8	盆	〔3.5〕	〈33.0〉	–	0.5	灰色	密	良好	旋转压磨，口缘打磨	口缘部破片残存 1/3
H8 : 27	H8	盆	〔5.2〕	〈33.0〉	–	0.5	薄灰色	密	良好	旋转压磨，外壁和口缘打磨	口缘部破片残存 1/4
H8 : 28	H8	盆	〔9.5〕	〈32.4〉	–	0.5	灰色	密	良好	外部打磨，内部旋转压磨	口缘至体部破片残存 1/4
H8 : 29	H8	盆	〔5.2〕	〈31.0〉	–	0.5	浓灰色	密	良好	外部打磨，内部旋转压磨	口缘部破片残存 1/2，黏土纽痕
H8 : 30	H8	盆	〔10.2〕	〈27.6〉	–	0.5	浓灰色	密	良好	旋转压磨，口缘打磨	口缘至体部破片残存 1/3
H8 : 31	H8	盆	〔7.0〕	〈28.0〉	–	0.4	薄灰色	密	良好	外部打磨，内部旋转压磨	口缘部破片残存 3/4
H8 : 32	H8	盆	〔4.6〕	〈21.0〉	–	0.5	浓灰色	密	良好	外部打磨，内部旋转压磨	口缘部破片残存 1/4
H8 : 33	H8	盆	〔4.3〕	〈21.0〉	–	0.5	浓灰色	密	良好	旋转压磨，外壁打磨	口缘部破片残存 1/4，口缘部屈曲
H8 : 34	H8	盆	15.6	51.2	29.6	0.6	薄灰色	密	良好	打磨	残存 3/4，内外面暗纹
H8 : 35	H8	盆	14.2	52.4	〈32.0〉	0.6	薄灰色	密	良好	打磨	残存 1/2
H8 : 36	H8	罐	〔4.0〕	〈16.5〉	–	0.5	薄灰色	密	良好	旋转压磨	口缘部破片残存 1/5
H8 : 37	H8	钵	〔5.5〕	〈18.7〉	–	0.6	灰色	密	良好	外部打磨，内部旋转压磨	口缘部破片残存 1/4
H8 : 38	H8	钵	〔6.1〕	〈17.6〉	–	0.5	上部黑色，下部灰色	密	良好	打磨，外部旋转压磨	口缘部破片约残存 1/7
H8 : 39	H8	器盖	6.5	–	5.1	0.6	灰色	密	良好	旋转压磨，底部刮削	大约完整

续附表2

标本号	出土地点	器种	尺寸(cm)				色调	胎土	烧成	制作	备注
			器高	口径	底径	器厚					
H8∶40	H8	瓶	〔5.2〕	–	〈8.5〉	0.8	灰色	密	良好	旋转压磨	口缘部破片残存1/3
H8∶41	H8	盆	〔5.0〕	〈45.0〉	–	0.6	灰色	密	良好	内部刮削	口缘部破片残存1/4
H8∶42	H8	盆	〔3.8〕	〈25.6〉	–	0.8	灰色	密	良好	旋转压磨,口缘打磨	口缘部破片残存1/5
H9∶3	H9	盆	〔4.9〕	〈24.6〉	–	0.7	灰色	密(含直径1mm程度白色砂粒)	良好	外部打磨,内部旋转压磨	口缘部破片残存1/6
H10∶7	H10	缸	〔5.1〕	〈58.4〉	–	1.1	暗灰色	密	良好	旋转压磨	口缘部破片
H10∶8	H10	盆	〔8.5〕	〈44.0〉	–	0.6	暗灰色	密	良好	旋转压磨,拍打	口缘部破片
H10∶9	H10	盆	〔13.7〕	〈44.4〉	–	0.7	浓灰色	密	良好	外壁打磨,内部旋转压磨,拍打	口缘部残存
H10∶10	H10	盆	13.7	〈31.6〉	〈17.0〉	0.6	浓灰色(内面茶色)	稍密	稍良好	外部打磨,内部和口缘旋转压磨	残存1/2
H10∶11	H10	钵	〔2.3〕	33.0	–	0.5	灰色	密(含白砾)	良好	内壁旋转压磨	口缘部破片残存1/3
H10∶12	H10	盆	〔8.0〕	〈26.8〉	–	0.5	浓灰色	密(含直径2mm灰色小砾)	良好	外部、口缘打磨,内部旋转压磨	
H10∶13	H10	钵	8.8	21.0	〈11.8〉	0.5	浓灰色	稍密	良好	外部打磨,内部旋转压磨	口缘至体部残存1/2
H10∶14	H10	钵	〔4.8〕	19.2	–	0.5	灰色	密	–	打磨	口缘至体部破片,口缘1/5残存
H10∶15	H10	钵	〔9.8〕	〈16.2〉	–	0.5	灰色	密	良好	打磨	口缘部破片,口缘约残存1/9
H10∶16	H10	缸	〔8.0〕	11	–	0.5	灰色	密	良好	外部打磨,内部旋转压磨	口缘部残存
H10∶17	H10	盆	〔8.5〕	〈59.0〉	–	0.7	薄灰色	密	良好	打磨	口缘部破片残存1/4
H10∶18	H10	器底	〔12.4〕	–	〈21.0〉	0.6	浓灰色	密	良好	打磨,内壁拍打	体至底部破片
H10∶19	H10	器底	〔6.0〕	–	〈20.4〉	1.7	浓灰色	密(含直径1mm程度白,黑色小砾)	良好	旋转打磨,底部刮削	残存1/4
H10∶20	H10	瓶	〔6.6〕	–	8.0	0.6	灰色	密	良好	旋转压磨,底部刮削	残存1/2
H10∶21	H10	罐	〔2.3〕	–	〈28.2〉	1.2	薄灰色	密	良好	外部旋转压磨,底部刮削	底部残存1/5
H10∶22	H10	罐	〔6.3〕	–	〈14.4〉	0.6	灰色	密	良好	外部打磨,内部旋转压磨	体部残存3/4

续附表 2

标本号	出土地点	器种	尺寸(cm)				色调	胎土	烧成	制作	备注
			器高	口径	底径	器厚					
H10：23	H10	罐	〔5.0〕	–	〈10.3〉	0.7	浓灰色	密(含直径1mm程度白、黑色砾)	良好	外部打磨，底部刮削，内部旋转压磨	体至底部破片残存1/2
H10：24	H10	盆	〔5.1〕	〈44.6〉	–	0.8	灰褐色	密	良好	打磨	口缘部破片，口缘约残存1/9
H11：21	H11	缸	〔15.4〕	〈64.0〉	–	0.8	暗灰色	密	良好	旋转压磨	口至体部破片
H11：22	H11	盆	〔9.3〕	〈53.5〉	–	0.9	暗灰色	密	良好	拍打，旋转压磨，外部和口缘打磨	口缘至体部破片，口缘约残存1/8
H11：23	H11	盆	〔14.9〕	〈35.4〉	–	0.6	薄灰色	密(含直径1mm砂粒)	良好	外部打磨，内部旋转压磨	口缘至体部破片残存1/3
H11：24	H11	罐	〔8.7〕	30.4	–	1.0	暗灰色	密	良好	旋转压磨，拍打	口至体部破片
H11：25	H11	盆	〔9.0〕	35.0	–	0.4	淡灰色	密	良好	旋转压磨	口至体部破片
H11：26	H11	双耳罐	〔6.0〕	18.6	–	0.5	淡灰色	密	良好	旋转压磨	口至体部破片
H11：27	H11	盆	〔6.0〕	27.1	–	0.7	灰色	密	良好	旋转压磨	口至体部破片
H11：28	H11	盆	15.5	〈30.0〉	〈15.2〉	0.6	青灰色	密	良好	打磨	口至底部破片
H11：29	H11	陶器	–	–	–	1.1	黄橙色	密(含直径1mm以下砂)	良好	指头压痕	部位不明破片
H11：30	H11	盆	〔17.0〕	–	〈24.4〉	0.8	浓灰色	密	良好	外部打磨，内部拍打	体至底部破片残存1/6
H11：31	H11	盆	〔12.0〕	49.0	–	0.8	薄灰色	密	良好	打磨	口缘至体部残存1/6，外面弦纹1条
H11：32	H11	盘	4.85	〈34.8〉	30.2	0.7	薄灰色	密(含直径4mm以下粒)	良好	打磨、刮削，外部旋转压磨	残存1/6
H11：33	H11	盘	4.8	〈33.5〉	〈29.0〉	0.8	灰色	密(含砂少量)	良好	打磨，外底部刮削	残存1/8
H11：34	H11	盘	4.8	〈31.2〉	〈25.9〉	0.6	灰色	密(含直径1mm以下砾)	良好	旋转压磨	残存1/3
H11：35	H11	盆	〔12.0〕	–	28.8	0.8	浓灰色	密(含直径5mm以下白色砂粒)	良好	打磨，外底部、口缘刮削	体至底部破片残存1/3
H11：36	H11	罐	〔4.3〕	–	〈9.6〉	0.5	淡灰色	密	良好	旋转压磨	底部破片
H11：37	H11	器底	〔3.5〕	–	〈10.2〉	0.7	薄灰色	密(含直径0.5mm以下长石)	良好	旋转压磨，底部刮削	底部破片残存1/2

续附表 2

标本号	出土地点	器种	尺寸(cm)				色调	胎土	烧成	制作	备注
			器高	口径	底径	器厚					
H11：38	H11	盆	15.5	〈30.0〉	〈15.2〉	0.6	灰色	密	良好	旋转压磨,底部刮削。	残存 3/4
H12：10	H12	盆	〔9.3〕	〈42.9〉	–	0.4	薄灰色	密	良好	外部打磨,内部旋转压磨	口缘至体部破片残存 1/4
H12：11	H12	盆	〔11.2〕	〈32.2〉	–	0.5	灰色	密(含直径 1mm 白色砂粒、灰色砂粒)	良好	外部打磨,内部旋转压磨	口缘至体部破片残存 1/4
H12：12	H12	盆	〔4.6〕	〈18.0〉	–	0.6	浓灰色	密	良好	外壁上部旋转压磨,下部拍打格子纹	口缘部破片约残存 1/6
H12：13	H12	盘	〔3.3〕	〈21.4〉	〈17.3〉	0.7	灰色	密(含直径 1mm 以下白色砂粒)	良好	底部手切	1/4 残存,外面指痕
H12：14	H12	盆	〔4.8〕	–	〈19.0〉	0.7	浓灰色	密	良好	外部打磨,内部旋转压磨	底部约残存 1/6
T1：9	T1	瓶	33.6	6.4	13.0	0.6	浓灰色	密	良好	外壁上部打磨,下部和底部刮削,内部旋转压磨	3/4 残存。"董"墨书
T1：10	T1	盆	9.7	〈21.8〉	〈9.6〉	0.5	薄灰色	密	良好	外部打磨,下部刮削	口缘至底部破片残存 1/2
T1：11	T1	施(白)釉碗	〔2.1〕	–	〈5.4〉	0.4	薄茶色	密	良好	旋转压磨	高台工具痕,黏土纽痕。内面全面施釉
T1：12	T1	罐	〔3.1〕	7.4	–	0.4	明茶色	密	稍良好	旋转太磨	口缘至体部破片。口缘约残存 1/4
T2：15	T2	不明	〔6.1〕	–	〈8.4〉	0.6	薄灰色	密	良好	旋转压磨,底部刮削	体至底部破片
T2：16	T2	盆	7.4	31.8	19.4	0.6	黑灰色	密	良好	打磨	残存约 1/5。外面白色物附着
T2：17	T2	双耳罐	〔11.7〕	25.4	–	0.6	黑灰色	密	良好	旋转压磨	口缘至体部破片。口缘约残存 1/7
T2：18	T2	罐	〔10.8〕	–	〈10.8〉	0.6	灰色	密	良好	外部刮削,内部旋转打磨	底部至体部破片,底部残存 3/8
T2：19	T2	盆	〔13.4〕	51.2	–	0.8	黑灰色	密	良好	旋转压磨,打磨	穿孔 5 个
T3：10	T3	灯台	〔23.5〕	–	–	1.4	浓灰色	密	良好	旋转压磨	底座部破片
T3：11	T3	盆	14.8	〈30.6〉	〈19.6〉	0.7	薄灰色	密(含直径 1mm 程度砾)	良好	打磨	口缘至底部破片,残存1/5
T3：12	T3	盆	〔14.3〕	〈31.0〉	–	0.75	薄灰色	密(含直径 1mm 程度砾)	良好	外部打磨,下部刮削,内部旋转杖磨	口缘至体部破片,残存1/4

续附表 2

标本号	出土地点	器种	尺寸(cm)				色调	胎土	烧成	制作	备注
			器高	口径	底径	器厚					
T3：13	T3	盆	〔30.0〕	–	〈32.0〉	0.8	浓灰色	密	良好	旋转压磨	体至底部破片残存 1/4
T3：14	T3	盆	〔8.1〕	〈52.0〉	–	0.5	灰色	密	良好	旋转压磨，拍打	口缘至体部破片，口缘残存约 1/6
T3：15	T3	盆	〔7.3〕	〈34.0〉	–	0.7	灰色	密	良好	外部打磨，内部旋转压磨	口缘至体部破片残存约 1/4
T3：16	T3	盆	〔9.6〕	〈38.6〉	–	0.6	灰色	密	良好	外部打磨，内部旋转压磨	口缘至体部破片约残存 1/8
T3：17	T3	盆	〔14.9〕	〈30.4〉	–	0.8	灰色	密	良好	外部打磨，内部旋转压磨	口缘至体部破片约残存 1/2，器表有弦纹
T3：18	T3	不明	〔2.4〕	–	〈7.7〉	0.5	灰色	密	良好	外部刮削	体至底部破片，底部约残存 1/2
T3：19	T3	盆	〔7.8〕	–	〈37.6〉	0.6	灰色	密	良好	外部打磨，内部旋转压磨	体至底部破片，约残存1/2
T3：20	T3	褐釉不明	〔3.0〕	–	–	0.5	褐色	密	良好	旋转压磨	圈足残存约 1/4，外面褐釉
T4：1	T4	盆	〔5.5〕	19.0	–	0.5	薄灰色	密	良好	外部打磨，内部旋转压磨	口缘部破片，口缘残存约 1/4
T5：3	T5	盆	〔9.3〕	〈24.2〉	–	0.6	薄灰色	密	良好	旋转压磨，外部打磨	口缘至体部破片残存 1/4
T5：4	T5	盏	2.6	9.6	4.9	0.9	浓灰色	密	良好	旋转压磨	口缘至底部破片，残存约 1/2
T5：5	T5	盆	〔14.0〕	–	〈32.4〉	0.9	薄灰色	密	良好	外部拍打后旋转压磨	体至底部破片，残存 1/6
T5：6	T5	不明	〔10.1〕	–	〈16.0〉	0.6	浓灰色	密（含直径 2mm 砾）	良好	外部打磨，内部旋转压磨	体至底部破片，残存 1/3
T5：7	T5	壶	19.8	〈7.1〉	〈5.8〉	0.8	薄茶色	密（含直径 2mm 以下砾）	良好	外部刮削，内部旋转压磨	口缘至底部破片，约残存 1/2
T5：8	T5	盆	〔13.6〕	〈30.6〉	–	0.6	浓灰色	密（含直径 3mm 以下砾）	良好	旋转压磨，外部打磨	口缘至体部破片残存 1/3
T5：9	T5	不明	〔7.6〕	–	25.0	0.6	灰色	密	良好	外部拍打，下部刮削，内部旋转压磨	底部破片，大约完整
T5：10	T5	碗	〔3.4〕	–	〈3.9〉	0.5	灰褐色·内外共 2/3 以上黑色	粗	良好	打磨	底部破片，圈足完整

附表 3

上层遗迹出土瓦制品登记表

标本号	出土地点	器种	尺寸(cm)				色调	胎土	烧成	制作	备注
			全长	狭端幅	广端幅	器厚					
H17：1	H17	平瓦	33.5	–	20.5	1.5	青灰色	密	良好		侧面分割痕未调整
H17：2	H17	平瓦	32.1	17.5	19.4	1.5	灰色	密	良好		完整。侧面分割痕未调整
H17：3	H17	平瓦	30.6	17.6	21.2	1.8	灰色	密	良好		完整。侧面分割痕未调整
H17：4	H17	平瓦	30.3	–	20.1	1.7	灰色	密	良好		残存 3/4。侧面分割痕未调整
T3：21	T3	平瓦	–	–	20.4	1.7	灰白色	密	良好		残存 1/2。侧面分割痕未调整
T3：22	T3	平瓦	–	16.8	–	1.7	灰白色	密	良好		残存 1/2。侧面分割痕未调整
H8：43	H8	瓦当	12.6	–	–	1.3	–	–	–		
H8：44	H8	瓦当	11.4	–	–	1.2	浅灰色	密	良好		
H2：49	H2	纺轮	10.6	–	–	1.4	–	–	–		中央穿孔 1 个
H2：50	H2	纺轮	9.9	–	–	1.6	–	–	–		凸面放射状弦纹 6 条，中央穿孔 1 个
T1：13	T1 西	人物刻纹样瓦片	8.8	8.2	–	1.6	灰色	稍密	良好		破片
T1：14	T1 东	纹样瓦片	5.4	4.7	–	1.1	–	–	–		破片

附表 4

上层遗迹出土铁器登记表

标本号	出土地点	种类	尺寸(cm)				备注
			残存长	头幅	a	b	
T1：15	T1	铁钉	10.2	–	–	–	欠损
T1：16	T1	铁钉	9.1	1.5	8	–	欠损
H7：7	H7	铁钉	7.3	0.95	6.9	–	欠损
T2：20	T2	铁钉	6.95	1.5	6.65	–	欠损
H7：8	H7	铁钉	4.5	1.3	3.95	–	欠损
T1：17	T1	铁钉	4.4	1.2	4.2	–	欠损
H8：45	H8	铁钱	3.5	–	–	–	
T3：23	T3	铁钱	3.4	–	–	–	
T3：24	T3	铁钱	3.5	–	–	–	欠损
T3：25	T3	铁镞	8.2	–	–	–	欠损
T3：26	T3	钩状铁器	–	–	–	–	欠损。最大幅 0.9 cm
T3：27	T3	钩状铁器	–	–	–	–	欠损。最大幅 0.75 cm
T1：18	T1	棒状铁器	9.7	–	–	–	欠损
T3：28	T3	不明铁器片	4.5	–	–	–	欠损

附表 5

冥钱坑出土冥钱登记表

标本号	出土地区	尺寸、重量(cm·g)					孔数	备注
		长径	短径	最大厚	孔径	重量		
冥：1	冥钱集中区	3.5	3.2	1.1	0.3	11.6	1	大约完整。A1类
冥：2	冥钱集中区	2.8	2.7	1.9	0.25	12.6	1	一部欠损。A1类
冥：3	冥钱集中区	3.2	3.1	1.2	0.2	9.4	1	大约完整。A1类
冥：4	冥钱集中区	3.1	3.05	0.9	0.5	6.1	1	大约完整。A1类
冥：5	冥钱集中区	3.0	-	0.9	0.25	-	2	一部欠损。A1类
冥：6	冥钱集中区	3.0	2.8	1.0	0.4	6.9	1	大约完整。A1类
冥：7	冥钱集中区	2.95	2.6	1.0	0.25	7.0	1	大约完整。A2类
冥：8	冥钱集中区	2.8	2.7	1.1	0.2	6.6	1	大约完整。A2类
冥：9	冥钱集中区	2.8	2.6	1.1	0.25	5.7	1	大约完整。A2类
冥：10	冥钱集中区	2.8	2.5	0.85	0.3	6.3	1	大约完整。A2类
冥：11	冥钱集中区	2.8	2.5	0.8	0.5	5.8	1	完整。A2类
冥：12	冥钱集中区	2.6	2.45	0.7	0.2	4.3	1	大约完整。A2类
冥：13	冥钱集中区	2.7	2.5	1.1	0.2	6.1	1	大约完整。A2类
冥：14	冥钱集中区	2.7	2.5	0.9	0.2	5.3	2	大约完整。A2类
冥：15	冥钱集中区	2.6	2.4	0.8	0.25	4.9	1	大约完整。A2类
冥：16	T2东一括	2.5	2.4	1.3	0.4	6.5	1	完整。A3类
冥：17	冥钱坑一括	2.5	2.3	1.0	0.19	5.1	1	大约完整。A3类
冥：18	冥钱坑一括	2.5	2.3	1.0	0.4	5.6	1	大约完整。A3类
冥：19	冥钱集中区	2.4	-	0.9	0.3	4.9	1	完整。A3类
冥：20	冥钱坑一括	2.4	2.2	0.8	0.15	4.5	1	大约完整。A3类
冥：21	冥钱集中区	2.4	1.9	1.1	0.2	4.2	1	大约完整。A3类
冥：22	冥钱集中区	2.2	-	1.2	0.2	5.0	1	大约完整。A3类
冥：23	T2东一括	2.8	2.5	1.1	0.8	7.5	1	大约完整。B2类
冥：24	冥钱集中区	2.6	2.5	0.7	0.2	4.4	1	大约完整。B2类
冥：25	T2东一括	2.5	-	1.0	0.2	5.5	1	大约完整。B2类
冥：26	T2东一括	2.4	-	0.9	0.19	4.4	1	大约完整。B3类
冥：27	T2东一括	2.4	2.2	0.6	0.3	3.0	1	大约完整。B3类

续附表 5

标本号	出土地区	尺寸、重量(cm・g)					孔数	备注
		长径	短径	最大厚	孔径	重量		
冥：28	冥钱集中区	3.2	3.0	0.95	0.25	7.0	1	大约完整。C1 类
冥：29	冥钱集中区	3.0	2.7	0.6	0.2	5.6	1	大约完整。C1 类
冥：30	冥钱集中区	2.5	2.4	0.8	0.4	4.7	1	大约完整。C2 类
冥：31	冥钱集中区	2.6	2.3	0.7	0.3	3.4	1	大约完整。C2 类
冥：32	冥钱集中区	2.4	2.2	0.8	0.2	2.7	1	一部欠损。C2 类
冥：33	冥钱集中区	2.4	2.0	0.7	0.3	2.8	1	大约完整。C3 类
冥：34	冥钱集中区	2.3	–	0.8	0.3	3.6	1	大约完整。C3 类
冥：35	冥钱集中区	1.9	–	0.7	0.2	1.9	2	大约完整。C3 类
冥：36	冥钱集中区	2.9	2.8	1.1	0.3	7.4	1	大约完整。A1 类
冥：37	冥钱坑一括	2.8	2.7	1.0	0.2	6.4	1	大约完整。A2 类
冥：38	冥钱集中区	2.6	2.5	1.0	0.2	5.4	1	大约完整。A2 类
冥：39	冥钱集中区	2.6	2.3	1.1	0.25	6.3	1	大约完整。A2 类
冥：40	T2 东一括	2.6	2.3	1.2	0.2	7.0	1	大约完整。A2 类
冥：41	冥钱集中区	2.6	2.5	1.1	0.2	5.5	1	大约完整。A2 类
冥：42	冥钱坑一括	2.4	–	1.1	0.3	5.0	1	大约完整。A3 类
冥：43	冥钱坑一括	2.4	–	1.0	0.4	5.6	1	大约完整。A3 类
冥：44	冥钱集中区	2.4	2.2	0.8	0.4	3.6	1	大约完整。A3 类

附表 6　**上层遗迹出土石器登记表**

标本号	出土地点	种类	尺寸、重量(cm・kg)				备注
			高	直径	纵×横	重量	
H5：10	H5	磨盘	6.3	47	–	–	赤色砂岩。内面沟掘削
H11：39	H11 下层	磨盘	8.3	43.8	–	–	赤色砂岩。内面沟掘削
T3：29	T3	磨盘	10.7	43.4	–	–	赤色砂岩。内面沟掘削
H10：25	H10	围棋盘	5.3	–	19.5×16.9	–	片面 3 cm四方方形线刻
H2：51	H2	石器	16.5	15.3	–	4.6	外面全体凿痕残存。有平滑面
T4：2	T4	石器	10.0	5.7	–	0.5	外面全体凿痕残存。有平滑面

附表 7

墓室、第五天井、盗洞出土瓷器及陶器登记表

标本号	出土地点	器种	尺寸(cm)				色调	胎土	烧成	调整	备注
			器高	口径	底径	器厚					
M1：1	主室床面上	罐	12.7	7.7	6.1	0.6	明灰色	精良	良好	外部打磨。底部静止切	外面全体风化
M1：2	主室埋土	罐	13.4	6.4	5.9	0.6	白灰色	精良	良好	外部打磨。底部静止切	肩部弦纹
M1：3	主室床面上	罐	14.0	7.2	5.5	0.6	黑灰色	精良	稍不良	外部打磨,底部静止切	肩部弦纹。内面谷物痕附着
M1：4	主室床面上	罐	14.4	7.8	6.2	0.6	明灰色	精良	良好	外部打磨,底部静止切	弦纹 1 条
M1：5	主室床面上	罐	14.5	7.8	6.0	0.4	明灰色	精良	良好	外部打磨,底部静止切	肩部弦纹 1 条
M1：6	主室床面上	罐	14.3	8.0	5.9	0.5	黑灰色	精良	良好	外部打磨,底部静止切	肩部弦纹 1 条。内面粮痕
M1：7	主室床面上	罐	14.3	7.8	5.6	0.5	淡灰色	精良	良好	外部打磨,底部静止切	肩部弦纹 1 条。底内面指压磨痕
M1：8	主室床面上	罐	15.0	8.0	6.4	0.5	灰色	精良(含 2～3mm 石粒少量)	良好	外壁底部刮削,底部静止切	外面全体风化。肩部弦纹 1 条。下腹部黏土纽接合痕
M1：9	主室床面上	罐	15.0	7.6	6.9	0.6	白灰色	精良	良好	外壁压磨、打磨,底部静止切	肩部弦纹 1 条。下腹部黏土纽接合痕。内面粮痕
M1：10	主室床面上	罐	15.4	7.8	5.4	0.5	白灰色	精良	良好	外壁压磨、打磨,底部静止切	内面粮痕
M1：11	主室床面上	罐	15.3	7.9	5.7	0.5	白灰色	精良	稍不良	外壁压磨、打磨,底部静止切	
M1：12	主室床面上	罐	15.4	7.4	5.5	0.4	暗灰色	精良	良好	外壁压磨、打磨,底部静止切	颈部和肩部有凸棱,肩部弦纹 1 条
M1：13	主室床面上	罐	15.5	7.9	5.6	0.5	白灰色	精良	良好	外壁压磨、打磨,底部静止切	肩部弦纹 1 条
M1：14	主室床面上	罐	15.9	8.0	5.7	0.4	灰色	精良	良好	外壁压磨、打磨,底部刮削,底部静止切	内面粮痕
M1：15	主室床面上	双耳罐	16.1	8.2	7.3	0.5	灰色	精良	良好	外壁压磨、打磨,底部刮削	肩部弦纹 3 条
M1：16	主室床面上	双耳罐	17.7	8.9	7.0	0.5	黑灰色	精良	良好	外壁压磨、打磨,底部刮削	肩部弦纹 3 条
M1：17	主室床面上	盆	16.7	28.5	14.1	0.6	灰白色	精良	良好	外壁压磨、打磨,底部附近刮削	
M1：18	甬道	罐	15.2	7.6	5.7	0.5	白灰色	精良	良好	外壁压磨、打磨,底部附近刮削,底部静止切	肩部弦纹 1 条。内面粮痕
M1：19	第五天井	罐	13.3	7.4	6.1	0.5	白灰色	精良	良好	外壁压磨、打磨,底部附近刮削,底部静止切	颈部和肩部有凸棱
M1：20	第五天井	罐	15.5	7.6	5.9	0.6	黑灰色	稍粗(含 0.5～1mm 细粒多量)	良好	外壁压磨、打磨,底部附近刮削,底部静止切	肩部弦纹 1 条

续附表 7

标本号	出土地点	器种	尺寸(cm)				色调	胎土	烧成	调整	备注
			器高	口径	底径	器厚					
M1：21	第五天井	罐	16.9	8.1	6.2	0.5	暗灰色	精良（混4mm石粒）	良好	外壁压磨、打磨，底部静止切	肩部弦纹1条
M1：22	第五天井	双耳罐	17.4	9.2	8.4	0.5	明灰色	精良	良好	外壁压磨、打磨，底部附近刮削	肩部弦纹3条
M1：23	第五天井	双耳罐	18.5	9.6	7.1	0.5	暗灰色	精良（混5mm石粒）	良好	外壁压磨、打磨，底部附近刮削	肩部弦纹3条
M1：24	第五天井	盆	〔9.6〕	〈29.9〉	–	0.5	灰色	精良	良好	外壁压磨、打磨	体中部有凸棱
M1：25	第五天井	罐	〔9.0〕	–	〈7.6〉	0.5	黑白色	稍粗	良好	外壁压磨、打磨，底部静止切	内面凸粒状，当工具痕
M1：26	第五天井	罐	〈9.0〉	–	〈9.5〉	0.5	黑灰色	精良	良好	压磨，底部回转切	弦纹6条，硬质。宋代陶器
M1：27	第五天井	双耳罐	24.9	9.2	8.9	0.6	灰褐色	精致	良好	外壁、口缘压磨、打磨	颈部模印花纹。桥状附耳
M1：28	第五天井	双耳罐	28.3	11.3	10.9	0.5	灰色	稍粗(含1～3mm 小石粒)	良好	外壁压磨	肩部1条、腹上部2条弦纹。桥状附耳
M1：29	第五天井	双耳罐	24.8	8.9	8.5	0.5	灰褐色	精致	良好	外壁压磨	肩部有凸棱1条，腹部弦纹1条。桥状附耳硬质
M1：30	第五天井	双耳罐	31.5	12.0	13.4	0.6	黄灰色	稍粗（含砂粒）	稍不良	外壁压磨	肩部1条、腹部2～3条弦纹。内面凸粒状、当工具痕
M1：31	第五天井	双耳罐	28.7	11.8	11.7	0.6	白灰色	稍粗(含1～3mm小石)	良好	外壁压磨	肩部、腹上部弦纹各1条。口缘部黏土纽附加
M1：32	第五天井	双耳罐	–	〈11.8〉	11.1	0.5	灰白色	稍粗（含1mm以下砂粒、2mm程度小石）	不良	外壁压磨	肩部、腹上部弦纹各1条。破断面赤紫色。内面凸粒状、当工具痕
M1：33	盗洞内墓志上	罐	〔10.2〕	–	〈5.8〉	0.5	灰白色	精良	良好	外壁压磨	宋代陶器。腹部饰栉纹样
M1：34	主室盗洞	青瓷灯盏	2.7	7.7	2.4	0.7		密（含白、黑色粒少量）	良好	旋转压磨	内面、外面部分施釉
M1：35	第五天井排土	缸	〔4.5〕	–	–	0.5	–	密	–	拍打，旋转压磨	把手大半欠损
M1：36	第五天井排土	双耳罐	〔4.9〕	–	–	0.4	灰色	密	良好	拍打，旋转压磨	体部破片。外面弦纹3条

附表 8

陶俑、陶模型登记表

标本号	出土地点	种类	尺寸(cm)			备注
			高	横幅	进深	
M1：37	侧室	骑马俑	14.3	18.5	7.3	大约完整。武士俑。施白、红、朱红、黑色颜料
M1：38	侧室	武士俑	〔9.0〕	5.7	〔4.0〕	体下部欠损。施白、朱红、黑色颜料
M1：39	侧室	武士俑	〔9.4〕	6	3.3	体下部、右手欠损。施白、朱红、黑色颜料
M1：40	侧室	武士俑	〔8.2〕	〔6.0〕	4.9	体下部、右手欠损。施白、朱红、黑色颜料
M1：41	侧室	骑马俑	9.6	18.9	6.8	施白、朱红、黑色颜料
M1：42	侧室	骑马俑	10.7	18	6.8	武士俑下部。施白、朱红、黑色颜料
M1：43	侧室	骑马俑	11.1	〔16.0〕	6.4	马头欠损。施白、朱红、黑色颜料
M1：44	侧室	铁寄生	3.8	1	0.55	
M1：45	侧室	铁寄生	3.8	1	0.55	
M1：46	不明	骑马俑头部	〔2.3〕	〔4.1〕	〔2.4〕	头部破片。施白、黑色颜料
M1：47	第五天井	鸡	10.6	8	4.8	右足先端欠损。施白、红褐、朱红、绿、蓝、黑色颜料。脚部铁心埋入
M1：48	第五天井	狗	3	8.7	6.4	完整。施白、黑色颜料
M1：49	第五天井	狗	6.4	13.9	4.7	完整。施白、黑、红、朱红色颜料
M1：50	不明	武士俑	-	-	-	头部破片。施白、黑、红色颜料
M1：51	不明	骑马俑	9.1	18.3	6.5	头部先端、腹部欠损。施白、黑、红、朱红色颜料

附表 9

金币登记表

标本号	出土地点	种类	尺寸、重量(cm・g)			备注
			直径	厚	重量	
M1：52	田弘棺棺内	金币	1.540	0.060	2.6	列奥一世金币。完整。穿孔。棺内左腰骨附近，人物面上出土
M1：53	田弘棺棺内	金币	1.620	0.060	2.6	查士丁尼一世金币。完整。穿孔 4 个。棺内右侧头部，人物面上出土
M1：54	田弘棺棺内	金币	1.670	0.090	2.9	查士丁一世金币。完整。穿孔 3 个。棺内左锁骨下，人物面上、头西出土
M1：55	田弘棺盖上	金币	1.620	0.095	3.3	查士丁尼一世金币。完整。穿孔 3 个
M1：56	第五天井头骨内	金币	1.700	0.100	2.5	查士丁尼一世金币。完整。无穿孔

附表 10

铜钱登记表

标本号	出土地点	种类	尺寸、重量(cm·g)							备注
			直径	方孔纵长	方孔横长	厚	缘幅	缘厚	重量	
M1∶57	夫人棺	布泉	2.4	0.6	0.6	0.08	0.2	0.2	2.5	完整
M1∶58	夫人棺棺内	布泉	2.4	0.6	0.6	0.07	0.2	0.2	3.1	完整
M1∶59	夫人棺棺内	永安五铢	2.3	0.8	0.8	0.09	0.23	0.2	3.8	完整
M1∶60	夫人棺棺内	五铢钱	2.4	0.8	0.8	0.08	0.2	0.2	2.6	完整
M1∶61	夫人棺棺内	布泉	2.51	0.94	1.01	0.17	0.15	0.2	2.4	破片3点
M1∶62	夫人棺排土	布泉	2.56	0.97	0.96	0.18	0.15	0.2	3.0	完整
M1∶63	后室排土	布泉	2.6	1.07	–	0.20	–	0.25	–	小破片1点。半分残存
M1∶64	田弘棺棺内	布泉	–	–	–	0.19	–	–	–	小破片。里面木质附着
M1∶65	田弘棺棺内	布泉	–	0.96	–	0.20	–	–	–	小破片
M1∶66	夫人棺棺内	五铢钱	–	–	–	0.15	–	–	–	小破片。“铢”字下部残存
M1∶67	田弘棺底板中央部浮土	布泉	–	0.97	–	0.2	–	–	–	破片5点。内3点同一个体,2点别个体
M1∶68	夫人棺棺内	布泉								未计测

附表 11

鎏金器登记表

标本号	出土地点	种类	尺寸(cm)				备注
			高	纵×横	厚	直径	
M1∶69	主室埋土	鎏金花	–	7.7×7.2	0.04	–	完整
M1∶70	主室埋土	鎏金花	3.5	5.0×4.2	0.04	–	完整。内面木质残存

附表 12　　　　铁器、铜器、银器登记表

标本号	出土地点	种类	尺寸（cm）				备注
			残存长	头幅	a	b	
M1：71－1	第五天井	铁钉	17.5	2.1	12.2	3.6	Ⅰa式
M1：71－2	第五天井	铁钉	14	2.2	12.0	—	欠损。Ⅰa式
M1：71－3	第五天井	铁钉	20.3	2.4	12.0	6.2	Ⅰa式
M1：71－4	第五天井	铁钉	17.5	2.2	11.0	4.2	Ⅰa式
M1：71－5	第五天井	铁钉	6.8	2.0	6.3	—	欠损。Ⅰa式
M1：71－6	第五天井	铁钉	10.1	—	4.4	3.8	欠损。Ⅰa式
M1：71－7	第五天井	铁钉	17.95	2.2	10.8	4.6	Ⅰa式
M1：71－8	第五天井	铁钉	16.55	2.3	9.6	5.2	Ⅰa式
M1：71－9	第五天井	铁钉	14.8	2.35	9.6	4.5	欠损。Ⅰa式
M1：71－10	第五天井	铁钉	12.0	2.3	9.5	1.4	欠损。Ⅰa式
M1：71－11	第五天井	铁钉	17.7	2.15	11.8	3.5	Ⅰa式
M1：71－12	第五天井	铁钉	17.2	2.35	11.3	3.6	Ⅰa式
M1：71－13	第五天井	铁钉	18.7	2.4	11.6	4.2	Ⅰa式
M1：71－14	第五天井	铁钉	19.55	2.5	11.3	7.5	Ⅰa式
M1：71－15	第五天井	铁钉	13.8	2.0	11.1	2.6	欠损。Ⅰa式
M1：71－16	第五天井	铁钉	12.85	2.2	10.2	1.6	欠损。Ⅰa式
M1：71－17	第五天井	铁钉	19.05	2.4	—	—	Ⅰa式
M1：71－18	第五天井	铁钉	17.1	2.3	9.7	6.8	Ⅰa式
M1：71－19	第五天井	铁钉	10.8	2.2	10.2	—	欠损。Ⅰb式
M1：71－20	第五天井	铁钉	10.65	2.2	9.85	—	欠损。Ⅰb式
M1：71－21	第五天井	铁钉	8.0	2.15	7.55	—	欠损。Ⅰb式
M1：71－22	第五天井	铁钉	8.2	2.2	7.4	—	欠损。Ⅰb式
M1：71－23	第五天井	铁钉	7.6	2.3	7.1	—	欠损。Ⅰb式
M1：71－24	第五天井	铁钉	7.0	2.1	6.65	—	欠损。Ⅰb式
M1：71－25	第五天井	铁钉	4.9	2.3	3.95	—	欠损
M1：71－26	第五天井	铁钉	3.5	—	—	—	欠损
M1：71－27	第五天井	铁钉	8.4	—	—	—	欠损
M1：71－28	第五天井	铁钉	5.7	—	—	—	欠损。Ⅰa式
M1：71－29	第五天井	铁钉	14.6	2.1	—	—	Ⅱ式
M1：71－30	第五天井	铁钉	12.7	—	—	—	Ⅱ式
M1：71－31	第五天井	铁钉	10.9	—	—	—	欠损。Ⅱ式
M1：71－32	第五天井	铁钉	10.1	—	—	—	纤维附着。Ⅱ式
M1：71－33	第五天井	铁钉	12.0	—	—	—	欠损。Ⅱ式

续附表 12

标本号	出土地点	种类	尺寸（cm）				备注
			残存长	头幅	a	b	
M1：71－34	第五天井	铁钉	8.0	—	—	—	欠损。Ⅱ式
M1：71－35	第五天井	铁钉	8.9	—	—	—	欠损。Ⅱ式
M1：71－36	第五天井	铁钉	9.8	—	—	4.9	欠损。Ⅱ式
M1：71－37	第五天井	铁钉	8.0	—	—	—	欠损。Ⅱ式
M1：71－38	第五天井	铁钉	7.0	—	—	5.05	欠损。Ⅱ式
M1：71－39	甬门东侧	铁钉	13.0	1.7	12.2	—	Ⅰb式
M1：71－40	甬门西侧	铁钉	10.85	1.8	9.95	—	欠损。Ⅰb式
M1：71－41	甬门东侧	铁钉	15.25	—	—	—	欠损
M1：71－42	甬门东侧	铁钉	14.4	—	—	—	Ⅱ式
M1：71－43	甬门东侧	铁钉	14.4	—	—	—	Ⅱ式
M1：71－44	甬门西侧	铁钉	9.9	—	—	—	欠损。Ⅱ式
M1：71－45	甬门东侧	铁钉	9.7	—	—	—	Ⅱ式
M1：71－46	主室埋土	铁钉	16.4	2.2	10.1	4.3	Ⅰa式
M1：71－47	主室盗洞	铁钉	12.5	—	—	—	欠损。Ⅱ式
M1：71－48	主室盗洞	铁钉	9.6	—	—	—	欠损。Ⅱ式
M1：71－49	墓室	铁钉	8.5	—	—	—	欠损。Ⅱ式
M1：71－50	主室盗洞	铁钉	8.0	—	—	—	欠损。Ⅱ式
M1：71－51	夫人棺	铁钉	10.1	—	—	—	欠损。Ⅱ式
M1：71－52	夫人棺	铁钉	10.1	—	—	—	欠损。Ⅱ式
M1：71－53	夫人棺	铁钉	8.0	—	—	—	Ⅱ式
M1：71－54	夫人棺	铁钉	7.7	—	—	—	欠损。Ⅱ式
M1：71－55	夫人棺	铁钉	7.25	—	—	—	欠损。Ⅱ式
M1：71－56	夫人棺	铁钉	6.6	—	—	—	欠损。Ⅱ式
M1：71－57	夫人棺	铁钉	4.2	—	—	—	欠损
M1：71－58	第三、四天井中央遗物散布层	铁钉	2.65	0.85	2.4	—	Ⅰd式
M1：71－59	第三、四天井中央遗物散布层	铁钉	2.35	0.95	2.15	—	欠损。Ⅰd式
M1：71－60	第三、四天井中央遗物散布层	铁钉	1.95	—	—	—	欠损。Ⅱ式
M1：71－61	第三、四天井中央遗物散布层	铁钉	1.2	0.85	1.0	—	Ⅰd式
M1：71－62	第三、四天井中央遗物散布层	铁钉	1.15	0.8	0.85	—	Ⅰd式

续附表 12

标本号	出土地点	种类	尺寸（cm）				备注
			残存长	头幅	a	b	
M1：71－63	第三、四天井中央遗物散布层	铁钉	1.45	0.65	1.35	—	Ⅰd式
M1：71－64	第五天井	铁钉	3.6	—	3.3	—	欠损
M1：71－65	第五天井Ⅹ Ⅲ②	铁钉	2.4	0.8	2.15	—	Ⅰd式
M1：71－66	第五天井Ⅲ	铁钉	1.5	0.8	1.0	—	Ⅰd式
M1：71－67	第五天井	铁钉	1.35	0.95	1.1	—	欠损
M1：71－68	第五天井	铁钉	0.95	1.05	0.8	—	欠损
M1：71－69	第五天井排土	铁钉	0.5	0.65	0.35	—	Ⅰd式
M1：71－70	第五天井西侧	铁钉	0.7	0.7	0.5	—	Ⅰd式
M1：71－71	第五天井排土	铁钉	0.75	0.75	0.65	—	Ⅰd式
M1：71－72	第五天井	铁钉	0.75	0.85	0.65	—	Ⅰd式
M1：71－73	第五天井	铁钉	2.4	—	—	—	欠损
M1：71－74	主室埋土	铁钉	4.2	1.2	4.0	—	Ⅰc式
M1：71－75	主室、侧室	铁钉	4.2	1.05	4.0	—	Ⅰc式
M1：71－76	主室床面上	铁钉	3.4	0.9	3.2	—	Ⅰc式
M1：71－77	主室埋土	铁钉	1.9	—	—	—	欠损
M1：71－78	主室盗洞	铁钉	2.0	—	—	—	欠损
M1：71－79	主室床面上	铁钉	3.1	—	—	—	欠损
M1：71－80	主室埋土	铁钉	1.65	—	—	—	欠损
M1：71－81	主室床面上	铁钉	2.45	—	—	—	欠损
M1：71－82	主室床面上	铁钉	1.6	—	—	—	欠损
M1：71－83	主室床面上	铁钉	2.55	—	—	—	欠损
M1：71－84	主室埋土	铁钉	3.3	—	—	—	Ⅰd式
M1：71－85	主室床面上	铁钉	2.85	0.4	2.7	—	欠损。Ⅰd式
M1：71－86	主室埋土	铁钉	2.7	0.85	2.55	—	有纤维痕。Ⅰd式
M1：71－87	主室床面上	铁钉	2.7	0.7	2.6	—	Ⅰd式
M1：71－88	主室床面上	铁钉	2.4	0.95	2.25	—	Ⅰd式
M1：71－89	主室埋土	铁钉	2.0	0.7	1.8	—	有纤维痕。Ⅰd式
M1：71－90	主室埋土	铁钉	1.9	0.6	1.75	—	Ⅰd式
M1：71－91	主室盗洞	铁钉	2.6	0.95	2.3	—	Ⅰd式
M1：71－92	主室床面上	铁钉	2.8	1.1	2.55	—	Ⅰd式
M1：71－93	主室床面上	铁钉	2.3	1.0	—	—	欠损

续附表 12

标本号	出土地点	种类	尺寸（cm）				备注
			残存长	头幅	a	b	
M1：71—94	主室床面上	铁钉	2.1	0.95	1.95	—	欠损
M1：71—95	主室盗洞	铁钉	0.9	1.0	0.75	—	欠损
M1：71—96	主室床面上	铁钉	0.55	0.9	0.45	—	欠损
M1：71—97	主室盗洞	铁钉	1.5	0.9	1.35	—	Ⅰd式
M1：71—98	主室床面上	铁钉	1.15	0.8	1.0	—	Ⅰd式
M1：71—99	主室床面上	铁钉	1.95	0.75	1.8	—	Ⅰd式
M1：71—100	主室埋土	铁钉	1.6	0.7	1.4	—	Ⅰd式
M1：71—101	主室盗洞	铁钉	1.4	0.7	1.2	—	有纤维痕。Ⅰd式
M1：71—102	主室床面上	铁钉	0.9	0.9	0.7	—	欠损
M1：71—103	墓室上层	铁钉	3.5	1.2	3.3	—	欠损
M1：71—104	主室埋土	铁钉	3.4	—	—	—	有环头
M1：71—105	主室埋土	铁钉	2.3	—	—	—	欠损。有环头
M1：71—106	主室盗洞	铜钉	2.0	—	—	—	有环头
M1：71—107	主室盗洞	铜钉	1.9	—	—	—	有环头
M1：71—108	主室盗洞	铜钉	1.75	—	—	—	有环头
M1：71—109	主室盗洞	铜钉	1.85	—	—	—	有环头
M1：71—110	夫人棺埋土一括	铁钉	4.4	1.0	4.1	—	Ⅰc式
M1：71—111	夫人棺南侧板附近	铁钉	3.1	0.7	3.0	—	Ⅰd式
M1：71—112	后室、距地埋土	铁钉	2.2	0.85	2.0	—	Ⅰd式
M1：71—113	后室、距地埋土	铁钉	2.55	—	—	—	
M1：71—114	夫人棺、田弘棺间	铁钉	1.75	0.65	1.5	—	Ⅰd式
M1：71—115	夫人棺南侧板附近	铁钉	1.9	0.75	1.65	—	Ⅰd式
M1：71—116	夫人棺、田弘棺间	铁钉	0.6	0.55	0.4	—	Ⅰd式
M1：71—117	夫人棺南侧板附近	铁钉	0.8	0.7	0.7	—	Ⅰd式
M1：71—118	夫人棺、田弘棺间	铁钉	1.0	0.8	0.7	—	欠损。Ⅰd式
M1：71—119	夫人棺南侧板附近	铁钉	2.2	—	—	—	欠损
M1：71—120	夫人棺南侧板附近	铁钉	2.4	—	—	—	欠损

续附表12

标本号	出土地点	种类	尺寸（cm）				备注
			残存长	头幅	a	b	
M1：71—121	夫人棺南侧板附近	铁钉	2.2	—	—	—	欠损
M1：71—122	夫人棺棺内	铁钉	3.3	—	—	—	欠损
M1：72	第五天井	铁铺首	20.1	—	—	—	铁质
M1：73	第五天井	铁铺首	14.55	—	—	—	铁质
M1：74	后室南部	铁板	32.2	—	—	—	
M1：75	第五天井	铁板	26.7	—	—	—	
M1：76	第三、四天井中央遗物散布层	环状铁器	8.3	—	—	—	铁质
M1：77	主室埋土	环状铁器	9.1	—	—	—	有纤维痕。铁质
M1：78	第五天井	铁器	6.1	—	—	—	
M1：79	第五天井	铁器	3.55	—	—	—	欠损
M1：80	第五天井	铁器	11.2	—	—	—	欠损
M1：81	封门	铁器	10.1	—	—	—	欠损
M1：82	主室埋土	铁质鎏金器	10.1	—	—	—	欠损
M1：83	主室埋土	铁质鎏金器	10.45	—	—	—	
M1：84	主室盗洞	铁质鎏金器	9.9	—	—	—	
M1：85	第五天井	铁器	9.0	—	—	—	欠损
M1：86	主室埋土	铁质鎏金器	7.9	—	—	—	
M1：87	夫人棺棺内	银管	1.85	—	—	—	欠损
M1：88	不明	铁钉	3.1	1.2	2.95	—	Ⅰd式
M1：89	不明	铁钉	1.8	—	—	—	欠损

附表 13

玉器登记表

标本号	出土地点	种类	尺寸(cm)					孔数	备注
			长	外径	内径	厚	穿孔径		
M1∶90	田弘棺椁内	玉璜	4.17	7.65	3.23	0.58～0.69	左:0.31 右:0.39	2	完整
M1∶91	田弘棺椁内	玉璜	4.12	7.75	3.54	0.53～0.67	左:0.31 右:0.27	2	完整
M1∶92	田弘棺椁内	玉璜	4.12	8.20	3.30	0.67～0.70	左:0.32 右:0.41	2	完整
M1∶93	第五天井	玉璜	4.17	7.77	3.43	0.50～0.58	左:0.27 右:0.29	2	完整
M1∶94	第五天井	玉环	–	6.92	3.00	0.52～0.65	上:0.35 下:0.29,左:0.32 右:0.29	4	完整
M1∶95	主室盗洞	玉钗	8.36	–	–	–	–	0	完整
M1∶96	第五天井	玉佩	13.50	–	–	0.63～0.65	表面:0.36 背面:0.23	1	完整
M1∶97	第五天井	玉佩	〔12.7〕	–	–	0.84～0.91	表面:0.35 背面:0.25	1	断裂,接合
M1∶98	田弘棺椁内	玉佩	6.00	11.68	–	0.54～0.60	上:0.39 左下:0.31,右下:0.39	3	完整
M1∶99	田弘棺椁内	玉佩	5.92	〔9.9〕	–	0.47～0.51	上:0.32 下中:0.29,右下:0.30	3	一部欠损

附表 14

玻璃珠(大)登记表

标本号	出土地点	种类	尺寸(mm)			色彩	备注
			纵径	横径	孔径		
M1：100	田弘棺棺内	玻璃珠	10. 90	11. 30	2. 45	浓青色。表面风化(褐色)	
M1：101	主室盗洞	玻璃珠	8. 20	10. 15	2. 60	浓青色嵌白色。表面风化(褐色)	
M1：102	田弘棺棺内	玻璃珠	8. 80	11. 10	2. 45	浓青色嵌白色。表面风化(褐色)	
M1：103	田弘棺棺内	玻璃珠	8. 25	9. 85	3. 00	浓青色嵌白色。表面风化(褐色)	
M1：104	田弘棺棺内	玻璃珠	10. 65	8. 70	3. 20	浓青色。表面风化(褐色)	
M1：105	田弘棺棺内	玻璃珠	9. 60	10. 35	2. 80	浓青色	
M1：106	田弘棺棺内	玻璃珠	8. 45	10. 70	2. 40	浓青色嵌白色。表面风化(白色)	
M1：107	田弘棺棺内	玻璃珠	8. 60	9. 00	2. 55	浓青色。表面风化(褐色)	
M1：108	田弘棺棺内	玻璃珠	10. 0	9. 05	3. 25	浓青色。表面风化(褐色)	
M1：109	田弘棺棺内	玻璃珠	9. 75	8. 60	2. 95	浓青色。表面风化(褐色)	
M1：110	田弘棺棺内	玻璃珠	9. 10	9. 20	2. 65	浓青色嵌白色。表面风化(褐色)	
M1：111	田弘棺棺内	玻璃珠	8. 25	9. 90	2. 70	浓青色嵌白色。表面风化(褐色)	
M1：112	田弘棺棺内	玻璃珠	8. 25	10. 00	2. 80	浓青色嵌白色。表面风化(白色)	
M1：113	田弘棺棺内	玻璃珠	8. 15	9. 85	4. 50	浓青色	
M1：114	田弘棺棺内	玻璃珠	8. 55	9. 65	3. 55	浓青色嵌白色。表面风化(白色)	
M1：115	田弘棺棺内	玻璃珠	7. 95	9. 45	3. 30	浓青色。表面风化(白色)	
M1：116	田弘棺棺内	玻璃珠	8. 55	10. 00	2. 00	浓青色。表面风化(白色)	
M1：117	田弘棺排土一括	玻璃珠	9. 05	9. 5	2. 15	浓青色。表面风化(褐色)	
M1：118	田弘棺底板中央部排土	玻璃珠	10. 05	8. 65	1. 75	浓青色。表面风化(褐色)	
M1：119	田弘棺棺内	玻璃珠	10. 00	9. 55	3. 05	浓青色。表面风化(褐色)	

附表 15

玻璃珠(小)登记表

标本号	出土地点	种类	尺寸(mm)			色彩	备注
			纵径	横径	孔径		
M1：120－1	主室床面冠	玻璃珠	2.85	3.50	1.10	浓青色。表面风化	一连。【原1】西
M1：120－2	主室床面冠	玻璃珠	2.55	3.15	0.85	浓青色。表面风化	↓
M1：120－3	主室床面冠	玻璃珠	2.95	3.20	0.95	浓青色。表面风化	
M1：120－4	主室床面冠	玻璃珠	2.50	3.35	1.00	浓青色。表面风化	
M1：120－5	主室床面冠	玻璃珠	2.85	3.25	1.15	浓青色。表面风化	
M1：120－6	主室床面冠	玻璃珠	3.45	3.30	1.15	浓青色。表面风化	
M1：120－7	主室床面冠	玻璃珠	2.00	3.60	0.80	浓青色。表面风化	
M1：120－8	主室床面冠	玻璃珠	2.10	3.15	0.45	浓青色。表面风化	
M1：120－9	主室床面冠	玻璃珠	2.35	3.20	1.25	浓青色。表面风化	
M1：120－10	主室床面冠	玻璃珠	2.20	3.45	0.90	浓青色。表面风化	
M1：120－11	主室床面冠	玻璃珠	3.65	3.55	1.35	浓青色。表面风化	
M1：120－12	主室床面冠	玻璃珠	2.55	4.15	1.00	浓青色。表面风化	
M1：120－13	主室床面冠	玻璃珠	2.25	3.50	1.10	浓青色。表面风化	
M1：120－14	主室床面冠	玻璃珠	2.55	3.30	1.05	浓青色。表面风化	
M1：120－15	主室床面冠	玻璃珠	3.50	2.75	0.70	浓青色。表面风化	
M1：120－16	主室床面冠	玻璃珠	3.35	3.30	1.10	浓青色。表面风化	
M1：120－17	主室床面冠	玻璃珠	2.20	3.20	0.70	浓青色。表面风化	
M1：120－18	主室床面冠	玻璃珠	2.50	3.00	0.90	浓青色。表面风化	
M1：120－19	主室床面冠	玻璃珠	2.15	3.15	0.85	浓青色。表面风化	
M1：120－20	主室床面冠	玻璃珠	3.45	3.30	0.80	浓青色。表面风化	
M1：120－21	主室床面冠	玻璃珠	3.60	2.80	0.80	浓青色。表面风化	
M1：120－22	主室床面冠	玻璃珠	2.50	3.40	0.75	浓青色。表面风化	
M1：120－23	主室床面冠	玻璃珠	2.20	3.35	0.95	浓青色。表面风化	
M1：120－24	主室床面冠	玻璃珠	2.00	4.10	1.10	浓青色。表面风化	
M1：120－25	主室床面冠	玻璃珠	2.55	3.65	1.05	浓青色。表面风化	
M1：120－26	主室床面冠	玻璃珠	2.15	3.30	0.90	浓青色。表面风化	

续附表 15

标本号	出土地点	种类	尺寸(mm)			色彩	备注
			纵径	横径	孔径		
M1：120－27	主室床面冠	玻璃珠	3.35	2.70	0.80	浓青色。表面风化	
M1：120－28	主室床面冠	玻璃珠	2.25	3.80	0.90	浓青色。表面风化	
M1：120－29	主室床面冠	玻璃珠	3.55	3.45	1.05	浓青色。表面风化	
M1：120－30	主室床面冠	玻璃珠	2.10	2.90	0.95	浓青色。表面风化	↑
M1：120－31	主室床面冠	玻璃珠	2.90	3.55	1.05	浓青色。表面风化	【原 1】东北
M1：121－1	主室床面冠一括	玻璃珠	2.00	3.00	0.95	浓青色。表面风化	
M1：121－2	主室床面冠一括	玻璃珠	2.15	2.90	0.90	浓青色。表面风化	
M1：121－3	主室床面冠一括	玻璃珠	2.20	3.40	0.70	浓青色。表面风化	
M1：121－4	主室床面冠一括	玻璃珠	2.05	3.60	0.95	浓青色。表面风化	
M1：121－5	主室床面冠一括	玻璃珠	2.95	2.80	0.90	浓青色。表面风化	
M1：121－6	主室床面冠一括	玻璃珠	2.15	3.10	0.80	浓青色。表面风化	
M1：121－7	主室床面冠一括	玻璃珠	-	-	-	浓青色。表面风化	小破片
M1：122－1	主室床面冠	玻璃珠	2.90	3.20	0.80	浓青色。表面风化(褐色)	一连。【原 3】东南
M1：122－2	主室床面冠	玻璃珠	3.85	3.20	0.95	浓青色。表面风化(褐色)	↓
M1：122－3	主室床面冠	玻璃珠	3.40	3.30	1.10	浓青色。表面风化	
M1：122－4	主室床面冠	玻璃珠	2.40	4.45	1.30	浓青色。表面风化	
M1：122－5	主室床面冠	玻璃珠	3.20	3.90	1.10	浓青色。表面风化	
M1：122－6	主室床面冠	玻璃珠	2.80	3.80	1.50	浓青色。表面风化	
M1：122－7	主室床面冠	玻璃珠	2.90	3.20	0.85	浓青色。表面风化	
M1：122－8	主室床面冠	玻璃珠	2.30	4.15	1.35	浓青色。表面风化	
M1：122－9	主室床面冠	玻璃珠	2.45	3.45	1.25	浓青色。表面风化	
M1：122－10	主室床面冠	玻璃珠	2.20	3.55	1.30	浓青色。表面风化	
M1：122－11	主室床面冠	玻璃珠	3.05	3.45	0.95	浓青色。表面风化	
M1：122－12	主室床面冠	玻璃珠	3.30	3.35	0.75	浓青色。表面风化	
M1：122－13	主室床面冠	玻璃珠	3.35	3.40	1.10	浓青色。表面风化	
M1：122－14	主室床面冠	玻璃珠	2.85	3.40	1.00	浓青色。表面风化	

续附表 15

标本号	出土地点	种类	尺寸(mm)			色彩	备注
			纵径	横径	孔径		
M1：122－15	主室床面冠	玻璃珠	2.90	3.50	1.05	浓青色。表面风化	
M1：122－16	主室床面冠	玻璃珠	3.15	3.55	1.00	浓青色。表面风化	
M1：122－17	主室床面冠	玻璃珠	2.75	3.25	1.10	浓青色。表面风化	
M1：122－18	主室床面冠	玻璃珠	3.50	2.95	1.00	浓青色。表面风化	↑
M1：122－19	主室床面冠	玻璃珠	2.20	4.00	1.35	浓青色。表面风化(褐色)	【原 3】西北
M1：122－20	主室床面冠	玻璃珠	2.85	3.15	1.00	浓青色。表面风化	一连。【原 4】南
M1：122－21	主室床面冠	玻璃珠	2.95	3.40	0.85	浓青色。表面风化	↓
M1：122－22	主室床面冠	玻璃珠	2.15	2.50	0.80	浓青色。表面风化	
M1：122－23	主室床面冠	玻璃珠	2.85	2.90	1.10	浓青色。表面风化	
M1：122－24	主室床面冠	玻璃珠	2.05	3.15	0.90	浓青色。表面风化	
M1：122－25	主室床面冠	玻璃珠	2.90	3.95	0.95	浓青色。表面风化	
M1：122－26	主室床面冠	玻璃珠	2.30	2.90	0.85	浓青色。表面风化	
M1：122－27	主室床面冠	玻璃珠	2.45	4.05	1.45	浓青色。表面风化	
M1：122－28	主室床面冠	玻璃珠	2.20	2.75	0.75	浓青色。表面风化	
M1：122－29	主室床面冠	玻璃珠	2.90	3.95	1.00	浓青色。表面风化	↑
M1：122－30	主室床面冠	玻璃珠	2.20	2.55	0.80	浓青色。表面风化	【原 4】北
M1：122－31	主室床面冠	玻璃珠	4.05	3.95	1.10	浓青色。表面风化	一连。【原 5】南
M1：122－32	主室床面冠	玻璃珠	2.70	4.25	1.25	浓青色。表面风化↓	
M1：122－33	主室床面冠	玻璃珠	2.80	4.00	1.00	浓青色。表面风化	
M1：122－34	主室床面冠	玻璃珠	2.50	4.15	0.95	浓青色。表面风化	
M1：122－35	主室床面冠	玻璃珠	3.70	4.90	1.80	浓青色。表面风化	
M1：122－36	主室床面冠	玻璃珠	3.35	3.95	1.00	浓青色。表面风化	
M1：122－37	主室床面冠	玻璃珠	2.45	4.25	1.25	浓青色。表面风化	
M1：122－38	主室床面冠	玻璃珠	2.25	2.90	0.60	浓青色。表面风化	
M1：122－39	主室床面冠	玻璃珠	2.20	2.60	0.75	浓青色。表面风化	
M1：122－40	主室床面冠	玻璃珠	2.55	2.70	0.80	浓青色。表面风化	

续附表 15

标本号	出土地点	种类	尺寸(mm)			色彩	备注
			纵径	横径	孔径		
M1：122－41	主室床面冠	玻璃珠	2. 60	3. 30	0. 90	浓青色。表面风化	
M1：122－42	主室床面冠	玻璃珠	2. 20	2. 90	0. 70	浓青色。表面风化	
M1：122－43	主室床面冠	玻璃珠	1. 80	3. 05	0. 90	浓青色。表面风化	
M1：122－44	主室床面冠	玻璃珠	1. 60	2. 90	1. 10	浓青色。表面风化	↑
M1：122－45	主室床面冠	玻璃珠	2. 70	2. 95	0. 75	浓青色。表面风化	【原 5】北
M1：122－46	主室床面冠	玻璃珠	3. 15	3. 90	0. 90	浓青色。表面风化	一连。【原 6】南
M1：122－47	主室床面冠	玻璃珠	1. 70	3. 85	1. 10	浓青色。表面风化	↓
M1：122－48	主室床面冠	玻璃珠	2. 15	4. 10	1. 20	浓青色。表面风化	
M1：122－49	主室床面冠	玻璃珠	2. 55	4. 15	1. 10	浓青色。表面风化	
M1：122－50	主室床面冠	玻璃珠	2. 40	4. 10	1. 10	浓青色。表面风化	
M1：122－51	主室床面冠	玻璃珠	3. 15	4. 00	1. 30	浓青色。表面风化	
M1：122－52	主室床面冠	玻璃珠	2. 85	4. 25	1. 75	浓青色。表面风化	
M1：122－53	主室床面冠	玻璃珠	1. 95	3. 25	0. 85	浓青色。表面风化	
M1：122－54	主室床面冠	玻璃珠	2. 55	3. 30	0. 90	浓青色。表面风化	
M1：122－55	主室床面冠	玻璃珠	2. 95	3. 00	0. 80	浓青色。表面风化	
M1：122－56	主室床面冠	玻璃珠	2. 55	3. 20	0. 90	浓青色。表面风化	
M1：122－57	主室床面冠	玻璃珠	2. 20	3. 75	1. 20	浓青色。表面风化	
M1：122－58	主室床面冠	玻璃珠	1. 95	3. 70	1. 40	浓青色。表面风化	
M1：122－59	主室床面冠	玻璃珠	2. 90	2. 55	0. 75	浓青色。表面风化	
M1：122－60	主室床面冠	玻璃珠	2. 50	3. 35	1. 10	浓青色。表面风化	
M1：122－61	主室床面冠	玻璃珠	2. 90	3. 45	1. 00	浓青色。表面风化	
M1：122－62	主室床面冠	玻璃珠	2. 50	3. 45	0. 80	浓青色。表面风化	
M1：122－63	主室床面冠	玻璃珠	2. 90	3. 00	0. 75	浓青色。表面风化	
M1：122－64	主室床面冠	玻璃珠	2. 55	3. 75	0. 90	浓青色。表面风化(褐色)	↑
M1：122－65	主室床面冠	玻璃珠	－	－	－	浓青色。表面风化	小破片。【原 6】北
M1：122－66	主室床面冠	玻璃珠	2. 90	3. 25	1. 00	浓青色。表面风化	一连。【原 7】南

续附表 15

标本号	出土地点	种类	尺寸(mm)			色彩	备注
			纵径	横径	孔径		
M1：122－67	主室床面冠	玻璃珠	2.20	3.35	0.95	浓青色。表面风化	↓
M1：122－68	主室床面冠	玻璃珠	2.50	3.50	1.00	浓青色。表面风化	
M1：122－69	主室床面冠	玻璃珠	2.95	3.60	0.95	浓青色。表面风化	
M1：122－70	主室床面冠	玻璃珠	2.05	3.90	1.40	浓青色。表面风化(褐色)	↑
M1：122－71	主室床面冠	玻璃珠	3.90	3.80	1.10	浓青色。表面风化(褐色)	【原 7】北
M1：123－1	主室床面冠一括	玻璃珠	3.00	3.55	1.10	浓青色。表面风化	
M1：123－2	主室床面冠一括	玻璃珠	2.65	3.40	1.20	浓青色。表面风化	
M1：123－3	主室床面冠一括	玻璃珠	2.80	3.70	1.15	浓青色。表面风化	
M1：123－4	主室床面冠一括	玻璃珠	3.20	4.20	1.60	浓青色。表面风化	
M1：123－5	主室床面冠一括	玻璃珠	2.90	3.75	1.45	浓青色。表面风化	
M1：123－6	主室床面冠一括	玻璃珠	2.65	3.30	0.90	浓青色。表面风化	
M1：123－7	主室床面冠一括	玻璃珠	2.70	3.15	0.95	浓青色。表面风化	
M1：123－8	主室床面冠一括	玻璃珠	2.85	3.75	1.45	浓青色。表面风化	
M1：123－9	主室床面冠一括	玻璃珠	2.40	2.95	0.95	浓青色。表面风化	
M1：123－10	主室床面冠一括	玻璃珠	2.15	3.40	0.85	浓青色。表面风化	
M1：123－11	主室床面冠一括	玻璃珠	2.40	2.90	0.95	浓青色。表面风化	
M1：123－12	主室床面冠一括	玻璃珠	3.25	3.10	0.95	浓青色。表面风化	
M1：123－13	主室床面冠一括	玻璃珠	1.65	3.10	0.75	浓青色。表面风化	
M1：123－14	主室床面冠一括	玻璃珠	2.65	2.40	0.80	浓青色。表面风化	
M1：123－15	主室床面冠一括	玻璃珠	2.10	3.10	0.95	浓青色。表面风化	
M1：123－16	主室床面冠一括	玻璃珠	1.70	2.95	0.80	浓青色。表面风化	
M1：123－17	主室床面冠一括	玻璃珠	2.60	3.70	1.15	浓青色。表面风化(褐色)	
M1：123－18	主室床面冠一括	玻璃珠	3.00	3.00	1.35	浓青色。表面风化	
M1：123－19	主室床面冠一括	玻璃珠	3.50	4.20	0.90	浓青色。表面黄化	
M1：123－20	主室床面冠一括	玻璃珠	3.50	3.30	0.95	浓青色。白色风化	剥离金箔片附着
M1：123－21	主室床面冠一括	玻璃珠	3.00	2.90	0.95	浓青色	

续附表 15

标本号	出土地点	种类	尺寸(mm)			色彩	备注
			纵径	横径	孔径		
M1：123－22	主室床面冠一括	玻璃珠	3. 35	3. 20	1. 30	浓青色。白色风化	
M1：123－23	主室床面冠一括	玻璃珠	2. 70	3. 15	0. 90	浓青色	
M1：123－24	主室床面冠一括	玻璃珠	3. 15	2. 85	0. 90	淡青色	
M1：123－25	主室床面冠一括	玻璃珠	2. 55	3. 65	1. 10	浓青色	
M1：123－26	主室床面冠一括	玻璃珠	2. 45	3. 10	0. 95	浓青色	
M1：123－27	主室床面冠一括	玻璃珠	2. 30	2. 85	0. 95	淡青色	
M1：123－28	主室床面冠一括	玻璃珠	1. 95	2. 95	0. 70	浓青色	
M1：123－29	主室床面冠一括	玻璃珠	3. 20	5. 50	1. 45	黄色	
M1：123－30	主室床面冠一括	玻璃珠	2. 45	3. 60	0. 75	浓青色	
M1：123－31	主室床面冠一括	玻璃珠	1. 80	2. 70	1. 20	淡青色	
M1：123－32	主室床面冠一括	玻璃珠	2. 20	4. 10	1. 10	浓青色	
M1：123－33	主室床面冠一括	玻璃珠	3. 05	3. 65	1. 00	浓青色	
M1：123－34	主室床面冠一括	玻璃珠	2. 25	3. 40	0. 85	浓青色	
M1：123－35	主室床面冠一括	玻璃珠	2. 70	3. 25	0. 90	浓青色	
M1：123－36	主室床面冠一括	玻璃珠	2. 95	3. 00	0. 85	浓青色	
M1：123－37	主室床面冠一括	玻璃珠	2. 45	2. 95	1. 05	浓青。白色风化	
M1：123－38	主室床面冠一括	玻璃珠	4. 20	3. 35	0. 95	浓青。黄色风化	
M1：123－39	主室床面冠一括	玻璃珠	3. 70	5. 40	1. 25	黄色	
M1：123－40	主室床面冠一括	玻璃珠	3. 15	4. 00	1. 00	浓青色	
M1：123－41	主室床面冠一括	玻璃珠	2. 65	3. 55	1. 60	淡青色	
M1：123－42	主室床面冠一括	玻璃珠	1. 95	3. 05	1. 10	浓青色	
M1：123－43	主室床面冠一括	玻璃珠	2. 60	2. 60	0. 70	浓青色	
M1：123－44	主室床面冠一括	玻璃珠	2. 35	3. 65	1. 10	浓青色	
M1：123－45	主室床面冠一括	玻璃珠	2. 40	3. 30	0. 95	浓青色	
M1：123－46	主室床面冠一括	玻璃珠	3. 30	2. 85	0. 90	淡绿色	
M1：123－47	主室床面冠一括	玻璃珠	2. 50	3. 55	0. 85	浓青色	

续附表 15

标本号	出土地点	种类	尺寸(mm)			色彩	备注
			纵径	横径	孔径		
M1：123－48	主室床面冠一括	玻璃珠	3.20	2.75	1.20	浓青色	
M1：123－49	主室床面冠一括	玻璃珠	2.30	3.90	1.50	浓青色	
M1：123－50	主室床面冠一括	玻璃珠	2.70	4.95	0.85	淡青色	
M1：123－51	主室床面冠一括	玻璃珠	3.50	3.20	1.00	淡青色	
M1：123－52	主室床面冠一括	玻璃珠	3.70	3.95	1.40	浓青色	
M1：123－53	主室床面冠一括	玻璃珠	2.70	3.10	0.80	浓青色	
M1：123－54	主室床面冠一括	玻璃珠	2.55	3.10	0.85	浓青色	
M1：123－55	主室床面冠一括	玻璃珠	2.70	3.25	0.85	浓青色	
M1：123－56	主室床面冠一括	玻璃珠	4.15	3.95	0.85	浓青色	
M1：123－57	主室床面冠一括	玻璃珠	3.15	4.80	1.05	浓青风化	
M1：123－58	主室床面冠一括	玻璃珠	1.70	3.10	0.75	白色风化	
M1：123－59	主室床面冠一括	玻璃珠	2.05	3.10	1.10	淡青色	
M1：123－60	主室床面冠一括	玻璃珠	2.00	2.95	0.90	白色风化	
M1：123－61	主室床面冠一括	玻璃珠	3.60	5.30	1.25	淡黄色	
M1：123－62	主室床面冠一括	玻璃珠	3.15	3.00	1.05	浓青色	
M1：123－63	主室床面冠一括	玻璃珠	2.30	3.70	1.05	浓青色	
M1：123－64	主室床面冠一括	玻璃珠	2.30	3.20	0.90	淡绿色	
M1：123－65	主室床面冠一括	玻璃珠	2.75	3.30	0.90	浓青色	
M1：123－66	主室床面冠一括	玻璃珠	3.40	2.70	1.05	淡绿色	
M1：123－67	主室床面冠一括	玻璃珠	3.20	3.35	0.90	淡青色	
M1：123－68	主室床面冠一括	玻璃珠	2.45	3.30	1.30	浓青色	
M1：123－69	主室床面冠一括	玻璃珠	2.95	3.10	1.05	浓青色	
M1：123－70	主室床面冠一括	玻璃珠	2.80	3.70	0.95	浓青色	
M1：123－71	主室床面冠一括	玻璃珠	2.00	3.10	0.80	浓青色	
M1：123－72	主室床面冠一括	玻璃珠	2.95	3.10	0.85	浓青色	
M1：123－73	主室床面冠一括	玻璃珠	1.65	3.90	0.95	浓青色	

续附表 15

标本号	出土地点	种类	尺寸(mm)			色彩	备注
			纵径	横径	孔径		
M1：123－74	主室床面冠一括	玻璃珠	2.65	3.20	0.80	浓青色	
M1：123－75	主室床面冠一括	玻璃珠	2.70	3.10	0.75	白色风化	
M1：123－76	主室床面冠一括	玻璃珠	2.65	3.35	0.85	白色风化	
M1：123－77	主室床面冠一括	玻璃珠	2.55	3.45	0.90	浓青色	
M1：123－78	主室床面冠一括	玻璃珠	3.95	2.90	0.80	浓青色	
M1：123－79	主室床面冠一括	玻璃珠	2.70	3.30	1.10	浓青色	
M1：123－80	主室床面冠一括	玻璃珠	1.85	3.30	1.20	白色风化	
M1：123－81	主室床面冠一括	玻璃珠	2.55	5.20	1.45	淡黄色	
M1：123－82	主室床面冠一括	玻璃珠	2.20	3.20	0.75	浓青色	
M1：123－83	主室床面冠一括	玻璃珠	2.35	3.10	0.80	浓青色	
M1：123－84	主室床面冠一括	玻璃珠	3.00	2.85	1.05	白色风化	
M1：123－85	主室床面冠一括	玻璃珠	2.70	3.75	1.10	浓青色	
M1：123－86	主室床面冠一括	玻璃珠	2.20	3.30	1.15	浓青色	
M1：123－87	主室床面冠一括	玻璃珠	2.75	3.20	1.00	浓青色	
M1：123－88	主室床面冠一括	玻璃珠	2.60	2.85	0.95	浓青色	
M1：123－89	主室床面冠一括	玻璃珠	2.10	3.40	1.30	浓青色	
M1：123－90	主室床面冠一括	玻璃珠	2.05	3.05	1.00	浓青色	
M1：123－91	主室床面冠一括	玻璃珠	1.80	3.30	0.95	浓青色	
M1：123－92	主室床面冠一括	玻璃珠	2.30	3.20	0.90	浓青色	
M1：123－93	主室床面冠一括	玻璃珠	2.35	3.20	0.95	淡青色	
M1：123－94	主室床面冠一括	玻璃珠	1.90	3.05	0.90	白色风化	
M1：123－95	主室床面冠一括	玻璃珠	2.45	3.65	0.90	白色风化	
M1：123－96	主室床面冠一括	玻璃珠	1.95	2.90	0.95	浓青色	
M1：123－97	主室床面冠一括	玻璃珠	2.60	3.35	1.00	浓青色	
M1：123－98	主室床面冠一括	玻璃珠	2.60	3.40	0.95	浓青色	
M1：123－99	主室床面冠一括	玻璃珠	2.45	3.40	0.95	浓青色	

续附表 15

标本号	出土地点	种类	尺寸(mm)			色彩	备注
			纵径	横径	孔径		
M1：123－100	主室床面冠一括	玻璃珠	2.00	4.05	1.20	浓青色	
M1：123－101	主室床面冠一括	玻璃珠	1.90	3.10	0.85	浓青色	
M1：123－102	主室床面冠一括	玻璃珠	2.20	3.40	1.05	浓青色	
M1：123－103	主室床面冠一括	玻璃珠	3.15	2.70	0.90	浓青色	
M1：123－104	主室床面冠一括	玻璃珠	2.40	3.70	0.90	浓青色	
M1：123－105	主室床面冠一括	玻璃珠	1.90	3.55	0.95	浓青色	
M1：123－106	主室床面冠一括	玻璃珠	2.20	3.20	1.10	浓青色	
M1：123－107	主室床面冠一括	玻璃珠	2.40	3.20	0.90	浓青色	
M1：123－108	主室床面冠一括	玻璃珠	1.90	2.55	1.05	浓青色	
M1：123－109	主室床面冠一括	玻璃珠	2.45	3.45	0.85	浓青色	
M1：123－110	主室床面冠一括	玻璃珠	2.95	2.90	0.85	浓青色	
M1：123－111	主室床面冠一括	玻璃珠	2.45	3.10	0.90	浓青色	
M1：123－112	主室床面冠一括	玻璃珠	2.60	2.70	0.75	浓青色	
M1：123－113	主室床面冠一括	玻璃珠	3.85	2.65	1.00	浓青色	
M1：123－114	主室床面冠一括	玻璃珠	4.10	3.20	1.00	浓青色	
M1：123－115	主室床面冠一括	玻璃珠	2.55	2.90	0.90	浓青色	
M1：123－116	主室床面冠一括	玻璃珠	3.35	3.25	0.95	浓青色	
M1：123－117	主室床面冠一括	玻璃珠	3.50	3.70	0.90	浓青色	
M1：123－118	主室床面冠一括	玻璃珠	2.70	3.50	0.95	浓青色	
M1：123－119	主室床面冠一括	玻璃珠	2.90	2.80	0.95	浓青色	
M1：124－1	主室床面冠	玻璃珠	1.80	3.95	1.60	浓青色。表面风化	一连。【原 10】南
M1：124－2	主室床面冠	玻璃珠	2.55	3.70	1.20	浓青色。表面风化	↓
M1：124－3	主室床面冠	玻璃珠	2.70	3.70	1.10	浓青色。表面风化	
M1：124－4	主室床面冠	玻璃珠	2.65	3.70	1.05	浓青色。表面风化	
M1：124－5	主室床面冠	玻璃珠	2.55	3.55	0.75	浓青色。表面风化	
M1：124－6	主室床面冠	玻璃珠	2.95	4.15	1.00	浓青色。表面风化	

续附表 15

标本号	出土地点	种类	尺寸(mm)			色彩	备注
			纵径	横径	孔径		
M1：124－7	主室床面冠	玻璃珠	2. 70	3. 70	0. 95	浓青色。表面风化	
M1：124－8	主室床面冠	玻璃珠	3. 50	3. 95	1. 25	浓青色。表面风化	
M1：124－9	主室床面冠	玻璃珠	3. 45	3. 35	0. 90	浓青色。表面风化(褐色)	
M1：124－10	主室床面冠	玻璃珠	2. 55	3. 55	1. 10	浓青色。表面风化	
M1：124－11	主室床面冠	玻璃珠	2. 10	3. 70	1. 35	浓青色。表面风化	
M1：124－12	主室床面冠	玻璃珠	2. 25	3. 50	0. 95	浓青色。表面风化	
M1：124－13	主室床面冠	玻璃珠	2. 45	3. 70	1. 30	浓青色。表面风化	
M1：124－14	主室床面冠	玻璃珠	2. 80	3. 70	0. 80	浓青色。表面风化	
M1：124－15	主室床面冠	玻璃珠	3. 50	3. 75	0. 90	浓青色。表面风化	
M1：124－16	主室床面冠	玻璃珠	3. 30	3. 00	0. 85	浓青色。表面风化(褐色)	↑
M1：124－17	主室床面冠	玻璃珠	4. 50	3. 30	0. 95	浓青色。表面风化(褐色)	【原10】北
M1：125－1	主室床面冠一括	玻璃珠	2. 55	4. 10	1. 55	浓青色。表面部分风化	No. 7、8 下层
M1：125－2	主室床面冠一括	玻璃珠	2. 65	3. 90	1. 20	浓青色。表面部分风化	No. 7、8 下层
M1：125－3	主室床面冠一括	玻璃珠	2. 45	3. 85	1. 40	浓青色。表面部分风化	No. 7、8 下层
M1：125－4	主室床面冠一括	玻璃珠	2. 35	3. 80	1. 00	浓青色。表面部分风化	No. 7、8 下层
M1：125－5	主室床面冠一括	玻璃珠	2. 40	3. 95	1. 30	浓青色。表面部分风化	No. 7、8 下层
M1：125－6	主室床面冠一括	玻璃珠	2. 90	3. 55	1. 30	浓青色。表面部分风化	No. 7、8 下层
M1：125－7	主室床面冠一括	玻璃珠	2. 90	3. 45	1. 30	浓青色。表面部分风化	No. 7、8 下层
M1：126－1	主室床面冠	玻璃珠	2. 70	3. 10	0. 95	浓青色。表面风化	一连。【原12】东
M1：126－2	主室床面冠	玻璃珠	3. 15	4. 05	1. 05	浓青色。表面风化	↓
M1：126－3	主室床面冠	玻璃珠	2. 45	4. 85	1. 30	浓青色。表面风化	
M1：126－4	主室床面冠	玻璃珠	1. 60	3. 00	0. 95	浓青色。表面风化	
M1：126－5	主室床面冠	玻璃珠	3. 00	3. 55	1. 35	浓青色。表面风化	
M1：126－6	主室床面冠	玻璃珠	2. 20	4. 05	1. 00	浓青色。表面风化	
M1：126－7	主室床面冠	玻璃珠	2. 25	3. 95	1. 20	浓青色。表面风化	
M1：126－8	主室床面冠	玻璃珠	2. 00	3. 20	0. 70	浓青色。表面风化	

续附表 15

标本号	出土地点	种类	尺寸(mm)			色彩	备注
			纵径	横径	孔径		
M1：126－9	主室床面冠	玻璃珠	2. 35	3. 30	0. 75	浓青色。表面风化	
M1：126－10	主室床面冠	玻璃珠	2. 10	3. 50	1. 10	浓青色。表面风化	
M1：126－11	主室床面冠	玻璃珠	2. 50	2. 90	0. 80	浓青色。表面风化	
M1：126－12	主室床面冠	玻璃珠	2. 50	2. 95	0. 65	浓青色。表面风化	↑
M1：126－13	主室床面冠	玻璃珠	3. 50	3. 20	0. 65	浓青色。表面风化	【原 12】西
M1：126－14	主室床面冠	玻璃珠	3. 60	5. 45	1. 60	浓青色。表面风化	一连。【原 13】东
M1：126－15	主室床面冠	玻璃珠	2. 90	3. 95	0. 95	浓青色。表面风化	↓
M1：126－16	主室床面冠	玻璃珠	3. 50	3. 30	1. 20	浓青色。表面风化	
M1：126－17	主室床面冠	玻璃珠	2. 30	3. 00	0. 95	浓青色。表面风化	
M1：126－18	主室床面冠	玻璃珠	2. 10	3. 30	1. 20	浓青色。表面风化	
M1：126－19	主室床面冠	玻璃珠	2. 15	3. 50	1. 35	浓青色。表面风化(褐色)	
M1：126－20	主室床面冠	玻璃珠	3. 15	3. 50	0. 90	浓青色。表面风化	
M1：126－21	主室床面冠	玻璃珠	2. 65	3. 60	1. 35	浓青色。表面风化	
M1：126－22	主室床面冠	玻璃珠	2. 70	2. 75	0. 90	浓青色。表面风化	
M1：126－23	主室床面冠	玻璃珠	1. 85	3. 25	1. 00	浓青色。表面风化	
M1：126－24	主室床面冠	玻璃珠	2. 75	3. 25	1. 25	浓青色。表面风化	
M1：126－25	主室床面冠	玻璃珠	3. 15	3. 90	1. 10	浓青色。表面风化	
M1：126－26	主室床面冠	玻璃珠	2. 30	2. 90	1. 00	浓青色。表面风化(褐色)	↑
M1：126－27	主室床面冠	玻璃珠	3. 50	4. 10	0. 95	浓青色。表面风化	【原 13】西
M1：127－1	主室床面冠一括	玻璃珠	2. 35	3. 10	0. 75	浓青色。表面略有风化	
M1：127－2	主室床面冠一括	玻璃珠	2. 70	3. 90	0. 95	浓青色。表面略有风化	
M1：127－3	主室床面冠一括	玻璃珠	2. 05	3. 90	1. 25	浓青色。表面略有风化	
M1：127－4	主室床面冠一括	玻璃珠	3. 10	3. 00	0. 90	浓青色。表面略有风化	
M1：127－5	主室床面冠一括	玻璃珠	2. 70	3. 75	0. 95	浓青色。表面略有风化	
M1：127－6	主室床面冠一括	玻璃珠	2. 85	4. 00	1. 05	浓青色。表面略有风化	金箔被覆珠
M1：127－7	主室床面冠一括	玻璃珠	2. 40	2. 70	0. 90	浓青色。表面略有风化	

续附表 15

标本号	出土地点	种类	尺寸(mm)			色彩	备注
			纵径	横径	孔径		
M1：127－8	主室床面冠一括	玻璃珠	2.80	3.85	1.00	浓青色。表面略有风化	
M1：127－9	主室床面冠一括	玻璃珠	3.30	2.80	1.50	浓青色。表面略有风化	
M1：127－10	主室床面冠一括	玻璃珠	2.75	3.85	1.25	浓青色。表面略有风化	
M1：127－11	主室床面冠一括	玻璃珠	4.35	3.60	0.75	浓青色。表面略有风化	
M1：127－12	主室床面冠一括	玻璃珠	2.20	3.65	1.45	浓青色。表面略有风化	
M1：127－13	主室床面冠一括	玻璃珠	1.60	3.00	1.20	浓青色。表面略有风化	
M1：128－1	主室床面冠	玻璃珠	2.85	4.00	0.90	浓青色	剥离金箔片附着。一连。【原 16】东
M1：128－2	主室床面冠	玻璃珠	3.20	3.80	1.60	浓青色	↓
M1：128－3	主室床面冠	玻璃珠	3.25	3.45	1.20	浓青色	
M1：128－4	主室床面冠	玻璃珠	3.05	3.20	1.10	浓青色	
M1：128－5	主室床面冠	玻璃珠	2.70	4.70	1.60	浓青色	
M1：128－6	主室床面冠	玻璃珠	2.55	3.75	1.30	浓青色	
M1：128－7	主室床面冠	玻璃珠	3.05	3.15	1.20	浓青色	
M1：128－8	主室床面冠	玻璃珠	2.30	3.95	1.50	浓青色	
M1：128－9	主室床面冠	玻璃珠	1.80	3.75	1.20	浓青色	
M1：128－10	主室床面冠	玻璃珠	2.95	3.35	1.10	浓青色	
M1：128－11	主室床面冠	玻璃珠	1.70	3.90	1.60	浓青色	
M1：128－12	主室床面冠	玻璃珠	2.10	3.60	1.65	浓青色	
M1：128－13	主室床面冠	玻璃珠	2.75	3.20	1.25	浓青色	
M1：128－14	主室床面冠	玻璃珠	2.00	3.95	1.35	浓青色	
M1：128－15	主室床面冠	玻璃珠	1.90	3.70	1.20	浓青色	↑
M1：128－16	主室床面冠	玻璃珠	3.15	4.00	1.05	浓青色	【原 16】西
M1：128－17	主室床面冠	玻璃珠	3.00	3.45	0.95	浓青色。表面略有风化	剥离金箔片附着。一连。【原 16】东
M1：128－18	主室床面冠	玻璃珠	3.20	4.00	1.85	浓青色。表面略有风化	↓
M1：128－19	主室床面冠	玻璃珠	2.95	4.40	1.35	浓青色。表面风化	
M1：128－20	主室床面冠	玻璃珠	2.75	3.90	1.50	浓青色。表面风化	

续附表 15

标本号	出土地点	种类	尺寸(mm)			色彩	备注
			纵径	横径	孔径		
M1：128－21	主室床面冠	玻璃珠	2. 40	3. 95	1. 25	浓青色。表面风化	
M1：128－22	主室床面冠	玻璃珠	2. 65	3. 80	1. 35	浓青色。表面略有风化	↑
M1：128－23	主室床面冠	玻璃珠	3. 75	3. 00	1. 45	浓青色。表面略有风化	【原 17】西
M1：128－24	主室床面冠	玻璃珠	2. 70	3. 40	1. 05	浓青色。表面略有风化	一连。【原 18】西
M1：128－25	主室床面冠	玻璃珠	2. 95	4. 25	1. 45	浓青色。表面略有风化	↓金箔附着
M1：128－26	主室床面冠	玻璃珠	2. 95	3. 65	1. 10	浓青色。表面略有风化	
M1：128－27	主室床面冠	玻璃珠	3. 05	3. 95	1. 30	浓青色。表面略有风化	
M1：128－28	主室床面冠	玻璃珠	1. 95	3. 50	1. 10	浓青色。表面略有风化	
M1：128－29	主室床面冠	玻璃珠	3. 20	3. 80	1. 40	浓青色。表面略有风化	
M1：128－30	主室床面冠	玻璃珠	2. 40	3. 80	0. 95	浓青色。表面略有风化	
M1：128－31	主室床面冠	玻璃珠	2. 65	4. 45	1. 90	浓青色。表面略有风化	↑
M1：128－32	主室床面冠	玻璃珠	2. 95	4. 40	1. 50	浓青色。表面略有风化	【原 18】东
M1：129－1	主室床面冠一括	玻璃珠	3. 70	3. 70	1. 45	浓青色。表面风化	NO. 16、17 下层
M1：129－2	主室床面冠一括	玻璃珠	3. 50	2. 80	0. 90	浓青色。表面风化	NO. 16、17 下层
M1：129－3	主室床面冠一括	玻璃珠	3. 45	3. 00	0. 80	浓青色。表面风化	NO. 16、17 下层
M1：129－4	主室床面冠一括	玻璃珠	3. 00	3. 20	1. 00	浓青色。表面风化	NO. 16、17 下层
M1：129－5	主室床面冠一括	玻璃珠	2. 75	3. 55	1. 10	浓青色。表面风化	NO. 16、17 下层
M1：129－6	主室床面冠一括	玻璃珠	2. 60	3. 40	1. 05	浓青色。表面风化	NO. 16、17 下层
M1：129－7	主室床面冠一括	玻璃珠	2. 65	3. 75	1. 35	浓青色。表面风化	NO. 16、17 下层
M1：129－8	主室床面冠一括	玻璃珠	2. 35	3. 55	1. 50	浓青色。表面风化	NO. 16、17 下层
M1：129－9	主室床面冠一括	玻璃珠	3. 30	3. 15	1. 30	浓青色。表面风化	NO. 16、17 下层
M1：129－10	主室床面冠一括	玻璃珠	3. 80	3. 55	1. 65	浓青色。表面风化	NO. 16、17 下层
M1：130－1	主室床面冠	玻璃珠	2. 90	3. 55	0. 90	浓青色。表面风化	一连。【原 20】南
M1：130－2	主室床面冠	玻璃珠	3. 00	3. 90	1. 40	浓青色。表面风化	↓
M1：130－3	主室床面冠	玻璃珠	2. 75	4. 00	1. 25	浓青色。表面风化	
M1：130－4	主室床面冠	玻璃珠	2. 30	4. 25	1. 50	浓青色。表面风化	

续附表 15

标本号	出土地点	种类	尺寸(mm)			色彩	备注
			纵径	横径	孔径		
M1：130－5	主室床面冠	玻璃珠	2.65	4.10	1.20	浓青色。表面风化	↑
M1：130－6	主室床面冠	玻璃珠	2.85	4.10	0.90	浓青色。表面风化	【原20】北
M1：130－7	主室床面冠	玻璃珠	1.95	3.45	1.25	浓青色。表面风化	一连。【原21】东
M1：130－8	主室床面冠	玻璃珠	2.45	3.55	1.00	浓青色。表面风化	↓
M1：130－9	主室床面冠	玻璃珠	2.40	3.75	1.60	浓青色。表面风化	
M1：130－10	主室床面冠	玻璃珠	2.70	3.35	1.00	浓青色。表面风化	
M1：130－11	主室床面冠	玻璃珠	2.30	3.30	1.00	浓青色。表面风化	
M1：130－12	主室床面冠	玻璃珠	3.80	3.20	1.15	浓青色。表面风化	
M1：130－13	主室床面冠	玻璃珠	2.60	3.55	1.20	浓青色。表面风化	
M1：130－14	主室床面冠	玻璃珠	3.95	3.60	0.70	浓青色。表面风化	
M1：130－15	主室床面冠	玻璃珠	2.70	2.75	0.95	浓青色。表面风化	
M1：130－16	主室床面冠	玻璃珠	1.95	3.40	1.30	浓青色。表面风化	↑
M1：130－17	主室床面冠	玻璃珠	2.10	3.20	1.00	浓青色。表面风化	【原21】西
M1：131－1	主室床面冠一括	玻璃珠	3.30	3.55	1.00	浓青色。表面风化	
M1：131－2	主室床面冠一括	玻璃珠	2.75	3.05	1.20	浓青色。表面黄化	
M1：132－1	主室床面冠	玻璃珠	3.05	3.15	1.00	浓青色。表面风化	一连。【原23】南
M1：132－2	主室床面冠	玻璃珠	3.15	3.30	0.90	浓青色。表面风化	↓
M1：132－3	主室床面冠	玻璃珠	2.60	3.00	1.40	浓青色。表面风化	
M1：132－4	主室床面冠	玻璃珠	2.75	3.55	1.15	浓青色。表面风化	
M1：132－5	主室床面冠	玻璃珠	2.35	3.50	1.05	浓青色。表面风化	
M1：132－6	主室床面冠	玻璃珠	2.20	3.80	1.35	浓青色。表面风化	
M1：132－7	主室床面冠	玻璃珠	3.20	3.20	1.45	浓青色。表面风化	
M1：132－8	主室床面冠	玻璃珠	2.95	3.75	0.90	浓青色。表面风化	
M1：132－9	主室床面冠	玻璃珠	2.75	3.40	1.40	浓青色。表面风化	↑
M1：132－10	主室床面冠	玻璃珠	2.65	3.50	0.95	浓青色。表面风化	【原23】北
M1：132－11	主室床面冠	玻璃珠	2.10	2.75	0.75	浓青色。表面略有风化	剥离金箔片附着。一连。【原24】南

续附表 15

标本号	出土地点	种类	尺寸(mm)			色彩	备注
			纵径	横径	孔径		
M1：132－12	主室床面冠	玻璃珠	2.00	2.70	1.10	淡绿色。表面风化	↓
M1：132－13	主室床面冠	玻璃珠	3.10	2.45	0.90	浓青色。表面略有风化	
M1：132－14	主室床面冠	玻璃珠	2.80	3.15	0.85	浓青色。表面略有风化	
M1：132－15	主室床面冠	玻璃珠	2.70	3.45	1.45	浓青色。表面略有风化	
M1：132－16	主室床面冠	玻璃珠	2.95	2.90	1.10	浓青色。表面略有风化	
M1：132－17	主室床面冠	玻璃珠	3.30	2.90	0.80	浓青色。表面略有风化	
M1：132－18	主室床面冠	玻璃珠	2.00	3.55	1.45	山吹色。褐色风化	
M1：132－19	主室床面冠	玻璃珠	3.65	3.25	1.35	浓青色。表面风化	
M1：132－20	主室床面冠	玻璃珠	2.85	2.85	0.90	浓青色。表面风化	
M1：132－21	主室床面冠	玻璃珠	2.50	3.20	1.20	浓青色。表面风化	↑
M1：132－22	主室床面冠	玻璃珠	2.70	3.55	1.40	浓青色。表面风化	【原 24】北
M1：133－1	主室床面冠一括	玻璃珠	2.75	3.90	0.85	浓青色。表面风化	NO. 20 下层
M1：133－2	主室床面冠一括	玻璃珠	2.15	3.50	1.35	浓青色。表面风化	NO. 20 下层
M1：133－3	主室床面冠一括	玻璃珠	2.40	3.75	0.90	浓青色。表面风化	NO. 20 下层
M1：133－4	主室床面冠一括	玻璃珠	2.35	3.20	1.00	浓青色。表面风化	NO. 20 下层
M1：133－5	主室床面冠一括	玻璃珠	2.35	3.80	1.20	浓青色。表面风化	NO. 20 下层
M1：133－6	主室床面冠一括	玻璃珠	3.30	3.20	0.85	浓青色。表面风化	NO. 20 下层
M1：133－7	主室床面冠一括	玻璃珠	2.70	3.40	1.55	浓青色。表面风化	NO. 20 下层
M1：134－1	主室床面冠	玻璃珠	2.90	3.95	1.10	浓青色。表面风化	一连。【原 26】北
M1：134－2	主室床面冠	玻璃珠	3.85	4.15	1.10	浓青色。表面风化	↓
M1：134－3	主室床面冠	玻璃珠	2.85	4.35	1.60	浓青色。表面风化	
M1：134－4	主室床面冠	玻璃珠	2.85	3.95	1.30	浓青色。表面风化	
M1：134－5	主室床面冠	玻璃珠	2.50	4.00	1.30	浓青色。表面风化	
M1：134－6	主室床面冠	玻璃珠	3.60	3.70	1.25	浓青色。表面风化	
M1：134－7	主室床面冠	玻璃珠	2.40	4.15	1.80	浓青色。表面风化	
M1：134－8	主室床面冠	玻璃珠	3.30	3.70	1.10	浓青色。表面风化	

续附表 15

标本号	出土地点	种类	尺寸(mm)			色彩	备注
			纵径	横径	孔径		
M1：134－9	主室床面冠	玻璃珠	2.50	3.70	1.45	浓青色。表面风化	
M1：134－10	主室床面冠	玻璃珠	2.90	3.70	1.20	浓青色。表面风化	
M1：134－11	主室床面冠	玻璃珠	3.20	3.75	1.00	浓青色。表面风化	
M1：134－12	主室床面冠	玻璃珠	2.15	3.65	0.80	浓青色。表面风化	
M1：134－13	主室床面冠	玻璃珠	3.65	3.55	1.20	浓青色。表面风化	↑
M1：134－14	主室床面冠	玻璃珠	2.50	3.60	1.15	浓青色。表面风化	【原 26】南
M1：134－15	主室床面冠	玻璃珠	2.20	3.90	1.70	浓青色。表面风化	剥离金箔片附着。NO. 25・26 下层。一连。【原 27】东
M1：134－16	主室床面冠	玻璃珠	2.85	3.60	1.20	浓青色。表面风化	↓ NO. 25・26 下层
M1：134－17	主室床面冠	玻璃珠	3.10	2.95	1.25	浓青色。表面风化	NO. 25・26 下层
M1：134－18	主室床面冠	玻璃珠	2.90	3.15	0.80	浓青色。表面风化	NO. 25・26 下层
M1：134－19	主室床面冠	玻璃珠	2.65	3.65	0.95	浓青色。表面风化	NO. 25・26 下层
M1：134－20	主室床面冠	玻璃珠	2.55	3.20	1.20	浓青色。表面风化	↑ NO. 25・26 下层
M1：134－21	主室床面冠	玻璃珠	2.55	3.30	0.95	浓青色。表面风化	NO. 25・26 下层。【原 27】北
M1：134－22	主室床面冠	玻璃珠	3.15	3.60	1.40	浓青色。表面风化	NO. 25・26 下层。一连。【原 28】东
M1：134－23	主室床面冠	玻璃珠	2.45	3.90	0.95	浓青色。表面风化	↓ NO. 25・26 下层
M1：134－24	主室床面冠	玻璃珠	2.95	4.00	1.30	浓青色。表面风化	NO. 25・26 下层
M1：134－25	主室床面冠	玻璃珠	3.10	3.25	0.90	浓青色。表面风化	NO. 25・26 下层
M1：134－26	主室床面冠	玻璃珠	2.90	2.80	0.95	浓青色。表面风化	NO. 25・26 下层
M1：134－27	主室床面冠	玻璃珠	2.30	3.05	1.00	浓青色。表面风化	NO. 25・26 下层
M1：134－28	主室床面冠	玻璃珠	2.90	3.15	1.10	浓青色。表面风化	NO. 25・26 下层
M1：134－29	主室床面冠	玻璃珠	3.30	3.25	1.15	浓青色。表面风化	NO. 25・26 下层
M1：134－30	主室床面冠	玻璃珠	3.75	3.75	1.20	浓青色。表面风化	NO. 25・26 下层
M1：134－31	主室床面冠	玻璃珠	2.90	3.60	1.20	浓青色。表面风化	↑ NO. 25・26 下层
M1：134－32	主室床面冠	玻璃珠	3.90	3.05	0.95	浓青色。表面风化	NO. 25・26 下层。【原 28】北
M1：135－1	主室床面冠一括	玻璃珠	3.20	3.55	1.00	浓青色。表面风化	剥离金箔片附着。NO. 25～28 下层

续附表 15

标本号	出土地点	种类	尺寸(mm)			色彩	备注
			纵径	横径	孔径		
M1：135－2	主室床面冠一括	玻璃珠	2.70	3.90	1.80	浓青色。表面风化	NO. 25～28 下层
M1：135－3	主室床面冠一括	玻璃珠	2.40	4.00	1.15	浓青色。表面风化	NO. 25～28 下层
M1：135－4	主室床面冠一括	玻璃珠	1.95	3.80	1.10	浓青色。表面风化	NO. 25～28 下层
M1：135－5	主室床面冠一括	玻璃珠	3.70	3.70	1.65	浓青色。表面风化	NO. 25～28 下层
M1：135－6	主室床面冠一括	玻璃珠	1.95	3.55	0.95	浓青色。表面略有风化	NO. 25～28 下层
M1：135－7	主室床面冠一括	玻璃珠	2.30	3.75	0.75	浓青色。表面略有风化	
M1：135－8	主室床面冠一括	玻璃珠	2.80	3.25	0.95	浓青色。表面略有风化	剥离金箔片附着
M1：135－9	主室床面冠一括	玻璃珠	2.45	3.40	0.90	浓青色。表面略有风化	
M1：135－10	主室床面冠一括	玻璃珠	2.95	3.40	0.95	浓青色。表面略有风化	
M1：135－11	主室床面冠一括	玻璃珠	3.30	3.95	1.25	浓青色。表面略有风化	
M1：135－12	主室床面冠一括	玻璃珠	3.35	3.10	0.70	浓青色。表面略有风化	
M1：135－13	主室床面冠一括	玻璃珠	2.65	3.85	1.15	浓青色。表面略有风化	
M1：135－14	主室床面冠一括	玻璃珠	2.45	3.80	1.10	浓青色。表面略有风化	
M1：135－15	主室床面冠一括	玻璃珠	3.00	3.25	0.75	浓青色。表面略有风化	
M1：135－16	主室床面冠一括	玻璃珠	2.10	3.65	0.95	浓青色。表面略有风化	
M1：135－17	主室床面冠一括	玻璃珠	2.20	3.20	0.90	浓青色。表面略有风化	
M1：135－18	主室床面冠一括	玻璃珠	3.00	3.95	0.95	浓青色。表面略有风化	
M1：135－19	主室床面冠一括	玻璃珠	1.95	3.55	1.10	浓青色。表面略有风化	
M1：135－20	主室床面冠一括	玻璃珠	2.40	3.40	1.20	浓青色。表面略有风化	
M1：135－21	主室床面冠一括	玻璃珠	2.70	2.90	0.90	浓青色。表面略有风化	
M1：135－22	主室床面冠一括	玻璃珠	1.90	3.15	0.95	浓青色。表面略有风化	
M1：135－23	主室床面冠一括	玻璃珠	1.70	2.80	1.60	浓青色。褐色风化	
M1：135－24	主室床面冠一括	玻璃珠	2.20	3.75	0.80	浓青色。表面略有风化	
M1：135－25	主室床面冠一括	玻璃珠	2.30	3.75	1.20	浓青色。表面略有风化	
M1：135－26	主室床面冠一括	玻璃珠	2.20	3.20	0.90	浓青色。表面略有风化	
M1：135－27	主室床面冠一括	玻璃珠	2.10	3.25	1.00	浓青色。表面略有风化	

续附表 15

标本号	出土地点	种类	尺寸(mm)			色彩	备注
			纵径	横径	孔径		
M1：135－28	主室床面冠一括	玻璃珠	2.30	3.85	0.75	浓青色。表面略有风化	
M1：136－1	主室床面冠	玻璃珠	3.15	3.05	1.10	浓青色。表面风化	一连。【原 31】东
M1：136－2	主室床面冠	玻璃珠	2.20	3.65	1.20	浓青色。表面风化	↓
M1：136－3	主室床面冠	玻璃珠	2.20	3.85	1.00	浓青色。表面风化	
M1：136－4	主室床面冠	玻璃珠	3.45	3.15	1.10	浓青色。表面风化	
M1：136－5	主室床面冠	玻璃珠	2.50	3.70	1.35	浓青色。表面风化	
M1：136－6	主室床面冠	玻璃珠	1.95	3.50	1.20	浓青色。表面风化	
M1：136－7	主室床面冠	玻璃珠	2.70	3.45	1.10	浓青色。褐色风化	
M1：136－8	主室床面冠	玻璃珠	2.10	3.55	0.75	浓青色。表面风化	
M1：136－9	主室床面冠	玻璃珠	2.50	2.85	1.25	浓青色。表面风化	
M1：136－10	主室床面冠	玻璃珠	2.15	3.05	1.10	浓青色。表面风化	
M1：136－11	主室床面冠	玻璃珠	3.55	3.80	0.95	浓青色。表面风化	
M1：136－12	主室床面冠	玻璃珠	2.30	2.95	1.10	浓青色。表面风化	↑
M1：136－13	主室床面冠	玻璃珠	2.70	3.75	1.65	浓青色。表面风化	【原 31】西
M1：136－14	主室床面冠	玻璃珠	3.35	3.05	0.95	浓青色。表面风化	NO. 23 下层。一连。【原 32】东
M1：136－15	主室床面冠	玻璃珠	3.45	3.60	0.90	浓青色。表面风化	↓
M1：136－16	主室床面冠	玻璃珠	2.35	3.45	0.90	浓青色。表面风化	
M1：136－17	主室床面冠	玻璃珠	2.00	3.15	1.00	浓青色。表面风化	
M1：136－18	主室床面冠	玻璃珠	3.35	3.40	1.20	浓青色。表面风化	
M1：136－19	主室床面冠	玻璃珠	4.40	3.20	1.00	浓青色。表面风化	
M1：136－20	主室床面冠	玻璃珠	2.90	3.75	1.25	浓青色。表面风化	
M1：136－21	主室床面冠	玻璃珠	2.85	3.25	0.95	浓青色。表面风化	
M1：136－22	主室床面冠	玻璃珠	3.10	3.55	1.20	浓青色。表面风化	
M1：136－23	主室床面冠	玻璃珠	1.85	3.20	0.90	浓青色。表面风化	
M1：136－24	主室床面冠	玻璃珠	2.55	3.80	0.90	浓青色。表面风化	↑
M1：136－25	主室床面冠	玻璃珠	2.10	3.20	1.00	浓青色。表面风化	【原 32】西

续附表 15

标本号	出土地点	种类	尺寸(mm)			色彩	备注
			纵径	横径	孔径		
M1：137－1	主室床面冠一括	玻璃珠	2.15	3.20	0.70	浓青色。表面风化	NO.24 下层
M1：137－2	主室床面冠一括	玻璃珠	2.35	3.05	0.75	浓青色。表面风化	NO.24 下层
M1：137－3	主室床面冠一括	玻璃珠	2.95	3.40	1.10	浓青色。表面风化	NO.24 下层
M1：137－4	主室床面冠一括	玻璃珠	3.40	2.30	0.90	浓青色。表面风化	NO.24 下层
M1：137－5	主室床面冠一括	玻璃珠	2.00	3.70	1.15	浓青色。表面风化	NO.24 下层
M1：138－1	主室床面冠	玻璃珠	2.75	3.95	1.10	浓青色。表面风化	NO.31 下层。一连。【原 34】东
M1：138－2	主室床面冠	玻璃珠	3.10	3.55	1.35	浓青色。表面风化	↓ NO.31 下层
M1：138－3	主室床面冠	玻璃珠	2.20	3.20	1.25	浓青色。表面风化	NO.31 下层
M1：138－4	主室床面冠	玻璃珠	2.30	3.00	0.85	浓青色。表面风化	NO.31 下层
M1：138－5	主室床面冠	玻璃珠	2.95	3.50	1.10	浓青色。表面风化	NO.31 下层
M1：138－6	主室床面冠	玻璃珠	2.45	3.20	1.05	浓青色。表面风化	NO.31 下层
M1：138－7	主室床面冠	玻璃珠	2.70	3.10	1.10	浓青色。表面风化	NO.31 下层
M1：138－8	主室床面冠	玻璃珠	2.95	3.15	0.60	浓青色。表面风化(褐色)	NO.31 下层
M1：138－9	主室床面冠	玻璃珠	2.30	3.90	1.20	浓青色。表面风化(褐色)	NO.31 下层
M1：138－10	主室床面冠	玻璃珠	3.55	2.80	1.10	浓青色。表面风化(褐色)	NO.31 下层
M1：138－11	主室床面冠	玻璃珠	2.95	3.70	1.25	浓青色。表面风化	NO.31 下层
M1：138－12	主室床面冠	玻璃珠	2.35	3.15	1.35	浓青色。表面风化	↑ NO.31 下层
M1：138－13	主室床面冠	玻璃珠	2.95	2.95	1.40	浓青色。表面风化	NO.31 下层。【原 34】西
M1：139－1	主室床面冠一括	玻璃珠	1.95	3.85	1.25	浓青色。表面风化	
M1：139－2	主室床面冠一括	玻璃珠	2.65	4.10	1.25	浓青色。表面风化	
M1：139－3	主室床面冠一括	玻璃珠	4.00	3.25	0.95	浓青色。表面风化	
M1：139－4	主室床面冠一括	玻璃珠	2.40	3.85	0.90	浓青色。表面风化	
M1：139－5	主室床面冠一括	玻璃珠	2.30	3.35	0.95	浓青色。表面风化	
M1：139－6	主室床面冠一括	玻璃珠	2.35	3.80	1.20	浓青色。表面风化	
M1：140－1	主室床面冠	玻璃珠	2.95	3.15	1.45	浓青色。表面风化	一连。【原 36】东
M1：140－2	主室床面冠	玻璃珠	2.10	3.45	0.75	浓青色。表面风化	↓

续附表 15

标本号	出土地点	种类	尺寸(mm)			色彩	备注
			纵径	横径	孔径		
M1：140－3	主室床面冠	玻璃珠	–	–	–	浓青色。表面风化	
M1：140－4	主室床面冠	玻璃珠	2.00	3.65	1.20	浓青色。表面风化	
M1：140－5	主室床面冠	玻璃珠	2.85	3.60	1.25	浓青色。表面风化	
M1：140－6	主室床面冠	玻璃珠	1.80	3.20	0.90	浓青色。表面风化	↑
M1：140－7	主室床面冠	玻璃珠	2.35	3.10	0.75	浓青色。表面风化	【原 36】西
M1：140－8	主室床面冠	玻璃珠	3.30	3.60	1.00	浓青色。表面风化	一连。【原 37】南
M1：140－9	主室床面冠	玻璃珠	2.55	3.70	1.40	浓青色。表面风化	↓
M1：140－10	主室床面冠	玻璃珠	2.60	3.55	1.55	浓青色。表面风化	
M1：140－11	主室床面冠	玻璃珠	2.00	3.35	0.90	浓青色。表面风化	
M1：140－12	主室床面冠	玻璃珠	3.15	2.85	0.80	浓青色。表面风化	
M1：140－13	主室床面冠	玻璃珠	2.80	3.80	1.35	浓青色。表面风化	
M1：140－14	主室床面冠	玻璃珠	2.25	3.45	1.30	浓青色。表面风化	
M1：140－15	主室床面冠	玻璃珠	2.25	3.10	1.15	浓青色。表面风化	
M1：140－16	主室床面冠	玻璃珠	2.60	3.80	1.10	浓青色。表面风化	
M1：140－17	主室床面冠	玻璃珠	2.60	3.50	1.20	浓青色。表面风化	
M1：140－18	主室床面冠	玻璃珠	2.55	3.50	0.90	浓青色。表面风化	
M1：140－19	主室床面冠	玻璃珠	2.20	3.15	0.90	浓青色。表面风化	
M1：140－20	主室床面冠	玻璃珠	2.90	3.35	0.75	浓青色。表面风化	
M1：140－21	主室床面冠	玻璃珠	3.00	3.45	1.15	浓青色。表面风化	
M1：140－22	主室床面冠	玻璃珠	2.70	3.60	1.70	浓青色。表面风化	
M1：140－23	主室床面冠	玻璃珠	2.10	3.95	0.95	浓青色。表面风化	
M1：140－24	主室床面冠	玻璃珠	3.20	3.25	0.80	浓青色。表面风化	
M1：140－25	主室床面冠	玻璃珠	2.30	3.25	1.15	浓青色。表面风化	↑
M1：140－26	主室床面冠	玻璃珠	2.35	3.20	1.15	浓青色。表面风化	【原 37】北东
M1：141－1	主室床面冠一括	玻璃珠	3.45	3.60	1.00	浓青色。表面略有风化	剥离金箔片附着
M1：141－2	主室床面冠一括	玻璃珠	2.45	3.55	1.10	浓青色。表面略有风化	

续附表 15

标本号	出土地点	种类	尺寸(mm)			色彩	备注
			纵径	横径	孔径		
M1：141－3	主室床面冠一括	玻璃珠	2.35	3.85	1.35	浓青色。表面略有风化	
M1：141－4	主室床面冠一括	玻璃珠	2.15	3.80	0.80	浓青色。表面略有风化	
M1：141－5	主室床面冠一括	玻璃珠	2.10	4.15	1.35	浓青色。表面略有风化	剥离金箔片附着
M1：141－6	主室床面冠一括	玻璃珠	2.70	3.75	1.00	浓青色。表面略有风化	
M1：141－7	主室床面冠一括	玻璃珠	2.00	4.40	1.20	浓青色。表面略有风化	
M1：141－8	主室床面冠一括	玻璃珠	2.30	3.65	0.60	浓青色。表面略有风化	
M1：141－9	主室床面冠一括	玻璃珠	3.00	3.60	0.90	浓青色。表面略有风化	
M1：141－10	主室床面冠一括	玻璃珠	2.75	3.75	0.95 浓	青色。表面略有风化	
M1：141－11	主室床面冠一括	玻璃珠	2.45	4.00	1.15	浓青色。表面略有风化	
M1：141－12	主室床面冠一括	玻璃珠	2.50	3.65	0.90	浓青色。表面略有风化	
M1：141－13	主室床面冠一括	玻璃珠	2.30	3.50	1.25	浓青色。表面略有风化	
M1：141－14	主室床面冠一括	玻璃珠	3.10	3.30	0.80	浓青色。表面略有风化	
M1：141－15	主室床面冠一括	玻璃珠	3.45	3.35	0.90	浓青色。表面略有风化	
M1：141－16	主室床面冠一括	玻璃珠	2.10	3.35	0.80	浓青色。表面略有风化	
M1：141－17	主室床面冠一括	玻璃珠	2.30	3.50	1.20	浓青色。表面略有风化	
M1：141－18	主室床面冠一括	玻璃珠	2.40	3.90	1.20	浓青色。表面略有风化	
M1：141－19	主室床面冠一括	玻璃珠	2.55	3.80	1.10	浓青色。表面略有风化	
M1：141－20	主室床面冠一括	玻璃珠	2.60	3.85	1.05	浓青色。表面略有风化	
M1：141－21	主室床面冠一括	玻璃珠	2.70	3.55	0.90	浓青色。表面略有风化	
M1：141－22	主室床面冠一括	玻璃珠	2.65	3.45	1.10	浓青色。表面略有风化	
M1：141－23	主室床面冠一括	玻璃珠	3.50	3.55	0.65	浓青色。表面略有风化	
M1：141－24	主室床面冠一括	玻璃珠	3.20	3.25	0.90	浓青色。表面略有风化	
M1：141－25	主室床面冠一括	玻璃珠	2.35	3.25	0.85	浓青色。表面略有风化	
M1：141－26	主室床面冠一括	玻璃珠	2.20	3.25	1.20	浓青色。表面略有风化	
M1：141－27	主室床面冠一括	玻璃珠	3.60	3.85	1.60	浓青色。表面略有风化	
M1：141－28	主室床面冠一括	玻璃珠	2.60	3.70	1.10	浓青色。表面略有风化	

续附表 15

标本号	出土地点	种类	尺寸(mm)			色彩	备注
			纵径	横径	孔径		
M1：141－29	主室床面冠一括	玻璃珠	2.40	3.20	1.10	浓青色。表面略有风化	
M1：141－30	主室床面冠一括	玻璃珠	2.70	3.40	1.10	浓青色。表面略有风化	
M1：141－31	主室床面冠一括	玻璃珠	2.20	2.80	0.90	浓青色。表面风化	
M1：141－32	主室床面冠一括	玻璃珠	2.65	3.65	1.50	浓青色。表面略有风化	
M1：141－33	主室床面冠一括	玻璃珠	2.10	3.15	1.00	浓青色。表面略有风化	
M1：141－34	主室床面冠一括	玻璃珠	2.60	2.80	0.90	浓青色。表面略有风化	
M1：141－35	主室床面冠一括	玻璃珠	1.95	3.30	0.90	浓青色。表面风化	
M1：141－36	主室床面冠	玻璃珠	2.45	3.10	0.85	浓青色。表面风化	
M1：142－1	夫人棺棺内埋土	玻璃珠	2.90	4.65	1.40	浓青色。表面风化	
M1：142－2	夫人棺棺内埋土	玻璃珠	－	－	－	浓青色。表面风化(褐色)	小破片
M1：142－3	夫人棺棺内埋土	玻璃珠	2.20	4.25	1.00	浓青色。表面风化	
M1：142－4	夫人棺棺内埋土	玻璃珠	3.80	4.25	1.20	浓青色。表面风化	
M1：142－5	夫人棺棺内埋土	玻璃珠	3.10	4.55	－	浓青色。表面风化(褐色)	
M1：142－6	夫人棺棺内埋土	玻璃珠	2.90	3.20	0.95	浓青色。表面风化(褐色)	
M1：142－7	夫人棺棺内埋土	玻璃珠	3.65	3.70	0.85	浓青色。表面风化	
M1：142－8	夫人棺棺内埋土	玻璃珠	3.60	3.80	0.95	浓青色。表面风化(褐色)	
M1：142－9	夫人棺排土	玻璃珠	3.20	5.25	1.40	浓青色。表面风化(褐色)	
M1：142－10	夫人棺排土	玻璃珠	2.65	4.90	1.40	浓青色	
M1：143－1	田弘棺底板北侧中央部排土	玻璃珠	3.20	3.80	0.90	浓青色。表面风化	
M1：143－2	田弘棺底板北侧中央部排土	玻璃珠	4.00	5.15	1.25	浓青色。表面风化(褐色)	
M1：143－3	田弘棺底板北侧中央部排土	玻璃珠	3.00	5.55	1.65	浓青色。表面风化(褐色)	
M1：143－4	田弘棺底板北侧中央部排土	玻璃珠	2.90	5.00	1.80	浓青色。表面风化	
M1：143－5	田弘棺底板北侧中央部排土	玻璃珠	2.95	4.55	1.00	浓青色。表面风化	

续附表 15

标本号	出土地点	种类	尺寸(mm)			色彩	备注
			纵径	横径	孔径		
M1：143－6	田弘棺底板北侧中央部排土	玻璃珠	2.40	4.10	1.25	浓青色。表面风化	
M1：143－7	田弘棺底板北侧中央部排土	玻璃珠	3.45	3.55	1.00	浓青色。表面风化	
M1：143－8	田弘棺底板北侧中央部排土	玻璃珠	3.05	5.50	1.45	浓青色。表面风化(褐色)	
M1：143－9	田弘棺底板北侧中央部排土	玻璃珠	2.95	5.65	1.35	浓青色。表面风化(褐色)	
M1：143－10	田弘棺底板北侧中央部排土	玻璃珠	2.85	5.25	1.80	浓青色。表面风化(褐色)	
M1：143－11	田弘棺底板北侧中央部排土	玻璃珠	3.20	3.95	1.20	浓青色。表面风化(褐色)	
M1：143－12	田弘棺底板北侧中央部排土	玻璃珠	2.70	4.00	0.65	浓青色。表面风化	
M1：143－13	田弘棺底板北侧中央部排土	玻璃珠	1.65	3.85	1.00	浓青色。表面风化(褐色)	
M1：143－14	田弘棺底板北侧中央部排土	玻璃珠	2.25	3.30	1.10	浓青色。表面风化	
M1：143－15	田弘棺底板北侧中央部排土	玻璃珠	1.60	3.50	0.95	浓青色。表面风化	
M1：143－16	田弘棺底板北侧中央部排土	玻璃珠	2.70	4.45	1.15	浓青色。表面部分白色风化	
M1：143－17	田弘棺底板北侧中央部排土	玻璃珠	2.35	4.10	1.60	浓青色。表面部分白色风化	
M1：143－18	田弘棺底板北侧中央部排土	玻璃珠	8.65	10.05	1.75	浓青色。表面风化(褐色)	
M1：143－19	田弘棺底板北侧中央部排土	玻璃珠	3.90	3.30	1.20	浓青色。表面风化(褐色)	
M1：143－20	田弘棺底板北侧中央部排土	玻璃珠	4.25	4.15	0.95	浓青色。表面风化	

续附表 15

标本号	出土地点	种类	尺寸(mm)			色彩	备注
			纵径	横径	孔径		
M1：143－21	田弘棺底板北侧中央部排土	玻璃珠	3. 15	3. 85	0. 90	浓青色。表面风化	
M1：143－22	田弘棺底板北侧中央部排土	玻璃珠	1. 95	3. 45	1. 00	浓青色。表面风化	
M1：143－23	田弘棺底板北侧中央部排土	玻璃珠	1. 75	2. 80	0. 75	浓青色。表面风化	
M1：143－24	田弘棺底板北侧中央部排土	玻璃珠	2. 55	2. 95	0. 85	浓青色。表面风化	
M1：144－1	夫人棺棺内	玻璃珠	3. 40	6. 60	1. 70	浓青色。表面风化	
M1：144－2	夫人棺棺内	玻璃珠	2. 90	4. 65	1. 30	浓青色。表面风化	
M1：144－3	夫人棺棺内	玻璃珠	2. 80	3. 70	0. 70	浓青色。表面风化	
M1：144－4	夫人棺棺内	玻璃珠	3. 05	4. 65	0. 70	浓青色。表面风化	
M1：144－5	夫人棺棺内	玻璃珠	3. 10	4. 10	1. 00	浓青色。表面风化	
M1：144－6	夫人棺棺内	玻璃珠	3. 20	4. 20	0. 75	浓青色。表面风化	
M1：144－7	夫人棺棺内	玻璃珠	2. 50	4. 15	1. 10	浓青色。表面风化(褐色)	
M1：144－8	夫人棺棺内	玻璃珠	–	–	–	浓青色。表面风化(褐色)	
M1：144－9	夫人棺	玻璃珠	2. 70	3. 95	1. 00	浓青色。表面风化	
M1：144－10	夫人棺	玻璃珠	2. 20	3. 15	0. 95	浓青色。表面风化	
M1：145	田弘棺棺内	玻璃珠	4. 10	4. 60	1. 00	浓青色。表面风化	
M1：146－1	田弘棺南小口附近盗洞内	玻璃珠	2. 45	4. 20	1. 05	浓青色。表面风化	
M1：146－2	田弘棺南小口附近盗洞内	玻璃珠	3. 10	4. 65	1. 15	浓青色。表面风化(褐色)	
M1：147－1	后室排土	玻璃珠	3. 90	5. 25	1. 20	浓青色。表面风化(褐色)	
M1：147－2	后室排土	玻璃珠	2. 85	5. 25	1. 90	浓青色。表面风化	
M1：147－3	后室排土	玻璃珠	3. 55	5. 10	1. 20	浓青色。表面风化	
M1：147－4	后室排土	玻璃珠	3. 70	5. 35	1. 40	浓青色。表面风化	

续附表 15

标本号	出土地点	种类	尺寸(mm)			色彩	备注
			纵径	横径	孔径		
M1：147－5	后室排土	玻璃珠	3.45	4.80	1.35	浓青色。表面风化	
M1：147－6	后室排土	玻璃珠	3.55	4.90	1.25	浓青色。表面风化	
M1：147－7	后室排土	玻璃珠	3.20	4.55	1.10	浓青色。表面风化	
M1：147－8	后室排土	玻璃珠	3.10	4.10	1.05	浓青色。表面风化	
M1：147－9	后室排土	玻璃珠	3.40	5.90	1.90	浓青色。表面风化	
M1：147－10	后室排土	玻璃珠	3.25	5.00	1.20	浓青色。表面风化	
M1：147－11	后室排土	玻璃珠	3.35	5.10	1.20	浓青色。表面风化	
M1：147－12	后室排土	玻璃珠	3.55	5.75	1.85	浓青色。表面风化	
M1：147－13	后室排土	玻璃珠	2.75	4.25	0.95	浓青色。表面风化	
M1：147－14	后室排土	玻璃珠	3.25	4.25	1.35	浓青色。表面风化	
M1：147－15	后室排土	玻璃珠	2.80	4.00	1.00	浓青色。表面风化(褐色)	
M1：147－16	后室排土	玻璃珠	2.80	5.00	1.40	浓青色。表面风化	
M1：147－17	后室排土	玻璃珠	2.95	5.25	1.75	浓青色。表面风化(褐色)	
M1：147－18	后室排土	玻璃珠	2.90	4.35	1.25	浓青色。表面风化(褐色)	
M1：147－19	后室排土	玻璃珠	3.45	4.55	1.35	浓青色。表面风化(褐色)	
M1：147－20	后室排土	玻璃珠	3.20	3.70	1.10	浓青色。表面风化	
M1：147－21	后室排土	玻璃珠	2.65	5.15	1.40	浓青色。表面风化	
M1：147－22	后室排土	玻璃珠	2.90	4.95	1.20	浓青色。表面风化(褐色)	
M1：147－23	后室排土	玻璃珠	3.50	3.95	0.95	浓青色。表面风化	
M1：147－24	后室排土	玻璃珠	3.60	5.40	1.65	浓青色。表面风化(褐色)	
M1：147－25	后室排土	玻璃珠	3.00	5.25	1.20	浓青色。表面风化	
M1：147－26	后室排土	玻璃珠	2.85	5.00	1.35	浓青色。表面风化	
M1：147－27	后室排土	玻璃珠	3.00	5.00	1.30	浓青色。表面风化(褐色)	
M1：147－28	后室排土	玻璃珠	3.05	4.90	1.50	浓青色。表面风化(褐色)	
M1：147－29	后室排土	玻璃珠	4.05	5.85	2.00	浓青色。表面风化	
M1：147－30	后室排土	玻璃珠	3.05	5.30	1.60	浓青色。表面风化	

续附表 15

标本号	出土地点	种类	尺寸(mm)			色彩	备注
			纵径	横径	孔径		
M1：147－31	后室排土	玻璃珠	3.15	4.90	1.65	浓青色。表面风化	
M1：147－32	后室排土	玻璃珠	3.40	5.10	1.60	浓青色。表面风化(褐色)	
M1：147－33	后室排土	玻璃珠	3.30	5.30	1.60	浓青色。表面风化(褐色)	
M1：147－34	后室排土	玻璃珠	2.90	5.00	1.35	浓青色。表面风化(褐色)	
M1：147－35	后室排土	玻璃珠	3.65	5.75	1.40	浓青色。表面风化	
M1：147－36	后室排土	玻璃珠	3.10	4.90	1.45	浓青色。表面风化	
M1：147－37	后室排土	玻璃珠	2.90	4.85	1.60	浓青色。表面风化(褐色)	
M1：147－38	后室排土	玻璃珠	2.80	5.75	1.70	浓青色。表面风化	
M1：147－39	后室排土	玻璃珠	3.20	5.00	1.45	浓青色。表面风化(褐色)	
M1：147－40	后室排土	玻璃珠	2.90	4.90	1.30	浓青色。表面风化	
M1：147－41	后室排土	玻璃珠	2.05	3.60	0.90	浓青色。表面风化	
M1：147－42	后室排土	玻璃珠	2.70	4.80	1.00	浓青色。表面风化	
M1：147－43	后室排土	玻璃珠	2.95	3.80	0.95	浓青色。表面风化	
M1：147－44	后室排土	玻璃珠	2.60	4.55	1.15	浓青色。表面风化	
M1：147－45	后室排土	玻璃珠	3.60	5.15	0.80	浓青色。表面风化	
M1：147－46	后室排土	玻璃珠	9.50	9.05	2.15	浓青色。表面风化(褐色)	
M1：147－47	后室排土	玻璃珠	2.95	5.90	1.85	浓青色。表面风化	
M1：147－48	后室排土	玻璃珠	2.70	4.30	1.25	浓青色。表面风化	
M1：147－49	后室排土	玻璃珠	3.10	5.30	1.30	浓青色。表面风化	
M1：147－50	后室排土	玻璃珠	3.10	4.40	1.50	浓青色。表面风化	
M1：147－51	后室排土	玻璃珠	2.55	5.50	1.60	浓青色。表面风化	
M1：147－52	后室排土	玻璃珠	2.55	5.45	2.05	浓青色。表面风化(褐色)	
M1：147－53	后室排土	玻璃珠	3.40	3.80	1.25	浓青色。表面风化	
M1：147－54	后室排土	玻璃珠	3.40	5.85	2.00	浓青色。表面风化	
M1：147－55	后室排土	玻璃珠	4.15	4.55	1.40	浓青色。表面风化	
M1：147－56	后室排土	玻璃珠	3.10	4.70	1.30	浓青色。表面风化	

续附表 15

标本号	出土地点	种类	尺寸(mm)			色彩	备注
			纵径	横径	孔径		
M1：147－57	后室排土	玻璃珠	2.85	5.20	1.55	浓青色。表面风化	
M1：147－58	后室排土	玻璃珠	2.70	4.45	1.85	浓青色。表面风化(褐色)	
M1：147－59	后室排土	玻璃珠	3.50	4.20	1.20	浓青色。表面风化(褐色)	
M1：147－60	后室排土	玻璃珠	3.10	5.00	1.20	浓青色。表面风化	
M1：147－61	后室排土	玻璃珠	3.95	4.75	1.10	浓青色。表面风化	
M1：147－62	后室排土	玻璃珠	3.35	5.00	2.10	浓青色。表面风化	
M1：147－63	后室排土	玻璃珠	3.20	4.40	1.35	浓青色。表面风化	
M1：147－64	后室排土	玻璃珠	3.15	5.35	1.60	浓青色。表面风化	
M1：147－65	后室排土	玻璃珠	3.55	4.95	1.10	浓青色。表面风化	
M1：147－66	后室排土	玻璃珠	3.20	4.30	1.15	浓青色。表面风化	
M1：147－67	后室排土	玻璃珠	2.80	4.95	1.00	浓青色。表面风化(褐色)	
M1：147－68	后室排土	玻璃珠	4.60	4.65	1.05	浓青色。表面风化(褐色)	
M1：147－69	后室排土	玻璃珠	2.00	4.95	1.50	浓青色。表面风化(褐色)	
M1：147－70	后室排土	玻璃珠	2.45	5.00	1.60	浓青色。表面风化(褐色)	
M1：147－71	后室排土	玻璃珠	2.50	4.15	0.95	浓青色。表面风化	
M1：147－72	后室排土	玻璃珠	2.55	3.95	1.65	浓青色。表面风化	
M1：147－73	后室排土	玻璃珠	2.90	4.90	2.20	浓青色。表面风化	
M1：147－74	后室排土	玻璃珠	2.60	6.25	1.40	浓青色。表面风化	
M1：147－75	后室排土	玻璃珠	2.15	5.25	1.50	浓青色。表面风化	
M1：147－76	后室排土	玻璃珠	2.60	4.75	1.45	浓青色。表面风化	
M1：147－77	后室排土	玻璃珠	2.50	4.90	1.40	浓青色。表面风化	
M1：147－78	后室排土	玻璃珠	2.60	4.90	1.80	浓青色。表面风化	
M1：147－79	后室排土	玻璃珠	2.70	4.65	1.35	浓青色。表面风化	
M1：147－80	后室排土	玻璃珠	3.95	4.25	1.35	浓青色。表面风化	
M1：147－81	后室排土	玻璃珠	2.95	5.35	1.25	浓青色。表面风化	
M1：147－82	后室排土	玻璃珠	2.90	4.90	1.60	浓青色。表面风化	

续附表 15

标本号	出土地点	种类	尺寸(mm)			色彩	备注
			纵径	横径	孔径		
M1：147－83	后室排土	玻璃珠	2.60	3.80	1.00	浓青色。表面风化	
M1：147－84	后室排土	玻璃珠	2.85	4.45	1.40	浓青色。表面风化	
M1：147－85	后室排土	玻璃珠	3.40	3.80	1.45	浓青色。表面风化	
M1：147－86	后室排土	玻璃珠	2.20	4.40	1.80	浓青色。表面风化	
M1：147－87	后室排土	玻璃珠	3.30	5.20	1.75	浓青色。表面风化	
M1：147－88	后室排土	玻璃珠	2.70	5.00	2.00	浓青色。表面风化	
M1：147－89	后室排土	玻璃珠	3.30	4.20	2.10	浓青色。表面风化(褐色)	
M1：147－90	后室排土	玻璃珠	3.55	4.65	1.25	浓青色。表面风化	
M1：147－91	后室排土	玻璃珠	2.95	4.40	1.50	浓青色。表面风化	
M1：147－92	后室排土	玻璃珠	3.20	5.10	2.10	浓青色。表面风化	
M1：147－93	后室排土	玻璃珠	2.50	4.70	1.45	浓青色。表面风化	
M1：147－94	后室排土	玻璃珠	3.40	4.70	0.90	浓青色。表面风化	
M1：147－95	后室排土	玻璃珠	2.10	4.75	2.15	浓青色。表面风化(褐色)	
M1：147－96	后室排土	玻璃珠	3.30	3.85	1.20	浓青色。表面风化	
M1：147－97	后室排土	玻璃珠	3.35	4.15	1.15	浓青色。表面风化	
M1：147－98	后室排土	玻璃珠	2.70	4.95	1.20	浓青色。表面风化	
M1：147－99	后室排土	玻璃珠	3.20	3.95	1.25	浓青色。表面风化	
M1：147－100	后室排土	玻璃珠	4.15	5.25	1.70	浓青色。表面风化	
M1：147－101	后室排土	玻璃珠	3.50	4.10	1.15	浓青色。表面风化	
M1：147－102	后室排土	玻璃珠	2.90	5.35	1.50	浓青色。表面风化(褐色)	
M1：147－103	后室排土	玻璃珠	2.35	4.50	1.40	浓青色。表面风化	
M1：147－104	后室排土	玻璃珠	3.40	4.30	1.35	浓青色。表面风化	
M1：147－105	后室排土	玻璃珠	3.30	3.70	1.00	浓青色。表面风化	
M1：147－106	后室排土	玻璃珠	2.55	3.20	1.00	浓青色。表面风化	
M1：147－107	后室排土	玻璃珠	3.40	4.75	1.20	浓青色。表面风化	
M1：147－108	后室排土	玻璃珠	3.40	3.55	0.85	浓青色。表面风化	

续附表 15

标本号	出土地点	种类	尺寸(mm)			色彩	备注
			纵径	横径	孔径		
M1：147－109	后室排土	玻璃珠	4.60	2.90	1.00	浓青色。表面风化	
M1：147－110	后室排土	玻璃珠	2.85	3.45	1.20	浓青色。表面风化	
M1：147－111	后室排土	玻璃珠	2.60	4.20	1.00	浓青色。表面风化	
M1：147－112	后室排土	玻璃珠	2.30	3.40	1.15	浓青色。表面风化	
M1：147－113	后室排土	玻璃珠	2.60	4.50	1.20	浓青色。表面风化	
M1：147－114	后室排土	玻璃珠	2.65	3.80	1.20	浓青色。表面风化	
M1：147－115	后室排土	玻璃珠	2.60	4.60	1.80	浓青色。表面风化	
M1：147－116	后室排土	玻璃珠	2.80	3.20	0.60	浓青色。表面风化(褐色)	
M1：147－117	后室排土	玻璃珠	3.00	3.20	0.85	浓青色。表面风化	
M1：147－118	后室排土	玻璃珠	3.00	4.40	1.35	浓青色。表面风化	
M1：147－119	后室排土	玻璃珠	2.25	3.70	1.15	浓青色。表面风化	
M1：147－120	后室排土	玻璃珠	2.90	4.20	1.15	浓青色。表面风化	
M1：147－121	后室排土	玻璃珠	2.95	5.00	1.75	浓青色。表面风化	部分欠损
M1：147－122	后室排土	玻璃珠	3.65	5.80	1.45	浓青色。表面风化(褐色)	
M1：147－123	后室排土	玻璃珠	3.55	5.05	1.00	浓青色。表面风化	
M1：147－124	后室排土	玻璃珠	2.90	4.15	1.60	浓青色。表面风化	
M1：147－125	后室排土	玻璃珠	2.95	5.10	1.80	浓青色。表面风化(褐色)	
M1：147－126	后室排土	玻璃珠	2.45	4.35	1.25	浓青色。表面风化	
M1：147－127	后室排土	玻璃珠	3.30	3.45	1.40	浓青色。表面风化	
M1：147－128	后室排土	玻璃珠	2.90	4.60	1.75	浓青色。表面风化	
M1：147－129	后室排土	玻璃珠	2.15	3.80	1.10	浓青色。表面风化	
M1：147－130	后室排土	玻璃珠	3.60	4.25	1.00	浓青色。表面风化(褐色)	
M1：147－131	后室排土	玻璃珠	2.00	4.85	1.15	浓青色。表面风化	
M1：147－132	后室排土	玻璃珠	3.40	3.90	1.30	浓青色。表面风化	
M1：147－133	后室排土	玻璃珠	2.95	3.00	0.75	浓青色。表面风化	
M1：147－134	后室排土	玻璃珠	3.50	4.20	0.90	浓青色。表面风化(褐色)	

续附表 15

标本号	出土地点	种类	尺寸（mm）			色彩	备注
			纵径	横径	孔径		
M1：147－135	后室排土	玻璃珠	3.10	4.10	0.95	浓青色。表面风化（褐色）	
M1：147－136	后室排土	玻璃珠	3.95	4.10	1.35	浓青色。表面风化	
M1：147－137	后室排土	玻璃珠	2.70	3.85	0.90	浓青色。表面风化	
M1：147－138	后室排土	玻璃珠	2.55	3.90	1.20	浓青色。表面风化	
M1：147－139	后室排土	玻璃珠	2.35	3.15	1.10	浓青色。表面风化	
M1：147－140	后室排土	玻璃珠	2.00	4.00	1.40	浓青色。表面风化	
M1：147－141	后室排土	玻璃珠	3.30	3.35	1.35	浓青色。表面风化	
M1：147－142	后室排土	玻璃珠	1.85	3.65	1.40	浓青色。表面风化	
M1：147－143	后室排土	玻璃珠	2.25	3.65	1.00	浓青色。表面风化	
M1：147－144	后室排土	玻璃珠	3.80	3.55	0.95	浓青色。表面风化	
M1：147－145	后室排土	玻璃珠	2.45	4.60	1.00	浓青色。表面风化	
M1：147－146	后室排土	玻璃珠	3.20	4.65	1.00	浓青色。表面风化	
M1：147－147	后室排土	玻璃珠	2.80	3.40	0.90	浓青色。表面风化（褐色）	
M1：147－148	后室排土	玻璃珠	2.85	3.60	1.30	浓青色。表面风化	
M1：147－149	后室排土	玻璃珠	2.20	3.70	1.40	浓青色。表面风化	
M1：147－150	后室排土	玻璃珠	2.00	3.20	1.10	浓青色。表面风化	
M1：147－151	后室排土	玻璃珠	2.50	2.95	1.15	浓青色。表面风化	
M1：147－152	后室排土	玻璃珠	3.20	3.10	0.95	浓青色。表面风化（褐色）	
M1：147－153	后室排土	玻璃珠	2.85	5.05	1.60	浓青色。表面风化	
M1：147－154	后室排土	玻璃珠	2.90	4.20	1.25	浓青色。表面风化	
M1：147－155	后室排土	玻璃珠	1.85	3.30	1.00	浓青色。表面风化	
M1：147－156	后室排土	玻璃珠	2.20	4.10	1.55	浓青色。表面风化	
M1：147－157	后室排土	玻璃珠	3.05	3.80	0.60	浓青色。表面风化	
M1：147－158	后室排土	玻璃珠	2.20	4.00	0.85	浓青色。表面风化	
M1：147－159	后室排土	玻璃珠	2.35	2.90	0.80	浓青色。表面风化（褐色）	
M1：147－160	后室排土	玻璃珠	2.60	3.85	1.20	浓青色。表面风化	

续附表 15

标本号	出土地点	种类	尺寸(mm)			色彩	备注
			纵径	横径	孔径		
M1：147－161	后室排土	玻璃珠	3.40	5.10	1.10	浓青色。表面风化(褐色)	
M1：147－162	后室排土	玻璃珠	2.55	4.00	1.05	浓青色。表面风化(褐色)	
M1：147－163	后室排土	玻璃珠	3.05	4.20	1.10	浓青色。表面风化	
M1：147－164	后室排土	玻璃珠	2.95	3.45	1.05	浓青色。表面风化	
M1：147－165	后室排土	玻璃珠	2.60	4.25	0.95	浓青色。表面风化	
M1：147－166	后室排土	玻璃珠	1.95	3.15	0.90	浓青色。表面风化	
M1：147－167	后室排土	玻璃珠	1.95	3.20	1.15	浓青色。表面风化	
M1：147－168	后室排土	玻璃珠	2.80	4.90	1.25	浓青色。表面风化(褐色)	
M1：147－169	后室排土	玻璃珠	2.00	3.05	1.10	浓青色。表面风化	
M1：147－170	后室排土	玻璃珠	2.70	2.85	1.00	浓青色。表面风化	
M1：147－171	后室排土	玻璃珠	2.85	2.90	0.90	浓青色。表面风化(褐色)	
M1：147－172	后室排土	玻璃珠	2.10	3.10	0.90	浓青色。表面风化(褐色)	
M1：147－173	后室排土	玻璃珠	3.85	2.90	0.95	浓青色。表面风化(褐色)	
M1：147－174	后室排土	玻璃珠	3.95	3.25	1.00	浓青色。表面风化	
M1：147－175	后室排土	玻璃珠	2.35	3.95	1.25	浓青色。表面风化	
M1：147－176	后室排土	玻璃珠	3.05	2.95	0.80	浓青色。表面风化(褐色)	
M1：147－177	后室排土	玻璃珠	2.95	3.70	0.80	浓青色。表面风化	
M1：147－178	后室排土	玻璃珠	2.60	3.80	1.35	浓青色。表面风化(褐色)	
M1：147－179	后室排土	玻璃珠	2.50	4.85	1.30	浓青色。表面风化(褐色)	
M1：147－180	后室排土	玻璃珠	2.90	4.25	1.30	浓青色。表面风化	
M1：147－181	后室排土	玻璃珠	2.70	4.45	1.25	浓青色。表面风化(褐色)	
M1：147－182	后室排土	玻璃珠	4.20	4.40	0.95	浓青色。表面风化	
M1：147－183	后室排土	玻璃珠	2.45	3.55	0.95	浓青色。表面风化	
M1：147－184	后室排土	玻璃珠	3.35	4.90	1.35	浓青色。表面风化	
M1：147－185	后室排土	玻璃珠	2.55	3.85	0.75	浓青色。表面风化	
M1：147－186	后室排土	玻璃珠	2.50	3.65	1.05	浓青色。表面风化	

续附表 15

标本号	出土地点	种类	尺寸(mm)			色彩	备注
			纵径	横径	孔径		
M1：147－187	后室排土	玻璃珠	3.10	3.40	0.90	浓青色。表面风化	
M1：147－188	后室排土	玻璃珠	2.25	3.65	0.95	浓青色。表面风化	
M1：147－189	后室排土	玻璃珠	2.65	3.85	0.65	浓青色。表面风化	
M1：147－190	后室排土	玻璃珠	3.00	3.85	0.90	浓青色。表面风化	
M1：147－191	后室排土	玻璃珠	2.75	4.60	1.10	浓青色。表面风化	
M1：147－192	后室排土	玻璃珠	2.35	2.70	0.80	浓青色。表面风化	
M1：147－193	后室排土	玻璃珠	2.90	2.95	1.10	浓青色。表面风化(褐色)	
M1：147－194	后室排土	玻璃珠	2.90	3.55	1.05	浓青色。表面风化	
M1：147－195	后室排土	玻璃珠	2.95	5.20	1.50	浓青色。表面风化	
M1：147－196	后室排土	玻璃珠	2.95	3.70	0.65	浓青色。表面风化	
M1：147－197	后室排土	玻璃珠	3.05	5.25	0.85	浓青色。表面风化	
M1：147－198	后室排土	玻璃珠	2.95	4.30	1.00	浓青色。表面风化(褐色)	
M1：147－199	后室排土	玻璃珠	2.50	3.60	0.70	浓青色。表面风化	
M1：147－200	后室排土	玻璃珠	2.85	3.95	1.00	浓青色。表面风化(褐色)	
M1：147－201	后室排土	玻璃珠	1.95	3.30	0.90	浓青色。表面风化	
M1：147－202	后室排土	玻璃珠	2.55	4.30	1.35	浓青色。表面风化(褐色)	
M1：147－203	后室排土	玻璃珠	3.50	3.00	0.75	浓青色。表面风化(褐色)	
M1：148－1	后室排土	玻璃珠	2.15	3.30	0.85	浓青色。表面风化	
M1：148－2	后室排土	玻璃珠	1.65	2.95	0.80	浓青色。表面风化(褐色)	
M1：148－3	后室排土	玻璃珠	2.95	2.75	0.90	浓青色。表面风化(褐色)	
M1：148－4	后室排土	玻璃珠	2.80	3.95	0.75	浓青色。表面风化(褐色)	
M1：148－5	后室排土	玻璃珠	1.85	3.95	0.75	浓青色。表面风化(褐色)	
M1：148－6	后室排土	玻璃珠	2.40	4.00	1.10	浓青色。表面风化	
M1：148－7	后室排土	玻璃珠	–	–	–	浓青色	小破片
M1：148－8	后室排土	玻璃珠	1.85	4.00	1.15	浓青色。表面风化	
M1：148－9	后室排土	玻璃珠	3.25	3.25	0.80	浓青色。表面风化	
M1：148－10	后室排土	玻璃珠	2.85	3.35	0.65	浓青色。表面风化	

续附表 15

标本号	出土地点	种类	尺寸(mm)			色彩	备注
			纵径	横径	孔径		
M1：148－11	后室排土	玻璃珠	2.70	3.15	0.70	浓青色。表面风化	
M1：148－12	后室排土	玻璃珠	3.30	3.90	1.00	浓青色。表面风化	
M1：148－13	后室排土	玻璃珠	2.85	3.35	0.95	浓青色。表面风化(褐色)	
M1：148－14	后室排土	玻璃珠	2.60	2.85	0.80	浓青色。表面风化(褐色)	
M1：148－15	后室排土	玻璃珠	2.70	2.90	0.95	浓青色。表面风化	
M1：148－16	后室排土	玻璃珠	3.80	5.05	0.75	浓青色。表面风化	
M1：148－17	后室排土	玻璃珠	3.05	3.40	0.85	浓青色。表面风化(褐色)	
M1：148－18	后室排土	玻璃珠	2.95	2.95	0.95	浓青色。表面风化	
M1：148－19	后室排土	玻璃珠	3.10	3.30	0.90	浓青色。表面风化	
M1：148－20	后室排土	玻璃珠	3.00	5.25	1.50	浓青色。表面风化(褐色)	
M1：148－21	后室排土	玻璃珠	3.25	4.45	1.20	浓青色。表面风化	
M1：148－22	后室排土	玻璃珠	3.15	5.10	1.05	浓青色。表面风化	
M1：148－23	后室排土	玻璃珠	2.65	3.60	0.90	浓青色。表面风化	
M1：148－24	后室排土	玻璃珠	2.85	5.10	1.25	浓青色。表面风化(褐色)	
M1：148－25	后室排土	玻璃珠	2.15	4.10	1.20	浓青色。表面风化	
M1：148－26	后室排土	玻璃珠	2.45	5.10	1.25	浓青色。表面风化(褐色)	
M1：148－27	后室排土	玻璃珠	2.20	5.20	1.45	浓青色。表面风化	
M1：148－28	后室排土	玻璃珠	2.45	4.60	1.15	浓青色。表面风化(褐色)	
M1：148－29	后室排土	玻璃珠	2.65	4.80	1.15	浓青色。表面风化	
M1：148－30	后室排土	玻璃珠	2.45	3.90	0.80	浓青色。表面风化	
M1：148－31	后室排土	玻璃珠	2.10	4.20	1.95	浓青色。表面风化	
M1：148－32	后室排土	玻璃珠	3.70	4.55	1.15	浓青色。表面风化(褐色)	
M1：148－33	后室排土	玻璃珠	2.90	5.30	1.60	浓青色。表面风化(褐色)	
M1：148－34	后室排土	玻璃珠	3.30	4.15	0.95	浓青色。表面风化(褐色)	
M1：148－35	后室排土	玻璃珠	3.95	5.40	1.20	浓青色。表面风化	
M1：148－36	后室排土	玻璃珠	2.95	5.50	1.35	浓青色。表面风化	
M1：148－37	后室排土	玻璃珠	2.75	3.90	0.95	浓青色。表面风化	

续附表 15

标本号	出土地点	种类	尺寸(mm)			色彩	备注
			纵径	横径	孔径		
M1：148－38	后室排土	玻璃珠	3.45	5.80	1.10	浓青色。表面风化(褐色)	
M1：148－39	后室排土	玻璃珠	1.65	3.20	1.25	浓青色。表面风化(褐色)	
M1：148－40	后室排土	玻璃珠	2.60	3.40	0.75	浓青色。表面风化(褐色)	
M1：148－41	后室排土	玻璃珠	2.95	3.20	0.80	浓青色。表面风化	
M1：148－42	后室排土	玻璃珠	2.95	4.15	1.10	浓青色。表面风化	
M1：148－43	后室排土	玻璃珠	2.45	3.30	0.95	浓青色。表面风化	
M1：148－44	后室排土	玻璃珠	2.30	4.30	0.95	浓青色。表面风化	
M1：148－45	后室排土	玻璃珠	2.50	5.75	1.85	浓青色。表面风化	
M1：148－46	后室排土	玻璃珠	2.10	4.50	1.20	浓青色。表面风化(褐色)	
M1：148－47	后室排土	玻璃珠	4.40	5.80	1.30	浓青色。表面风化(褐色)	
M1：148－48	后室排土	玻璃珠	–	–	–	淡青色	小破片
M1：148－49	后室排土	玻璃珠	3.55	4.30	0.75	浓青色。表面风化	
M1：148－50	后室排土	玻璃珠	2.70	4.50	1.45	浓青色。表面风化	
M1：148－51	后室排土	玻璃珠	3.25	2.95	0.95	浓青色。表面风化	
M1：148－52	后室排土	玻璃珠	3.40	4.70	1.25	浓青色。表面风化	
M1：148－53	后室排土	玻璃珠	2.65	2.95	0.85	浓青色。表面风化	
M1：148－54	后室排土	玻璃珠	2.20	3.90	0.95	浓青色。表面风化	
M1：148－55	后室排土	玻璃珠	3.35	5.50	1.30	浓青色。表面风化(褐色)	
M1：148－56	后室排土	玻璃珠	2.90	3.50	1.20	浓青色。表面风化	
M1：148－57	后室排土	玻璃珠	2.85	4.65	1.10	浓青色。表面风化	
M1：148－58	后室排土	玻璃珠	2.20	2.85	1.10	浓青色。表面风化	
M1：148－59	后室排土	玻璃珠	2.45	4.00	0.75	浓青色。表面风化	
M1：148－60	后室排土	玻璃珠	2.10	3.70	1.05	浓青色。表面风化	
M1：148－61	后室排土	玻璃珠	2.70	3.80	0.80	浓青色。表面风化	
M1：148－62	后室排土	玻璃珠	3.45	3.95	1.00	浓青色。表面风化	
M1：148－63	后室排土	玻璃珠	2.95	3.80	1.05	浓青色。表面风化	
M1：148－64	后室排土	玻璃珠	3.25	4.40	1.20	浓青色。表面风化	

续附表 15

标本号	出土地点	种类	尺寸(mm)			色彩	备注
			纵径	横径	孔径		
M1：148－65	后室排土	玻璃珠	1.95	3.75	1.15	浓青色。表面风化	
M1：148－66	后室排土	玻璃珠	3.35	4.25	1.10	浓青色。表面风化(褐色)	
M1：148－67	后室排土	玻璃珠	2.85	4.40	1.05	浓青色。表面风化	
M1：148－68	后室排土	玻璃珠	3.30	3.90	0.75	浓青色。表面风化	
M1：148－69	后室排土	玻璃珠	2.95	3.55	0.75	浓青色。表面风化	
M1：148－70	后室排土	玻璃珠	2.50	3.15	0.90	浓青色。表面风化(褐色)	
M1：148－71	后室排土	玻璃珠	2.20	2.95	0.90	浓青色。表面风化(褐色)	
M1：148－72	后室排土	玻璃珠	1.70	2.95	0.60	浓青色。表面风化	
M1：148－73	后室排土	玻璃珠	2.95	2.85	0.90	浓青色。表面风化(褐色)	
M1：148－74	后室排土	玻璃珠	2.85	5.90	1.35	浓青色。表面风化(白色)	
M1：148－75	后室排土	玻璃珠	2.85	4.75	1.60	浓青色。表面风化(褐色)	
M1：148－76	后室排土	玻璃珠	2.00	4.10	1.70	浓青色。表面风化	
M1：148－77	后室排土	玻璃珠	－	－	－	浓青色	小破片

附表 16

水晶珠登记表

标本号	出土地点	种类	尺寸(mm)					色彩、备注
			纵径	横径	上小口径	下小口径	孔径	
M1：149	田弘棺棺内	水晶珠	14.95	11.10	－	－	1.75	半透明。两面穿孔
M1：150	田弘棺棺内	水晶珠	12.35	10.10	－	－	1.20	半透明。两面穿孔
M1：151	田弘棺棺内	水晶珠	12.25	9.20	6.65	5.90	1.50	半透明。两面穿孔
M1：152	田弘棺棺内	水晶珠	14.20	9.90	5.85	5.30	1.80	半透明。两面穿孔
M1：153	田弘棺棺内	水晶珠	13.55	11.00	－	－	1.95	半透明。两面穿孔
M1：154	田弘棺棺内	水晶珠	14.65	11.35	－	－	1.95	半透明。两面穿孔
M1：155	田弘棺棺内	水晶珠	13.05	9.20	4.77	5.95	1.65	透明。两面穿孔
M1：156	田弘棺棺内	水晶珠	11.70	9.10	8.55	8.10	1.50	半透明。两面穿孔

附表 17

紫水晶登记表

标本号	出土地点	种类	尺寸(cm)			色彩、备注
			纵径	横径	幅	
M1：157	第五天井	紫水晶	1.8	1.7	–	薄紫色，白浊。有加工痕迹
M1：158	第五天井	紫水晶	1.5	1.6	–	薄紫、桃红色，白浊。有加工痕迹

附表 18

花瓣形玻璃片登记表

标本号	出土地点	种类	尺寸(cm)			色彩、备注
			纵	横	厚	
M1：159	第五天井西侧(B 区：A～J－8～14)	花瓣形玻璃片	9.5	5.0	1.0	带黄色的透明玻璃

附表 19

金箔泥珠登记表

标本号	出土地点	种类	尺寸(cm)			色彩、备注
			长径	短径	长	
M1：160	第三、四天井中央下	金箔泥珠	0.80	0.7	1.90	先端 9mm 金箔贴上。下部突起。有木质、铁芯
M1：161	第五天井(F－12)	金箔泥珠	0.68	0.6	1.20	先端 9mm 金箔贴上。下部突起。有铁芯
M1：162	第五天井(E－4)	金箔泥珠	0.75	0.7	1.20	先端 9mm 金箔贴上，下部突起。有铁芯
M1：163	第五天井西侧(A～J－8～14)	金箔泥珠	0.70	0.65	0.90	下部小突起。有铁芯
M1：164	第三、四天井中央	金箔泥珠	0.82	0.75	–	部分欠损
M1：165	第三、四天井中央	金箔泥珠	1.00	〔0.5〕	–	破片

附表 20　　**泥珠登记表**

标本号	出土地点	种类	尺寸（mm）			备注
			纵径	横径	孔径	
M1：166	夫人棺	泥珠	7.85	10.15	1.25	穿孔但未贯通
M1：167	夫人棺东端附近	泥珠	9.95	9.90	1.75	穿孔但未贯通
M1：168	夫人棺东端附近	泥珠	9.05	9.95	2.00	穿孔但未贯通
M1：169	夫人棺东端附近	泥珠	8.45	10.15	0.90	穿孔但未贯通
M1：170	夫人棺东端附近	泥珠	7.80	9.80	0.95	穿孔但未贯通
M1：171	夫人棺东端附近	泥珠	7.30	8.70	1.15	穿孔但未贯通
M1：172	夫人棺东端附近	泥珠	8.40	8.45	1.10	穿孔贯通
M1：173	夫人棺东端附近	泥珠	6.60	7.80	1.05	穿孔贯通
M1：174	夫人棺	泥珠	8.30	9.15	1.70	穿孔但未贯通
M1：175	夫人棺	泥珠	7.00	7.70	1.05	穿孔但未贯通
M1：176	夫人棺	泥珠	7.70	8.55	1.35	穿孔但未贯通
M1：177	夫人棺	泥珠	6.85	8.35	1.35	穿孔贯通
M1：178	夫人棺	泥珠	10.25	9.00	1.70	穿孔但未贯通
M1：179	夫人棺内	泥珠	8.70	9.35	1.70	穿孔但未贯通
M1：180	夫人棺内	泥珠	6.60	6.10	0.90	穿孔但未贯通
M1：181	夫人棺内	泥珠	8.80	9.65	0.85	穿孔但未贯通
M1：182	夫人棺内	泥珠	8.80	10.15	1.65	穿孔但未贯通
M1：183	夫人棺内	泥珠	7.45	8.75	1.10	穿孔但未贯通
M1：184	夫人棺内	泥珠	8.65	1.00	1.10	穿孔但未贯通
M1：185	夫人棺内	泥珠	7.75	7.70	0.85	穿孔但未贯通
M1：186	夫人棺内	泥珠	8.10	8.80	1.00	穿孔但未贯通
M1：187	夫人棺内	泥珠	7.50	7.70	1.10	穿孔但未贯通
M1：188	夫人棺内	泥珠	7.30	9.15	1.10	穿孔但未贯通
M1：189	夫人棺内	泥珠	9.80	11.10	1.50	穿孔但未贯通
M1：190	夫人棺内	泥珠	9.80	10.65	0.95	穿孔但未贯通
M1：191	夫人棺内	泥珠	7.50	8.30	1.45	穿孔但未贯通。部分破损
M1：192	夫人棺内	泥珠	8.95	9.65	0.65	穿孔但未贯通
M1：193	夫人棺内	泥珠	7.00	8.20	—	穿孔但未贯通
M1：194	夫人棺内	泥珠	8.95	9.10	0.90	穿孔但未贯通
M1：195	夫人棺内	泥珠	7.85	9.50	1.15	穿孔但未贯通
M1：196	夫人棺内	泥珠	7.25	8.10	1.10	穿孔但未贯通
M1：197	夫人棺内	泥珠	6.55	7.40	0.85	穿孔但未贯通
M1：198	夫人棺内	泥珠	9.00	9.95	1.15	穿孔但未贯通
M1：199	夫人棺内	泥珠	9.05	8.85	—	穿孔但未贯通
M1：200	夫人棺内	泥珠	9.15	8.60	—	穿孔但未贯通
M1：201	夫人棺内	泥珠	7.95	8.10	0.85	穿孔但未贯通

续附表 20

标本号	出土地点	种类	尺寸（mm）			备注
			纵径	横径	孔径	
M1：202	夫人棺内	泥珠	9.15	11.00	1.20	穿孔但未贯通
M1：203	夫人棺内	泥珠	9.25	10.70	0.90	穿孔但未贯通
M1：204	夫人棺内	泥珠	8.45	9.35	1.15	穿孔但未贯通
M1：205	夫人棺内	泥珠	9.10	10.30	0.90	穿孔但未贯通
M1：206	夫人棺内	泥珠	8.50	9.40	1.15	穿孔但未贯通
M1：207	夫人棺	泥珠	8.10	8.90	—	
M1：208	夫人棺东端附近	泥珠	7.15	7.60	—	破损
M1：209	夫人棺内	泥珠	7.00	8.05	1.50	穿孔但未贯通。部分破损
M1：210	夫人棺东端附近	泥珠	7.45	9.10	1.40	穿孔但未贯通。金箔贴上
M1：211	夫人棺东端附近	泥珠	7.70	9.20	1.55	穿孔但未贯通。金箔贴上
M1：212	夫人棺内	泥珠	8.30	9.30	1.55	穿孔但未贯通。金箔贴上
M1：213	夫人棺内	泥珠	8.00	8.75	0.80	穿孔但未贯通。金箔贴上
M1：214	夫人棺内	泥珠	7.70	9.00	1.10	穿孔但未贯通。金箔贴上
M1：215	夫人棺内	泥珠	8.55	9.40	1.10	穿孔但未贯通。金箔贴上
M1：216	夫人棺内	泥珠	8.05	9.00	1.10	穿孔但未贯通。金箔贴上
M1：217	夫人棺内	泥珠	8.80	8.70	1.00	穿孔但未贯通。金箔贴上
M1：218	夫人棺内	泥珠	7.85	9.85	1.65	穿孔但未贯通。金箔贴上
M1：219	夫人棺内	泥珠	8.30	10.80	1.30	穿孔但未贯通。金箔贴上
M1：220	夫人棺内	泥珠	9.00	9.60	0.90	穿孔但未贯通。金箔贴上
M1：221	夫人棺内	泥珠	7.00	7.00	1.30	穿孔但未贯通。金箔贴上
M1：222	夫人棺内	泥珠	9.20	10.20	0.90	穿孔但未贯通。金箔贴上
M1：223	夫人棺内	泥珠	4.50	8.00	—	破损。金箔贴上
M1：224	夫人棺东端附近	泥珠	—	—	—	金箔贴上
M1：225	夫人棺内	泥珠	9.25	6.60	1.20	穿孔但未贯通。水滴形
M1：226	夫人棺内	泥珠	1.00	6.35	1.25	穿孔但未贯通。水滴形
M1：227	夫人棺内	泥珠	10.95	7.00	0.90	穿孔但未贯通。水滴形
M1：228	夫人棺内	泥珠	10.75	7.15	1.15	穿孔但未贯通。水滴形
M1：229	夫人棺内	泥珠	10.20	6.50	0.95	穿孔但未贯通。水滴形
M1：230	夫人棺内	泥珠	9.70	6.35	1.25	穿孔但未贯通。水滴形
M1：231	夫人棺内	泥珠	9.50	7.45	0.55	穿孔但未贯通。部分破损
M1：232	夫人棺内	泥珠	10.00	6.65	0.70	穿孔但未贯通。水滴形
M1：233	夫人棺内	泥珠	6.35	6.15	1.00	破损。穿孔但未贯通
M1：234	夫人棺东端附近	泥珠	8.65	7.65	1.35	穿孔但未贯通。刻＊形花纹
M1：235	夫人棺内	泥珠	9.35	7.00	0.90	穿孔但未贯通。刻＊形花纹
M1：236	夫人棺内	泥珠	8.80	6.85	1.10	穿孔但未贯通。刻＊形花纹
M1：237	夫人棺内	泥珠	8.55	7.10	0.65	穿孔但未贯通。刻＊形花纹
M1：238	夫人棺内	泥珠	8.95	6.55	1.00	穿孔但未贯通。刻＊形花纹
M1：239	夫人棺内	泥珠	7.30	6.75	0.75	穿孔但未贯通。刻＊形花纹

附表 21

第五天井出土冥钱登记表

标本号	出土地点	尺寸重量(cm・g)					孔数	备注
		长径	短径	最大厚	孔径	重量		
M1：240	第五天井	3.2	2.8	0.8	0.8	6.6	1	部分欠损。中央穿孔
M1：241	第五天井	2.5	2.5	0.8	0.8	5.0	1	完整。中央穿孔
M1：242	第五天井	2.6	2.2	0.8	0.8	5.3	1	完整。中央穿孔

附表 22

骨器登记表

标本号	出土地点	种类	尺寸(cm)			备注
			长	幅	厚	
M1：243	第五天井西部	板状骨器	〔5.8〕	0.6	0.1	破片
M1：244	第五天井西部	板状骨器	〔2.8〕	1.3	0.3	破片
M1：245	第五天井南部	板状骨器	〔2.0〕	2.1	0.05	破片
M1：246	第五天井西部	板状骨器	〔2.5〕	1.7	0.03	破片。片面金箔贴上
M1：247	第五天井	板状骨器	〔1.9〕	〔1.3〕	0.03	破片
M1：248	主室盗洞	板状骨器	〔6.5〕	1.2	0.25	破片
M1：249	主室盗洞	骨器	5.6	0.3	0.4	完整
M1：250	主室床面直上	针状骨器	〔5.9〕	6.8	0.6	
M1：251	主室床面直上	板状骨器	〔3〕	1.3	0.2	
M1：252	主室床面冠	针状骨器	〔2.9〕	–	0.8	
M1：253	主室床面冠	针状骨器	〔2.5〕	–	0.8	
M1：254	主室床面冠	针状骨器	〔2.1〕	1.0	0.7	断面呈三角形
M1：255	主室床面冠	针状骨器	〔2〕	0.7	0.8	
M1：256	主室床面冠	针状骨器	〔1.2〕	–	0.8	
M1：257	主室床面冠	针状骨器	〔1.6〕	–	0.8	
M1：258	主室床面冠	针状骨器	〔1.6〕	0.2	0.1	
M1：259	侧室	楔状骨器	2.4	0.5	0.4	完整
M1：260	侧室	楔状骨器	2.5	0.6	0.3	完整
M1：261	侧室	楔状骨器	2.5	0.6	0.4	完整
M1：262	不明	骨钗	〔8.4〕	0.8	–	

附表 23　　木器登记表

标本号	出土地点	种类	尺寸(cm)			备注
			长	幅	厚	
M1：263	主室盗洞	木器	4.0	1.2	0.6	铜制钉片附着。有布纹痕、漆痕
M1：264	主室盗洞	木器	4.6	1.0	0.6	铜制钉片附着。有布纹痕、漆痕
M1：265	主室盗洞	木器	3.6	1.1	0.7	铜制钉片附着。有布纹痕、漆痕
M1：266	主室盗洞	木器	5.0	0.9	0.7	有漆痕。钉穴残存
M1：267	夫人棺	棺盖材	24.1	8.2	4.3	棺盖材片。松树

附表 24　　纱冠登记表

标本号	出土地点	种类	纵×横(cm)	备注
M1：268	主室床面冠	纱冠	11.8×14.3	部分残存,重层,纱冠下有针状骨器,裹面金箔云母附着。数值是表示残存范围。

附表 25　　漆器登记表

标本号	出土地点	种类	尺寸(cm)				备注
			高	口径	漆厚	器厚	
M1：269	第五天井	盘	–	–	–	–	针叶树。木胎布着
M1：270	第五天井	盘	1.5	〈9.6〉	0.1	0.25	阔叶树。木胎布着。口缘端部漆薄
M1：271	第五天井	不明					

附表 26

涂漆木柄、鎏金环登记表

标本号	出土地点	种类	尺寸(cm)						备注
			残长	幅	柄长	柄径	环径	厚	
M1：272－1	第五天井	涂漆木柄	9.6	1.8	3.1	1.3	－	－	完整，部分变形。云母片附着
M1：272－2	第五天井	涂漆木柄	10.5	2.0	2.9	1.5	1.5	－	附着云母片
M1：272－3	第五天井	鎏金环	－	0.7	－	－	－	0.1	小破片
M1：273－1	第五天井	涂漆木柄	7.5	2.3	3.2	2.3	－	－	
M1：273－2	第五天井	鎏金环	－	0.7	－	－	3.2	0.1	内侧附着木片
M1：273－3	第五天井	鎏金环	－	0.7	－	－	3.2	0.1	
M1：273－4	第五天井	鎏金环	－	0.7	－	－	3.1	0.1	大约完整
M1：273－5	第五天井	鎏金环	－	0.7	－	－	2.8	0.1	残存 3/4
M1：273－6	第五天井	鎏金环	－	0.7	－	－	－	0.1	部分变形
M1：274	第五天井	涂漆木柄	24.6	1.9	－	－	－	－	
M1：275	第五天井	涂漆木柄	55.6	3.1	－	－	－	－	
M1：276	第五天井	涂漆木柄	11.8	1.9	－	－	－	－	
M1：277	第五天井	涂漆木柄	4.8	4.2	－	－	－	－	
M1：278－1	第五天井	涂漆木柄	7.0	2.2	3.3	1.6	1.6	－	金铜制环状制品 1
M1：278－2	第五天井	涂漆木柄	5.9	1.7	2.4	1.1	1.1	－	
M1：279－1	第五天井	涂漆木柄	7.8	2.1	2.9	1.6	1.6	－	金铜制环状制品 1
M1：279－2	第五天井	鎏金环	－	0.6	－	－	3.3	0.1	残存 3/4。内侧附着木片
M1：280－1	第五天井	涂漆木柄	7.8	1.8	3.1	1.4	1.4	－	
M1：280－2	第五天井	涂漆木柄	9.2	2.1	2.7	1.3	1.3	－	
M1：280－3	第五天井	涂漆木柄	3.2	1.4	－	－	－	－	
M1：280－4	第五天井	鎏金环	－	0.7	－	－	2.8	0.1	大约完整
M1：281－1	第五天井	涂漆木柄	7.2	1.8	3.3	1.2	1.2	－	金铜制环状制品 1
M1：281－2	第五天井	鎏金环	－	0.7	－	－	3.2	0.1	完整。内侧附着木片。外面云母片附着金箔
M1：281－3	第五天井	鎏金环	－	0.7	－	－	－	0.1	残存 1/3。内侧附着漆附木片

续附表 26

标本号	出土地点	种类	尺寸(cm)						备注
			残长	幅	柄长	柄径	环径	厚	
M1：282－1	第五天井	涂漆木柄	7.2	2.4	2.2	2	2	－	金铜制环状制品 2
M1：282－2	第五天井	鎏金环	－	0.7	－	－	3.2	0.1	大约完整。内侧附着漆附木片
M1：282－3	第五天井	鎏金环	－	0.7	－	－	3.2	0.1	3/4 残存。内侧附着漆附木片
M1：283－1	第五天井	涂漆木柄	9.6	4.2	－	－	－	－	
M1：283－2	第五天井	涂漆木柄	14.4	2.4	－	－	－	－	
M1：283－3	第五天井	涂漆木柄	7.0	2.0	－	－	－	－	
M1：283－4	第五天井	涂漆木柄	25.6	2.6	－	－	－	－	
M1：283－5	第五天井	涂漆木柄	23.2	1.8	－	－	－	－	
M1：283－6	第五天井	涂漆木柄	5.9	〔5.8〕	－	－	－	－	
M1：284－1	第五天井	涂漆木片	4.1	〔4.9〕	－	－	－	0.3	两面云母片、片面布纹痕附着
M1：284－2	第五天井	鎏金环	－	0.7	－	－	3.0	0.1	完整。内侧附着木片
M1：284－3	第五天井	鎏金环	－	0.7	－	－	3.1	0.1	完整。内侧附着木片
M1：285－1	第五天井	涂漆木柄	4.6	1.8	2.7	0.5	－	－	
M1：285－2	第五天井	鎏金环	－	0.7	－	－	3.1	0.1	大约完整。部分变形
M1：286－1	第五天井	涂漆木柄	7.1	2.1	5.1	1.1	－	－	
M1：286－2	第五天井	鎏金环	－	0.7	－	－	3.2	0.1	
M1：287－1	第五天井	鎏金环	－	0.7	－	－	3.1	0.1	4 片接合
M1：287－2	第五天井	鎏金环	－	0.7	－	－	4.1	0.1	2 片接合
M1：288	第五天井	鎏金环	－	0.7	－	－	3.2	0.1	3 片接合
M1：289	第五天井	鎏金环	－	0.7	－	－	－	0.1	残存 1/2
M1：290	第五天井西南	鎏金环	－	0.7	－	－	－	0.1	残存 1/2

附表 27

墓砖登记表

标本号	出土地点	种类	尺寸、重量(cm·kg)				备注
			纵	横	厚	重量	
M1：291	第五天井	长形砖	19.1～19.4	37.5～38.1	5.9～6.3	6.95	完整。表面横方向绳纹，部分平滑
M1：292	第五天井	长形砖	17.5～21.0	34.0～37.5	6.3～6.7	7.13	完整。表面横方向绳纹。凿状工具痕
M1：293	第五天井	长形砖	20.3～20.4	39.0～39.2	6.0～6.3	7.6	完整。表面横方向绳纹。部分凿状工具痕。表面平滑
M1：294	封门	长形砖	19.3～19.5	37.5～37.6	4.8～5.0	6.83	完整。表面横方向绳纹。平滑
M1：295	封门	长形砖	15.1～15.3	31.9～32.1	5.4～6.0	5.84	大约完整。表面弧状绳纹
M1：296	封门	长形砖	16.4～16.7	32.4～32.9	5.8～6.2	6.07	完整。表面横方向绳纹。平滑
M1：297	封门	长形砖	17.0～17.5	34.6～35.0	6.2～6.4	5.96	完整。表面斜方向绳纹。附着漆痕
M1：298	封门	长形砖	16.6～16.8	33.3～33.8	5.5～5.7	5.54	完整。表面弧状绳纹。平滑
M1：299	第五天井	长形砖	19.5～19.8	36.0～39.4	6.0～6.4	6.46	完整。表面纵方向绳纹。部分凿状工具痕
M1：300	第五天井	长形砖	19.1～19.5	38.0～38.2	5.5～6	6.4	完整。表面横方向绳纹
M1：301	第五天井	长形砖	19.4～20.0	38.2～38.5	6.7～6.9	8.29	大约完整。表面横方向绳纹
M1：302	第五天井	长形砖	19.9～20.5	30.9～31.5	6.4～6.9	6.74	完整。表面横方向绳纹
M1：303	第五天井	长形砖	19.7～20.2	36.2～38.2	6.1～6.5	7.76	完整。表面横方向绳纹
M1：304	第五天井	长形砖	20.0～20.4	38.5～38.8	5.5～6.1	7.12	完整。表面横方向绳纹
M1：305	第五天井	长形砖	20.2～20.3	38.5～39.0	6.6～6.9	8.72	大约完整。表面横方向绳纹。部分平滑
M1：306	第五天井	长形砖	18.73	5.0～35.3	5.7～5.9	5.37	完整。表面纵方向绳纹
M1：307	第五天井	长形砖	24.1	35.4～20.9	5.8～6.0	6.05	部分欠损。表面绳纹
M1：308	第五天井	长形砖	19.4	39.0	5.7	6.5	完整。表面横方向绳纹、工具痕
M1：309	第五天井	长形砖	19.4～19.8	38.6～39.3	5.5～5.8	6.5	完整。表面横方向绳纹
M1：310	第五天井	长形砖	19.7～20.2	37.4～38.3	6.4～6.8	7.35	大约完整。表面横方向绳纹。部分平滑
M1：311	第五天井	长形砖	19.9～20.4	38.2～38.8	5.2～5.7	6.64	完整。表面横方向绳纹
M1：312	第五天井	长形砖	19.8～20.9	36.0～39.0	6.5	7.23	大约完整。表面横方向绳纹

续附表 27

标本号	出土地点	种类	尺寸、重量(cm·kg)				备注
			纵	横	厚	重量	
M1：313	第五天井	长形砖	17.8～18.53	9.1～39.6	6.1～6.5	6.48	完整。表面斜方向绳纹
M1：314	第五天井	长形砖	20.3～20.8	38.7～39.5	5.5～6.4	7.54	完整。表面横方向绳纹
M1：315	第五天井	长形砖	20.2～20.4	37.8～38.0	5.9～6.2	7.34	大约完整。表面横方向绳纹
M1：316	第五天井	长形砖	20.5～20.6	36.3～39.1	6.0～6.2	7.29	完整。表面横方向绳纹。部分凿状工具痕
M1：317	第五天井	长形砖	19.5～20.7	35.8～37.2	5.6～5.8	6.72	完整。表面横方向绳纹。部分凿状工具痕
M1：318	第五天井	长形砖	19.8～20.1	38.3～38.5	6.8～7.3	7.9	完整。表面横方向绳纹
M1：319	第五天井	长形砖	17.6～20.2	37.3～39.9	5.7～6.4	7.2	完整。表面横方向绳纹
M1：320	第五天井	长形砖	19.3～19.9	33.8～35.2	6.2～6.8	6.32	完整。表面横方向绳纹
M1：321	第五天井	长形砖	19.6～20.1	33.8～36.8	6.3～6.8	6.38	大约完整。表面横方向绳纹
M1：322	第五天井	长形砖	19.7～20.5	37.7～38.2	6.5～6.9	7.46	完整。表面横方向绳纹。部分平滑
M1：323	第五天井	长形砖	19.6～20.0	38.0～38.4	6.2～6.7	7.38	完整。表面横方向绳纹
M1：324	第五天井	长形砖	19.4～19.8	36.2～37.2	5.0～5.3	6.7	完整。表面横方向绳纹。平滑
M1：325	封门	长形砖	15.0～15.7	32.4～32.6	5.9～6.0	5.8	大约完整。表面横方向绳纹
M1：326	封门	长形砖	20.1～20.6	31.9～33.4	5.5～6.0	5.96	大约完整。表面横方向绳纹
M1：327	封门	长形砖	16.5～16.7	34.5～34.9	6.4～6.7	5.97	完整。表面横方向绳纹
M1：328	封门	长形砖	16.0～16.2	33.1～34.0	6.1～6.2	5.56	完整。表面弧状绳纹
M1：329	封门	长形砖	16.0～16.4	32.2～33.1	5.5～6.3	6.0	完整。表面横方向绳纹
M1：330	封门	长形砖	19.4～19.6	36.6～37.1	6.6～6.5	6.91	完整。表面斜方向绳纹
M1：331	封门	长形砖	19.6～19.9	36.4～36.7	6.6～6.8	7.86	大约完整。表面横方向绳纹。平滑
M1：332	封门	长形砖	19.9～20.0	32.4～33.1	5.7～5.8	5.4	完整。表面横方向绳纹。部分凿状工具痕
M1：333	封门	长形砖	16.3～16.9	31.8～32.5	5.8～6.2	5.72	完整。表面弧状绳纹。平滑

续附表 27

标本号	出土地点	种类	尺寸、重量(cm・kg)				备注
			纵	横	厚	重量	
M1：334	封门	长形砖	15.5～16.3	32.3～32.8	5.6～6.3	6.04	完整。表面弧状绳纹。漆附着
M1：335	封门	长形砖	14.7～15.9	32.0～32.6	5.7～6.1	6.4	完整。表面弧状绳纹。漆附着
M1：336	封门	长形砖	19.4～20.2	37.3～38.3	6.1～6.5	7.54	完整。表面横方向绳纹。部分凿状工具痕
M1：337	封门	长形砖	15.2～16.1	32.0～32.3	6.0～6.6	5.96	完整。表面弧状绳纹
M1：338	封门	长形砖	18.9～19.4	37.4～37.5	5.0～5.1	6.78	完整。表面横方向绳纹。平滑
M1：339	封门	长形砖	14.8～15.9	31.7～32.2	5.9～6.2	5.95	完整。表面弧状绳纹
M1：340	封门	长形砖	17.8～18.0	34.5～34.8	5.9～6.0	5.88	完整。表面横方向绳纹。平滑
M1：341	封门	长形砖	16.0～16.8	33.6～34.4	6.2～6.5	5.18	大约完整。表面斜方向绳纹
M1：342	封门	长形砖	20.0～20.4	38.0～38.5	6.5～6.7	8.05	完整。表面横方向绳纹
M1：343	封门	长形砖	15.7～16.6	31.9～33.0	6.4～6.6	6.0	完整。表面横方向绳纹。平滑
M1：344	封门	长形砖	15.3～16.5	32.9～33.8	5.6～6.0	5.4	完整。表面横方向绳纹
M1：345	主室盗洞	长形砖	19.3～20.2	38.6～39.8	4.8～5.2	6.4	完整。表面横方向绳纹
M1：346	主室盗洞	长形砖	19.2～19.5	37.9～38.2	5.5～6.0	6.63	完整。表面弧状绳纹
M1：347	主室盗洞	长形砖	15.5～16.3	32.6～33.0	6.3～6.4	5.96	完整。表面弧状绳纹
M1：348	主室盗洞	长形砖	19.2～19.8	36.7～37.5	5.8～6.0	7.03	完整。表面横方向绳纹。部分凿状工具痕
M1：349	后室	长形砖	14.2～15.6	32.5～32.7	5.4～5.6	5.7	大约完整。表面弧状绳纹
M1：350	不明	长形砖	16.5～17.0	34.1～34.4	6.1～6.5	6.81	完整。表面横方向绳纹。平滑
M1：351	不明	长形砖	20.3～20.6	37.8～38.6	5.4～5.9	6.4	完整。表面横方向绳纹
M1：352	不明	长形砖	16.5～18.1	33.3～34.2	5.2～6.3	6.05	部分欠损。表面斜方向绳纹
M1：353	不明	长形砖	19.0	39.0	6.0	7.76	完整。表面横方向绳纹

The Tomb of Tian Hong of the Northern Zhou Dynasty
The Yuanzhou Archaeological Joint Excavation in 1996

(Abstract)

During the years 1995, the Yuanzhou Archaeological Excavations in China, funded by the Monbusho (Japan Ministry of Education) Grant-in Aid for International Scientific Research, was a Joint Project by China and Japan.

During 1996, the tomb of the Northern Zhou dynasty prime minister Tian Hong, who died and was buried in 575 A. D. , was discovered.

The burial mound is round shaped, and measures about 35 meters across. It contains a cave - chamber tomb, which measures 12 meters deep from the top of the mound. Because the tomb chamber had been broken into by thieves on a large scale in the past, only remains broken into pieces were excavated.

The three remains had laid in the wooden coffins in the chamber. One of them was Tian Hong's coffin found in the back chamber, another one was his wife's found in the main chamber. They had been left intact, but the third one had heen scattered by thefts.

Originally the tomb contained a large quantity of wall paintings. Some of them were found in good condition: about 13 ministers, colored in red, white and black. The rest were lost due to the roof and wall caving in.

In the chamber tomb various painted pottery figures were found: some equestrians in the eastern side chamber, one cook and two dogs in the fifth shaft of a tomb gallery. In addition to these, five Byzantine gold coins were found: one Leo I, the Thracian (457-474 A. D.) coin, one Justin I (518-527 A. D.) coin, two Justinian I, co-regent (527 A. D.) coins, and one Justinian I, the Great (527-526 A. D.) coin. Jade ornaments, numerous gold leafed glass beads and mica foils with papercutted gold were also recovered.

These discoveries would be helpful to our understandings of the relationships among the Byzantine, west-central Asian, Chinese, and Japanese cultures during this time.

彩版一　田弘墓远景（由东向西摄）

1．由西向东摄

2．由南向北摄

彩版二　田弘墓封土

1. 吊取墓志

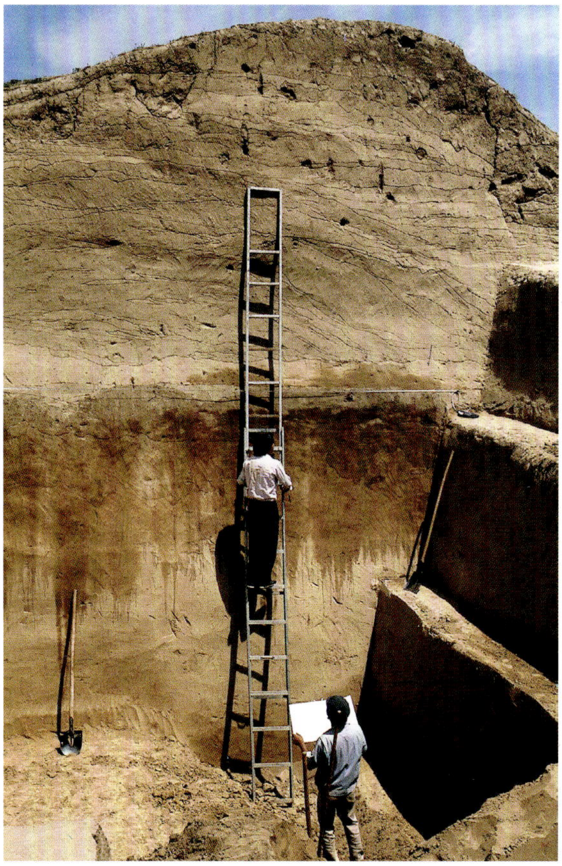
2. 现场测绘

3. 发掘现场

4. 揭露壁画

彩版三　发掘现场

1．H2（由东向西摄）

2．H4（由东向西摄）

3．H8（由北向南摄）

彩版四　灰坑

1．H10

2．冥钱坑局部（由东向西摄）

3．冥钱坑局部（由东向西摄）

4．冥钱坑局部（由东向西摄）

彩版五　灰坑（H10）和冥钱坑

1．封土剖面（由南向北摄）

2．封门（由北向南摄）

3．墓室（由南向北摄）

彩版六　田弘墓封土及墓室

彩版七　封土及墓道（由南向北摄）

彩版八　墓室全景（由南向北摄）

1．墓室（由南向北摄）

2．云母片出土情况

彩版九　墓室及随葬器物出土情况

1．在盗洞内发现的墓志和马骨（由北向南摄）

2．第五天井头骨和陶器（由西北向东南摄）

彩版一〇　田弘墓遗物出土情况

1．田弘棺（由南向北摄）

2．夫人棺（由东向西摄）

3．田弘棺内头骨和玉器（由北向南摄）

彩版一一　田弘棺和夫人棺

1．夫人棺局部（由北向南摄）

2．主室出土玻璃珠和金箔（由北向南摄）

3．主室砖上白灰及花纹（由西向东摄）

4．主室纱冠出土情况（由北向南摄）

彩版一二　主室

1．主室北壁（由南向北摄）

2．主室北壁西侧壁画

3．主室北壁东侧及东壁壁画

彩版一三　墓室壁画

1．主室西壁壁画局部

2．主室西壁壁画（由东南向西北摄）

彩版一四　墓室壁画

1．主室北壁西侧壁画

2．主室西壁壁画局部

3．主室西壁壁画局部

4．主室西壁壁画局部

彩版一五　墓室壁画

1．白瓷碗（H 2 ∶ 2）

2．青瓷碟（H 2 ∶ 5）

3．褐釉灯台（H2∶15）

4．褐釉双耳罐（H4∶1）

5．白瓷碗（H4∶2）

6．青瓷碗（H8∶20）

彩版一六　灰坑出土瓷器

1. 白瓷灯台（H4：3）

2. 白瓷灯台（H11：18）

3. 白瓷碗（H10：3）

4. 青瓷碟（H11：7）

5. 青瓷碗（H12：5）

6. 青瓷灯台（H11：19）

彩版一七　灰坑出土瓷器

1．白瓷碗（H12：2）

2．陶盆（H8：34）

3．瓷灯盏

4．陶盆（H11：28）

5．陶灯台（T3：10）

彩版一八　灰坑及探方出土陶、瓷器

1．陶瓶（H2：36）

2．陶瓶（T1：9）

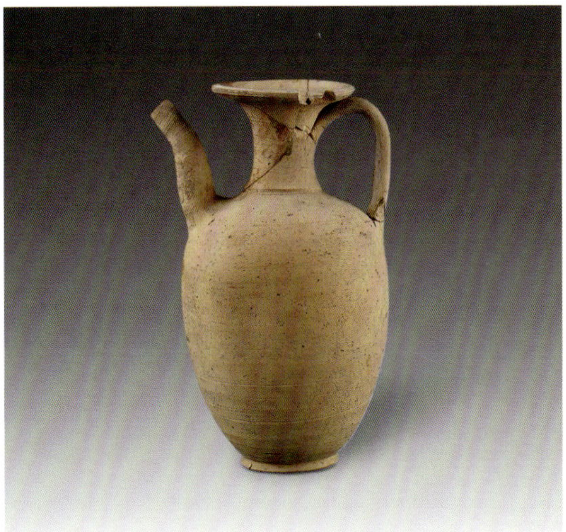

3．陶执壶（H4：8）

4．陶双耳罐（H2：39）

5．陶盆（H8：35）

6．陶器盖（H8：39）

彩版一九　灰坑及探方出土陶器

1. 陶纺轮（H2：49、50）

2. 铁钱（T3：24、23，H8：45）

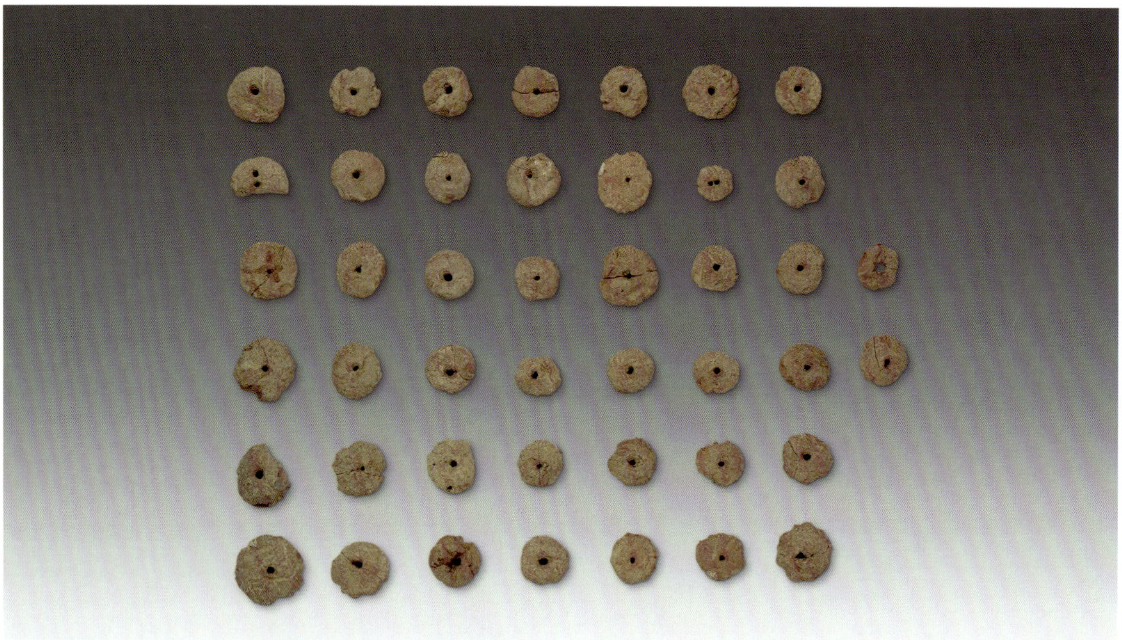

3. 冥钱（冥：1～44）

4. 瓦当（H8：43）

5. 石围棋盘（H10：25）

彩版二〇　灰坑及探方出土陶、铁、石器

1．铁镞（T3：25）

2．石磨盘（H11：39）

3．石器（H2：51）

4．陶罐（M1：2）

5．陶罐（M1：6）

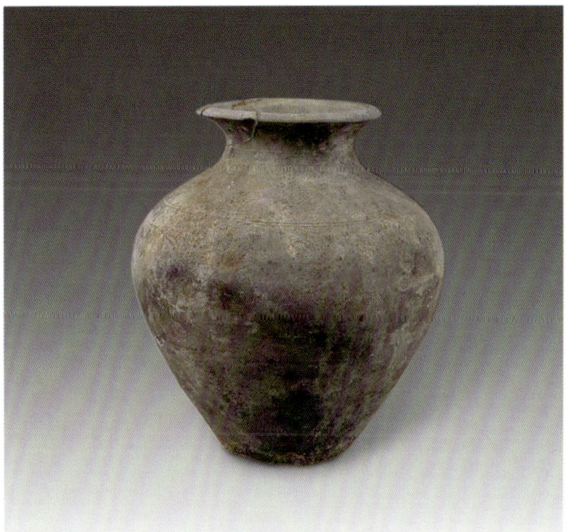

6．陶罐（M1：7）

彩版二一　灰坑、探方及墓葬出土铁、石、陶器

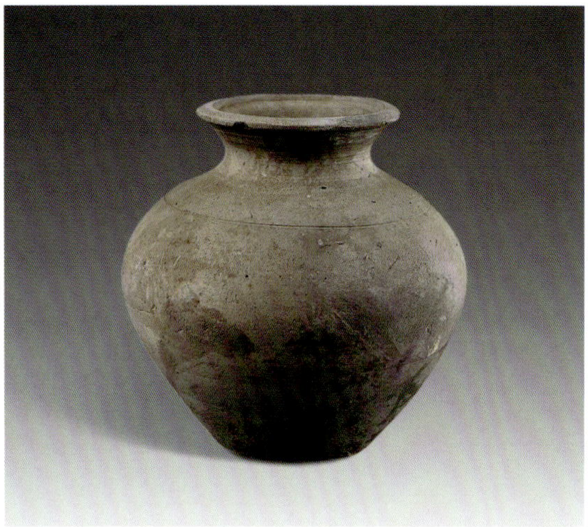

1．陶罐（M1：1）

2．陶罐（M1：3）

3．陶罐（M1：4）

4．陶罐（M1：5）

5．陶罐（M1：8）

6．陶罐（M1：9）

彩版二二　陶罐

1．陶罐（M1：10）

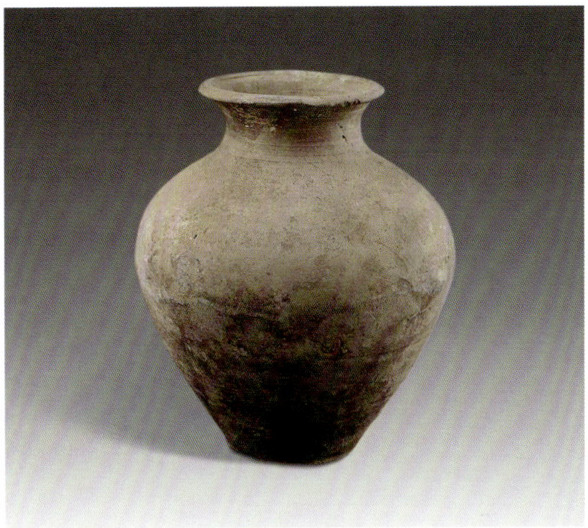

2．陶罐（M1：11）

3．陶盆（M1：17）

4．陶罐（M1：14）

5．陶双耳罐（M1：15）

6．陶双耳罐（M1：16）

彩版二三　陶罐、盆、双耳罐

1．陶双耳罐（M1：22）

2．陶双耳罐（M1：27）

3．陶双耳罐（M1：28）

4．陶双耳罐（M1：29）

5．陶双耳罐（M1：30）

6．陶罐（M1：33）

彩版二四　陶罐

1. 骑马俑（M1：37）

2. 骑马俑（M1：37）

3. 骑马俑（M1：37）

4. 骑马俑（M1：37）底部

彩版二五　骑马俑（M1：37）

1. 武士俑（M1：38）正面

2. 武士俑（M1：38）背面

3. 武士俑（M1：39）正面

4. 武士俑（M1：39）背面

5. 武士俑（M1：40）正面

6. 武士俑（M1：40）背面

彩版二六　武士俑

1．骑马俑（M1：42）

2．骑马俑（M1：42）底部

3．武士俑（M1：50）头部

4．陶鸡（M1：47）

5．陶狗（M1：48）

6．陶狗（M1：48）

彩版二七　陶俑、模型

1．陶双耳罐（M1：23）

2．陶双耳罐（M1：31）

3．陶罐（M1：25）

4．陶罐（M1：26）

5．陶狗（M1：49）

6．铜钉（M1：71－106～109）

彩版二八　陶、铜器

1．布泉（M1：57、58、62）正面

2．布泉（M1：57、58、62）背面

3．永安五铢（M1：59）正面

4．永安五铢（M1：59）背面

5．五铢钱（M1：60）正面

6．五铢钱（M1：60）背面

彩版二九　铜钱

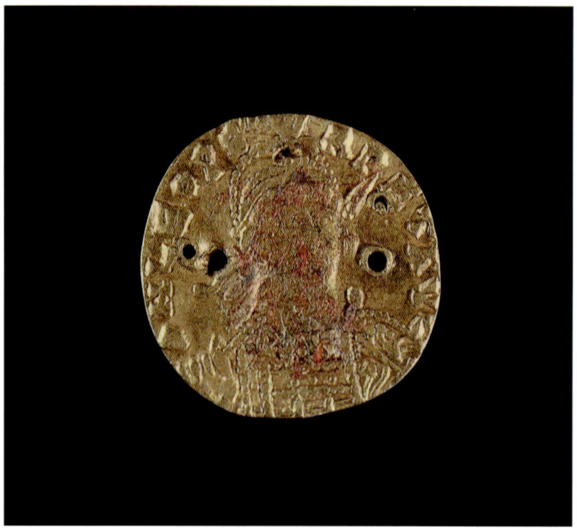

1. 列奥一世金币（M1：52）正面

2. 列奥一世金币（M1：52）背面

3. 查士丁尼一世金币（M1：53）正面

4. 查一丁尼一世金币（M1：53）背面

5. 查士丁一世金币（M1：54）正面

6. 查士丁一世金币（M1：54）背面

彩版三〇　金币

1. 查士丁尼一世金币（M1：55）正面

2. 查士丁尼一世金币（M1：55）背面

3. 查士丁尼一世金币（M1：56）正面

4. 查士丁尼一世金币（M1：56）背面

5. 鎏金花（M1：69）

6. 鎏金花（M1：70）

彩版三一　金币、鎏金花

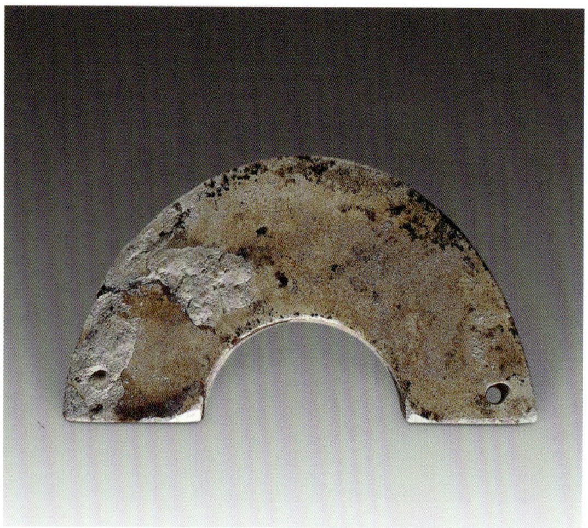

1．玉璜（M1：90）

2．玉璜（M1：91）

3．玉璜（M1：92）

4．玉璜（M1：93）

彩版三二　玉器

1．玉环（M1：94）

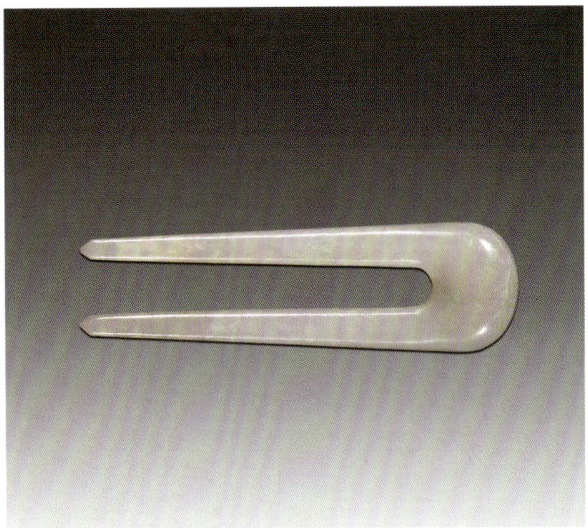

2．玉钗（M1：95）

3．玉佩（M1：96）

4．玉佩（M1：97）

5．玉佩（M1：98）

6．玉佩（M1：99）

彩版三三　玉器

1．铁铺首（M1：72）

2．铁铺首（M1：72）侧面

3．铁铺首（M1：73）

4．铁铺首（M1：73）侧面

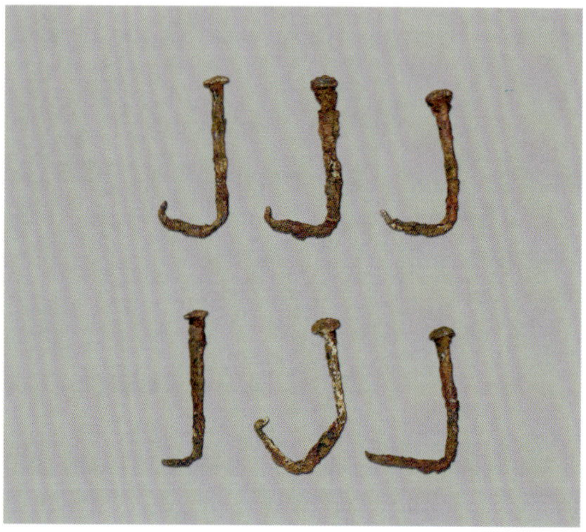

5．铁钉（M1：71-4、7、8、15、17、18）

6．铁寄生（M1：45、44）

彩版三四　铁器

1．铁板（M1：74、75）

2．铁质鎏金器(84、83)和环状铁器(M1：77)

3．铁钉（M1：71－47、49）

4．铁钉（M1：71－29、32）

5．铁钉（M1：71－51、54）

6．铁器（M1：80、81）

7．铁钉（M1：71－71、72、84、87、89、92、114、115、104、110）

彩版三五　铁器

1．连珠方格纹复原图Ⅰ

2．复原图Ⅰ示意图

3．连珠方格纹复原图Ⅱ

4．复原图Ⅱ示意图

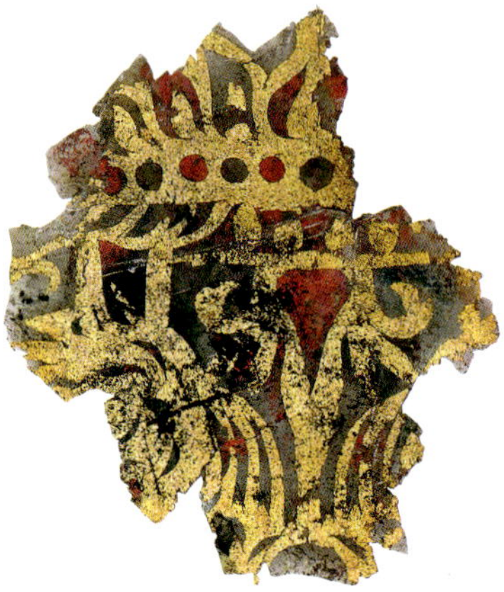

5．连珠纹云母残片

6．连珠纹云母残片

彩版三六　云母残片

1

2

3

4

5

6

彩版三七　云母残片

1．连珠团花复原图 I

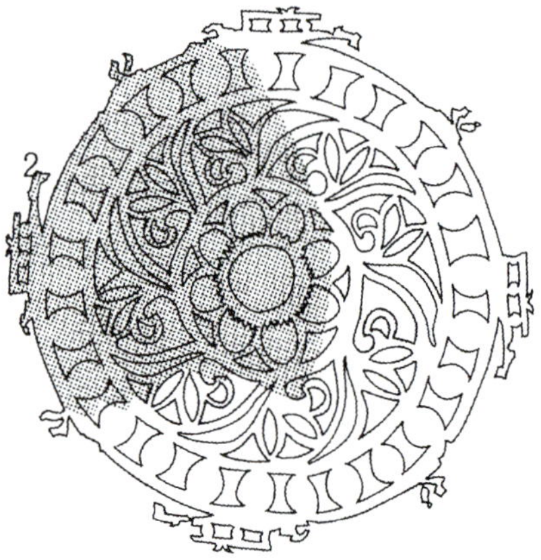

2．复原图 I 示意图

3．连珠团花复原图 II

4．复原图 II 示意图

5．连珠团花复原图 III

6．复原图 III 示意图

彩版三八　云母残片

1

2

3

4

5

6

彩版三九　云母残片

1

2

3

4

5

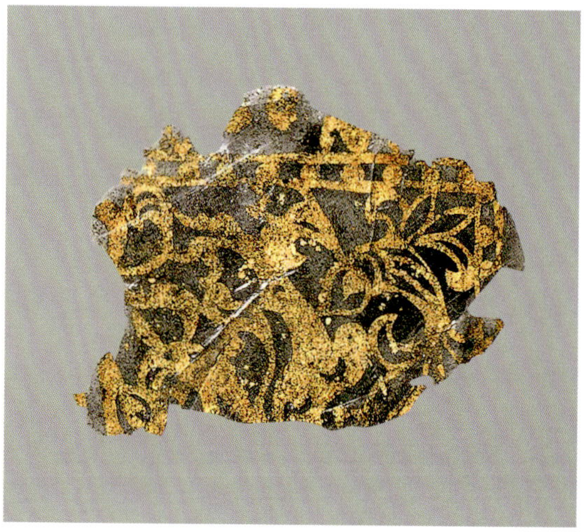

6

彩版四〇　云母残片

1

2

3

4

5

6

彩版四一　云母残片

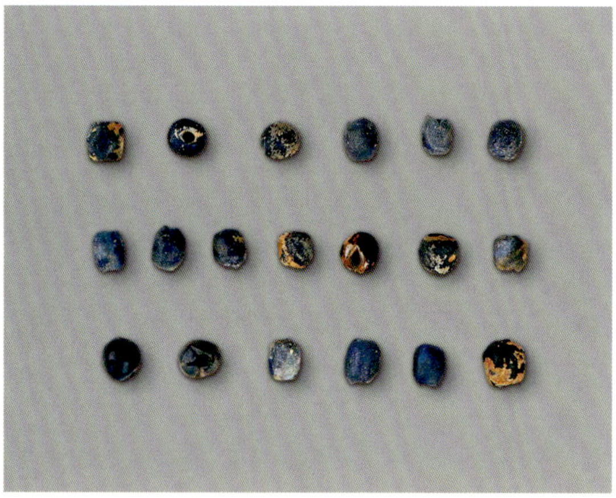

1．玻璃珠（M1：100～105、107～119）

2．水晶珠（M1：149～156）

3．紫水晶（M1：158）

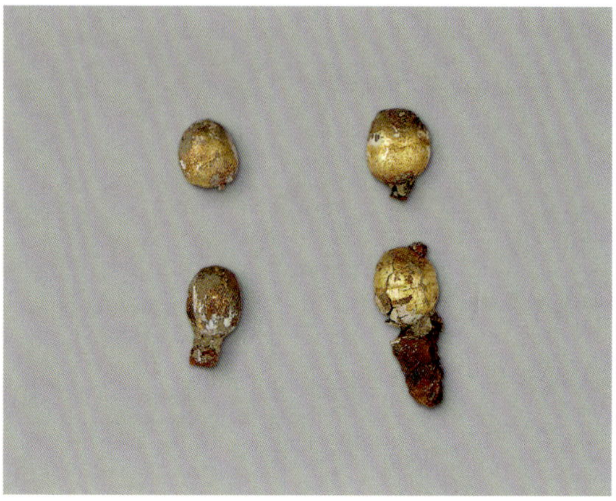

4．金箔泥珠（M1：160～163）

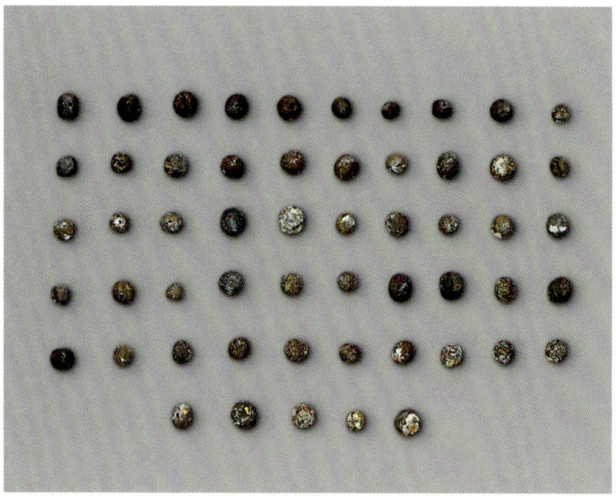

5．泥珠（M1：166～206、209～222）

6．泥珠（M1：225～239）

彩版四二　玻璃珠、水晶器、泥珠

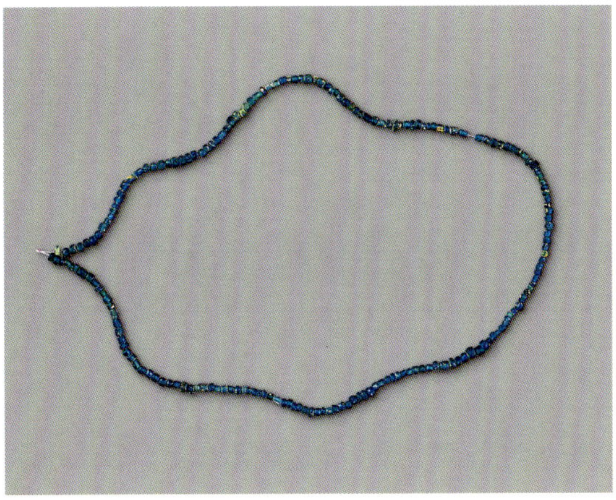

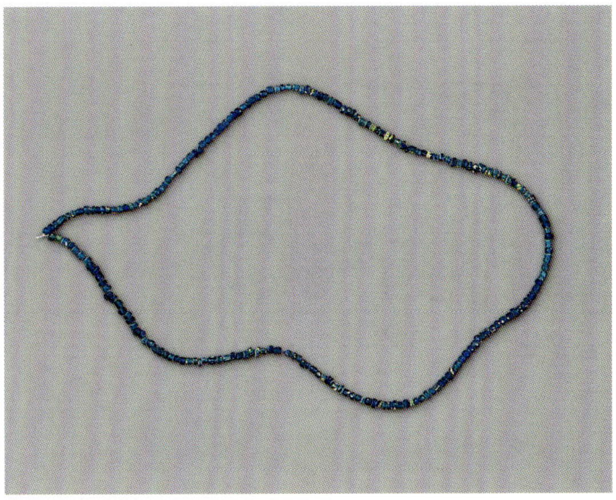

彩版四三　玻璃珠

1．冥钱（M1：240～242）

2．板状骨器（M1：243）

3．板状骨器（M1：244）

4．板状骨器（M1：245）

5．板状骨器（M1：246、247）

6．针状骨器（M1：252～257、250）

彩版四四　冥钱、骨器

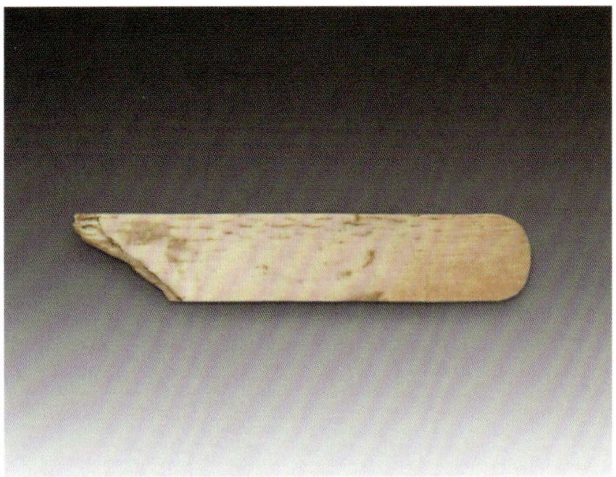

1．板状骨器（M1：248）

2．骨器（M1：249）

3．板状骨器（M1：251）

4．骨钗（M1：262）

5．丝织品残片

6．纱冠（M1：268）残片

彩版四五　骨器、丝织品、纱冠

1．漆器（M1：270）残片

2．漆器（M1：269）残片

3．涂漆木柄

4．涂漆木柄

5．涂漆木柄

6．涂漆木柄

彩版四六　漆木器

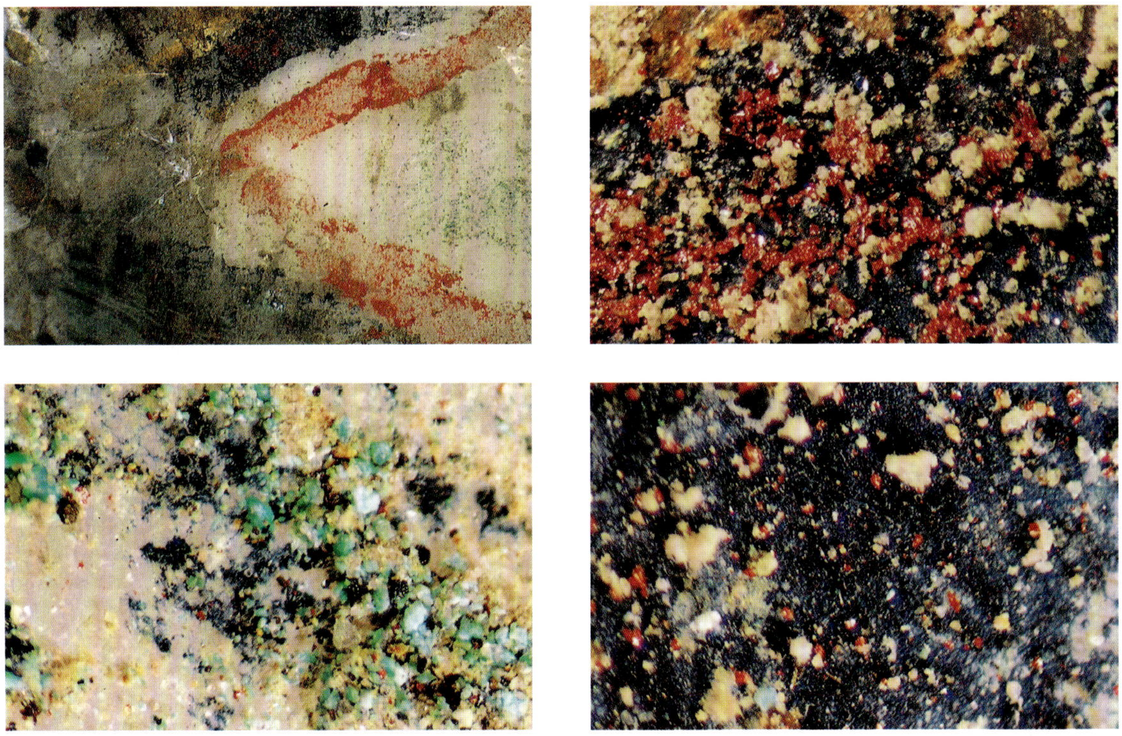

1．云母

2．卷胎漆器

彩版四七　云母残片及漆器显微镜照片

1．墓志

2．墓志盖

彩版四八　墓志和墓志盖